国家社科基金/全国教育科学规划“十二五”规划
2015 年度国家一般项目“西南民族地区留守儿童成长的‘4S 社会支持模式’建构研究”
（项目编号：BMA150026）研究成果

儿童发展与教育研究文丛

区隔与聚合
西南民族地区留守儿童成长的社会支持系统研究

袁丹 周昆 高光 著

SWUP
西南大学出版社
国家一级出版社 全国百佳图书出版单位

图书在版编目(CIP)数据

区隔与聚合：西南民族地区留守儿童成长的社会支持系统研究 / 袁丹，周昆，高光著. -- 重庆：西南大学出版社，2022.5
ISBN 978-7-5697-1271-1

Ⅰ. ①区… Ⅱ. ①袁… ②周… ③高… Ⅲ. ①民族地区－农村－儿童－社会保障－研究－西南地区 Ⅳ. ①D632.1

中国版本图书馆CIP数据核字(2022)第071079号

区隔与聚合：西南民族地区留守儿童成长的社会支持系统研究
QUGE YU JUHE：XINAN MINZU DIQU LIUSHOU ERTONG CHENGZHANG DE SHEHUI ZHICHI XITONG YANJIU

袁丹　周昆　高光　著

责任编辑：杜珍辉
责任校对：张　丽
装帧设计：观止堂_未氓
排　　版：杜霖森
出版发行：西南大学出版社（原西南师范大学出版社）
地址：重庆市北碚区天生路2号
邮编：400715
印　　刷：重庆市联谊印务有限公司
幅面尺寸：170 mm×240 mm
印　　张：21.25
字　　数：391千字
版　　次：2022年5月第1版
印　　次：2022年5月第1次印刷
书　　号：ISBN 978-7-5697-1271-1

定　　价：98.00元

前言

农村留守儿童现象是随着我国经济发展和社会转型而出现的一种社会现象。在我国改革开放初期,人们将留守儿童作为一个问题领域加以关注,并将他们划归到弱势群体进行对待和研究。但是,随着我国经济不断发展壮大,留守儿童群体出现了新的特征:“被动留守”与“主动留守”,“盲目留守”与“策略性留守”,“长期留守”与“阶段性留守”并存;留守儿童群体呈现出多样化发展的趋势;年轻一代家长在对待儿童成长问题上较以往的家长更加注重将儿童成长的各种社会支持因素加以利用,合理协调外出务工和儿童成长发展,对二者之间的矛盾能够较为清晰地认知。基于此,整个社会支持体系的完善显得至关重要。

随着扶贫工作的深入推进、乡村振兴战略的展开及“控辍保学”的巩固,留守儿童群体在各级政府的关照下,在社会人士的关心下,正在走向有质量的童年生活。为了保障儿童的健康权、教育权、生存权和发展权,全社会都应该为留守儿童营造良好的社会支持网络,关注留守儿童的成长与发展,因为关照儿童就是关照人类的未来。

农村大量青壮年劳动力流入城市务工,由于各种原因,他们的孩子无法带在身边,只好留在农村户籍所在地生活和上学。这种“父母外出务工、儿童留守乡村”的情况一直存在,甚至当年的留守儿童已经长大成人,结婚生子,他们依然沿袭着父辈们的生命轨迹,自己外出工作,孩子继续留守乡村,“大国空村”的现象在中国大地上普遍存在着,在短时期内甚至很长一个时期,这种状态是无法扭转的。绝大多数农村的孩子仍然会一遍遍复演从“留守儿童”到“新生代农民工”的生命轨迹。中国农村统计年鉴、中国流动儿童数据报告、全国农民工监测调查报告等资料显示,2013年我国留守儿童已经达到6100万。这样一个庞大的儿童群体,其中存在的问题必然不计其数。

对于儿童的成长与发展而言,留守状态是一种具有一定风险的生存状态。儿童在成长过程中不断学习生活技能、识别社会角色、掌握社会观念、内化社会道德、习得法律要求,成为符合社会规定和规范的成员。这就是社会化的过程。留守儿童要健康成长,接受良好的教育和熏陶是必不可少的,特别是以家庭为基础的社会化对留守儿童来说非常关键。家庭是对儿童社会化影响最为全面和深刻的场所,不仅传授和训练基本的生活技能,教导和示范社会规范,还能帮助儿童树立正确的人生观、世界观和价值观。家庭氛围、家庭生活方式、家庭环境和家庭教育都是实现儿童社会化不可或缺的重要内容。可惜的是,留守儿童家庭结构的残缺、家庭成员的缺位无法为其社会化提供良好基础,势必造成留守儿童面临更多成长风险和隐患。

一方面,留守儿童中有一部分儿童存在大量的问题。作为与我国城镇化、工业化和农民工流动相伴生的一种社会现象,留守儿童在生存与发展中缺乏相应的资源和社会支持,的确容易导致诸多问题,比如,学习滞后、心理失衡、行为失范、安全堪忧等等。不少的调研报告、新闻媒体对这类问题的反映和报道即是明证。由于父母近距离监管的缺失,留守儿童在形成人生观、世界观和价值观的关键时期缺少必要的引导和教育,这对于留守儿童正确人格的形成和社会性发展具有一定程度的制约和影响。

另一方面,调研发现,留守儿童中仍有一部分儿童并未检出问题,相反,由于经济上比较充裕,生活上得到保障,他们在学业上并未落后,心里充满阳光,身体健康强壮,整体上来讲,他们的童年时期都处于积极向上的态势。这与人们提到的“留守儿童”刻板印象大相径庭。正因为如此,有学者呼吁,要防止“污名化”,不能给留守儿童贴上“问题儿童”的标签。从这个意义上来讲,虽然有些儿童也属于留守儿童,但并不代表他们的生存与发展存在问题。所以,很有必要对“留守儿童”进行一定程度的区分,以明确问题解决的针对性。

研究小组所在的高校地处西南地区,西南地区是中国地理分区之一,东临中南地区,北依西北地区,包括四川省、贵州省、云南省、重庆市等四个省市。西南地区地形结构复杂,主要以高原、山地为主。我国西南地区是少数民族聚居区,少数民族分布十分广泛,呈现出大杂居小聚居的特点。我国西南地区整体经济发展水平较之我国东部沿海城市低,地域辽阔,地形多样,交通距离长,文化发展比较落后,因而具有民族独特性、经济落后性、地域特殊性和文化保守性。这些少数民族地区外出务工的农民大多从事体力劳动,经济收入偏低,文化水平不高,在如何对待留守儿童问题上认识不到位,没有具体的知识、技能和行动策略来应对留守儿童成长与发展中遭遇的困难和问题,因此,研究西南民族地区留守儿童的社会支持问题非常重要,可以为我国民族发展和繁荣助添一臂之力。

对于少数民族地区的青壮年而言,他们本应是本民族文化的传承者和接班人,但是,由于生计和发展需要,不得不远走他乡,在异地工作和生活,这使得他们失去了传承本民族文化的基本场域,也使得他们的子女既无法顺利掌握社会主流文化,也不能保留和传承本民族的优秀文化传统和习俗。以贵州黔南州苗族侗族自治州为例,青壮年外出务工,使得农村凋敝,经济虚空,家庭成员分散,留守儿童现象非常普遍,这些儿童的成长和未来发展颇受制约。特别是少数民族地区儿童的教育问题,一直是学界和社会关注的焦点。我们要特别关注民族地区留守儿童身上存在的普遍性问题和独特性问题,直面该群体所处的具体情境性问题,剖析他们对本民族文化所持的观点、立场和取向,探索他们在适应国家和社会发展需要与继承和发扬本民族优秀文化传统之间所做的取舍。

我国有五十六个民族,在走向共同富裕的道路上,一个都不能少,习近平总书记在党的十九大报告中提出的“铸牢中华民族共同体意识”,为我们研究民族相关问题指明了方向。“铸牢中华民族共同体意识”,把握的是几千年历史演进的客观规律,揭示的是新时代民族工作的主题主线,彰显的是团结凝聚各族人民、共同实现伟大梦想的信心决心。中华民族共同体,是中国历史发展的产物。中华民族共同体意识,是国家统一之基、民族团结之本、精神力量之魂。中华民族共同体是我国各族人民在长期历史发展中形成的政治上团结统一，文化上兼容并蓄，经济上相互依存，情感上相互亲近，你中有我、我中有你、谁也离不开谁的民族共同体，是建立在共同历史条件、共同价值追求、共同物质基础、共同身份认同、共有精神家园基础上的命运共同体。

本研究以“中华民族共同体意识”为方向指引，对西南民族地区留守儿童成长的社会支持系统进行深入调查、分析和研究，力求在理论分析、实证调研与出路探寻三个方面剖析西南民族地区留守儿童相关问题。全文共分为六章。

第一章是“留守儿童成长问题的理论扫描”。通过分析作为完整人之发展的需要与儿童成长的社会化要求，直面儿童成长中的经济学悖论。一方面，家庭经济发展迫在眉睫，另一方面，留守儿童发展刻不容缓。儿童留守农村现象，从宏观层面涉及我国经济社会发展水平差异以及经济不发达地区可持续发展问题，从微观层面涉及儿童成长的原生家庭结构欠完整，在形成世界观、人生观、价值观的最为重要的阶段失去了来自家庭的支持，家庭生态系统遭到破坏，由此引发儿童在需求满足上的“情感空洞”。从“人”的社会化路径出发，儿童成长需要社会支持的出场。对留守儿童的支持要从长远考虑，帮助留守儿童从依赖走向自强，按照生涯认知、生涯探索、生涯定向与生涯准备、生涯成熟的基本规律，帮助留守儿童获得谋生的技能和形成良好的生活方式。在共时轴上，应该考虑每一个儿童个性化的需求与教育；在历时轴上，还应该考虑儿童一生的职业规划与社会流动。

第二章是“留守儿童成长问题的基本认知”。研究发现，留守儿童群体出现诸多问题，例如，学业表现令人担忧，心理健康出现异常，日常生活面临困难。与此同时，研究也发现，留守儿童并非全是问题儿童，不少积极向上的留守儿童，他们能够正确面对自身留守的处境，感恩父母的辛苦劳作，认真刻苦学习，愿意帮助同学，在同龄人中树立了很好的榜样。研究小组对来自西南民族地区的大学生进行筛选，邀请童年曾经有过留守经历的本科学生参与问卷调查，发现这些大学生在成为留守儿童的阶段能够感受到的社会支持中，排在第一位的是祖辈和亲属(指父母、祖辈等外的亲属，后同)，第二位的是学校老师、同学和同伴，第三位的是父母。他们能够感受到的其他社会支持来源不够明确，自我支持能力在不断增强。留守是一种存在风险的儿童存在状态，需要社会支持的介入。能够获取和利用的社会支持越多，留守儿童就越能获得良好发展，也就越能够从不利的处境中脱离出来。

第三章是“西南民族地区留守儿童成长的现有社会支持系统分析”。研究小组选择了一个少数民族自治州作为样本，采用文献法查阅了政府部门网站，对其下辖的某县县政府、县妇联、县团委、县民政、县教体委，县下辖的镇政府、小学学校及留守儿童家长和留守儿童等相关组织、群体和个人进行了访谈。分析在留守儿童成长和发展中的社会支持特点和属性，调查留守儿童及家长对社会支持的感受和想法，研究小组围绕“留守儿童社会支持系统”引导谈话，谈话背后隐藏的基本思路主要涵盖了六个方面的问题：对留守儿童群体特征的认知、对社会支持的理解与观念、采取的社会支持行动、对社会支持行动的反思、对后续社会支持的谋划以及与其他社会支持的整合思考。通过对所搜集资料的整理，总结现有社会支持的经验和问题，分析其原因，为进一步完善西南民族地区留守儿童社会支持体系奠定基础。

第四章是“西南民族地区留守儿童成长社会支持系统构建的基本原则”。为了实现儿童的健康权、教育权、生存权和发展权，各个社会支持主体应该主动解读留守儿童的基本特征，知悉留守儿童成长的特殊性，理解留守儿童成长的长期性与复杂性，正确研判社会支持的多重属性，了解社会支持主体的多元性、社会支持内容的多样性、社会支持策略的差异性、社会支持环境的辐射性，明晰社会支持的发生机理，整合社会支持的价值，聚焦社会支持的需求，评价社会支持的反馈，推动社会支持体系的建设和完善。

第五章是“西南民族地区留守儿童成长社会支持系统的基本框架”。结合理论研究和调研的实际情况，本研究以不断完善和补充已有社会支持体系为核心，构建家庭、学校、政府、社会等各个支持主体联动的工作框架，进一步明确支持者(Supporter)，明晰支持内容(Substance)，确定支持策略(Strategies)、改善支持环境(Surroundings)，构建适合儿童成长的内容充实、策略多样、环境亲和的社会支持框架。在支持主体方面，以政府为主导，多主体共参与；在支持内容上，以政策为主线，聚合社会资源；在支持策略上，以儿童为中心，多支持相结合；在支持环境上，以学校为阵地，铸牢中华民族共同体意识。

第六章是“西南民族地区留守儿童成长社会支持系统的运行机制”。留守儿童社会成长支持系统还需要动力机制、协调机制和反馈机制的保驾护航，建立和完善相应的动力机制、协调机制和反馈机制，才能保障留守儿童社会成长体系的顺畅有序运行。没有这三大机制的协同与合作，留守儿童社会成长支持系统就会成为“空中楼阁”。通过政府部门支持留守儿童的合法性确证，学校支持留守儿童的合理性检视，社会组织支持留守儿童的合情性回归，家庭支持留守儿童的合德性呼唤四个方面来构建社会支持体系的动力机制。协调机制的建立在于支持者间的互动沟通、支持内容的丰富完善、支持策略的精益求精。反馈机制的建立在于利用大数据全面监测、借助“互联网+”全程监管、推动社会支持效果反馈。

本书在撰写过程中，由袁丹博士提出书稿的主要学术观点和编写框架，在充分尊重各位研究者学术自由的基础上，达成基本观点一致。经过反复多次研讨与修正，逐渐完善了本书的主要内容。各章执笔人如下：第一章与第二章，袁丹；第三章与第四章，周昆；第五章，高光；第六章，袁丹。最后由袁丹博士统一修改，编订附录，最终定稿。

由于留守儿童现象具有复杂性和多样性，社会支持系统的建构和完善是一个长期的、动态的过程，西南民族地区留守儿童的特殊性决定了其社会支持系统的特殊性，虽然本书努力尝试分析当前各个社会支持主体在支持行动中存在的问题，探索建立和完善留守儿童社会支持系统的理念、方法和机制，但是不足之处在所难免，敬请广大读者予以批评指正。

袁　丹

二〇二〇年六月八日

目　录

绪 论

第一节 研究概述

在我国经济社会迅速发展的时代，人口流动成为常态。每年至少有2.7亿人口处于流动之中，特别是在广大农村地区，青壮年劳动力纷纷外出务工。自20世纪80年代以来，我国社会进入转型时期，传统农业社会向现代工业化社会挺进，改革开放的潮流裹挟着每一个躁动的中国人，在工业化城市化迅速发展的背景下，“下海潮”“经商潮”“打工潮”此起彼伏，广大农民为了摆脱生活窘境，怀揣着美好生活的愿景，纷纷远离土地和故乡，前往经济发达地区工作，形成了规模庞大的农民工群体。由于经济条件限制、户口门槛制约以及自身文化资本缺乏等各种因素的影响，加上他们的工作本身流动性大，经济基础也不足以支持其整个家庭在外的支出，绝大部分外出务工人员在考虑是否携带孩子随行问题上采取了比较保守和经济节约的方式，即将孩子放在户籍所在地，使其成为“留守儿童”。

一、农村留守儿童群体人数众多

西南地区是我国经济较为落后，人口众多的区域。随着改革开放大潮的涌动，外出务工人员规模巨大。在众多的外出务工人员之中，少数民族地区青壮年所占比例居高不下。由于民族意识与民族生活习惯具有差异性，各民族对儿童的重视程度各不相同。例如，有的民族青壮年愿意选择收入低而离孩子近的地方务工，保证孩子的亲情需要，但是，也有不少民族青壮年会选择收入高的地区工作，为孩子提供更好的经济保障。在这样的背景下，少数民族地区留守儿童现象就出现了。

孩子留守在户籍所在地，有的由亲戚（指非直系的亲戚，后同）照管，有的由爷爷奶奶或外婆外公等看护，略大一些的孩子甚至独立生活。孩子离开了父母，在最需要父母呵护的年纪缺失了父母的疼爱，这对于孩子的成长是非常不利的。可以考证的“留守儿童”的概念最早可以追溯到1994年的“出国潮”。当时，沿海一带或经济发达地区的青壮年为了追求经济发展或事业拓展，纷纷涌向发达国家或有发展机会的国家谋求高收入或好机会。但是，孩子不便带在身边，只好留在户籍所在地，这就是最初产生“留守儿童”的地方。当时，这些孩子经济宽裕，大多享受比较好的物质生活，较之当前我们谈到的“留守儿童”具有天壤之别，特别是与我国少数民族地区的留守儿童相比，更是大相径庭。

改革开放以来，经济发达地区对劳动力的需求与日俱增，这给经济不发达地区提供了数以万计的就业机会，但是，经济发达地区无法为这些劳动者的家庭解决子女上学升学等问题，在整体上没有考虑劳动者家庭以及子女的成长问题。因此，从某种意义上说，这些劳动者为经济发展付出了整个家庭的代价。我国西南地区经济较为落后，各民族青壮年众多，为谋生而涌入大城市的人每年都在增加，致使我国西南民族地区留守儿童现象非常普遍。

二、儿童留守问题引发持续关注

我国政府对留守儿童现象非常关注，出台了一系列高规格文件来推动和促进留守儿童关爱工作。其中，具有里程碑意义的文件是2016年国务院印发的《关于加强农村留守儿童关爱保护工作的意见》（国发〔2016〕13号），该文件强调了做好农村留守儿童关爱保护工作的重要意义，明确了指导思想，提出了“家庭尽责、政府主导、全民关爱、标本兼治”的基本原则，确立了“到2020年，未成年人保护法律法规和制度体系更加健全，全社会关爱保护儿童的意识普遍增强，儿童成长环境更为改善、安全更有保障，儿童留守现象明显减少”的工作目标，构建了农村留守儿童关爱服务体系。《意见》特别强调了五大责任主体的责任与义务，即家庭、县乡人民政府和村(居)民委员会、教育部门和学校、群团组织、社会力量，强化了强制报告、应急处置、评估帮扶与监护干预四大机制，并从源头上强调对农民工家庭的帮扶和对农民工返乡创业的引导。这份文件对留守儿童工作的指导非常全面，具有很强的操作性和针对性。到2018年2月，我国民政部发布的信息显示，各地留守儿童数量在逐渐减少。“目前，全国共有农村留守儿童697万余人，与2016年全国摸底排查数据902万余人相比，我国农村留守儿童总体数量下降22.70%。”①西南地区的重庆、贵州下降比例在35%以上，四川、云南下降比例在12%以上。其中，四川的留守儿童人数为全国之首，总人数为76.5万人。从监护情况来看，96%的农村留守儿童由祖父母或者外祖父母照顾，4%的农村留守儿童由其他亲戚朋友监护。从年龄分布来看，我国各省份农村留守儿童的年龄结构与全国基本一致，表现为3至16岁农村留守儿童规模为最大，超过留守儿童整体数量的50%。从入学情况来看，义务教育阶段农村留守儿童从2016年的65.3%上升至2018年的78.2%，在学阶段呈现出非常集中的趋势。另一个具有重要意义的文件《关于加强困境儿童保障工作的意见》(国发〔2016〕36号)也发布于2016年。困境儿童，即因家庭贫困导致生活、就医、就学等方面困难的儿童，因自身残疾导致康复、照料、护理和社会融入困难的儿童，以及因家庭监护缺失或监护不当遭受虐待、遗弃、意外伤害、不法侵害等导致人身安全受到威胁或侵害的儿童。该文件强调要以促进儿童全面发展为出发点和落脚点，针对困境儿童生存发展面临的突出困难和问题，从保障基本生活、保障基本医疗、强化教育保障、落实监护责任、加强残疾儿童福利服务等五方面采取具体措施，强化和落实基层政府、部门职责，充分发挥群团组织优势，广泛动员社会力量参与，建立起覆盖城乡、上下联动、协同配合的工作体系，为困境儿童营造安全无虞、生活无忧、充满关爱、健康发展的成长环境。这两个文件的出台显示了我国政府对儿童的重视和尊重，体现了“儿童是家庭的希望，是国家和民族的未来”的基本价值取向，为我国各地开展留守儿童工作指明了方向和目标。

---

① 中华人民共和国民政部. 图表：2018年农村留守儿童数据[EB/OL].(2018-09-01)[2021-09-01]. http://www.mca.gov.cn/article/gk/tjtb/201809/20180900010882.shtml.

2019年4月，民政部联合教育部、公安部、司法部、财政部、人力资源社会保障部、国务院妇儿工委办公室、共青团中央、全国妇联、中国残联等部门发布《关于进一步健全农村留守儿童和困境儿童关爱服务体系的意见(以下简称《意见》)》(民发〔2019〕34号)，再次强调和部署对农村留守儿童和困境儿童关爱工作，进一步明确了未成年人救助保护机构工作职责、儿童督导员工作职责以及儿童主任工作职责。《意见》要求，提升未成年人救助保护机构和儿童福利机构服务能力，明确两类机构功能定位，推进未成年人救助保护机构转型升级，拓展儿童福利机构社会服务功能。在加强基层儿童工作队伍建设中首次提出设置"儿童主任"和"儿童督导员"，要明确由村(居)民委员会委员、大学生村官或者专业社会工作者等人员负责儿童关爱保护服务工作，优先安排村(居)民委员会女性委员担任，工作中一般称为"儿童主任"；乡镇人民政府(街道办事处)要明确工作人员负责儿童关爱保护服务工作，工作中一般称为"儿童督导员"。《意见》鼓励和引导社会力量广泛参与培育孵化社会组织、推进政府购买服务、发动社会各方参与，在部门协作中，强调与留守儿童相关的部门要各司其职，加强协作。民政部门要充分发挥牵头职能，会同有关部门推进农村留守儿童和困境儿童关爱服务体系建设。公安部门要及时受理有关报告，第一时间出警、响应求助，依法迅速处警，会同、配合有关方面调查，有针对性地采取应急处置措施，依法追究失职父母或侵害人的法律责任，严厉惩处各类侵害农村留守儿童和困境儿童的犯罪行为，按政策为无户籍儿童办理入户手续。教育部门要强化适龄儿童控辍保学、教育资助、送教上门、心理教育等工作措施，为机构内的困境儿童就近入学提供支持，对有特殊困难的农村留守儿童和困境儿童优先安排在校住宿。司法行政部门要依法为农村留守儿童和困境儿童家庭申请提供法律援助，推动落实"谁执法谁普法"责任制，加强农村留守儿童和困境儿童关爱服务相关法律法规宣传。人力资源社会保障部门要推动落实国务院关于支持农民工返乡创业就业系列政策措施，加强农村劳动力就业创业培训。妇儿工委办公室要督促各级地方人民政府落实儿童发展纲要要求，做好农村留守儿童关爱保护和困境儿童保障工作。共青团组织要会同未成年人救助保护机构开通"12355"未成年人保护专线，探索"一门受理、协同处置"个案帮扶模式，联动相关部门提供线上线下服务。妇联组织要发挥妇女在社会生活和家庭生活中的独特作用，将倡导家庭文明、强化家庭监护主体责任纳入家庭教育工作内容，引导家长特别是新生代父母依法履责;要充分发挥村(居)妇联组织作用,加强对农村留守儿童和困境儿童的关爱帮扶服务。残联组织要积极维护残疾儿童权益,大力推进残疾儿童康复、教育服务,提高康复、教育保障水平。[①]由此可见,我国政府对留守儿童的处境早已非常关注,并在政府部门工作中予以体现,要求相关的各职能部门在职责范围内认真思考留守儿童的相关问题,将留守儿童保护落实到行动中,扎实推进各项工作,积极营造促进和支持留守儿童成长的社会环境。

我国社会各界也同样非常关注留守儿童的成长和发展,在促进留守儿童成长方面做出了重要努力。2019年5月28日,在民政部举行的新闻发布会上,民政部儿童福利司副司长倪春霞介绍,目前,全国共有未成年人救助保护机构1806个,2018年我国未成年人救助保护机构共计救助保护各类儿童6.8万次。尽管目前关爱服务体系建设仍然存在很多短板,比如,机构建设还不够到位,工作力量配备不够足,社会力量参与度不够广泛等,但是,我们已经看到社会各界在关爱留守儿童方面所做出的种种努力,也看到了整个社会对儿童的高度重视。国家领导也同样关注着这个特殊的群体。重庆石柱土家族自治县中益乡小学校2019年有11个教学班,165名学生,其中有贫困学生78人,留守儿童56人,90%以上的学生都是少数民族。2019年4月16日,习近平同志来到该校所在地实地考察了解脱贫攻坚工作情况和解决"两不愁三保障"突出问题情况,他对儿童的教育问题十分关注,从课堂、操场到宿舍一一查看学生生活、学习情况,询问儿童发展成长状况。

对留守儿童相关问题的研究和破解涉及政治、经济、文化、教育、管理、社会等等方方面面的学科背景知识。我国学者对留守儿童问题保持着持续关注。学术界对留守儿童相关问题的研究方兴未艾,从不同的学术背景和学科领域对其进行了深入的探索和分析,提出了不同立场和视角的解决之道。

一直以来,本研究团队一直关注儿童的成长与发展,特别是对困境儿童尤为关切。本研究在申报全国教育科学规划课题时,正值2015年6月贵州毕节4位留守儿童在家集体服农药自杀身亡事件发生之时。当时,最大的哥哥13岁,最小的妹妹才5岁,他们的父亲常年在外打工,而母亲则被人拐跑。社会舆论

① 中华人民共和国民政部.关于进一步健全农村留守儿童和困境儿童关爱服务体系的意见(民发〔2019〕34号)[EB/OL].(2019-04-30)[2021-09-01].http://xxgk.mca.gov.cn:8011/gdnps/pc/content.jsp?id=14159&mtype=.

为之震动，研究团队亦为之痛心：正是如花一般的少年，却不留恋人间，忘却生死，他们与世间缺乏有效的联结，没有任何力量为他们提供活下去的支持。卡尔·马克思曾经说过，人是一切社会关系的总和。人是关系性的存在。正是这些关系的存在使得我们生活在人群中，并以此为支持，从生下来到活下去，走完漫长的一生。我们是"爸爸""妈妈""爷爷""奶奶""外公""外婆""老师""同学""朋友""阿姨""叔叔"……正是这些称谓，把生活在社会中的人联系在了一起，人们生活在以自己为圆心，以周围人的存在为圆晕的现实世界。周围的人为我们提供各种社会支持，或直接支持或间接支持，或客观支持或主观支持，或物质支持或情感支持，这些支持或强或弱，或远或近，或多或少，伴随着我们一生。离开这些支持，我们的人生一定会充满坎坷、崎岖和泥泞，缺少这些支持，我们的生命必将举步维艰，难以为继。

三、西南地区儿童留守问题突出

研究小组所在的高校地处西南地区。西南地区是中国地理分区之一，东临中南地区，北依西北地区，包括四川省、贵州省、云南省、重庆市等四个省市。西南地区地形结构复杂，主要以高原、山地为主。我国西南地区是少数民族聚居区，少数民族分布十分广泛，呈现出大杂居小聚居的特点。依据第六次人口普查数据，全国55个少数民族，均在西南地区有常住统计。重庆有4个自治县，包括石柱土家族自治县、秀山土家族苗族自治县、酉阳土家族苗族自治县、彭水苗族土家族自治县。云南有8个自治州，包括德宏傣族景颇族自治州、怒江傈僳族自治州、迪庆藏族自治州、大理白族自治州、楚雄彝族自治州、红河哈尼族彝族自治州、文山壮族苗族自治州、西双版纳傣族自治州。四川有3个自治州，包括阿坝藏族自治州、甘孜藏族自治州、凉山彝族自治州。贵州有3个自治州，黔西南布依族苗族自治州、黔东南苗族侗族自治州、黔南布依族苗族自治州。本研究所指的"西南民族地区"即以上所列区域。这些区域经济发达程度低，外出务工人员多，留守儿童数量常年保持在高位。对这些地区留守儿童相关问题的研究有利于丰富整个留守儿童研究的成果，有利于国家和社会对西南民族地区留守儿童特殊性的掌握和了解，有利于民族研究成果的积累。

对于少数民族地区的青壮年而言，他们本应是本民族文化的传承者和接班人，但是，由于生计和发展需要，不得不远走他乡，在异地工作和生活，这使得他们失去了传承本民族文化的基本场域，也使得他们的子女既无法顺利掌握社会主流文化，也不能保留和传承本民族的优秀文化传统和习俗。以贵州黔南州苗族侗族自治州为例，青壮年外出务工使得农村凋敝，经济虚空，家庭成员分散，留守儿童现象非常普遍，这些儿童的成长和未来发展颇受制约。[①]特别是少数民族地区儿童的教育问题，一直是学界和社会关注的焦点。在留守儿童问题上，我们要特别关注民族地区留守儿童身上存在的普遍性问题和独特性问题，直面该群体所处的具体情境性问题，剖析他们对本民族文化所持的观点、立场和取向，探索他们在处理适应国家和社会发展需要与继承和发扬本民族优秀文化传统之间所做的取舍。

我国有五十六个民族，在走向共同富裕的道路上，一个都不能少，习近平总书记在党的十九大报告中提出的“铸牢中华民族共同体意识”，为我们研究民族相关问题指明了方向。“铸牢中华民族共同体意识”，把握的是几千年历史演进的客观规律，揭示的是新时代民族工作的主题主线，彰显的是团结凝聚各族人民、共同实现伟大梦想的信心决心。中华民族共同体，是中国历史发展的产物。中华民族共同体意识，是国家统一之基、民族团结之本、精神力量之魂。中华民族共同体是我国各族人民在长期历史发展中形成的政治上团结统一，文化上兼容并蓄，经济上相互依存，情感上相互亲近，你中有我、我中有你、谁也离不开谁的民族共同体，是建立在共同历史条件、共同价值追求、共同物质基础、共同身份认同、共有精神家园基础上的命运共同体。

正是基于以上思考，本研究以“中华民族共同体意识”为方向指引，对西南民族地区留守儿童成长的社会支持系统进行深入调查、分析和研究，力求在理论分析、实证调研与出路探寻三个方面剖析西南民族地区留守儿童相关问题，推动西南民族地区留守儿童不掉队，跟上我国新时代社会建设的步伐。

---

① 杨建忠.民族地区农村留守儿童的困境与对策——基于贵州省黔东南州的调查[J].民族教育研究，2013(4):75-79.

第二节 文献分析

任何一项研究都必须基于对已有研究成果的学习、分析和总结,站在已有研究奠定的基础之上,才能够推动研究的进一步深入。没有前人研究成果的奠基,任何研究都会难以为继,通过对已有研究成果的梳理和掌握,研究者才可以"站得高""看得远""想得实"。这是任何一项研究都必然要经历的基本过程和阶段。本研究旨在关注西南民族地区留守儿童成长的社会支持系统,最为重要的关键词有两个:一个是"留守儿童",另一个是"社会支持"。对这两个关键词的文献搜索、收集和分析是本研究的基础。

一、关于"留守儿童"的相关研究文献分析

留守儿童相关问题是学术界研究的热点,研究著作和文献不计其数。不同的学者从不同的学科领域关注留守儿童的成长与发展,教育学、心理学、社会学、人口学、管理学、经济学等等不同领域的学者专家以自身专长的学科视角分析和探讨留守儿童群体相关的问题,研究势头有增无减,发表的学术成果颇丰。这说明人们对留守儿童群体的关注程度在不断提升,这也预示着关于留守儿童群体的研究空间仍然有不断拓展和延伸的可能。

学术界对"留守儿童"的界定呈现出多元化的特点。通常情况下,留守儿童是指我国农村外出务工或经商人员的未成年子女,他们被放置于农村户籍所在地,并未跟随在父母身边。但是,笼统地将这一类儿童划定为留守儿童也遭到一些学者的质疑。一是从父母与孩子在一起的时间维度上来划分留守儿童与非留守儿童。农村儿童家庭中的父母外出务工,获取经济收入来维持家庭开支,有的留守儿童家庭中的父母外出时间短,外出频率高,外出务工地离儿童较近;有的留守儿童家庭中的父母外出时间长,一年两年见不着面,仅靠电话维持亲子联系;也有的农村家庭父母与孩子几年见不着面,见面时间短,在孩子的童年时期,父母基本不在孩子身边;有的农村家庭父母离异,孩子寄养在爷爷奶奶或外公外婆等亲属家中,各种情况,不胜枚举。因此,有研究者质疑"留守儿童"概念和范围的界定,认为,如果以父母是否在孩子身边来划分"留守儿童"与"非

留守儿童”,是不合适的。父母整日都在孩子身边,但是忙于自身事务,对孩子成长不闻不问,放任自流,这些儿童与父母不在身边的“留守儿童”无异,甚至情况更糟。二是从年龄上来看“留守儿童”的界定。一般来讲,研究者们对儿童的划定在0~18岁。0至6岁期间,孩子的自我意识刚刚开始形成,对父母的依恋程度高,若是在这个阶段没有父母的呵护,孩子的童年期得不到正确的指引,对父母的依恋无从产生。进入小学以后,虽然有教师的教育和引导,有同学的抚慰和陪伴,但是,家长的作用依然是无法替代的。即使有祖辈的照料,学业辅导、心理健康维护等依然无法落实。一些家庭在孩子成长过程中,时断时续地留守孩子,这样的孩子是不是留守儿童呢? ①

尽管有不少声音质疑对“留守儿童”一词的界定,但无可否认的是,学术界对留守儿童一直保持高度关注。儿童留守乡村不仅仅是一个学术问题,也是一个社会急需解决的问题。在“留守儿童”概念上,无须过多纠结。我们关注留守儿童本身的意义在于对他们这种处境下遭遇的困难和困境的思考,分析其存在的风险,探索儿童健康成长和持续发展的有效路径。因此,本研究将“西南民族地区留守儿童”界定为:在西南民族地区生活的处于义务教育阶段的农村户籍儿童,其父母或父母一方外出务工一年以上,其日常生活照料、抚养的主要负责人是父母一方、祖辈、其他亲戚。

在中国知识基础设施工程(China National Knowledge Infrastructure,简称CNKI)网页中,以“留守儿童”为“篇名”关键词,以2010—2019为时间段,截止2019年11月(11月后不再作统计),可以搜索到9306条文献记录。

虽然学界对“留守儿童”一词的概念内涵并没有达成一致,各自都根据研究的需要进行了界定,但是,在留守儿童的主要特点上还是基本保持了一致,只是边界的模糊性还是客观存在的。对于“留守儿童”一词的内涵界定,本研究将依据上文所言来划定范围。

以“主题”分类来看,以“留守儿童”为主题的文献6258篇,以“农村留守儿童”为主题的文献2682篇,以“监护人”为主题的文献462篇,以“留守儿童家庭”为主题的文献453篇,以“心理健康”为主题的文献339篇。从这些主题词我们可以发现,学者对留守儿童相关的心理、教育、学校、务工、社会支持、监护人等

① 汤广全.“留守儿童”何谓? [J].当代教育论坛,2018(4):33-38.

相关因素的分析和研究已经比较全面和深入(留守儿童研究文献主题统计见表1)。

表1 留守儿童研究文献主题统计表

主题	数量/篇	主题	数量/篇
留守儿童	6258	社会工作介入	131
农村留守儿童	2682	社会支持	125
监护人	462	临时监护人	123
留守儿童家庭	453	影响因素	121
心理健康	339	社会工作	115
留守儿童教育问题	313	留守学生	105
教育问题	227	未成年人	100
心理问题	199	流动儿童	95
家庭教育	181	孤独感	94
非留守儿童	173	农民工	91
健康成长	157	外出务工	90
心理健康教育	151	社会事业	88
社会教育	150	心理弹性	86
心理健康状况	137	寄宿制学校	85
留守儿童群体	136	调查研究	84
心理健康问题	134	中华人民共和国	83

从文献数量分布来看,2010至2019十年间,截止2019年11月,每年都有不计其数的研究者分析留守儿童成长中存在的问题与发展的态势,为留守儿童成长建言献策。其中2017年文献数量为1192篇,达到顶峰,其次是2016年,文献数量达到1184篇,2018年居于第三位,数量为1104篇(留守儿童研究文献年度统计详情见表2)。

表2 留守儿童研究文献年度统计表

年份	文献数量/篇	年份	文献数量/篇
2019年	848	2014年	872
2018年	1104	2013年	951
2017年	1192	2012年	827
2016年	1184	2011年	677
2015年	1080	2010年	539

从研究群体来看，作者主要集中在高校。2010至2019十年间，截止2019年11月，对留守儿童关注最多的学者群体在西南大学，文献数量达到120篇，其次是华东师范大学，文献数量为114篇，位居第三的是湖南师范大学，文献数量为97篇。其他各高校对留守儿童相关问题的研究也保持着持续关注（留守儿童研究文献作者所在高校统计具体情况见表3）。

表3 留守儿童研究文献作者所在高校统计表

高 校	文献数量/篇	高 校	文献数量/篇
西南大学	120	安徽医科大学	36
华东师范大学	114	贵州师范大学	35
湖南师范大学	97	吉林大学	35
北京师范大学	78	湖南第一师范学院	35
安徽大学	72	江西财经大学	33
安徽师范大学	66	中国人民大学	33
山东大学	53	重庆师范大学	32
郑州大学	53	东北师范大学	31
西华师范大学	49	江西师范大学	31
南京师范大学	48	长春工业大学	30
湖南农业大学	47	延安大学	30
沈阳师范大学	46	武汉科技大学	29
兰州大学	45	贵州大学	29
山东师范大学	45	湖南科技大学	28
陕西师范大学	43	绥化学院	28
吉首大学	42	云南大学	28
广西师范大学	41	华南师范大学	27
河南大学	40	吉林农业大学	27
华东师范大学	38	曲阜师范大学	27
西北师范大学	38	扬州大学	27

从科学研究基金支持留守儿童相关研究的维度来看，2010至2019十年间，截止2019年11月，共有39个科学研究基金支持对留守儿童相关问题开展研究工作，其中排名首位的是国家社会科学基金，资助213项，其次是全国教育科学规划课题，资助80项，排名第三的是国家自然科学基金，资助59项目（各级各类科研基金支持留守儿童相关研究的情况详见表4）。从本组数据可以看出，我国各级各类基金非常支持留守儿童相关研究，通过立项研究的方式，吸引了学者

对留守儿童的关注，也为探索解决留守儿童相关问题提供了智力支持和理论引领。

表4 各级各类科研基金支持留守儿童相关研究的情况

基金	项目数量/项	基金	项目数量/项
国家社会科学基金	213	教育部新世纪优秀人才支持计划	4
全国教育科学规划课题	80	湖南省软科学研究计划	4
国家自然科学基金	59	江苏省教育厅高等学校哲学社会科学基金项目	4
湖南省哲学社会科学基金	56	山东省软科学研究计划	3
甘肃省教育科学规划课题	41	湖北省教育厅社会科学研究项目	3
湖南省教委科研基金	38	美国中华医学基金会基金	3
湖南省教育厅人文社会科学研究基金	30	重庆市教育委员会科学研究项目	3
湖南省软科学研究计划	20	国家留学基金	3
中国博士后科学基金	16	吉林省教育厅科学技术研究项目	3
陕西省教育厅科研计划项目	15	江苏省社会发展科学计划	3
国家科技支撑计划	11	福建省教育科学规划课题	3
河南省教委自然科学基础研究项目	7	江苏省社会科学基金项目	3
联合国儿童基金会基金	7	安徽省高校科研基金	3
山东省自然科学基金	7	内蒙古自治区高等学校科学技术研究项目	3
黑龙江省哲学社会科学研究规划项目	7	浙江省教育厅科研计划	3
河南省科技攻关计划	6	湖北省自然科学基金	2
教育部人文社会科学研究项目	6	贵州省软科学研究计划	2
四川省教育厅科学研究项目	6	国家科技攻关计划	2
湖北省教育委员会科学研究计划项目	5	浙江省自然科学基金	2
高等学校博士学科点专项科研基金	5		

从留守儿童相关研究的学科领域分布来看，2010至2019十年间，截止2019年11月，共有18个研究领域对留守儿童相关问题开展了研究和分析。位居首位的是基础研究（社科），文献数量为4045篇，其次是政策研究（社科），文献数量为1392篇，排在第三的是行业指导（社科），文献数量为947篇。学者从不同的学科视角对留守儿童相关问题进行了剖析，提出了全方位多视角多渠道的问题解决思路、策略和方法（留守儿童相关研究学科领域分布详见表5）。

表5 留守儿童相关研究学科领域分布统计表

学科领域	文献数量/篇	学科领域	文献数量/篇
基础研究（社科）	4045	大众文化	36
政策研究（社科）	1392	大众科普	36
行业指导（社科）	947	经济信息	20
基础教育与中等职业教育	812	文艺作品	14
职业指导（社科）	206	高级科普（社科）	9
工程技术（自然）	206	政策研究（自然）	8
基础与应用基础研究（自然）	158	专业实用技术（自然）	5
行业技术指导（自然）	52	高级科普（自然）	3
高等教育	36	党的建设与党员教育	1

关于"留守儿童"的研究专著非常丰富。这些专著从不同的角度，包括教育学、社会学、人口学、管理学、心理学等等学科视角，对留守儿童群体存在的问题进行分析，提出相应的对策和建议，这些研究成果深化了人们对留守儿童群体的认识，提高了问题解决能力，提升了政策操作性与针对性，具有非常重要的参考价值和意义。例如，叶敬忠、杨照在《关爱留守儿童——行动与对策》一书中，对关爱留守儿童的十大行动和八大关爱主体进行了分析。十大行动包括：寄宿制学校、心理咨询室、家长学校、代理家长制、职业代理家长、托管家庭、社区亲情活动室、亲情电话、民间自助行动、团聚活动。八大关爱主体包括：家庭、社区、学校、政府、媒体、企业、用人单位、志愿者。周林、青永红等在《农村留守儿童教育问题研究》一书中，分析了留守对于农村儿童成长的影响，提出农村家庭教育环境的重塑与代偿，并以南充市高坪区留守儿童为分析对象，深描了当地留守儿童的生存、教育与心理状态，总结了留守儿童教育爱心工程的成果，阐释了留守儿童教育的区域效应，对留守儿童成长的学校环境重建提出了具有参考

价值的建议。陈世海、詹海玉在《西部留守儿童社会工作综合服务体系研究》一书中对西部农村留守儿童的基本情况进行了分析，从西部农村留守儿童和西部城镇留守儿童入手，对他们的社会支持与需求展开探讨，提出了西部留守儿童社会工作服务的总体理念，构建了西部留守儿童社会工作综合服务体系，并分为三个主要层面来开展社会工作：学校、西部农村社区和西部城市社区。

与“农村留守儿童”相对应的另一个群体“农村流动儿童”，也进入了学者的研究范畴，不少文献将“农村留守儿童”与“农村流动儿童”联系或连接起来共同研究或对比研究。不少农村家庭父母在外出务工初期会将孩子留在老家，使其成为“留守儿童”，一旦父母在外经济条件好转，有能力将孩子带在身边，这些孩子就会成为“流动儿童”。这两类群体呈现出混合交叉的特点，在一段时期，这个孩子是“留守儿童”，在另外一段时期，他可能是“流动儿童”。这两个群体在不断地变化和重组中，但是，万变之中有一点是不变的，即他们的户籍一直在农村老家，户籍的限制一直客观存在。因此，许多学者建议取消或打破城乡户籍壁垒，统筹城乡一体化发展，以此缓解留守儿童问题。

综上所述，我们可以发现，已有研究对留守儿童群体，特别是农村留守儿童群体的研究非常深入，综合分析各类学者对留守儿童群体存在的问题开展的研究，对本研究的开展具有非常重要的价值。但是，与此同时，我们看到，留守儿童群体中存在的问题与情况也是千差万别的，不同区域、不同时期、不同年龄阶段的留守儿童出现的问题也各不相同。在我国西南民族地区，由于先天自然条件和社会条件的制约，城乡收入水平差距较大，民族生活和文化有待进一步发展，农民收入水平低下，无法满足家庭生活的开支需要，外出务工人员比较多，由于受到城乡分割的二元社会结构以及自身收入水平偏低、小孩进城入学困难、务工所在城市居民消费水平偏高及远程往返路费较高等诸多因素影响，这些农民工没有能力将自己的子女带入城市，他们不得不将孩子留在农村老家交给老人或其他亲戚代为照顾，这部分留守儿童群体存在的问题特别需要关注和研究，有待更多的研究者深入其中，观照西南民族地区留守儿童的成长与发展。

二、关于"社会支持"的相关研究文献分析

社会支持理论最早产生于社会病原学，强调对个体，特别是弱势群体或处境不利群体的帮助与扶持，并与人的生理、心理以及社会适应能力联系在一起。后来随着研究的深入和拓展，不少学者将社会支持理论扩散到其他研究领域，使其包含了更为广阔的空间，不仅指对弱势群体提供的精神和物质支持和帮助，也包括一切来自个人之外的各种支持的集合。对"社会支持"的相关研究有很多，这些研究为本研究提供了理论分析工具。

在中国知识基础设施工程（China National Knowledge Infrastructure，简称CNKI）网页中，以"社会支持"为"篇名"关键词，以2010—2019为时间段，截止2019年11月，共搜索到14233条文献记录。

以"主题"分类来看，这14233条文献中，以"社会支持"为主题的文献6165篇，以"应对方式"为主题的文献631篇，以"心理健康"为主题的文献501篇，以"中介作用"为主题的文献482篇，以"社会支持体系"为主题的文献456篇（其他各主题统计情况见表6）。从这些文献，我们可以看出，社会支持理论虽然拥有尤为深厚的心理学学科背景和基础，但是它已经超越了其产生之初的研究领域，与其他学科领域相交叉，运用到社会生活各个领域，这些研究成果为我们研究留守儿童成长的社会支持系统提供了借鉴。

表6　社会支持研究文献主题统计表

主题	文献数量/篇	主题	文献数量/篇
社会支持	6165	生活满意度	168
应对方式	631	道德品质	167
心理健康	501	职业倦怠	164
中介作用	482	中学生	162
社会支持体系	456	生存质量	160
领悟社会支持	415	自我效能感	153
生活质量	408	社会支持理论	138
主观幸福感	408	社会支持量表	138
主观支持	390	相关性分析	136
社会支持系统	360	中介效应	136
老年人	318	心理健康水平	135
相关性	298	影响因素	129

（续表）

主题	文献数量/篇	主题	文献数量/篇
客观支持	279	自我效能	128
社会支持评定量表	270	调节作用	122
孤独感	207	留守儿童	116
心理弹性	191	社会工作	111
相关性研究	178	大学生	105
心理健康状况	176		

从文献数量年度分布来看，2010至2019十年间，截止2019年11月，每年都有数不胜数的研究成果关涉“社会支持”，将“社会支持”应用到政治、经济、文化、社会、教育等各个领域。由此可见，社会支持理论具有非常广泛的应用领域，关涉到社会生活的方方面面，对社会各领域内问题的解决具有非常重要的价值与意义。这些研究成果为本研究扩展了研究视野，拓宽了研究思路。其中，2018年文献数量为1830篇，排在首位；2016年，文献数量为1732篇，居第二位；排在第三位的是2019年，文献数量为1653篇（关于社会支持的研究文献年度统计详情见表7）。

表7　社会支持研究文献年度统计表

年度	文献数量/篇）	年度	文献数量/篇
2019年	1653	2018年	1830
2017年	1632	2016年	1732
2015年	1545	2014年	1326
2013年	1391	2012年	1201
2011年	992	2010年	834

从文献研究领域来看，社会支持理论在众多学科领域均有应用，对于这些领域内的问题判断、分析和解决具有良好的理论支撑作用。其中，社会支持理论在“基础研究（社科）”领域内使用非常广泛，文献数量达到3781篇，居第一位；在“工程技术（自然）”领域的应用也比较普遍，文献数量为1948篇，居第二位；排在第三位的是“基础与应用基础研究（自然）”领域，文献数量为790篇（其余各个领域文献数量详情见表8）。

表8 社会支持理论在各领域应用情况统计表

领域	文献数量/篇	领域	文献数量/篇	领域	文献数量/篇
基础研究(社科)	3781	行业技术指导(自然)	324	大众文化	16
工程技术(自然)	1948	基础教育与中等职业教育	95	大众科普	7
基础与应用基础研究(自然)	790	高等教育	94	高级科普(自然)	6
政策研究(社科)	533	职业指导(社科)	60	文艺作品	2
行业指导(社科)	504	政策研究(自然)	47	经济信息	2

从研究机构来看,社会支持的研究者主要分布在各地高校。2010年至2019年十年间,截止2019年11月,关注社会支持理论,并运用社会支持理论开展研究的最大学者群体在华中师范大学,文献数量为143篇,其次是湖南师范大学,文献数量为115篇,排在第三位的是北京师范大学,文献数量为109篇。其他全国各级各类高校都对社会支持理论比较关注,运用社会支持理论开展研究的学者数量众多(社会支持理论研究者所在高校统计具体情况见表9)。

表9 社会支持理论研究者高校统计表

高校	文献数量/篇	高校	文献数量/篇	高校	文献数量/篇
华中师范大学	143	福建师范大学	59	复旦大学	43
湖南师范大学	115	苏州大学	58	贵州师范大学	43
北京师范大学	109	北京大学	57	广州大学	43
山东大学	106	武汉大学	54	四川师范大学	43
西南大学	105	华中科技大学	53	上海师范大学	43
吉林大学	85	山东师范大学	53	广西师范大学	42
河南大学	85	华南师范大学	52	南昌大学	41
陕西师范大学	83	华东师范大学	46	西北师范大学	41

（续表）

高校	文献数量/篇	高校	文献数量/篇	高校	文献数量/篇
南京师范大学	77	天津师范大学	46	山西医科大学	41
郑州大学	74	中国人民大学	45	哈尔滨师范大学	40
安徽医科大学	73	河北联合大学	44	江西师范大学	40
中南大学	69	沈阳师范大学	44	南京大学	39
石河子大学	66	安徽师范大学	44		
中山大学	62	华北理工大学	44		

综上所述，“社会支持”研究成果非常丰富，社会支持理论已经广泛应用于社会生活的方方面面，这为本研究的开展奠定了坚实的理论基础。社会支持一般是指来自个人之外的各种支持的总称，是与弱势群体的存在相伴随的社会行为，通常分为正式支持与非正式支持两大类。[①]最早的“社会支持”理论来源于“社会病原学”，并与个体的生理、心理和社会适应能力相联系，并只限于对“社会心理健康”的研究和探讨。但是，随着研究的不断深入和拓展，社会支持理论作为一种理论范式，被广泛应用于社会研究各个领域，超出了原本的研究范畴，其内涵与外延不断扩充，涉及社会方方面面，特别是向困难群体和弱势群体提供的精神和物质等多方面的资源、资助和援助等，皆被纳入到“社会支持”的范畴，其目的在于帮助弱势群体或困难群体摆脱生存与发展的困境，解决面临的问题与危机，从而拥有高质量的社会生活。[②]

社会支持理论预设弱势群体应该在一定程度上满足相关需要才能够摆脱困境。这些预设包括：社会救助的需要、制度（政策）需要、人力资本提升或结构优化的需要、网络支持需要、专业性技术支持需要等等。正是弱势群体具有这样多元化的需求，决定了社会支持的复杂性与多样化，也决定了支持主体协同合作的必要性。正因为如此，不少学者在使用社会支持开展研究的过程中，不

① 张友琴．社会支持与社会支持网——弱势群体社会支持的工作模式初探[J]．厦门大学学报（哲学社会科学版），2002(3)：94-100.

② 林顺利，孟亚男．国内弱势群体社会支持研究述评[J]. 甘肃社会科学，2010(1)：132-135.

断拓展其外延，在更加广泛的意义上使用“社会支持”这一概念，社会支持的主体从个体扩大到组织，被支持者也从单一的弱势群体扩大到需要资源和帮助摆脱困境的群体，支持的内容从单一的物质支持扩大到精神支持以及多元化的支持。

本研究在广义范围内使用“社会支持”概念，将“社会支持”概念紧紧围绕留守儿童成长与发展中的核心问题展开，因此，本研究这样界定“社会支持”概念：为了满足留守儿童成长和发展需要，实现儿童的健康权、教育权、生存权和发展权，促进儿童身心发展的各级各类资源支持和情感支持社会网络等，意在使儿童感受到被关心、被爱护、被尊重。

三、关于“留守儿童社会支持”的相关研究文献分析

留守儿童是我国特殊时期产生的群体，其成长与发展具有特殊性，这个群体面临着特殊的困难和问题，需要更多的社会关注和支持。学者们对留守儿童社会支持相关问题的研究也非常丰富。以“留守儿童”“社会支持”为篇名关键词进行搜索，在中国知识基础设施工程网页中，以2010—2019为时间段，截止2019年11月，可以搜索到161条文献记录。2017年和2015年文献数量较多，均为27篇，排在首位，其次是2014年和2016年，均有18篇，排在第三的是2018年，有文献17篇。整体上看，研究留守儿童社会支持的文献篇目并不算多。

从文献关键词分布来看，这161篇文献中，有113篇以“社会支持”为关键词，103篇以“留守儿童”为关键词，有37篇以“农村留守儿童”为关键词，其余关键词还有：社会支持网络、心理健康、社会支持系统、领域社会支持、自尊、孤独感、问题行为、社会工作、心理弹性、自我意识等等。从这些关键词可以看出，与“留守儿童”相关的研究还主要集中在教育学、社会学和心理学领域，学者大多采用本学科的概念设定与研究范式对留守儿童群体的问题进行分析和探讨，提出具有深厚学科基础的建议和策略。（文献关键词统计如图1所示。）

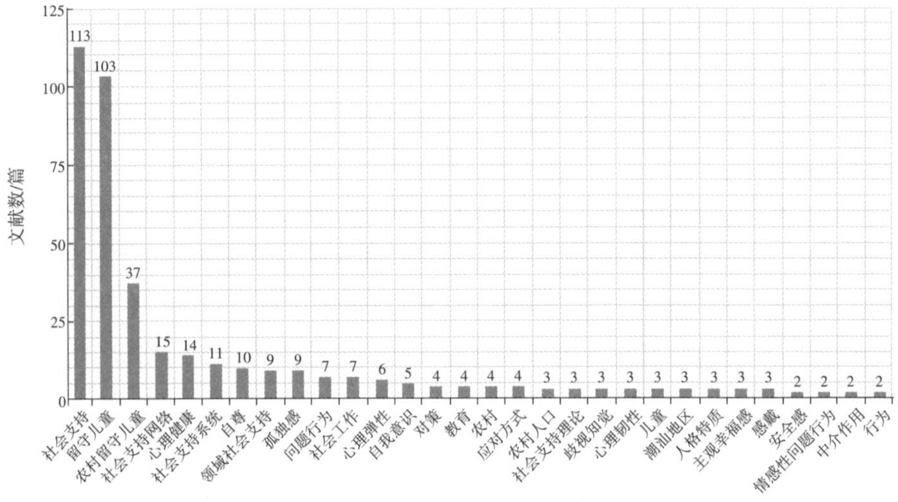

图1　留守儿童社会支持文献关键词统计

围绕“留守儿童”与“社会支持”两个关键词，本研究所收集到的文献主要集中在教育学、心理学和社会学三大学科领域。从教育学的学科立场出发，有研究者从工具性支持、情感性支持、亲密与陪伴、价值肯定四个维度进行测量，结合五个社会支持来源，分析留守儿童社会支持的现状，提出教师要承担起关爱留守儿童的重要职责，加强教师培训，加强留守儿童的心理健康教育，开展丰富多彩的校园文化活动，促进同伴交往，加强家校沟通等建议。①有研究者开展了社会支持理论视域下农村留守儿童的教育问题研究，以社会支持理论为基础，分析了监护人、学校、外出务工的父母、政府和其他社会支持力量在关爱留守儿童、解决教育问题方面的不足，提出相应的解决对策，以期建构全方位的留守儿童社会支持系统，共同为农村留守儿童谋福利。②

从心理学的学科立场出发，有研究者以社会支持量表、心理弹性量表、社会适应量表为工具，以广西靖西县，湖南绥宁县、洞口县、芷江市共十一所学校的四、五、六年级小学生和初中生为被试，包括留守儿童1110名，非留守儿童792名，探讨了留守儿童社会支持、心理弹性与社会适应的状况及三者之间的关系，并认为非留守儿童的社会支持、心理弹性与社会适应状况都要比留守儿童好。

---

① 黄梦杰．农村留守儿童社会支持与学校教育的关系研究[D].上海：上海华东师范大学，2016:1-2.

② 李敏，陈道发．社会支持理论视域下农村留守儿童的教育问题研究[J].教学与管理.2015（8）：45-47.

留守初中生的社会支持水平、心理弹性水平以及社会适应水平都要高于留守小学生；母亲是留守儿童最重要的社会支持源，母亲外出对留守儿童心理弹性与社会适应发展最为不利；与父母联系频率高的留守儿童的社会支持、心理弹性与社会适应状况比与父母联系频率低的好；城市留守儿童不管是在社会支持、心理弹性还是社会适应上都要优于农村留守儿童。①有研究者开展了留守儿童、流动儿童自我发展与社会支持的比较研究，以5所小学的648名儿童为被试，研究留守、流动儿童自尊、自我意识的发展特点，并探讨社会支持对留守儿童自尊、自我意识的影响。结果显示，留守儿童、流动儿童的社会支持水平低于普通儿童，留守儿童、流动儿童在自我意识总体水平上，与普通儿童无明显差异；但在躯体外貌维度上得分要显著低于普通儿童；留守儿童、流动儿童的自尊发展水平低于普通儿童，而留守儿童与流动儿童两者之间无显著差异，留守儿童、流动儿童的自尊与自我意识存在显著相关。②

从社会学的学科立场出发，有研究者通过对贵州毕节留守儿童自杀事件的反思，探析儿童保护政策与留守儿童社会支持系统的改进和完善，从儿童社会保护政策视角，认为留守儿童面临着物质性、心理性、社会交往及适应三大“非健康”的困境，脱离困境需要政府、社会组织、学校、社区、家庭等层面协同创新，构建新常态下的留守儿童立体化的社会支持体系，从而可持续地提升留守儿童的生命质量。③有研究者以大众媒介中关于留守儿童社会支持体系的新闻报道为切入点，采用内容分析的方法，进行系统的、定量的分析，得出留守儿童社会支持体系的表面化、短期性、解体化的特点，并在此基础上提出祛魅研究中的城市中心主义、着力政策中的系统整合逻辑两个建议，试图回答“以何种方式关爱留守儿童”这一问题。④

---

① 肖梦洁.留守儿童社会支持、心理弹性、社会适应现状及其关系研究[D].桂林：广西师范大学，2015:1.

② 马向真，刘瑞京，王漫漫，等.留守儿童、流动儿童自我发展与社会支持的比较研究[J].教育研究与实验，2015(3)：49-53.

③ 马良，郭玉飞.儿童保护政策与留守儿童社会支持系统——对贵州毕节留守儿童自杀事件的反思[J].青少年研究与实践，2015(4)：8-12.

④ 钱洁.以何种方式关爱留守儿童——对大众媒介中留守儿童社会支持体系的内容分析[J].上海教育科研，2012(5)：26-28.

以“留守儿童”和“社会支持”为关键词进行研究的专著成果比较多。万增奎在《农村留守儿童的精神诉求和社会心理支持研究》一书中，以精神诉求理论、社会支持理论、社会化理论、社会弱势群体理论、人格发展理论，特别是马斯洛的需求层次理论为基础，系统地分析了我国农村留守儿童精神诉求和精神信仰的现状，剖析了留守儿童的基本需求和社会需求的成因、特点，并对留守儿童的心理状态和人格发展现状进行了调查，初步了解了留守儿童的精神诉求结构和这些诉求的主客观因素。卢德生在《留守与流动儿童受教育的社会支持研究》一书中，从微观社会支持的视角，对“留守儿童”与“流动儿童”两个群体在受教育问题上所面临的困难和阻碍进行了深入分析，提出在留守与流动儿童受教育社会支持体系建构上要体现四大基本价值定位：一是促进形成多元整合的教育合力，二是要服务于营造健康的学校亚文化，三是要防止阶层固化，促进健康流动，四是要促进中国乡村再造。在社会支持体系构建上，要发挥学校在体系中的主导作用，建立支持主体之间的联动机制，培养儿童社会支持的利用能力。在社会支持途径上，家庭要让监护与亲情不缺位，学校要让管理与关爱生成教育力，同伴要进行榜样示范与情感安慰，社区要分享资源构建桥梁。陈旭主编的《留守儿童的社会性发展问题与社会支持系统》一书对留守儿童的情绪性问题、攻击行为、依恋、孤独感、自尊、主观幸福感、社会自我发展、领悟社会支持与情绪认知、心理弹性、自我提升等进行了深入的调查和研究，分析了留守儿童心理问题的典型表现、主要特征和影响因素，从积极心理学的视野出发，通过系列团队心理辅导、探索培养留守儿童积极心理品质的模式与策略，构建了留守儿童有效社会支持的干预模型，为促进留守儿童心理健康教育提供了科学依据和方法指导。

综上所述，学术界对“留守儿童”“社会支持”的研究涉及颇多，但是，从研究立场来看，研究者依然是以“他者的眼光”关注留守儿童群体，缺少对留守儿童群体中亚群体的思考和观照，对留守儿童群体内部错综复杂的真实问题和需要缺乏细致的深描，在宏大数据的背后缺乏对微观体验和个体经验的关切，探索如何构建符合留守儿童真正需要的社会支持体系迫在眉睫。

第三节　研究设计

本研究以西南民族地区留守儿童为研究对象，对他们的学习、生活、心理等基本情况进行调查研究，遵循质化调查、量化分析、理论探讨、策略建构的步骤。通过客观公正的数据收集，对研究对象进行整体、自然和全面的描述和掌握，从而达到对研究问题的深刻分析。从西南民族地区留守儿童存在样态与现状研究入手，明确研究的对象与目的，厘清西南民族地区留守儿童成长的影响因素，探讨留守儿童社会支持系统基本内涵、功能与结构，构建适合留守儿童成长的“社会支持模式”。

一、研究对象的确认

本研究的对象为西南民族地区留守儿童（下文简称“留守儿童”）[①]。我国西南民族地区地理环境特殊，人口、经济、文化、教育等都具有一定的独特性和差异性，这些地区的留守儿童所面临的问题和困境具有自身的特点。着重对这个地区的留守儿童开展研究，具有十分重要的现实意义和价值。因而，本研究聚焦西南民族地区留守儿童，希望通过建构“社会支持模式”，为解决留守儿童的问题提供一定的借鉴和参考。

我国西南民族地区是少数民族分布非常广泛的区域，在本研究中所指涵盖了四川、重庆、云南、贵州18个自治州（县）。具体而言，重庆有4个自治县，包括石柱土家族自治县、秀山土家族苗族自治县、酉阳土家族苗族自治县、彭水苗族土家族自治县。云南有8个自治州，包括德宏傣族景颇族自治州、怒江傈僳族自治州、迪庆藏族自治州、大理白族自治州、楚雄彝族自治州、红河哈尼族彝族自治州、文山壮族苗族自治州、西双版纳傣族自治州。四川有3个自治州，包括阿坝藏族自治州、甘孜藏族自治州、凉山彝族自治州。贵州有3个自治州，黔西南布依族苗族自治州、黔东南苗族侗族自治州、黔南布依族苗族自治州。这18个民族自治州在全国民族经济发展格局中具有重要的战略地位和意义。自中华人民共和国成立以来，党和人民政府一直致力于提高民族地区的社会生产

① 若无特别需要说明的地方，本研究为行文方便在文中将“西南民族地区留守儿童”简称为“留守儿童”。

力，减少和消除贫困现象，发展具有民族特色的现代农业，以中华民族共同体意识统领各方面工作，推动民族地区经济社会跨越式发展，力求在全国人民实现小康的路上“一个民族都不能少”，正如习近平总书记所言，“各民族像石榴籽一样紧紧抱在一起”。在奔向小康的道路上，西南民族地区的人民群众为了改变自身家庭经济状况，随着国家有关劳动力流动政策的变化和城市现代化建设对低端劳动力需求量的增加，大批流向城市，劳动力流动规模逐年扩大。不少青壮年离开家乡，寻求工作机会。但是由于各方面因素的影响和制约，他们不得不将孩子留在农村老家交给老人或其他亲戚代为照顾，这就形成了我国农村地区一个特殊群体——“留守儿童”。2013年，全国妇联课题组公布的《中国农村留守儿童、城乡流动儿童状况研究报告》认为，根据《中国2010年第六次人口普查资料》的样本数据进行推算，我国农村留守儿童约为6102.55万。在这个巨大的数字背后是一个庞大的留守儿童群体。这些留守儿童在成长过程中由于父母亲子沟通的缺失和监督与教育的缺位，出现了许多问题，西南民族地区农村留守儿童由于其特殊性，面临的危机更为严峻。

二、研究问题的厘清

研究的开展必须基于对问题的精准界定。人们日常言说的“留守儿童问题”并不能提炼出人们真正关注的问题焦点。从客观上来讲，父母不在身边，留守儿童在家庭结构不完整的情况下成长，的确会面临诸多问题。研究发现，留守儿童主要面临着以下四大基本问题：

第一，生活问题。由于留守儿童尚在成长过程中，对成人的依赖性强，在生活自理能力上还比较欠缺，因此，当父母不在身边的时候，可能要为生活付出更多劳动。在家里成年劳动力缺乏的情况下，留守儿童还要参加生产劳动，承担超过自身年龄和身体负荷的体力劳动。特别是贫困地区，与祖辈生活的留守儿童还需要照顾日渐衰老的老人，其承担的劳动可想而知。

第二，教育问题。我国农村地区经济社会不发达，教育水平相对落后，学校教育质量堪忧。在农村上学的孩子得到的学习帮助少，学习习惯差，学业成绩往往低于全国平均水平。许多调查研究表明，留守儿童在学业上没有良好表现，成绩较差，即使在小学阶段在校率较高，随着年级的升高，学生的流失率也不断上升,小学教育完成后外出务工的人越来越多。新的“读书无用论”在农村盛行,不少留守儿童对外出挣钱充满好奇,羡慕那些外出挣钱的大人,一心想出去挣钱,享受城市生活。因此,在接受教育问题上,留守儿童并不认为教育是使自己过上美好生活的基本途径。

第三,心理问题。由北京上学路上公益促进中心发布的2018年度《中国留守儿童心灵状况白皮书》显示,留守儿童的数量近年来已经大大降低,对留守儿童来说,生活和经济困难并不是最大的问题,这些孩子最大的问题还是长期与父母分隔两地造成的心理问题。该项研究从2017年12月启动实施,历时9个月,涉及19个省、自治区、直辖市,样本总数11126份。调查在华东、中南、西南、华北、西北、东北六个地区进行抽样,从愉悦、平和、烦乱、迷茫四个方面,对留守儿童的情绪状态进行了系统、持续的调查研究。研究显示,留守儿童逆反期提前至小学五年级。在各个年级,留守儿童对父母的情感依恋、精神依赖、行为依附得分都显著低于非留守儿童。值得关注的是,处在五年级的留守儿童在父亲行为依附一项的得分出现负值,说明较早对父亲产生青春期逆反倾向。孩子怨恨的不是“外出”,而是父母内心的忽视。孩子可以在一定程度上理解父母外出打工是为了养家,而未外出打工的一方若缺失对孩子的心灵关爱与生活照顾,则会给留守儿童内心带来更难以抚平的伤害。父母都不在身边的留守儿童,更善于将真我一面掩藏。留守儿童在各情绪评估指标中均得分最低,但在核心自我评价中得分高,该部分数据甚至略高于部分半留守儿童,这种矛盾的现象,恰恰反映了一种无意识的对负面情绪的压抑,平和表象下或许存在更复杂的情绪隐患。[①]由此可见,农村留守儿童在心理上产生的问题非常复杂,必须引起关注,寻求必要的解决路径。

第四,安全问题。儿童的自我保护意识不强,对日常生活中可能遭遇的安全隐患毫不知情,留守儿童人身安全问题尤为突出,性侵、意外伤害、溺水、电击、车祸、中毒等安全事故在留守儿童群体中经常发生。以校园为活动中心,留守儿童也面临着学生之间的暴力、打斗、欺诈、侵权行为,上网游戏、聊天、不健康书刊音像作品造成的不良影响围绕四周,社会黄赌毒悄悄影响着他们,社会

① 央广网.2018《中国留守儿童心灵状况白皮书》发布 约20%留守儿童一年与父母联系不超4次[EB/OL].(2018-10-17)[2021-09-12].http://china.cnr.cn/gdgg/20181017/t20181017_524387907.shtml.

不法分子对青少年的引诱、拉拢、教唆等让人对留守儿童的处境心生不安。这些安全问题让留守儿童的生存处境变得危险,这也是社会各界对留守儿童颇为关注的原因所在。若是庞大的留守儿童群体不能够健康成长,在人生的道路上偏向犯罪或违法,社会将为之付出惨痛的代价。正因为如此,留守儿童的健康生活和成长不仅仅是一个个体、一个家庭的事情,更是整个国家和社会的事情。

作为与我国城镇化、工业化和农民工流动相伴生的一种社会现象,留守儿童的生存与发展缺乏相应的资源和社会支持,的确会存在诸多问题,比如,学习滞后、心理失衡、行为失范、安全堪忧等等。不少的调研报告、新闻媒体对这类问题的反映和报道即是明证。由于父母近距离监管的缺失,留守儿童在形成人生观、世界观和价值观的关键时期缺少必要的引导和教育,这对于留守儿童正确人格的形成和社会性发展具有一定程度的制约和影响。

另一方面,调研发现,留守儿童中仍有一部分儿童并未检出问题,相反,由于经济上比较充裕,在生活上得到保障,他们在学业上并未落后,心里充满阳光,身体健康强壮,整体上来讲,他们的童年时期都处于积极向上的态势。这与人们提到的"留守儿童"刻板印象大相径庭。正因为如此,有学者呼吁,要防止"污名化",不能给留守儿童贴上"问题儿童"的标签。从这个意义上来讲,虽然他们也站在留守儿童的行列,但并不代表他们的生存与发展存在问题。所以,很有必要对"留守儿童"进行一定程度的区分,以明确问题解决的针对性。

至此,不难发现,"留守儿童问题"的问题在于对留守儿童群体的"一刀切",忽略了留守儿童中的个体差异、地区差异、性别差异、阶段性差异等。每一个留守儿童都是一个具体的"人",并与其他的儿童相区别开来。"留守儿童问题"的表述以偏概全,常常会引发人们对这一群体的异常关注,也会导致媒体对与留守儿童相关事件报道的放大和发酵,甚至会产生社会歧视。这一切反而会导致留守儿童人文生存环境的恶化,或将引起留守儿童自我认知的障碍。

儿童并非生而有问题,而留守的状态可能导致问题的出现。儿童在成长和走向独立的过程中,面临着重重困难与艰险,需要他人的教育、管理、支持和扶助。正因为如此,对于成长中的儿童来说,留守状态是极为不妥的生存形式,特别是亲子关系的疏离会对儿童心理造成一定程度的影响。同时,儿童是社会的未来成员,各种关系存在都会在儿童成长中投射下印记。在此意义上,"留守儿童问题"的实质就是儿童生存与发展权益保护的问题,加之,在此成长阶段儿童的人生观、价值观和世界观正在形成，并且儿童正处于接受学校系统教育的关键阶段，因此，留守儿童问题的内核需要用“教育”的力量和手段来缓解或突破。换言之，受教育问题是留守儿童问题的核心。尽管教育并非万能的，但是，教育在未成年人成长过程中具有不可替代的作用和功效，具有其他手段无法比拟的优势。人们对留守儿童受教育问题的关注就是对这个特殊群体生存与发展权益保护问题的思考，也是对未来社会公民的审视，也是对人类未来发展可能的考量。

以“留守儿童受教育问题”来言说人们对留守儿童的关注，聚焦儿童成长中真正的需要，可以更加明晰问题的针对性，提醒人们在面对留守儿童出现的各种问题之时，不要以简单思维去看待和处理，而应该以儿童为圆心，思考家庭、社会、学校等主体如何构建适合儿童成长的社会支持网络，促进教育公平，提高教育质量，提升留守儿童接受教育的水平，为我国社会各项事业的发展提供人力资源支持和保障。

三、研究框架的制定

本研究沿着“理论扫描—实地调研—策略建构”的基本思路开展，希望通过研究小组的努力，丰富留守儿童问题的研究成果，深化民族教育的原理与理论，指导留守儿童成长的实践，这对于在新形势下正确履行各个支持主体的使命和责任，实现各个支持主体作用的充分发挥具有十分重要的意义和价值，从而推动西南民族地区因地制宜解决留守儿童问题。本研究主要从以下六个方面开展：

第一，对儿童成长问题的理论扫描。通过分析作为完整人之发展的需要与儿童成长的社会化要求，直面儿童成长中的经济学悖论。一方面，家庭经济发展迫在眉睫，另一方面，留守儿童发展刻不容缓。儿童留守农村现象，从宏观层面涉及我国经济社会发展水平差异以及经济不发达地区可持续发展问题，从微观层面涉及儿童成长的原生家庭结构欠完整，在形成世界观、人生观、价值观的最为重要的阶段失去了来自家庭的支持，家庭生态系统遭到破坏，由此引发儿童在需求满足上的“情感空洞”，从“人”的社会化路径出发，儿童成长需要社会支持的出场。对留守儿童的支持要从长远考虑，帮助留守儿童从依赖走向自强，按照生涯认知、生涯探索、生涯定向与生涯准备、生涯成熟的基本规律，帮助留守儿童获得谋生的技能和形成个人良好的生活方式。在共时轴上，应该考虑每一个儿童个性化的需求与教育；在历时轴上，还应该考虑儿童一生的职业规划与社会流动。

第二，留守儿童成长问题的基本认知。研究发现，留守儿童群体出现诸多问题，例如，学业表现令人担忧，心理健康出现异常，日常生活面临困难。与此同时，研究也发现，留守儿童并非全是问题儿童，不少积极向上的留守儿童，他们能够正确面对自身留守的处境，感恩父母的辛苦劳作，认真刻苦学习，愿意帮助同学，在同龄人中树立了很好的榜样。研究小组对来自西南民族地区的大学生进行筛选，邀请童年曾经有过留守经历的本科学生参与问卷调查，发现这些大学生在留守儿童阶段能够感受到的社会支持中，排在第一位的是祖辈和其他亲属（这里的亲属指非直系亲戚，后同），第二位的是学校老师、同学和同伴，第三位的是父母，而能够感受到的其他社会支持来源不够明确，其自我支持能力在不断增强。留守是一种存在风险的儿童存在状态，需要社会支持的介入。能够获取和利用的社会支持越多，留守儿童就越能获得良好发展，也就越能够从不利的处境中脱离出来。

第三，西南民族地区留守儿童成长的现有社会支持系统分析。我国西南民族地区是少数民族分布非常广泛的区域，在本研究中所指涵盖了四川、重庆、云南、贵州18个自治州（县）。这些地区经济发展水平低，农民增收的途径还需要拓展。研究小组通过设计问卷、实地调研、深度访谈等研究方法，对我国西南民族地区留守儿童的现状进行深入调查、研究，分析在当前社会转型背景之下，特别是在改革开放以来，中国社会生产力、综合国力、人们生活水平大幅提高的现实语境下，留守儿童成长中面临的新问题、新情况和新需求。

研究小组选择了一个少数民族自治州作为样本，采用了文献法查阅了政府部门网站，对其下辖的某县县政府、县妇联、县团委、县民政、县教体委、县下辖的镇政府、小学学校及留守儿童家长和留守儿童等相关组织、群体和个人进行了访谈。分析留守儿童成长和发展中所面临的社会支持特点和属性，调查留守儿童及家长对社会支持的感受和想法，研究小组围绕“留守儿童社会支持系统”引导谈话，谈话背后隐藏的基本思路主要涵盖了六个方面的问题：对留守儿童群体特征的认知、对社会支持的理解与观念、采取的社会支持行动、对社会支持行动的反思、对后续社会支持的谋划以及其他社会支持的整合思考。通过对所搜集资料的整理,总结现有社会支持的经验和问题,为进一步完善留守儿童社会支持体系奠定基础。

第四,西南民族地区留守儿童成长社会支持系统构建的基本原则。通过对社会支持的结构与功能的研究,明晰构建适合留守儿童成长的社会支持模式的可能性和必要性,明确各个支持主体及其责任,理性把握留守儿童成长中的现实困境,以战略的高度、人文的厚度、正义的宽度、成长的效度为指引,全面剖析留守儿童成长困境的成因、影响因素及其实质,为有针对性地提出促进西南民族地区留守儿童健康成长的有效策略提供依据和参考。为了实现儿童的健康权、教育权、生存权和发展权,各个社会支持主体应该主动解读留守儿童的基本特征,知悉留守儿童成长的特殊性,理解留守儿童成长的长期性与复杂性,正确研判社会支持的多重属性,了解社会支持主体的多元性、社会支持内容的多样性、社会支持策略的差异性、社会支持环境的辐射性,明晰社会支持的发生机理,整合社会支持的价值,聚焦社会支持的需求,评价社会支持的反馈,推动社会支持体系的建设和完善。

第五,西南民族地区留守儿童成长社会支持系统的基本框架。在前期调研和分析的基础,总结基础研究的经验和结论,本部分从"4S社会支持模式"建构的目标、原则、框架、方法等多个方面进行深入的探寻与研究,构建一个科学合理的模式,包括支持主体的明晰、支持内容的确认、支持策略的选择和支持环境的建立,从而丰富民族教育研究的成果。结合理论研究和调研的实际情况,本研究以不断完善和补充已有社会支持体系为核心,构建家庭、学校、政府、社会等各个支持主体联动的工作框架,进一步明确支持者(Supporter),明晰支持内容(Substance),确定支持策略(Stratcgies)、改善支持环境(Surroundings),构建适合儿童成长的内容充实、策略多样、环境亲和的社会支持框架。在支持主体方面,以政府为主导,多主体共参与;在支持内容上,以政策为主线,聚合社会资源;在支持策略上,以儿童为中心,多支持相结合;在支持环境上,以学校为阵地,铸牢中华民族共同体意识。

第六,西南民族地区留守儿童成长社会支持系统的运行机制。留守儿童社会成长支持系统还需要动力机制、协调机制和反馈机制的保驾护航,建立和完善相应的动力机制、协调机制和反馈机制,才能保障留守儿童社会成长体系的顺畅有序运行。没有这三大机制的协同与合作，留守儿童社会成长系统就会成为“空中楼阁”。本部分将分析“4S社会支持模式”的运行机制，包括各个要素相互之间的不同关系，并对其中的动力机制、协调机制和反馈机制进行重点研究，掌握模式运行的基本规律，从而在尊重基本规律的基础上有效发挥社会支持的作用，推动问题的解决。通过政府部门支持留守儿童的合法性确证，学校支持留守儿童的合理性检视，社会组织支持留守儿童的合情性回归，家庭支持留守儿童的合德性呼唤四个方面来构建社会支持体系的动力机制。协调机制的建立在于支持者间的互动沟通、支持内容的丰富完善、支持策略的精益求精。反馈机制的建立在于利用大数据全面监测、借助“互联网+”全程监管，推动社会支持效果反馈。

四、研究方法的运用

本研究主要采用了文献研究法、问卷调查法、访谈法、典型案例法、参与式观察法等研究方法，并广泛利用研究者所在高校在校学生暑假社会实践活动开展西南民族地区留守儿童情况调研，收集资料和信息，积累了丰富的一手资料。

研究小组通过学术搜索引擎、图书馆、电子图书等多种方式搜集和整理了社会支持和留守儿童的有关理论与研究文献，学习和借鉴了相关研究成果，不断提升对研究问题的认知水平和理论高度，逐渐扩大研究视角，充分拓展研究思维，为本研究的深入推进提供了理论支持。

研究小组针对不同的调查对象，设计了与本研究课题密切相关的问卷，同时深入西南民族地区发放问卷，了解留守儿童的家庭的经济情况、养育孩子的观念以及实施的养育措施，获取他们的学习、生活、心理以及需求等基本情况，同时访谈了留守儿童监护人及不同社会组织，获取他们对留守儿童的各方面支持情况。

研究小组成员利用寒暑假时间深入走访西南民族地区留守儿童的父母、学校、老师以及有关党群组织、政府部门、基层干部等，获取不同角色、不同社会组织从不同角度对留守儿童问题的认识、支持和进一步的建议。利用暑假社会实践机会，接触留守儿童，获取更加真切的第一手资料。在研究过程中，研究小组甄选了具有典型性和代表性的样本，进行深入的跟踪和观察，进而总结和提炼出典型案例,从对典型案例的分析与研判中获得启示,从而佐证论点。

问卷调查和访谈并不能保证预期的研究结果,本研究还进行了深度专题调查,深入到农村留守儿童的学习与生活实践之中,通过亲自参与留守儿童的校园学习、生活,对他们的生理、安全、归属与爱、认知与尊重以及自我实现等各方面的需求进行系统直接的观察,并利用录音、日志、录像等手段详细记录他们的反应,从而收集具体而翔实的第一手资料。

第一章

留守儿童成长问题的理论扫描

根据人的生命成长历程来判断，留守儿童的生命基本特征为：在特定的农村地理背景之下成长的未成年人，经济上完全依赖父母，而父母提供的家庭教育或亲情纽带缺失，学校是最主要的教育源，个体能动性在逐渐成长和成熟。当我们谈及留守儿童的基本特征时，往往把留守儿童抽象化、概念化、普遍化，忘却了人存在的独特性，实际上，每一个留守儿童都有其特性，区别于另外一个留守儿童。

儿童是独立的人，留守儿童是众多儿童中具有独特性的群体，留守儿童研究是儿童研究的分支。研究留守儿童需要从儿童研究中汲取养分。儿童作为完整人发展的需要遭遇了成长过程中的经济学悖论，在家庭做出权衡与选择的过程中，儿童的权益和权利被有意无意地忽视了，社会支持的出场或许能够在一定程度上弥补儿童成长中的缺憾。

第一节　作为完整人之发展的需要

儿童的生存与发展关乎国家未来和民族命运，用正确的儿童观认识留守儿童问题至关重要。传统的儿童观一味将儿童置于被人“宰制”的地位，完全忽略了儿童的生命整体。对儿童的观照，应该顺应儿童生命活动的内在机制与机理，减少为了某种目的的“作秀”，增强对儿童成长规律的整体认知和判断，深入儿童的心灵世界，探寻其内心真正的需求，而不是以旁观者身份做"自以为是"的推断。

一、儿童成长中的需要满足

对于留守儿童而言，精准识别其留守状态显得尤为重要。特殊的生活环境、不同的家庭境遇与社会资本保有状态等等都会在留守儿童身上留下"烙印"。特别是在当前我国大力推进乡村振兴背景之下，留守儿童的成长离不开乡村文化的复兴与繁荣。乡村的振兴需要考虑留守儿童的存在，支持留守儿童的生命成长。当然，一切外在的支持都应该以"留守儿童"个体的现实需求为出发点，敬畏儿童成长的规律，尊重其精神生活方式。对于儿童来说，生命整体的成长过程是一个积极适应、主动建构的自我完善过程。

考虑到儿童成长的特殊性，当前社会各界对留守儿童的"过度关爱"，有可能成为阻抗儿童成长的"源始的结构整体性"的"操心"。这种"我认为你需要"的心态对于儿童而言是致命的，不仅会泯灭留守儿童作为生命个体逐渐学会自我选择、自我完善的可能性，而且会遮蔽留守儿童生活的自觉意识，使之成为"不会为自己的生活操心、不会操心别人、不会操心周围事物"的人。①

成长中的人在不同阶段有不同的需求。美国社会心理学家、人格理论家和比较心理学家亚伯拉罕·马斯洛(Abraham Harold Maslow)分析了人的基本需求，认为人在发展过程中潜藏着五种不同层次的需要，在不同的阶段所显示出来的需求种类不同，需求的迫切程度也各异。人的需求若是得不到满足，就会失去成长与发展的动力。

第一层级，生理需要。这是人类维持自身生存的最为基本的需要，包括衣食住行等方面的要求，若是这类需求不能得到满足，人类的生命就会受到威胁，因此，生理需要的满足感是人最为强大的动力。对于儿童而言，能够保障基本的生活所需，奠定成长的基础，这是成人世界首先应该为之考虑的事情。但是，留守儿童，特别是贫困地区的留守儿童在拮据生活中成长，无疑会给其人生增

① 苗雪红.面向儿童生命整体的儿童教育——对儿童教育问题的现象学思考[J].安徽师范大学学报(人文社会科学版),2013(6):712-716.

添诸多困难。没有生活上的保障,其成长与发展会成为奢谈。

第二层级,安全需要。从整体上来讲,人类趋利避害的本能造就了人们对安全的追求,生命安全、心理安全、财产安全等等能够保证人类在成长中心境的平和和安宁。留守儿童的心理安全需要尤应得到关注。由于父母角色的缺失,其幼小的心灵往往无法找到依靠和庇护,容易引起怀疑、猜忌、胆小、自卑等心理问题,成长中的烦恼往往比同龄孩子更多。与父母分离时间越长,儿童不安全感越强烈。

第三层级,感情需要。人类具有丰富的情感表达,喜、怒、哀、乐、忧、惧等情感的呈现使人成其为人,特别是对友爱和归属的需要往往具有不可替代的作用。朋友、伙伴、同事、家人等的爱护,群体的支持和照顾,能够给予人战胜困难和阻碍的勇气和力量。留守儿童在其成长过程中,感情需要往往无法得到满足,遇到烦恼与困惑、紧张与焦虑,情绪无法得到应有的宣泄,缺少必要的情感安慰和共情。

第四层级,尊重需要。无论是儿童还是成人,都希望得到别人的尊重与赞许,希望自己能够有所成就,拥有稳定的社会地位。留守儿童与父母分离,"做好没人夸,做坏没人管",儿童天生的上进心和自尊心被忽视。这自然会造成儿童对未来信心的丧失,无法看到美好的人生道路。只有自尊得到满足,儿童才会对自己和他人充满信心,体验到生命的价值和意义,避免在人生路上误入歧途。

第五层级,自我实现需要。这是比较高层级的需要,对于儿童而言,若是能够发挥自身的聪明才智,挖掘内在潜力,完成与自身能力相匹配的事情,实现自身的理想抱负,这将增加他们内心的愉悦,充实他们的生活,避免生活的困苦与空虚。留守儿童在此阶段需要在各种活动中体验生活的美好,体悟生命的真谛,与成人世界积极地互动交流,不断成长和积累,只有这样,才能够实现阶层跨越,实现生活质量的提升。

这五个层级的需要并非从低到高依次排列来实现,也可能出现并列或跨越的情况,总体上来说从这五个层级来理解留守儿童的需要满足是有一定科学道理的。儿童的需求层次结构与所处地区的经济发展水平、科技教育水平和文化发展水平直接相关。在不发达地区,生理需求与安全需求往往是占第一位的,在满足最基本的生理和安全需求之后,儿童才会考虑更高层级的需求。儿童在成长过程中,基本需求得到满足之后,也会逾越需求的界限去渴望新的超越。

儿童是如此弱小,他们需要外界的支持和滋养,却又是如此强大,他们会成为未来世界的主宰。“少年智则国智,少年富则国富,少年强则国强,少年独立则国独立,少年自由则国自由,少年进步则国进步……”留守儿童是我国人口中的弱势群体,若是如此庞大的留守儿童群体能健康持续良好地发展,我国经济社会建设将后继有人,人力资源大国成为人力资源强国的进程也将向前推进一大步。

人类所处境遇及实践活动是极其复杂的。留守儿童在现实中呈现出的问题,诸如心理问题、学习问题、行为问题、安全问题等等,远远超出人们的想象。在留守儿童成长过程中,各种关系变量、随机事件、偶然影响以及不确定性都会对其发生作用,各种变量和因素又相互交织缠绕,在因与果的关系上极有可能呈现出以下四种状态:一个原因导致一个结果;一个原因导致多个结果;多个原因导致一个结果;多个原因导致多个结果。因此,当留守儿童出现某方面的问题的时候,我们首先应该叩问,是哪个或哪些原因导致的后果,这些问题在非留守儿童身上是否发生过?否则,任何论断都是无稽之谈。正因为如此,在儿童留守问题的破解上绝不能目光短浅,在共时轴上,应该考虑每一个儿童个性化的需求与教育;在历时轴上,还应该考虑儿童一生的职业规划与社会流动。

认识儿童的过程既是清晰的,又是模糊的,他们是生活在一定情境之中,可以被理解,却无法被精确分析的谜。当成人面对儿童时,并不一定能够完全理解儿童的思想和言行。在这个意义上,采用关爱留守儿童政策的“成人视角”是无法真正理解儿童的。人们无法理解留守儿童对父亲或母亲的依恋,也无法体会在离别和留守之间交替的心情,更无法想象留守儿童从弱小走向坚强和担当的心路历程。不是每一个孩子都会被留守,只有留守的孩子才懂得留守生活的艰辛。这些深藏在幼小心灵之中,不为外人所知的童年秘密,伴随着孩子的成长。在这个过程中,留守儿童在生长,在成熟,并同时显现出自主与依赖、开放与封闭、确定与不确定、自我组织与自我瓦解的矛盾与悖论。留守其实也是一个过程,留守儿童的心灵世界随着成长而变化。我们可以从多角度去逐渐理解他们,但我们永远都不能科学、客观地分析他们。毕竟我们都不再是儿童,我们只是曾经是儿童。任何对留守儿童的猜测和揣摩都是对他们的不敬。

二、儿童成长的社会化要求

儿童是发展中的人，在发展中不断实现社会化，习得成人世界的社会规范和价值标准，最终融入成人世界，这不仅是儿童自身作为完整人之发展需要，也是社会发展进步的需要。没有儿童的发展就没有社会的发展，世界的发展也就无从谈起。留守儿童是儿童群体中比较特殊的群体，他们的社会化有其自身的特点。未来世界的前进需要留守儿童成为其中一支推进力量。在留守儿童社会化问题上，教育发挥着不可替代的作用。

儿童的社会化是儿童从"自然人"或"生物人"逐渐转变成"社会人"的过程，在这个过程中，儿童为取得社会成员的资格，接受社会教化，掌握社会生活所需要的各种知识技能、行为规范、价值观念，逐渐适应社会生活，从而使社会文化得以积累和延续，社会结构得以维持。根据美国神经病学家，著名的发展心理学家和精神分析学家爱利克·埃里克森(Erik H.Erikson)的人格社会心理发展理论，心理的发展可以分为八个阶段：第一阶段，信任与不信任（婴儿期，0—1.5岁）；第二阶段，自主与羞涩、怀疑（幼儿时期，1.5—3岁）；第三阶段，主动与内疚（学前时期，3—5岁）；第四阶段，勤奋与自卑感（学龄时期，6—12岁）；第五阶段，认同与角色混淆（青少年期，12—18岁）；第六阶段，亲密与孤独感（青少年或成年早期，18—30岁）；第七阶段，关注后代与自我关注（成年期或中年期）；第八阶段，完善与绝望（成熟期或老年期）。每一阶段都有特殊的社会心理任务，每一阶段都有一个特殊矛盾，矛盾的顺利解决是人格健康发展的前提。儿童正是在这些阶段不断反应和调适，以实现社会化，成为社会的一员，奠定其在未来世界的地位和基础。[①]

本研究所探讨的"留守儿童"正处于爱利克·埃里克森人格社会心理发展理论所言说的前五个阶段，每个阶段的儿童其社会化特点不同，成人所需要提供的帮助和支持也不同。只有正确理解不同阶段儿童的社会化特点，才能够更加清楚地理解儿童、认识儿童，为儿童接受教育，实现成长、成才与发展找到正确的行动路线。

第一阶段，信任与不信任（婴儿期，0—1.5岁）。此阶段的儿童依赖性非常

---

① 万增奎.农村留守儿童的精神诉求和社会心理支持研究[M].北京：人民出版社，2014：69-70.

强，日常生活完全由成人照顾。婴儿与外界处于信任与不信任的交界地带，通过不断与外界接触沟通，判断周围环境的安全程度。如果他感受到安全，就会对周围的人和环境产生信任感，如果外界环境不友好，他就会产生害怕和怀疑，进而影响下一个阶段对人的信任。农村留守儿童中，有一部分孩子从婴儿期就被放置在爷爷奶奶、外公外婆身边，对父母的信任感极低，这对于儿童心理健康有极大的影响，毕竟隔代抚养不足以支持孩子走向复杂的现代社会，这样的抚养模式极有可能导致孩子青春期对父母的厌恶和抛弃。

第二阶段，自主与羞涩、怀疑（幼儿时期，1.5—3岁）。随着年龄的增长，孩子学会了走路，活动的范围越来越大，开始有了独立自主的要求，对世界充满了好奇，愿意用感官去触摸和感受世界的每一样东西，探索周围新奇的世界。若周围的成人允许他们去独立做一些力所能及的事情，并表扬其行为，使他们获得自主感，这将提升孩子的自信心和独立能力。但是，我们非常遗憾地发现，留守儿童在这个阶段对外在世界的探索往往被祖辈们呵斥阻拦，甚至遭遇粗暴的干涉，儿童开始畏首畏尾，担心被责骂，甚至挨打。这些现象在隔代抚养中比较常见，儿童不免产生自我怀疑和羞耻之感，对其自身学业发展极为不利。

第三阶段，主动与内疚（学前时期，3—5岁）。这个阶段的儿童肌肉运动能力与言语能力发展非常快，加上孩子精力旺盛，天生好动，喜欢跑、跳、骑等运动负荷大的活动，主动组织或参与儿童游戏，表现出愿意与人交谈的意愿和行为，探索世界的行为越来越多，脑袋里装满了“十万个为什么”。若是父母不能及时回应孩子的这些行为，对其探索行为横加限制，嘲笑其幼稚的言语，这对儿童的伤害非常大。留守儿童失去了父母的陪伴，缺少了父母的鼓励和关照，只有年迈的祖辈以其陈旧的知识和过时的理念影响儿童的生活，这些都将限制儿童的积极性和进取心。祖辈们往往对儿童的要求不予理睬或不能正确回应，取笑或惩罚儿童的创造性或破坏性的活动，错过了良好的教育时机，忽视了每个事件背后的教育意义，这些都可能使留守儿童产生内疚感，破坏儿童的想象力和创造力。

第四阶段，勤奋与自卑感（学龄时期，6—12岁）。学龄期的儿童面对的环境日益复杂，参与的活动从家庭、社区扩展到学校以及学校以外的社会，接触的社会范围越来越广泛，他们视野在逐渐开阔，逻辑思维能力迅速发展，若能够得到成人的支持、帮助和肯定，他们就会更加勤奋，在学业上有所成就。但是，留守儿童在学业上得到的辅助并不多。即使儿童在学校接受到严格的教育，课后的学业也无人辅导，祖辈们身心的衰老退化导致其根本无法帮助儿童学习，能在生活上关照儿童已经是祖辈们能力之极限，更遑论学习辅导和心理疏导。祖辈们所表现出来的空虚、孤独、焦虑、怀旧等消极情绪也极易感染儿童，使其对学习失去兴趣。对儿童的骄纵、宠溺和宽容导致儿童厌学、任性等行为的发生。

第五阶段，认同与角色混淆(青少年期，12—18岁)。儿童到了十一二岁即进入青春期，其核心任务是自我意识的确定和自我角色的形成。通过观察和认识各个社会角色的意义，从别人对自己的态度中逐渐认清自己，开始学会扮演不同的角色，逐渐摆脱原生家庭的束缚，从对父母的依赖中挣脱出来，与周围的人和社会，特别是同伴建立亲密程度不同的友谊，认识到自己的性格特点、兴趣气质等，形成关于“真正的自我”的意识，也就是自我认同。在这一阶段，若儿童发现没有人倾听他的声音，无法与周围的人产生共鸣，就会缺乏归属感，丧失自信心，内心怀疑世界，甚至消极厌世。留守儿童在青春期需要父母的积极陪伴和引导，祖辈们无法了解儿童的内心世界，代沟的存在阻碍了他们之间的情感沟通。同时，在大众传媒互联网渗透到生活每一个角落的今天，留守儿童更容易沉溺于虚拟网络世界，寻求精神的寄托和抚慰，虚度青春，荒废学业在所难免。

儿童在成长过程中不断学习生活技能、识别社会角色、掌握社会观念、内化社会道德、习得法律要求，成为符合社会规定和规范的成员。这就是社会化的过程。留守儿童要健康成长，接受良好的教育和熏陶是必不可少的，特别是以家庭为基础的社会化对留守儿童来说非常关键。家庭是对儿童社会化影响最为全面和深刻的场所，不仅传授和训练基本的生活技能，教导和示范社会规范，还能帮助儿童树立正确的人生观、世界观和价值观。家庭氛围、家庭生活方式、家庭环境和家庭教育都是实现儿童社会化不可或缺的重要内容。可惜的是，留守儿童家庭结构残缺、家庭成员缺位，无法为其提供社会化的良好基础，势必造成留守儿童面临更多成长风险和隐患。

第二节　儿童成长中的经济学悖论

改革开放以来，我国广大农村地区“父母外出务工、儿童留守乡村”的情况有增无减，甚至当年的留守儿童已经长大成人，结婚生子，他们依然沿袭着父辈们的生命轨迹，自己外出工作，孩子继续留守乡村，“大国空村”的现象在中国大地上普遍存在着，在短时期内甚至很长一个时期，这种状态是无法扭转的。绝大多数农村的孩子仍然会一遍遍复演从“留守儿童”到“新生代农民工”的生命轨迹。儿童留守乡村是农民家庭选择的结果，留守儿童的家长在管理和教育孩子上行使着个人的权力，然而个人行为的结果却并非个人能够承担。家长放弃或让渡了家庭的教育权利和功能，使得留守儿童在成长中缺乏家庭教育力量的有力支持，这会导致部分留守儿童在个人成长过程中的行为偏差。留守儿童的成长不可能脱离整个社会大环境而单独存在，他们的成长与我国社会转型时期的政治、经济、文化和教育方方面面都息息相关，作为未来社会的公民，社会需要对其进行支持或规约。

一、家庭经济发展迫在眉睫

在我国工业化进程中，城市化发展不断推进，规模庞大的农民工群体纷纷涌进城市寻求发展机会，他们的孩子则留守乡村，成为让社会担心的留守儿童群体。这些农民工家庭为了家庭经济条件的改善，不得不离乡背井，为生计而奔波，为生活而操劳。如果不是为家庭经济发展着想，没有哪一个人愿意做出如此选择。在市场经济的大潮中，城市对劳动力的需求越来越大，广大农民看到了发达城市提供的就业岗位，通过权衡其在农村的收入与在城市的可能收入，“非农化”的就业模式在农村得到广泛拥护。农民在农业中的收入远远低于“离土不离乡”或“离土又离乡”的就业收入。因此，“非农化”潮流中，“离土不离乡”与“离土又离乡”的农民就业模式合起来构成了整个历史进程中我国农村家庭变迁的真实图景。农村家庭根据自身经济收入实际情况进行决策，为了家庭经济发展的需要，他们不得不离开农村，亲子分离，外出务工，这是完全符合其家庭经济状况的决策。但是，由于公共服务的滞后，加之农民工的收入并不高，工作流动性强，农民工只能“落脚城市”，却无法“落户城市”，农村留守儿童群体就此产生。

我国西南民族地区经济发展水平低，物质生活水平不高，农民外出谋生务工的意愿非常强烈，他们在发达城市从事的职业均属于劳动密集型。就贵州而言，贫困人口多、贫困面积大、贫困程度深，全省有37个革命老区、193个民族乡和2047个少数民族特别贫困村。2016年农村居民人均纯收入为8090元，只达到全国的65.40%。[①]贵州省位于我国西部欠发达地区，人地矛盾突出，生存环境较差，工业化城市化水平较低，是典型的农民工输出地，劳动力主要以输出为主。1987年到2002年，贵州省农村劳动力转移592.34万人；其中省内转移245.11万人，省外输出345.16万人，累计由省外汇回劳务收入达325.61亿元。2002年，全省农村劳动力转移达389.97万人，其中省内转移170.57万人，省外输出219.40万人。2002年外出务工人员通过邮局汇回的现金达48.2亿元，人均劳务收入为386.8元。以厦门市为例，每年到厦门务工的农民工人数众多。厦门市外来务工人员2003年已达到76万，占总人口的35%，占其从业人数的60%—70%，主要集中在电子电器出口加工业、服装加工业、建筑业以及批发零售等技术含量较低的劳动密集型产业。外来务工人员以其低廉的劳动成本和多样化的劳动方式支撑了城市经济的发展，尤其是外向型经济的发展。

云南省民族众多，各民族发展程度差异非常大，对发展经济具有强烈的渴望。除汉族以外，人口在6000人以上的世居少数民族有25个，其中有15个民族为云南特有少数民族。2015年末，全省少数民族人口总数达1583.3万，占全省人口总数的33.4%，占全国少数民族总人口的13.48%，仅次于广西，居全国第二位。云南少数民族交错分布，表现出大杂居与小聚居的特点，彝族、回族在全省多数县均有分布。云南少数民族的社会发展程度差异非常大，一般来讲，居住在坝区的少数民族，如回族、满族、白族、纳西族、蒙古族、壮族、傣族、阿昌族、布依族、水族等10个民族的社会、经济、文化、交通等条件较为优越，居住在半山区的哈尼族、瑶族、拉祜族、佤族、景颇族、布朗族、德昂族、基诺族等8个民族次之，居住在高山地区的苗族、傈僳族、藏族、普米族、怒族、独龙族等6个民族，

① 郑长德.中国少数民族地区经济发展报告2018——改革开放40年民族地区的经济发展[M].北京：中国经济出版社，2018：114-115.

其经济发展水平比较低。云南省有7个人口不足10万的民族较为贫困,即布朗族、普米族、阿昌族、怒族、基诺族、德昂族和独龙族。研究小组在实际调研中对当地的经济发展状况有切身的感受,云南各少数民族地区民风淳朴,但是经济发展水平不高,人们保有追求美好生活的愿望,愿意用自己的劳动去换取经济水平的提高和家庭生活的改善。以独龙族为例,独龙族是我国人口较少的民族,怒江傈僳族自治州贡山县独龙江乡是我国独龙族的唯一聚居地,地处中缅、滇藏接合部。到2009年底,全乡农民人均收入不足900元。过去,独龙江群众过江靠溜索,出山爬"天路",半年大雪封山,电力通信阻断,生活"与世隔绝"。在"扶贫攻坚"过程中,2017年,独龙江乡全乡人均种植草果15亩以上,产值1400多万元,草果人均收入达3355元,扶持养殖户80户,建成独龙原鸡保种和控繁基地1个,完成独龙牛投放1153头,招养独龙蜂5000箱,实现了生态建设和经济发展双丰收。成立合作社8个,建设草果烘干厂2个,乡镇电商服务中心1个,村级电子商务服务站6个,极大方便了老百姓的生产生活,为独龙族群众稳定脱贫奠定了坚实的基础。[①]以此我们可以看出,云南各少数民族善良勤劳,抱有凭借自己的劳动改变落后家乡面貌的决心和勇气,即使受到各方面条件,如交通、通信、教育等的限制,也无法阻挡他们改变自身落后经济状况的脚步。有一部分少数民族家庭更是远走他乡,到经济发达省份务工,将财富、技术以及先进的理念带回家乡。但是,他们的外出常常会付出许多代价,其中之一就是自己的孩子无法得到照顾。留守儿童的成长与家庭经济发展之间的矛盾常常让他们无可奈何,在二者之间徘徊犹豫,纠结万分。

二、留守儿童发展刻不容缓

在广大农村地区,外出务工是一个家庭中的大事,关系到整个家庭的成员安排和角色定位。在我国每年春节大规模的人口流动中,农民举家外出的比例并不高,毕竟城市生活成本远远高于农村。数据显示,2014年,农民在农村每月收入不到1000元,而外出打工收入可达近3000元。权衡之下,将在城市

① 微信公众号"云南扶贫热线".独龙族实现整族脱贫,怒江啃下"最艰难的一块硬骨" [EB/OL].(2019-01-26)[2021-09-15].https://www.jiceng.org/povertyrelief/4534.html.

挣到的钱用于农村生活的各项支出会是比较经济节约的消费方式。正在出于这样的考虑，农民工不能将子女带在自己身边，因而，其家庭基本处于离散的状态。从实地调研中，我们发现，家庭离散是农民工家庭的常态，有的家庭一分为二，父母在外地，孩子和爷爷奶奶或外公外婆在农村，有的家庭一分为三，夫妻各在一地，孩子在农村，有的家庭夫妻分离，孩子随母亲或父亲住在农村，如此等等，不胜枚举。这样的家庭结构不完整，对于家庭功能的发挥颇有影响，如赡养老人、抚养小孩、情感交流等都会处于失调或弱化的状态，导致各种问题的出现。从生活的基本方式来看，留守儿童分为三种类型：一是“父母分离留守”，即父母双方都外出务工，都没有在家照顾孩子；二是“离父缺母留守”，即父亲外出务工，母亲没有在家照顾孩子；三是“离母缺父留守”，即母亲外出务工，父亲没有在家照顾孩子。这三个分类基本上涵盖了留守儿童的基本生活样态，调研中我们还发现留守儿童的其他存在方式，例如，父母离异后，孩子跟着一方生活，但主要照顾人不是父亲或母亲，而是祖辈或其他亲戚，对于这一类留守儿童的情况还需要深入研究。前三类留守儿童，其父母与孩子构成完整的家庭关系，三者间在形式上或者情感上依然是“一家人”，但是，后一种情况就复杂许多，孩子的父亲与母亲之间的联结断裂，三者之间的情感联结成为以孩子为中心的单向互动，孩子更加无法感受到“家”的存在，这种破裂感对其成长和发展尤为不利。

儿童是家庭的希望，每一个家庭都愿意看见孩子健康成长，农民家的子弟也同样是农村家庭的未来。不少外出务工的农民也是出于给孩子提供良好的经济基础之考量才会做出留守孩子的选择。但是，孩子的童年只有一次，在父母外出的过程中，相对于非留守儿童，留守儿童成了“弱势群体”，成长中可能会面临很多风险，其安全感会比较弱，心灵上的孤独感更强，对父母的思念更急切，忧郁和自卑不时袭上心头，长期在这样的生活状态中，无疑会造成留守儿童心理健康上的阴影，更有甚者，会产生反社会心理，有的留守儿童悲观厌世，留下遗书，自杀身亡。这些惨痛事件的背后是儿童“不应该承受之重”。

农民工进城工作为城市发展做出了贡献，但是，他们的人生轨迹常常是从儿童期的“留守”到青壮年期的“流动”再到老年期的“留守”，他们的一生都处于

"流动"与"留守"之中，其子女也在"留守"与"流动"中卷入代际循环。[①]农民工没能融入城市生活，在他们辛勤劳动的地方没有他们可以安身立命之处。对于城市而言，他们永远是"过客"，即使长期停留于此，他们也不会称城市为"家"。绝大多数农民工的孩子也会沿袭父辈们的足迹，在"流动"与"留守"之间代际循环。如果在留守儿童成长过程中给予必要的帮助、支持和干预，提升自身在城市生活中的竞争力，这必将有助于农民工子弟走出代际循环的困境，改变人生的轨迹。

儿童的成长只有一次，人生不可能重来。在孩子成长的过程中，留守生活经历给孩子留下的烙印将伴随一生。童年是人一生中非常宝贵和重要的时光，奠定人一生发展的基础。健康快乐的童年无疑是每个孩子的期待。在成长的每一个时刻，缺少父母的陪伴，缺少家庭的关爱，这对于儿童的成长极为不利。爱是儿童成长过程不可或缺的因素，儿童感受到被爱，感受到被关注，才能产生爱的联结，生发出自信心和安全感。就留守儿童自身发展的需要来讲，其成长也需要各方面的支持和帮助。特别是从留守儿童中分化出来的"脆弱群体"更应该得到爱的哺育，如少数父母长期不在身边的留守儿童、离异家庭的留守儿童、特困家庭的留守儿童等，他们的童年时光往往缺少爱的滋养。这些儿童的健康成长也应该引起人们的特别关注，否则，不良习惯的侵袭、周遭环境的习染有可能导致他们走向违法乱纪的道路，这对于留守儿童家庭无疑是雪上加霜的事情。

儿童是国家的未来。试想一下，如果所有的留守儿童都能够成为地方经济发展的优质人力资源，这对于国家和社会都是一笔巨大的财富，从这个意义上讲，关注留守儿童的发展，具有非常重要的社会学意义和经济学意义。儿童的发展容不得片刻的迟疑，在他们发展的每一个阶段给予必要的支持和帮助，就是为我国社会发展和进步注入新的活力。我国社会主义发展已经进入新时期，人口出生率在下滑，对已有人口生活质量的关注和提升可以缓解出生率下滑带来的不良影响。2019年1月21日，国家统计局数据显示，2018年末，中国总人口（包括31个省、自治区、直辖市和中国人民解放军现役军人，不包括香港、澳门特别行政区和台湾省以及海外华侨人数）达139538万人，比上年末增加530

① 林寒.农民"流动"与"留守"代际循环的困境与出路[J].农林经济管理学报，2016，15(1)：66-72

万人。全年出生人口达1523万人，人口出生率为10.94‰，同比上年下降了1.49个千分点；死亡人口为993万人，人口死亡率为7.13‰；人口自然增长率为3.81‰，同比上年下滑1.51个千分点。这些数据表明，我国已经在2017年、2018年两年连续出现人口出生率下滑以及人口自然增长率下滑的情况。[①]换一个视角来看，如果人口出生率不断下滑的趋势得不到有效遏制，那么对已有人口质量的提升将有助于我国人口结构的改善和人民生活水平的提高，特别是对儿童未来发展的谋划，更是凸显了其重要的人口战略意义。在这一点上，对留守儿童成长与发展的关注已经上升到了国家战略层面。

我国是一个多民族国家，西南民族地区聚集了大量少数民族居民，在民族文化传承中，儿童是不可或缺的力量。留守儿童生于斯，长于斯，浸润于本民族的文化传统之中，耳濡目染，作为民族文化未来的传承者、传播者，更需要其在成长发展中接受本民族文化的学习、教育和熏陶，将本民族的文化习俗以“具身化”的方式延续下去。在这个过程，面临经济发展与儿童成长矛盾的裹挟，留守儿童发展阻碍重重。如果不及时研究破解之道，错过儿童发展的关键时期和重要事件，无法培养和造就社会和国家需要的建设者和接班人，这将是国家发展中的一件憾事。

家庭是社会生活中最基础的经济组织单位，是由婚姻、血缘或收养关系所组成的社会日常生活单位，家庭对孩子的成长具有不可推卸的责任，其首要职责是为儿童提供必要的经济、物质、营养和安全的保障，实现整个家庭的劳动力更替和社会生产的劳动力增长。研究小组在贵州省黔东南苗族侗族自治州调研时，向留守儿童家长询问：“为什么选择外出打工，而不留下来照顾孩子？”大部分家长回答：“没有钱就无法给孩子更好的未来”，“只有在外面才能挣到钱，家里处处得花钱”，“我们出去挣钱也是爱孩子，若不出去挣钱，就只有喝西北风，孩子跟着受苦”，“我们也想留下来照顾孩子，可是家里开支大，没有收入可不行”。在家庭经济发展和养育孩子之间，留守儿童的父母迫于当下经济的困境，将孩子的发展放到第二位，首先选择出去务工，这与不少学者将外出务工解释为“农村剩余劳动力转移”的论断截然不同。它们完全是权衡在家种地与外

① 潘亦纯.我国人口出生率连续两年下降，专家称这一趋势仍将持续[EB/OL].(2019-01-21)[2021-10-05].http://www.sohu.com/a/290467896_114988.

出打工之间的利益得失后做出的理性选择。如果基本的温饱问题得不到解决，家人都面临着吃不饱、穿不暖的困境，那么其余一切都是空谈，留守儿童的父母深知物质保障是家庭的基础，在家庭面临生存困境的情况下，不得不远走他乡，将儿童托付给祖辈或其他亲属。

第三节　儿童成长社会支持的出场

伴随着我国农民工进城流动、工业化和城镇化进程产生的儿童留守农村现象，从宏观层面涉及我国经济社会发展水平差异以及经济不发达地区可持续发展问题，从微观层面涉及儿童成长的原生家庭结构欠完整，在人生形成世界观、人生观、价值观最为重要的阶段失去了来自家庭的支持，家庭生态系统遭到破坏，由此引发儿童在需求满足上的“情感空洞”，所以从“人”的社会化路径出发，儿童成长需要社会支持的出场。

一、社会支持的基本内涵

社会支持理论最早来自社会病原学，强调对个体，特别是弱势群体或困境不利群体的帮助与扶持，并与人的生理、心理以及社会适应能力联系在一起。后来研究发现，与“人是一切社会关系的总和”的论断相契合，不少学者将社会支持理论扩散到其他研究领域，社会支持包含了更为广阔的空间，不仅仅指对弱势群体提供的精神和物质资源支持和帮助。对于儿童而言更是如此，特别是对于留守儿童这个特殊群体而言，完善的社会支持体系更是其成长和发展不可或缺的后盾和资源。

社会支持理论强调人与他人、群体之间、组织之间的联结与互动，在这些联结节点上，附着的资源对个人的成长和发展具有重要的支持和限制作用。若是联结节点缺乏或数量极少，很容易导致个人生活的混乱无序，个人与周围人之间的依恋或依赖关系无法形成。反之，足够的社会支持节点会为个人成长提供大量资源和帮助，支持个人渡过难关，从完全依赖走向独立，正确使用社会支持的资源来满足个体正当需求。早期学者索茨(Thoits)将社会支持定义为重要的、生活中的他人，如家庭、朋友、同事、亲属和邻居等为某个人所提供的帮助功能，包括社会情感帮助、实际帮助和信息帮助等。此定义强调个人从比较近端获得的支持。后来荷兰社会学家马特·G.M.范德普尔认为社会支持应该包括物质帮助、行为支持、亲密的互动、指导、反馈，对他人的行动、思想和感受给予反馈和正面的社会互动等形式。从社会学意义上来讲，社会支持是一定社会网络运用一定的物质和精神手段对社会弱者进行无偿帮助的一种选择性社会行为，是一个由各个方面主体对所需者提供支持的资本组合。在社会支持理论中，政府、社区、市场等都是重要的支持来源。社会支持理论有宏观、中观和微观三个层面，宏观的社会支持主要来自政策、制度、法律法规、舆论环境等社会大环境，中观的社会支持主要来自社会资本和社会网络，指向社会成员所获得的社会支持情况，微观的社会支持主要指从情感和心理层面，个体所获得的社会支持。①

留守儿童是处于义务教育阶段的孩子，其成长过程中面临着无法识别社会支持、无法使用社会支持甚至无社会支持的状况，因此，社会支持理论还需要对其进行"赋权增能"，提升其识别能力、获取能力和使用能力。正因为留守儿童尚处于义务教育阶段，此阶段正是接受教育、入校学习科学文化知识、认识世界的关键时期，人们提出"留守儿童问题"意在关注留守儿童不利的成长环境，希冀改善留守儿童的成长环境。

二、社会支持的基本要素

关于社会支持的研究，最早可以追溯到19世纪法国社会学家埃米尔·迪尔凯姆，在他的著作《自杀论》中，他以个体心理学解释自杀现象，建立了用社会事实的因果关系分析自杀的理论，阐述了社会与个体的关系，认为当个体同社会团体或整个社会之间的联系发生障碍或产生离异时，便会发生自杀现象。他将自杀分为利己型自杀、利他型自杀、失范型自杀和宿命型自杀4种类型，以此来论证自杀现象与个人缺乏必要的社会支持或社会支持发生断裂有着一定的内在联系，以此为延伸，他明确了"社会整合有助于增进心理健康"的基本论断，意

① 周国华.流动儿童的教育管理与社会支持[M].济南：山东教育出版社，2015：42.

即个人必须与社会建立健康稳定的支持网络才有助于削减自杀率，增强人与人之间的联结是个体成长非常必要的途径。后来，社会支持逐渐延展到各个学科领域，与各类社会现象结合起来，形成多学科关注的焦点。

国外学者将社会支持的外延拓宽，指向任何人在日常生活中感受到的支持、帮助和互动，而国内学者往往将社会支持指向特殊群体，特别是有着特殊困难的群体。虽然二者的指向略有不同，但是都非常强调社会支持是以个体为中心建立的一种多维的社会关系网络系统，其意在维持个体的社会归属感，建立良好的社会关系，保障个体良好的社会生活。本研究从儿童本身的年龄心理特点出发，从儿童成长所需要的帮助和支持出发，认为社会支持是个体在不断个性化和社会化的成长过程中，能够感知到的精神或物质帮助，以助推个体解决成长中面临的问题和困难，克服障碍或危机，维持日常生活的正常运行，从过度依赖走向相对独立，甚至完全独立。

依据不同的标准，学者对社会支持的分类或类型判定也各不相同。一般来讲，学者认为，社会支持系统主要由支持主体、支持客体、支持内容、支持手段四个要素构成，支持主体是指社会支持的提供者、帮助者、援助者或实施者。从社会支持主体的角度来划分，研究者将社会支持分为四类：由政府和正式组织（非政府组织）主导的正式支持；以社区为主导的“准正式支持”；由个人网络提供的社会支持；由社会工作专业人士和组织提供的专业技术性支持。这四类支持各有所侧重，但不能截然分开，它们相互交叉，在不同层面形成相互补充，互通协作，多元并举，覆盖广泛的社会支持系统框架，帮助社会成员建立和谐的社会关系网络，维持日常生活的正常运行。

支持客体主要是指社会支持所指向和帮助的对象。一般而言，主要是指面临困难或障碍，在社会生活中不能应对自如的社会成员，他们大多是社会弱势群体，其社会地位比较低，生存状况处于比较贫困的状态，往往需要一定的社会帮助或援助才能够维持日常生活的正常运行。例如，儿童、老人、残疾人往往是社会中的弱者，虽然其中也不乏佼佼者，但整体而言，由于生理方面的自然原因甚至传统社会中的观念、歧视，他们往往在体力、智力、机会等方面处于不利地位，因此，他们是社会支持客体中比较特殊的群体，社会支持尤其需要关照这部分社会成员。

支持内容包括支持主体向支持客体提供的经济支持、精神情感支持或生活照料支持等。根据社会支持内容的不同，考伯将其划分为网络支持、情感性支持、满足自尊感的支持、工具性支持、物质性支持和抚育性支持等。韦尔曼则将社会支持分为物质性支持、归属性支持、赞成性支持和满足自尊的支持。欧洲失能性疾病及社会支持的调查研究设计了交易性社会支持问卷，将社会支持分为社会情感性支持和工具性支持两个方面，社会情感性支持进一步划分为社会陪伴、日常情感性支持和问题性情感支持等类型。①

支持手段是指支持主体向支持客体提供物质和行动上帮助的措施，以消减紧张和压力。从心理援助的角度来看，支持手段包括：情感支持和抚慰、实际或物质帮助、信息提供和建议、尊重支持、陪伴支持等，通过多种方式和手段，为支持客体提供经济与物质、精神和思想等方面的帮助。按照肖水源的社会支持理论，社会支持必须考虑三个方面的因素：一是客观的实际的支持，即物质上的直接帮助，例如提供生活用品、物质、金钱等；二是主观的、体验到的支持，即个体能感受到的被尊重、被支持、被理解的情感体验和满意程度；三是个体对社会支持的利用程度，这需要考虑到个体对社会支持的态度，能够正确、积极、正面地理解和接受社会支持，并将社会支持理解为正能量的传递，不过度依赖，不强行获取，适可而止。

本研究所关注的对象是西南民族地区农村留守儿童，他们的成长离不开社会支持系统的帮助、支援和协助，他们是社会支持的客体。支持者包括在他们成长过程中给予帮助的各级各类社会支持主体，如政府职能部门、社会热心人士、学校教师、同伴、朋友、亲人等与他们的生活比较接近的人或组织。支持内容包括物质、情感、经济或活动机会等不同形式的社会支持。在留守儿童成长过程中，父母缺席，对留守儿童的社会支持网络质量应重新加以审视，确定支持者（Supporter）、支持内容（Substance）、支持策略（Strategies）、支持环境（Surroundings），可以进一步明晰各个支持主体的责任领域和边界，创新和落实支持策略，建构和改善支持环境，缓解儿童成长中的生活压力，维护儿童身心健康和构建幸福童年，减少其对社会的不满，缓冲儿童与社会之间的冲突，帮助解决留守儿童日常生活中的问题和危机，以维持其日常生活的正常运行。必要的社会支持固然重要，但是，最终摆脱弱势地位还是要靠弱者自身的努力，外部支持的重要

① 黄梦杰.农村留守儿童社会支持与学校教育的关系研究[D].上海：华东师范大学，2016:22.

作用在于增强弱者改变其弱势地位的能力。“唯自助者天助之”，完全依赖外部支持，是无法彻底改变一个人、一个群体的弱势地位的。本研究所关注的留守儿童社会支持系统旨在实现儿童的健康权、教育权、生存权和发展权，帮助儿童逐渐自立自强，实现个体社会化，为我国社会主义建设提供优质的人力资源，为确保我国民族文化传承后继有人建言献策。

第二章
留守儿童成长问题的基本认知

儿童留守乡村是我国社会转型时期必须面临的社会现象，留守儿童正处于成长发育的关键时期，他们无法得到父母在日常生活、思想认识以及价值观念方面的引导和帮助，缺少父母在情感上的抚慰和呵护，极易产生认知的偏差、心理的异常和行为的偏离，甚至有一些留守儿童走向了犯罪的道路。父母外出，隔代抚养给留守儿童带来深刻的影响，与父母聚少离多，沟通太少，在心理健康、性格形成和认知上都会受到不良影响，为这些孩子留下一生的遗憾。在西南民族地区调研期间，研究小组通过多种方式接触了不少留守儿童，对这一特殊群体有了更为深刻的认识。

第一节　留守儿童群体出现诸多问题

根据课题研究需要，研究小组以所在高校大学生暑假社会实践活动的形式，邀请大三学生对西南民族地区农村留守儿童进行个案访谈，培训他们掌握基本的访谈方法，列出指导性访谈提纲，要求以“留守儿童”为主题撰写调查报告或分析报告。该项活动共有149名大学生参与，收集到149份留守儿童材料。对这些访谈材料进行分析，研究小组发现，西南民族地区农村留守儿童群体出现了许多问题，需要引起全社会的关注。在广大农村地区，有这样一句顺口溜描写了留守儿童的基本生活现状，“父母在远方，身边无爹娘，读书无人管，心里闷得慌，安全无保障，生活没希望”。由此可见，留守儿童的生活样态是多么令人焦虑。结合研究小组几年来(以调查结束年份为止)实地走访和调查的情况，我们认为，留守儿童群体在学业表现上令人担忧，在心理健康上存在异常，在日常生活中面临困难。

一、学业表现令人担忧

处于基础教育阶段的留守儿童，正是接受教育的关键时期，若是此阶段学业表现不够优良，常常会影响到儿童未来的人生方向。在人生成长初期，良好的教育是奠定儿童未来生活的基础。儿童是未来社会的成员，在其成长过程中要么继续接受教育，要么从教育中脱离出来参与社会分工。在现代社会，教育在人成长与发展中的地位越来越重要，在取得职业成就中的作用也越来越突出。虽然影响人发展的因素众多，但是，教育作为一种筛选工具，把各个不同层次、规格和类型的受教育者按照他们受教育的程度输送到社会不同的位置。这一点是毋庸置疑的。对于留守儿童而言，受到家庭环境与背景的诸多限制，能够在学业上有所收获实属不易，毕竟他们在学业上面临着不少问题。

第一，学习帮助少。留守儿童的抚养工作多由祖辈承担，而祖辈大多文化程度低，加之农活负担重，老人精力不足等多种原因，在学习上几乎无法帮助到留守儿童的学习。

例如，五年级留守儿童小刘，男孩，父母在城里开餐馆已经有十年了，赚了钱，把家里欠的债还了，又把家里的房子翻修了一遍，但是还没有内部装修，家里空荡荡的，房屋角落里堆放着一些化肥，堂屋里除了一张四方的木桌和几张长条板凳，几乎没有什么家具。房子周围杂草丛生。当来到小刘家中开展调查工作时，调研的大学生们发现，要了解小刘的基本信息和情况都比较困难。大学生们尽量用通俗的语言向小刘的奶奶询问小刘的情况，但是，小刘奶奶似乎都不能理解，往往答非所问，或者一直重复之前说过的话，她一再强调：“小刘学习不好，父母不在身边，家里没有人能够辅导孩子的作业，希望老师能够多帮助他，自己没有读过书，知道没有文化的痛苦，希望小刘能够多学习知识，不要像自己一样没有文化。”因为担心被儿子媳妇责骂，小刘奶奶对小刘的教育非常保守，无论如何都不敢打骂小刘，对小刘唯一的要求是，每天中午必须回家午休，下午4点后才能出门玩耍，5点多必须回家，因为他们担心自己忙于农活疏于看管，害怕小刘被人贩子拐走。[①]

像小刘这样的家庭，对孩子的学习的确无人能够顾及，父母在外地打工，奶奶年迈，也无法提供相应的学习上的帮助，因此，小刘的学习成绩可想而知。

第二，学习习惯差。儿童的教育是一件需要长期坚持的事情，留守儿童无人监管必然导致其学习习惯差，行为不能得到约束，在学习习惯上近似于野蛮生长。正处于儿童时期的孩子，天生好动、贪玩，如果没有父母的监管，完全靠其自觉行为，这几乎是不可能的。毕竟，玩耍比学习更加具有吸引力。

例如，留守儿童小王，12岁，男孩，父母在昆明打工多年，除了过年可以和父母团聚，暑假很少有机会和父母见面。家里除了伯父以外，还有一位80多岁眼瞎的奶奶。小王在放学后，最喜欢的事情就是看电视。他放学回家一边做作业一边看电视，晚上会看到很晚。父母回家的时间，他还会要父母的手机来玩游戏，而且玩到很晚。因此，他晚上没有得到足够的休息，白天上课精神很差，对于知识的学习也不上心，课后也不认真复习巩固，完成家庭作业心不在焉。平时沉默寡言，一般不会主动回答问题，也不和老师同学聊天，通常是有人问他才会回答一句，言语不多。

在调研中，研究小组也发现，不少留守儿童受到外界因素的干扰，没有自己独立的判断，无人进行正确的引导，常常出没于游戏厅或网吧，在那里消磨时光，对学业不管不顾，拖欠作业，抄袭作业，应付了事，即使多次被老师批评也无济于事。这着实让人心急。

第三，学习成绩差。虽然学习成绩无法全面反映一个儿童的状况，但是，在一定程度上，学习成绩好坏还是可以反映出儿童在学习上的状态，至少学习成绩好，意味着儿童达到了学校提出的基本要求，而学习成绩不好，则意味着儿童可能在学习上花的时间少，投入的精力不够，得到的学习帮助不足等问题。

例如，留守儿童小张，12岁，女孩，在被问及学习成绩时，她目光闪烁，不肯说出期末考试的成绩，只是安静地说自己笨，考得不好。她的爷爷奶奶说，她三科成绩总分才70多分，平时她对学习不用心，做题非常慢，正确率不高。留守

---

① 资料来源于大学生暑假社会实践活动结束提交的调查报告，因研究伦理要求，对文中涉及的姓名等相关信息做了处理。

儿童小刘，13岁，初一学生，她的学习成绩也不够理想，特别是数学，期末考试排名在1000左右，而整个年级不过1000余人。数学满分150，而她差不多每次都在70多分，语文和英语成绩分别在100分左右。她说："平时学习压力太大了，我感觉自己学习数学很费劲，成绩一次比一次低，这让我对数学产生了恐惧，害怕学习数学知识。"

学习成绩差是留守儿童比较普遍的现象。由于儿童受教育问题的复杂性，这个结果的出现，不能责怪儿童本身，在学校教育质量提升，家庭教育加强等方面都需要做综合考虑。

二、心理健康出现异常

由于没有与父母居住在一起，留守儿童一定程度上存在着心理问题，特别是焦虑、恐惧、缺乏安全感，虽然这些问题也会出现在非留守儿童之中，但是，由于留守儿童群体的特殊性，在面临这些心理健康问题时，没有合理的疏解渠道和途径，这也需要引起社会的关注。我国西南民族地区地处不发达偏远地带，不仅经济落后，思想观念也比较陈旧，"读书无用论"仍存在，对儿童产生着消极影响。少数民族地区留守儿童越到高年级，早退、赌博、网瘾等社会陋习越多，越难于管理。

第一，情感需要无法满足。美国心理学家马斯洛的需要层次理论提出人有五种基本的需求：生理需求、安全需求、社交需求、尊重需求和自我实现需求。这五种需求并非呈线性序列，可能一种或多种同时存在，也可能颠倒顺序。对于留守儿童而言，他们最为渴求情感上的需求，特别是安全、社交与尊重的需求。

在调研中，研究者发现，不少留守儿童的言行表明，留守儿童群体对这三种需求尤为强烈。例如，暑假社会实践的大学生访谈了一位留守儿童，小冯，8岁，这个孩子在交流时情不自禁地流露出委屈，难过，孤独和想念的神情。她说："每逢开学的时候，看到别人都有父母陪着来学校报名，帮着跑前跑后，我心里就会特别难过，因为自己是一个人来的，外公给家里另外一个小堂弟报名去了。我就想着父母什么时候能够来陪我报名。""平时也会想妈妈，有时一个人也会觉得孤独，在学校还好，有很多同学，特别让我难过的是每次和妈妈分别后的几天，特别难过，特别孤独。”小冯的奶奶也讲道：“每次孩子的妈妈回来，孩子就特别黏着她妈妈，她妈妈走一步都要跟着，一会儿没有看见她妈妈就到处找，现在年龄大了要好一些。每次送她妈妈上车出门都一路哭，有几次睡觉还说梦话，一直喊妈妈。”大学生在调研报告中写道：“在交谈中，不管是孩子，还是孩子她外婆，都没有提及孩子的父亲，留守，缺乏父亲，在这样的双重伤害之下，我难以想象这个孩子的内心是怎样的一种状态，情感的缺乏和内心的伤痕应该用多少爱和多少时间来修补啊！”

孩子童年时期通过对父母的接触、沟通产生依恋感，并获得最为基本的心理和生理保护。对父母有着强烈依恋感的孩子才会对社会足够放心，积极对待人生和他人。但是，大部分少数民族地区的留守儿童家庭中，父母长期在外打工，与孩子近距离相处、深入交流和密切团聚的机会极少，慢慢地，两代人就会处于无话可说的地步，再加上父母文化程度低，无法理解和调整自己的情绪和行为，对孩子的教育和管理比较粗暴，无法发挥榜样的作用，这些都会在留守儿童心灵上留下阴影，造成儿童人格的扭曲和变形。

第二，社会适应性差。儿童成长的过程是一个人不断个性化和社会化的过程，受各种因素的影响和制约，儿童能否健康成长，能否有效地适应社会环境，在很大程度上取决于他们的社会适应能力。由于留守儿童群体的特殊性，他们的父母在其社会化过程中不能担当引导和管教的责任，留守儿童的社会适应性表现令人担忧。

例如，在大学生社会调查的报告中写到留守儿童小何，男孩，12岁，性格比较温柔腼腆，容易害羞。在小何6年级时，班上两个比较调皮的女孩子在下课时突然把他的裤子拉了下来，他感觉自尊心受到伤害，非常丢面子，没有一个人是他的朋友。周围的同学和邻居都知道这件事，他觉得全班都在嘲笑他，都在私底下议论他。发生这件事情以后，小何回到家没有给任何人讲，但是却再也不愿去学校，无论家人怎么问他，他都不去学校，后来家人多次询问，学校多次做工作，才知道此事。在遇到烦恼的时候，他不愿意向别人倾诉，也不愿意向别人寻求帮助。最终，小何休学回家，在家也不出去玩，整天待在家里，到了上初一的年纪，依然拒绝上学。

小何这样的行为正是缺乏安全感的后果，没有必要的父母引导、关爱和支持，他就无法面对挫折和烦恼。如果在他遇到烦恼的时候，有家人的陪伴和疏解，给他一种身后有大树可以依靠的感觉，事情会不会有所好转呢？当然，儿童的社会适应性还包括自我适应、学业适应、人际关系适应和家庭适应等多个方面，小何在心理上无法进行必要的调适，不能排除不良事件对自身心理健康的影响，需要及时的心理干预和治疗。在大学生的社会调查报告中，还有不少留守儿童同样表现出社会适应性差的特点。

第三，性格敏感自卑内向。生活中的点点滴滴都会影响到儿童性格的形成。在留守儿童成长的过程中，由于缺乏父母的正确引导和监管，安全感缺乏，在心理上存在一定的消极影响，在性格表现上也存在敏感、自卑、内向的特点。

例如，在大学生的社会调查报告中写到小川，11岁，小学五年级，父母在外地打工，随奶奶和比他大七岁的姐姐一起生活。小川周围都是比较大的孩子，没有同龄人玩耍，居住的地方离学校较远，每天很早走路去上学，放学再走山路回家。小川成绩很差，有一次考试倒数第一，被同桌小胖笑话，还被人撕掉了试卷，甚至有同学起哄追打小川。小川逃课了。后来，老师找到他，让小胖当面给小川道了歉，但是，私底下，小胖还是欺负他，而小川也不敢反抗，所以大家都叫他“小怂包”。当被问及在学校的情况时，小川支支吾吾地说：“我的同桌是个小怂包，成绩是班上最差的，没人愿意跟他玩。”奶奶也知道孩子在学校因为个子矮小而被同学欺负，也知道“小怂包”的外号，以为是孩子之间闹着玩，也没有太在意。从小川隐瞒自己在学校的情况，说反话的情况来看，小川内心是非常自卑的，他只是努力伪装自己，想好好保护自己，虽然也有几个玩伴，但是，他并不愿意倾诉，宁愿默默地承担。

另外一位留守儿童小雨，11岁，父母在她2岁多离异，由爸爸抚养，但是爸爸长期在外地打工，她跟爷爷奶奶一起生活，爷爷癌症去世后，便和奶奶生活在一起。她感觉自己很不自信，老师叫同学自愿起来朗读课文，她本来也想起来读，但是看到前面几个同学都读得很好，就有点儿害怕起来朗读。有时候一个人会觉得无聊，无聊的时候就看电视、睡觉或找其他小朋友玩。有了不良情绪也不会向亲人诉说，当被问及“你会主动关心他人吗？”她反问道：“怎么关心？”这说明她没有感受到别人对她的关心，她也不懂得如何去关心别人。

一位大学生在调查报告中写道：“小B是我这次调查中一位四年级的孩子，当我问她是否属于留守儿童时，她的眼神一丝暗淡，好像不大愿意承认自己是留守儿童的样子，我有点儿愧疚，我是否伤害了她。我问她：‘你知道留守儿童的含义吗?’她点点头,说班上很多同学都是。小B的父母这次过年回家,她每天都跟在妈妈后面,我想,四年级孩子的心灵是脆弱的也是坚强的。小B在我们镇上算比较活泼的那类孩子,但是在我的调查过程中,她沉默了。”

留守儿童内心深处都对父母有着深深的依恋,愿意和父母生活在一起,一看到别人家的孩子有父母陪伴,对比之下,内心不免失落、沮丧,甚至埋怨。儿童的内心是敏感和脆弱的,很多父母往往关注孩子的身体是否长高,成绩是否优良,却忽视了孩子内心情感上的需要,物质上的充足只能为孩子提供成长的物质基础,而精神上的哺育和抚慰对儿童更加重要。没有父母陪伴的童年,孩子不可避免地野生野长,其后果也会让人担心。

三、日常生活面临困难

父母养育职责的缺失使得留守儿童的日常生活受到一定程度的困扰,留守儿童基本人身权利受到损害,其卫生安全和生命健康缺少保障。在少数民族地区,留守儿童的日常生活基本由祖辈或其他亲属管理,地处偏远,自然条件差,居住分散,收入水平低等原因使得留守儿童的日常生活难以维持,时时刻刻面临着困难和困扰。

第一,卫生健康不达标。国家卫生计生委非常重视农村留守儿童健康关爱工作,一直强调,要强化责任,调动农村留守儿童健康关爱责任主体积极性。各级卫生计生行政部门要指导各级医疗机构及工作人员落实强制报告、医疗救治和评估帮扶责任;要结合流动人口、家庭发展等工作,推动落实家庭监护主体责任;要指导医疗卫生机构配合学校培养学生的健康意识与公共卫生意识,加强学生的心理健康服务,促进其健康成长;要加强对农村留守儿童健康服务需求评估调查数据的开发利用,开展农村留守儿童身心健康问题的研究;加大相关人员健康知识和干预技能的培训,指导各地有针对性地开展科学喂养、营养膳食、卫生习惯与健康行为、伤害预防与自我防护等方面的系列健康教育活动;要将农村留守儿童健康关爱工作与健康扶贫、全民健康素养促进行动等有机结合。要充分利用多种传播媒介,宣传普及儿童健康发展的核心信息和科学知识等。但是,在调研中,我们发现,少数民族地区留守儿童大多穿着破旧污脏的衣服,卫生习惯也不太好,国家法定的计划免疫接种要么没有接种,要么不按时接种。贵州省黔东南苗族侗族自治州台江县某学校组织的一次学生体检发现，参加体检的312名学生中，身高或体重不达标的学生有41人，多数是留守儿童，有的还有严重的胃病，究其原因，主要在于饮食无规律，经常饱一顿饥一顿，营养不良问题普遍存在。①

第二，安全隐患威胁多。西南民族地区留守儿童居住的广大农村地区地形复杂，地处偏远，加之儿童对潜在的危险源不具备基本的识别能力，很容易造成儿童的人身伤害，甚至死亡。当前对农村留守儿童安全问题的关注常常见诸各种媒体，牵动着每一个社会热心人士的心。食物中毒、溺水、触电、性侵、火灾等不良事件在留守儿童中经常发生。这与我国少数民族地区安全教育工作不扎实有着密切联系。这些地方的许多学校受到教育理念、办学条件、师资力量等条件的局限和制约，往往缺少对学生进行深入的安全教育，而留守儿童的安全问题是个人、学校和社会都应该予以关注的重要方面。在调研中，西南民族地区一所小学的教师讲到，学校附近有一个池塘，每年夏天放暑假，留守儿童离开学校后，家里没有人管，就约上几个孩子下塘游泳，几乎每年都有孩子淹死在池塘中，让人十分心痛。无论怎么强调安全问题，教育孩子们不要去危险的地方，但是，由于缺乏自我约束能力，他们为此付出了惨痛的代价。据统计，中国每年有近5万名儿童死于意外伤害，其中大部分是留守儿童；一份调查数据显示，49.2%留守儿童在过去一年中遭遇过不同程度的意外伤害。曾有公益组织报告指出，全年媒体公开曝光的性侵儿童(14岁以下)案例340起，平均每天曝光0.93起。同期，全年被媒体曝光的案件数量高达503起，每天曝光1.38起。留守儿童属于无行为能力人或限制行为能力人，缺乏自我保护意识和保护能力，案件中最典型的是女童被性侵害案件。在被拐卖的儿童中，留守儿童居第二位。

第三，违法犯罪行为突出。与他们受到伤害相对应，留守儿童违法犯罪问题同样不容忽视。全国妇联研究报告显示，留守儿童犯罪率一度占未成年人犯罪的70%，且有逐年上升趋势。由于父母长期外出，身边的老人无法管教孩子，留守儿童的情感需求得不到满足，遇到心理问题也无法正确疏导，这极大地影响留守儿童的心理健康，加之周围不良环境的影响，社会上违法犯罪分子的教

① 杨建忠.民族地区农村留守儿童的困境与对策——基于贵州省黔东南州的调查[J].民族教育研究，2013(4):75-79

唆勾引,极容易将留守儿童引向违法犯罪的深渊。在广大农村地区,村民的法律意识淡薄,经济条件相对落后,追求物质享受和经济利益,以获取金钱为目的的违法犯罪活动比较多。留守儿童缺乏对事物的分辨判断能力,盲目模仿,极易出现暴力犯罪、激情犯罪和团伙作案。由于留守儿童的父母都为改善经济条件外出务工,这也容易导致留守儿童认为金钱是万能的,因缺乏对法律的基本理解,往往不择手段获取钱财,甚至导致极端的拜金主义,也导致留守儿童对法律的漠视和对社会道德的逆行。2008年1月至2012年5月,西南地区某县检察院办理的涉及教唆、胁迫、引诱留守儿童犯罪的刑事案件共有8件(20人),20名犯罪分子全部在21岁以下,9人无业,11名为在校学生,其中16人为未成年人。违法犯罪行为主要是抢劫、盗窃,8件案件是结伙作案,有5件为抢劫,3件为盗窃。违法犯罪分子低龄化、违法犯罪手段暴力化倾向明显。在5件抢劫案中,涉案的主要分子为未成年人,有15人在16岁以下。其中4件为多次抢劫,采用殴打等暴力手段,并导致其中3名受害人轻伤。①

综上所述,留守儿童群体在缺乏有效社会支持的情况下,学业表现上令人担忧,在心理健康上存在异常,在日常生活中面临困难。这样的状况将影响留守儿童的成长。留守儿童是脆弱的,在成长的过程中需要良好的社会支持系统,以帮助其解决儿童期面临的种种困难和障碍,他们对成人十分依赖,特别是对父母非常依恋。失去这些支持,儿童极易走入歧途,由此而造成的后果往往会让家庭,甚至整个社会,付出更大的代价。

第二节 留守儿童并非全是问题儿童

留守儿童是我国特殊时期伴随农民进城务工而产生的特殊群体,这个群体日益受到社会的关注,成为人们关注的焦点。无可否认,这个特殊群体的确存在不少问题,学业表现上令人担忧,在心理健康上存在异常,在日常生活中面临困难等等,但是,社会大众常常将对留守儿童的关注与问题儿童联系起来,由此产生了留守儿童"污名化"的现象。这样的现象将严重影响留守儿童的成长环

① 任运昌.农村留守儿童政策研究[M].北京:中国社会科学出版社,2013:344.

境，带来消极的后果。我们需要进一步厘清对留守儿童的正确认知，不可将“污名化”标签随意乱贴。留守只是儿童当前存在或生活的状态，这种状态存在极大的风险。一方面，可能造成儿童成为“问题儿童”，学业成绩差，生活自理能力不够，行为规范不良等等，甚至会出现违法犯罪的行为；另一方面，研究发现，有一部分留守儿童能够认识到自身处境，自强不息，勇于担当，心态积极，学业表现优秀，具有良好的发展潜力。因此，从这个意义上讲，留守儿童群体是一个分化的群体，虽然都处于弱势状态，但是，他们不是“问题群体”或“问题儿童”，应该防止“留守儿童污名化”的论断。

研究小组依托所在高校大三学生所在实习学校，邀请他们对西南民族地区农村留守儿童进行访谈，获取的149份留守儿童的资料中，我们可以看到不少积极向上的留守儿童，他们能够正确面对自身留守的处境，感恩父母的辛苦劳作，认真刻苦学习，愿意帮助同学，在同龄人中树立了很好的榜样。

一、学业优良的留守儿童

留守儿童正处于义务教育阶段，其学业成绩表现是儿童发展态势最为直接的观测点。对留守儿童学习成绩的了解能够基本判读出当前留守儿童的状态。虽然有不少留守儿童在学业上表现不佳，但是，在调研中，我们发现，在留守儿童群体中，还是有一部分留守儿童能够积极进取，在学业上严格要求自己，力争取得好成绩。

例如，留守儿童小肖，男，12岁，读小学六年级，品学兼优，家庭成员共6人，爸爸妈妈在深圳工厂工作，现在与外公外婆生活在一起，姐姐已出嫁。据小肖外公外婆叙述，家庭收入靠老伴两人务农支撑，孩子爸妈偶尔会补贴家用，对于孩子父母收入不甚了解，老伴两人一年收入一万多元，能够维持正常生活，他们对小肖赞许有加，说这孩子在家经常会帮着做家务，做饭洗碗、扫地。小肖在校非常爱学习，六年来成绩一直名列前茅，十分优异，数学几乎都是满分；除此之外，他是一个德智体美劳全面发展的学生，尤其在画画上极有天赋，曾获得南京“鑫梦享公益台历绘画比赛”一等奖；与身边同学朋友相处也非常融洽，身为该班班长，获得老师和同学的一致好评。如此品学兼优的学生，父母又不在身边，不得不让身边的邻居与老师多一分怜惜，所以在校只要有什么活动，有出彩的机会，各科老师都会优先考虑小肖并对他进行培养，所以他的快速成长也与身边人紧密相连。

留守儿童小刘，10岁，四年级女生，身高132cm左右。她家里一共五口人，爸爸妈妈在广州工厂务工，自己在农村和爷爷奶奶住一起，家里还有一个哥哥，现在上大二，哥哥会时不时打暑假工，虽然和妹妹相处时间不多，但两人相处融洽。她一岁时爸妈就出去打工，直到现在都是每到过年的时候才回家一趟，家庭的年收入在6万元左右，日常开销一般都是不定期让重庆回家的亲戚顺带回来。家里以农活耕作为主，奶奶腰不好，大部分由爷爷承担，小刘也会主动承担家务，煮饭做菜打扫卫生、做一些轻松的农活等。小刘学习成绩优异，近三年来主科成绩评定都是A，习惯好，乐于助人，做事沉稳负责，是班上的班长，同时兼任数学科代表。办公室的老师对她的评价都极高，不管是和同学朋友相处，还是和老师亲人交流，都能保持一颗诚信友善的热心，她不仅是同学的知心朋友，还是老师的得力助手。在班上，她能带头做好表率，遵守纪律，制止不良危险行为，热心帮助同学，尽自己所能为同学服务，在和老师交往过程中，谦逊有礼貌，见到老师问好，主动为老师解忧，和老师一起认真给同学批改作业，按时收发作业，仔细记录并及时汇报交作业情况；在家里，先把作业做完，做作业有不懂的地方先独立思考，然后虚心请教哥哥、同学或者老师，然后主动为爷爷奶奶分担家务，给腰不好的奶奶按摩热敷。父母常年在外，小刘和他们的共同回忆不多，但是她表示能理解。奶奶会正面积极教导。“父母在外是要给自己创造更好的学习条件，自己要好好努力，将来才有能力创造想要的美好生活，现在苦一点儿也没关系，苦尽甘来自是幸福。”在时间较长的寒暑假，她也会被接到父母工作的地方，在父母的陪同下逛商场、游乐园等等有趣的地方。

二、品行良好的留守儿童

在被调查者中，也有一部分留守儿童，他们虽然学习成绩不算太好，但是，心态阳光，身体健康，与人打交道比较有礼貌，生活能够自理，能够理解家长外出工作的辛苦。这部分留守儿童在学业上的帮助主要来自学校，在家做作业没有人辅导，遇到问题无法求助。由于农村家庭朴素的家风影响，孩子生性单纯，因此表现出品行良好而学业进步不够的特点。

例如，留守儿童小晴，6岁，就读某地中心校一年级，由爷爷奶奶抚养。小晴家离学校有40多分钟的步行路程。父母离异，母亲在她两岁多的时候离开，之后基本上没有联系，父亲长年在外打工，工作并不稳定。家庭是建卡贫困户，小晴在学校享有免费午餐的资助，爷爷奶奶平时在家务农，养了不少鸡鸭，家庭年收入在8000元左右。小晴的心灵是脆弱且敏感的，父母离异且不在身边，好在她的奶奶十分宠爱她，她对奶奶很依赖，若是奶奶出门干活，留她一人在家，她便会忍不住掉眼泪，自身没有安全感。小晴是大人眼中的乖孩子，懂事且有礼貌，在家还会帮奶奶一起喂养鸡鸭，很少让人操心。有时候小晴喜欢打小报告，心里受不得一点儿委屈。她是个自尊心强的孩子，在班上喜欢表现自己，特别重视大家的评价，听不得批评，会争取机会得到表扬，看得出她十分渴望得到关注。

留守儿童小丹，女，8岁，是一个活泼可爱，又十分聪慧的女孩，但学习习惯很差，书面作业能按时完成，但非书面作业，例如背诵、听写等作业完成度就很差。父母离异，暂时交由爷爷奶奶抚养，但母亲一直想将其抚养权抢过去，一直试图为她转学。父亲常年在外务工，爷爷奶奶都已年过六旬，对其要求就是健健康康，每天按时上学，在学校不犯错就行。成绩在班级内属于中等位置，十分聪慧就是学习不踏实，需要有人时刻去监督。若有人经常督促她，监督她，她的成绩会有很大进步。经过实习老师和家长的沟通与交流，以及对她的督促，在期末考试中她语文成绩进步非常明显，班级排名15，相较之前进步了10名。

三、身心健康的留守儿童

留守儿童群体中除了父母不在身边这种情况以外，还有许多复杂的家庭情况。在儿童幼年时期，如果家庭遭遇变故，例如，父母离异、父母残疾、亲人离世、家暴、家庭成员犯罪入狱等，这些情况都会对留守儿童心理造成巨大影响。一些留守儿童能够积极对待，树立正确的世界观、人生观和价值观，而有一些儿童可能走不出消极影响的阴影，总是看到人性灰暗的一面，甚至一蹶不振，走上人生的歧途。在调查中，我们发现，多种不利情况交加，这使得留守儿童的生活更是“雪上加霜”，但是，尽管如此，还是有不少留守儿童能够正视现实，积极勇敢地生活着。

例如，留守儿童小吕，今年11岁，五年级学生，她现在相当于是一名孤儿，父亲在她2岁时去世，母亲自父亲去世后就离家出走，至今音讯全无。现在家中只有姐姐和68岁的祖母，她们3口人现居住在政府提供的公租房里。祖母年纪大，身体状况差，腰椎间盘突出压迫神经导致腿病，行动不便，无法进行劳动，姐姐在当地的一所职中读书，所以家中没有任何劳动力，唯一的经济来源就是每月低保的1000元。虽然家庭条件很不好，但是小姑娘的性格很好，阳光、开朗，不孤僻。和周围的同学、邻居相处和谐，经常听到老师、邻居对她的夸奖。尊敬师长，经常帮老师收作业、抱书等，看到老师永远都是以笑脸相迎。学习成绩也很不错，学习习惯良好，经常主动到办公室做作业，问老师问题。

四、全面发展的留守儿童

在我国广大农村地区，也有一些家庭父母主动选择留守自己的孩子，他们到发达城市从事收入比较高的行业，为孩子的成长提供了很好的经济支持和条件保障。这些孩子在经济上比较宽裕，能够正确认识父母外出务工的行为选择，在生活上比较独立，在学业上比较上进，与人交往有礼貌，虽然他们也属于留守儿童群体，但是，他们是发展良好，不受制于“留守状态”的儿童。他们能够过上比较有质量的生活，与他们能够充分利用社会支持，主动谋求个人发展密不可分。他们的事例也启示我们，处于“留守状态”的儿童，只要逐渐加强自我管理能力，加之外在的社会支持，他们也同样能够健康快乐成长。

例如，小朱，男，12岁，六年级，父母均在北京某工厂工作，平日与外公外婆一起居住，其父母另育有一个女儿，家庭年收入在12万元左右。他在家排行老二，平时也尽己所能帮助家人洗碗、拖地、扫地、倒垃圾。小朱同学的成绩在班级前十左右，学习习惯比较好，按时完成作业，上课的专注度也比较高，但不爱回答问题，喜欢独立思考，喜欢挑战一些比较有难度的学习任务。在与同学交往的过程中情绪稳定，但属于内向型，在关系比较好的同学面前言语较多，但大多数时候不太爱说话，喜欢独来独往。在班集体活动当中比较有集体意识，听从老师的安排，帮助同学合力完成老师交代的任务。在与他的交流中他告诉实习老师，他特别喜欢钻研，特别是那些有难度的题，每次思考做出答案都让他很有成就感，所以他喜欢上课时给同学们讲难题，也喜欢用一题多解的方法跟班内的同学交流。说到父母在外打工的话题时，他似乎不那么在意，他说：“父母在北京辛苦赚钱,每周有5—6次会用微信与我联系,也会在暑假把我接过去,我还是比较幸福的。”对于留守儿童这个标签他并不敏感,喜欢按部就班跟着自己的节奏做好学习和生活中的每一件事。谈到未来的规划他也只是很平静地说:“希望自己能做一个对社会有用的人,至于职业也还没想好,尽力过好每一天就可以了。”

综上所述,“留守状态”是这些儿童当下的生活状态,尽管这种状态存在一定的风险,但是,“留守状态”仅仅是影响这些儿童成长的一个变量或因素,并不一定会导致这些儿童的不良发展。如果留守儿童家庭的家长或监护人能够合理地引导留守儿童的成长,“留守状态”可能成为促进孩子不断成长的重要契机,反之,则会成为儿童不良发展的诱因和条件。

第三节　本科学生对留守经历的认识

在我国广大农村地区,留守儿童现象非常普遍。一方面,由于生计所迫,家里的成年劳动力必须外出工作,帮助家庭获取生活物资,给予物质支持;另一方面,我们也发现有一些家庭为了获得更多的收入,主动选择留守孩子,到工作待遇较好的地方工作,为孩子提供更好的物质支持。无论是被动选择还是主动选择留守儿童,这都是一个家庭在经济发展与儿童成长之间做出的选择,二者孰重孰轻,在作为“第三者”的研究者眼里,这是无法判定的。也许留守的经历在儿童一生的经历中留下了深刻的印象,对他们的世界观、人生观和价值观造成一定的影响。留守的后期效应需要在多年以后,至少成年以后才会有所显现。因此,了解留守儿童成年后对留守经历的认识,有助于开拓研究者研究思路,进一步改进和完善整个社会支持体系,保障每一位留守儿童的健康成长。基于这样的思考,研究小组以所在高校为研究样本,对来自西南民族地区的大学生进行筛选,邀请童年曾经有过留守经历的本科学生参与问卷调查,获取数据。共有45名同学参与了问卷调查,其数据分析有利于我们深入了解留守经历对儿童成长的后期效应。

本次问卷调查以“在校大学生对留守经历的认知”为主题,共设计了31道选择题,围绕留守经历中的学校、学习、朋友、家庭、心理等列出选项,于2017年

12月对研究小组所在高校来自西南民族地区的在读大学生进行了问卷调查，并对愿意与研究小组交流留守经历的11名大学生进行了访谈。具体数据分析如下。

一、数据样本基本情况

参加本次问卷调查的在校大学生有45名，从性别来看，女生38名，占被调查者总数的84.44%，男生7名，占被调查者总数的15.56%。从年龄来看，在20岁的人有6名，占被调查者总数的13.33%，年龄在21岁及以上的有39名，占被调查者总数的86.67%。从户籍地来看，来自村社的人有20名，占被调查者总数的44.44%，来自乡镇的人有25名，占被调查者总数的55.56%。从民族来看，有3名彝族学生，占被调查者的6.67%，有4名苗族学生，占被调查者的8.89%，有38名土家族学生，占被调查者的84.44%。

二、数据分析与讨论

留守儿童父母外出务工是其童年生活中的一件大事，在父母缺场的情况上，孩子的生活状态较之父母均在身边的儿童有着很大的区别。特别是我国经济高速发展的当下，人们为了家庭经济水平的提高会选择收入较高的岗位谋职。在被调查者中，从留守状态来看，选择“父母都外出务工”的人数为24人，占被调查者总数的53.33%，选择“母亲外出”的人数为1人，占被调查者总数的2.22%，选择“父亲外出”的人数为7人，占被调查者总数的15.56%，选择“其他”的人数为13，占被调查者总数的28.89%。作为家庭收入的主要来源，父母是主要劳动力，从家庭结构来看，老人和儿童无法为家庭获取大量经济收入，因此，留守儿童的家庭常常会选择将老人和儿童放置在生活成本比较低的农村老家，青壮年劳动力则到经济发达地区谋取经济收入，以此来维持家庭的生存与发展。这也是在留守儿童监护人中爷爷奶奶或外公外婆占比较高的原因。从监护人来看，选择“爷爷奶奶或外公外婆监护”的人数为21人，占被调查者总数的46.67%，选择“姑叔伯姨等亲戚”的人数为19人，占被调查者总数的42.22%，选择“自己”的人数为4人，占被调查者总数的8.89%，选择“邻居”的人数为1人，占被调查者总数的2.22%。从监护人构成来看,除非儿童具备一定的生活自理能力,否则,家庭不会将其一人留守在农村。在我国讲究血缘关系和家族传承的文化背景下,姑叔伯姨等亲戚也会出于道义上的考虑,对留守儿童家庭给予一定的关照,因此,我们看到,留守儿童中选择姑叔伯姨等亲戚作为监护人的比例还是比较高的。

(一)留守经历中对来自家庭的支持的理解

留守时间长短对于留守儿童的生活状态、心理健康、学业水平等都会有一定影响。由于家庭经济发展和儿童管教存在时间或空间上的冲突,为缓解亲子之间的相互思念之情,不少留守儿童家庭会考虑与孩子的见面时长,因此,留守儿童的留守状态也会有所波动或调整。从留守时间上来看,选择1年以下的人数为12人,占被调查者总数的26.67%,选择"1—3年"的人数为6人,占被调查者总数的13.33%,选择"4—6年"的人数为5人,占被调查者总数的11.11%,选择"7年及以上"的人数为22人,占被调查者总数的48.89%。在留守儿童与父母团聚的时间频率上,选择"一年以下有团聚"的人数为24人,占被调查者总数的53.33%,选择"1—3年有团聚"的人数为8人,占被调查者总数的17.78%,选择"3年以上有团聚"的人数为13人,占被调查者总数的28.89%。从这组数据,我们可以看出,亲子分离是留守儿童的生活常态,但是,父母会根据自身经济收入状况或家庭实际情况对务工和孩子教育做出一定的权衡和改变。

留守儿童与父母有着天然的血缘联系,没有哪一个父母不心疼自己的孩子,没有哪一个孩子不依恋自己的父母,这种血缘联系即使相隔万里也是无法割舍和分裂的。正是基于此,留守儿童与父母的联系借助现代交通和通信手段得以实现。虽然这样的交流方式不能完全缓解留守儿童的"情感饥渴",但是,在一定程度上,至少在留守儿童内心,他们知道自己拥有父母的爱。在父母与留守儿童的联系方式上,有36人选择"打电话",占被调查者总数的80%,有9人选择QQ或微信,占被调查者总数的20%,没有人选择"写信"(见表1)。留守儿童即使在与父母进行交流的时候,也无法深入或敞开胸怀,但是,有这样一些交流方式来陪伴留守儿童,也在一定程度上能够缓解留守儿童在成长中遇到的焦虑和紧张。

表1　“我与父母的联系方式”

选项	小计	比例
打电话	36	80%
写信	0	0
QQ或微信	9	20%
小计	45	100%

父母爱自己的孩子,会用多种方式进行表达,但是,孩子是否感受到被爱却是一个值得探讨的话题。有时候,留守儿童会感觉到父母的爱是约束和限制,但是随着年龄的增长,阅历的增加,留守儿童更加能够理解父母对自己的付出,也能够感受到父母深沉的爱。在“我觉得父母很爱我”的选项中,有23人选择“完全符合”,占被调查者总数的51.11%,10人选择“比较符合”,占被调查者总数的22.22%,5人选择“符合”,占被调查者总数的11.11%,6人选择“比较不符合”,占被调查者总数的13.33%,1人选择“完全不符合”,占被调查者总数的2.22%(见表2)。

表2　“我觉得父母很爱我”

选项	小计	比例
完全不符合	1	2. 22%
比较不符合	6	13. 33%
符合	5	11. 11%
比较符合	10	22. 22%
完全符合	23	51. 11%
小计	45	100%

留守儿童的父母外出务工,为改善家庭经济条件而努力,年少的留守儿童可能并不能够理解父母的这种做法,常常会有“被抛弃”“被忽视”的感觉,特别是当留守儿童看见别人家的孩子有父母陪伴左右时,这种感觉会更加明显。在“我的父母或父母一方是因为家庭经济原因外出务工”的理解上,有17人选择“完全符合”,占被调查者总数的37.78%,有9人选择“比较符合”,占被调查者总数的20.00%,有11人选择“符合”,占被调查者总数的24.44%,有3人选择“比较不符合”,占被调查者总数的6.67%,有5人选择“完全不符合”,占被调查者总数的11.11%(见表3)。因为被调查者已经是在校大学生,属于刚刚成年的青年人,对于留守经历的回忆和判断已经有自己的看法,所以从这组数据我们可以

看出，绝大多数被调查者能够理解父母为家庭经济改善而外出务工的行为，但是，仍然有一小部分被调查者并不认为如此，在他们心目中，父母还是应该陪伴在儿童身边，以儿童为重。

表3 “我的父母或父母一方是因为家庭经济原因外出务工”

选项	小计	比例
完全不符合	5	11.11%
比较不符合	3	6.67%
符合	11	24.44%
比较符合	9	20.00%
完全符合	17	37.78%
小计	45	100%

留守儿童与父母分离，饱受思念之苦，那么，在他们的心目中是否会意识到父母会想念他们呢？或者，从父母的言行中，能否读出父母对他们的思念呢？在“父母很想念我”的选择中，有16人选择“完全符合”，占被调查者总数的35.56%，有12人选择“比较符合”，占被调查者总数的26.67%，有13人选择“符合”，占被调查者总数的28.89%，有3人选择“比较不符合”，占被调查者总数的6.67%，有1人选择“完全不符合”，占被调查者总数的2.22%(见表4)。从这组数据中，我们可以看出，绝大多数有留守经历的大学生能够理解父母的爱，认为父母疼爱自己，也会在工作所在地思念孩子，这与亲子之间的血缘关系密不可分，只有极少部分被调查者认为父母不会思念自己。

表4 “父母很想念我”

选项	小计	比例
完全不符合	1	2.22%
比较不符合	3	6.67%
符合	13	28.89%
比较符合	12	26.67%
完全符合	16	35.56%
小计	45	100%

安居乐业一直是中国传统家庭的基本理念，能够与孩子一起生活，享受天伦之乐，是广大老百姓的心愿，但是由于多种因素的影响，特别是家庭经济条件

的限制，留守儿童家庭往往出现亲子分离的状况。在“父母更愿意和我一起生活”的理解上，有21人选择“完全符合”，占被调查者总数的46.67%，有8人选择“比较符合”，占被调查者总数的17.78%，有13人选择“符合”，占被调查者总数的28.89%，有2人选择“比较不符合”，占被调查者总数的4.44%，有1人选择“完全不符合”，占被调查者总数的2.22%（见表5）。这组数据显示，留守儿童从父母的言行中理解到，父母也愿意和自己生活在一起，较之留守与家庭分离的状态，留守儿童更加期盼自己和父母生活在一起。与父母生活在一起，留守儿童可以得到更多的支持和帮助。父母们也意识到这一点，但是由于现实条件的限制，却又不得不对家庭做出“儿童留守在农村、父母外出务工”的安排。

表5 “父母更愿意和我一起生活”

选项	小计	比例
完全不符合	1	2. 22%
比较不符合	2	4. 44%
符合	13	28. 89%
比较符合	8	17. 78%
完全符合	21	46. 67%
小计	45	100%

家庭是儿童获取支持的第一场所，父母是孩子的第一教师，父母对孩子的支持是无私的，也是最有效的。留守儿童与父母相隔两地，无法生活在一起，但是，留守儿童对父母的依恋是天然的，无法割舍的。因此，留守儿童与父母之间的远距离交流也同样给予孩子一定的支持，尤其是当留守儿童遇到困难、烦恼或疑惑时，父母的及时干预和支持显得尤为重要。用谈心的方式交流，不仅可以拉近亲子之间的距离，还可以让留守儿童获得安全感，对父母产生依恋。在“父母会与我谈心”的选择上，有9人选择“完全符合”，占被调查者总数的20.00%，有15人选择“比较符合”，占被调查者总数的33.33%，有10人选择“符合”，占被调查者总数的22.22%，有9人选择“比较不符合”，占被调查者总数的20.00%，有2人选择“完全不符合”，占被调查者总数的4.44%（见表6）。这组数据显示，被调查者在留守期间，与父母的交流和谈心具有重要意义，即使相隔甚远，但是亲子之间的交流会赢得彼此的关爱，让留守儿童感受到来自父母的支持，也为留守儿童心理健康奠定基础。

表6 “父母会与我谈心”

选项	小计	比例
完全不符合	2	4.44%
比较不符合	9	20.00%
符合	10	22.22%
比较符合	15	33.33%
完全符合	9	20.00%
小计	45	100%

正是有来自父母的远距离交流使得留守儿童在成长过程感受到爱，从而铺就了留守儿童健康阳光、积极向上的心理之路。父母爱着自己的孩子，孩子也同样会爱着自己的父母。留守过程可能会伴随着烦恼和忧愁，但是，随着留守儿童长大，他们渐渐理解父母的生活和心态，能够理解父母为家庭生活质量改善而做出的种种努力，从他们的内心，也渐渐生发并深化了对父母的爱。在“我爱我的父母”的选项中，有29人选择“完全符合”，占被调查者总数的64.44%，有5人选择“比较符合”，占被调查者总数的11.11%，有7人选择“符合”，占被调查者总数的15.56%，有3人选择“比较不符合”，占被调查者总数的6.67%，有1人选择“完全不符合”，占被调查者总数的2.22%(见表7)。这组数据显示，在校大学生对自己留守经历的认知比较理性，经过多年的成长和积淀，能够认识到父母对自己的爱，也能表现出对父母的爱。他们是广大留守儿童中成长状态比较良好的群体，获得了父母的支持，也能够将自己的爱回馈给父母。

表7 “我爱我的父母”

选项	小计	比例
完全不符合	1	2.22%
比较不符合	3	6.67%
符合	7	15.56%
比较符合	5	11.11%
完全符合	29	64.44%
小计	45	100%

家庭是社会最小的经济细胞，承担着家庭中的生产、分配、交换、消费，它是家庭功能其他方面的物质基础。家庭也是最小的养育单位，承担着人口再生产和儿童成长教育的重任，是儿童与世界联结的最初场所，也是作为个体的人在

一生成长过程中最为重要的依托，承担着情感和陪伴的核心功能，是其他任何形式的陪伴都无法替代的。无论是在传统农业社会，还是在现代社会，对成人和孩子来说家庭是情感陪伴的主要源泉。对儿童来讲，缺少父母的关爱和陪伴往往会导致智力、感情、行为等方面的成长都受到伤害，并在成年以后的生活中体现出某些不良行为。在对“父母的经济收入让我物质上还不错”的选项中，有11人选择“完全符合”，占被调查者总数的24.44%，有14人选择“比较符合”，占被调查者总数的31.11%，有15人选择“符合”，占被调查者总数的33.33%，有5人选择“比较不符合”，占被调查者总数的11.11%，没有人选择“完全不符合”（见表8）。这组数据显示，父母外出务工给家庭带来的经济收入改善了家庭的生活水平和物质条件，使留守儿童的基本物质基础得到保障。

表8　“父母的经济收入让我物质上还不错”

选项	小计	比例
完全不符合	0	0%
比较不符合	5	11. 11%
符合	15	33. 33%
比较符合	14	31. 11%
完全符合	11	24. 44%
小计	45	100%

（二）留守经历中对来自学校的支持的理解

留守儿童正处于接受基础教育的年龄阶段，学校生活是其日常生活的重要组成部分，在家庭中缺乏父母管束或监督，在学校有教师对其行为进行管教，有学生或同伴对其进行抚慰，这无疑对于留守儿童“情感饥渴”的缓解百利而无一害。学校在留守儿童成长过程中担任了重要角色，校长、老师和同学是留守儿童生命中的“重要他人”。人类的社会性决定了个体不能脱离群体单独存活，个体时刻处在群体中他人的影响过程当中。对于留守儿童而言，来自学校的支持显得尤为重要。在“我喜欢上学”的选项中，有10人选择“完全符合”，占被调查者总数的22.22%，有15人选择“比较符合”，占被调查者总数的33.33%，有15人选择“符合”，占被调查者总数的33.33%，有4人选择“比较不符合”，占被调查者总数的8.89%，有1人选择“完全不符合”，占被调查者总数的2.22%（见表9）。这组数据显示，绝大部分被调查者对学校比较依赖，对学校整体上感觉比较满意，能够在童年时期坚持学习，用学习的方式度过童年时光，正因为他们喜欢上学，才使他们在学业上有所收获，能够在高中毕业后升入大学，这在某种程度上，应该算得上留守儿童家庭比较满意的儿童成长过程。

表9 “我喜欢上学”

选项	小计	比例
完全不符合	1	2.22%
比较不符合	4	8.89%
符合	15	33.33%
比较符合	15	33.33%
完全符合	10	22.22%
小计	45	100%

留守儿童每天到学校上学，与同龄人在一起学习玩耍，可以缓解留守儿童的内心紧张和压力。研究表明，同伴是儿童时期非常重要的社会关系，同伴交往对留守儿童的成长影响重大。儿童时期与同伴交往的经历和经验会直接影响到一个人一生的发展。如果在童年时期能够建立融洽的同伴社交网络，就能够成就一个充满阳光和正能量的童年，对其今后的性格塑造和能力发展都具有一定的影响。本研究以“聊天”为观测点，考察留守儿童与同伴交往的情况，原因在于留守儿童可以通过聊天的方式将自己的喜怒哀乐倾诉给同伴，获得情感支持，感受到别人对自己的理解和共情，由此抒发自己的情绪，形成平静的心境，面对日常生活。在“我喜欢在学校和同学聊天”的选项中，有10人选择“完全符合”，占被调查者总数的22.22%，有18人选择“比较符合”，占被调查者总数的40.00%，有12人选择“符合”，占被调查者总数的26.67%，有5人选择“比较不符合”，占被调查者总数的11.11%，有0人选择“完全不符合”（见表10）。从这组数据来看，绝大部分留守儿童喜欢和同学聊天，这说明童年时期同伴关系在他们的心目中占有重要位置，他们愿意与同伴交往，积极表达自己的情绪，能够从同伴交往中获得社会支持。同伴的拒绝与接纳直接影响着留守儿童的人际关系基础。留守儿童能够在学校拥有一个或多个交往频繁的同伴，维持良好的友谊，这对于提高他们的学校适应性非常有利，也有助于增强他们抵抗各种消极情绪的能力。

表10　“我喜欢在学校和同学聊天”

选项	小计	比例
完全不符合	0	0%
比较不符合	5	11.11%
符合	12	26.67%
比较符合	18	40.00%
完全符合	10	22.22%
小计	45	100%

留守儿童在学校学习期间，教师是另外一个“重要他人”。教师不仅是科学知识的传授者，还是学生心理健康的维护者。与教师建立良好的师生关系，从老师那里获得社会支持和心理依恋，能缓解留守儿童心理上的紧张。当留守儿童遇到困难或风险时，从老师那里得到必要的支持，就能够提高留守儿童的心理安全感，反之，则会加大留守儿童的心理压力。教师的任务是“传道授业解惑”，他们在儿童成长过程中发挥着积极的作用，对留守儿童给予重要的社会支持，将有助于留守儿童的健康成长。特别是在我国乡村振兴背景下，教师队伍建设备受重视，教师在农村教育中扮演着非常重要的角色。国家不断加大教师队伍建设力度，将“农村全科教师”“公费师范生”等优秀师资派往广大农村地区，这体现了国家对农村建设的重视，对农村留守儿童的关爱，体现了“不让一个孩子掉队”的国家意志。在“老师很关心我”的选项中，有6人选择“完全符合”，占被调查者总数的13.33%，有12人选择“比较符合”，占被调查者总数的26.67%，有19人选择“符合”，占被调查者总数的42.22%，有6人选择“比较不符合”，占被调查者总数的13.33%，有2人选择“完全不符合”，占被调查者总数的4.44%（见表11）。这组数据显示，绝大多数被调查者认为教师比较关心学生，教师的工作和付出得到学生的承认，学生能够感受到教师对自己的关心，也有少部分学生没有体验到教师对学生的关心，这也说明教师作为留守儿童成长社会支持的一部分，教师作为成年人，在关心留守儿童工作上还需要继续加大力度，深入留守儿童内心，让留守儿童感受到来自教师的社会支持。

表11 “老师很关心我”

选项	小计	比例
完全不符合	2	4.44%
比较不符合	6	13.33%
符合	19	42.22%
比较符合	12	26.67%
完全符合	6	13.33%
小计	45	100%

学校是专门开展教育教学活动的场所，是学生获得社会支持的重要来源。学生在学校不仅要学习科学文化知识，还要通过各种各样的活动丰富学习体验，增长技能技巧。除了课堂课程学习以外，学校开展丰富多彩的活动，可以让校园充满活力与生机，调动学生参与的积极性，满足学生的发展需要，提升学生的精神生活，促进他们的身心健康和全面发展。在校园开展乒乓球、篮球、羽毛球、足球、书法、美术、棋类、朗诵、戏曲、舞蹈等活动，可以丰富学校校园文化，提高学生对不良影响因素的抵抗力。在“学校的活动很丰富”的选项中，有5人选择“完全符合”，占被调查者总数的11.11%，有8人选择“比较符合”，占被调查者总数的17.78%，有19人选择“符合”，占被调查者总数的42.22%，有12人选择“比较不符合”，占被调查者总数的26.67%，有1人选择“完全不符合”，占被调查者总数的2.22%(见表12)。这组数据显示，绝大多数被调查者认为学校的活动比较丰富，这也说明学校作为留守儿童成长过程中的重要影响源头，正在努力探索教育和影响留守儿童的各种途径和方法，力求教育和引导留守儿童朝着积极健康的方向发展，防止留守儿童将精力放到消极影响因素上。

表12 “学校的活动很丰富”

选项	小计	比例
完全不符合	1	2.22%
比较不符合	12	26.67%
符合	19	42.22%
比较符合	8	17.78%
完全符合	5	11.11%
小计	45	100%

留守儿童的父母不在身边，遇到困难和问题往往无法获得及时的帮助。学

校是留守儿童日常生活中联系最为紧密的组织，如果留守儿童能够从学校获得必要的社会支持，这无疑会促进留守儿童产生亲社会的行为，相信社会存在美好和善良的一面。学校中有校长、老师和同学，这些都是留守儿童成长过程中接触比较频繁的“重要他人”，从他们那里得到社会支持让留守儿童能够感受到归属和尊重，得到心理上的寄托。在“当我遇到问题时，可以从学校获得帮助”的选项中，有1人选择“完全符合”，占被调查者总数的2.22%，有10人选择“比较符合”，占被调查者总数的22.22%，有13人选择“符合”，占被调查者总数的28.89%，有18人选择“比较不符合”，占被调查者总数的40.00%，有3人选择“完全不符合”，占被调查者总数的6.67%（见表13）。这组数据显示，超过一半的被调查者认为遇到困难能够从学校获得帮助，但是仍然有约一半被调查者认为遇到问题时不能从学校获得帮助。这说明，一方面，留守儿童遇到的问题是多方面的，无法从学校获得相应的社会支持，另一方面，学校在帮助留守儿童方面能够给予的社会支持也是有限的。

表13 “当我遇到问题时，可以从学校获得帮助”

选项	小计	比例
完全不符合	3	6.67%
比较不符合	18	40.00%
符合	13	28.89%
比较符合	10	22.22%
完全符合	1	2.22%
小计	45	100%

为保证到2007年西部地区实现“两基”目标，保障“两基”攻坚县扩大义务教育规模的需要，解决制约西部农村地区普及义务教育的“瓶颈”问题，中央和省级人民政府共同组织实施了“农村寄宿制学校建设工程”，从2004年起，用四年左右的时间，中央财政投入资金100亿元，帮助西部地区新建、改扩建一批以农村初中为主的寄宿制学校；同时，在合理布局、科学规划的前提下，加快对现有条件较差的寄宿制学校和不具备寄宿条件而有必要实行寄宿制的学校进行改扩建的步伐，使确需寄宿的学生能进入具备基本条件的寄宿制学校学习。“农村寄宿制学校建设工程”的实施，极大改善了中西部农村地区中小学的办学条件。随着农村寄宿制学校的相继建成，加强农村寄宿制学校管理的制度化、规

范化、科学化变得尤为重要。为此，二〇〇六年九月国家西部地区“两基”攻坚领导小组办公室制订了《国家西部地区农村寄宿制学校建设工程项目学校管理暂行办法》。在西南民族地区农村寄宿制学校学习的孩子大多是留守儿童。在“我喜欢寄宿在学校”的选项中，有3人选择“完全符合”，占被调查者总数的6.67%，有5人选择“比较符合”，占被调查者总数的31.11%，有14人选择“符合”，占被调查者总数的31.11%，有17人选择“比较不符合”，占被调查者总数的37.78%，有6人选择“完全不符合”，占被调查者总数的13.33%(见表14)。这组数据显示，农村寄宿制学校在一定程度上受学生欢迎，留守儿童能够接受在学校寄宿学习，但是，也有一部分留守儿童不喜欢寄宿制学校。

表14 “我喜欢寄宿在学校”

选项	小计	比例
完全不符合	6	13. 33%
比较不符合	17	37. 78%
符合	14	31. 11%
比较符合	5	11. 11%
完全符合	3	6. 67%
小计	45	100%

(三)留守经历中对其他支持的理解

留守儿童的生活中，朋友、邻居、社会机构等都可以为他们的成长提供社会支持，这些支持给留守儿童生活的关照也不可忽视。有朋友陪伴左右可以舒缓留守儿童的心理焦虑和紧张，在遇到困难的时候可以及时获得帮助，在遇到烦恼的时候可以宣泄自己的情感，有人倾听留守儿童的心声。有一些社会机构也会关注到留守儿童所面临的困境，组织捐款捐物，开展心理辅导活动等，通过各种方式为留守儿童成长提供支持。这些社会支持是留守儿童成长过程中可以依赖的力量。通过在校大学生对自身留守经历中所获得的其他社会支持的认知，可以为我们进一步整合资源，强化社会支持力量提供参考。在“我有很多朋友”的选项中，有5人选择“完全符合”，占被调查者总数的11.11%，有10人选择“比较符合”，占被调查者总数的22.22%，有19人选择“符合”，占被调查者总数的42.22%，有11人选择“比较不符合”，占被调查者总数的24.44%，有0人选择“完全不符合”(见表15)。这组数据显示，朋友之间彼此的关心、理解、帮助对于留守儿童的成长影响比较重要。留守儿童在学校有同伴一起学习玩耍,学校的同伴是他们的主要朋友,除了同伴,留守儿童还有一些其他的朋友,比如周围的邻居、社区的工作人员等等,这些人都可以给予留守儿童一定的社会支持。

表15　"我有很多朋友"

选项	小计	比例
完全不符合	0	0%
比较不符合	11	24.44%
符合	19	42.22%
比较符合	10	22.22%
完全符合	5	11.11%
小计	45	100%

我国广大农村地区因着地缘和血缘关系结成了没有陌生人的社会,这就是费孝通先生在《乡土中国》一书中所描述的"熟人社会"。"熟人社会"中,人与人之间比较熟悉,大家比较了解相互之间家庭的基本情况,谁家的人在何处打工,何时回家探亲,谁家的孩子学习好,谁家的孩子调皮,谁家的家境不错等等,"熟人社会"中的个体对周围的每一个人几乎可以如数家珍,对各种情况掌握得非常清楚。一则大家比较熟悉。因为人们长时间生活在同一片土地上,年长者对年幼者熟悉,一来二去人们之间也就相互十分熟悉。二则大家的关系比较亲密。正所谓"远亲不如近邻","熟人社会"中的人因为日常接触比较多,对彼此的情况比较了解,交情也不断积累,在需要帮忙的时候,也很容易获得熟人的支持。熟悉是从长时间、多方面、经常的接触中所发生的亲密的感觉。正是基于"熟悉"和"亲密",邻里之间的帮助也成了农村留守儿童获取社会支持的重要来源。在"当我遇到困难的时候,总能够找到人帮忙"的选项中,有2选择"完全符合",占被调查者总数的4.44%,有17人选择"比较符合",占被调查者总数的37.78%,有17人选择"符合",占被调查者总数的37.78%,有9人选择"比较不符合",占被调查者总数的20.00%,有0人选择"完全不符合"(见表16)。这组数据显示,在生活中遇到困难时,绝大部分留守儿童能够得到别人的帮助,这也说明"熟人社会"能够为留守儿童提供一定的支持,帮助留守儿童渡过难关。

表16 “当我遇到困难时候,总能够找到人帮忙”

选项	小计	比例
完全不符合	0	0%
比较不符合	9	20.00%
符合	17	37.78%
比较符合	17	37.78%
完全符合	2	4.44%
小计	45	100%

社会对留守儿童现象非常关注,特别是在信息社会发达的当下,一些媒体报道了部分留守儿童的困境后,社会热心人士、慈善机构或志愿者组织等都会以各种方式行动起来,关爱留守儿童。一些公益组织采用组织捐赠、帮扶或公益活动等形式与农村留守儿童互动,将图书、衣物、文具等与儿童成长密切相关的物资送给留守儿童,通过文化活动、研学旅行、团队活动等方式,带领留守儿童增长见识,结识朋友,抒发情感,缓解留守儿童在成长中积累的压力,引导留守儿童树立远大理想,吸引他们将精力放到学习科学文化知识上,建立科学的生活方式,为成为国家需要的建设者和接班人而努力奋斗。在“有一些社会机构经常来校捐赠”的选项中,有0人选择“完全符合”,有1人选择“比较符合”,占被调查者总数的2.22%,有9人选择“符合”,占被调查者总数的20.00%,有26人选择“比较不符合”,占被调查者总数的57.78%,有9人选择“完全不符合”,占被调查者总数的20.00%(见表17)。从这组数据来看,尽管社会各界对留守儿童非常关注,也对这个群体给予了一定的支持,但是,由于留守儿童群体庞大,社会对他们的支持仍然是杯水车薪,仍有绝大部分留守儿童没有感受到来自社会的支持。虽然“捐赠”的方式仅仅是社会支持的一种方式,但是,以小见大,可以推断出,社会对留守儿童的支持依然非常薄弱。

表17 “有一些社会机构经常来校捐赠”

选项	小计	比例
完全不符合	9	20.00%
比较不符合	26	57.78%
符合	9	20.00%
比较符合	1	2.22%
完全符合	0	0%
小计	45	100%

社会支持的另外一个方面是舆论支持。由于留守儿童父母常不在身边,加之儿童天性顽劣好动,常常做出违反社会规则的事情,无可否认,留守儿童在行为习惯、学业表现等方面会存在各方面问题,这很容易导致人们对留守儿童形成"刻板印象"。不少人对留守儿童嗤之以鼻,消极负面的评价往往多于积极正面的评价。在人们的印象中,人们已经将留守儿童与"坏孩子"画上了等号。但是,对于留守儿童自身来讲,他们对留守儿童群体本身有不同的认知,他们中有的人能够感受到人们对留守所抱有的偏见,有的人则没有感受到偏见或歧视的存在。在"周围的人认为留守儿童大多数是坏孩子"的选项中,有0人选择"完全符合",有1人选择"比较符合",占被调查者总数的2.22%,有3人选择"符合",占被调查者总数的6.67%,有31人选择"比较不符合",占被调查者总数的68.89%,有10人选择"完全不符合",占被调查者总数的22.22%(见表18)。这组数据显示,被调查中的绝大多数人并没有感受到周围人对留守儿童的偏见,这与留守儿童生活的环境有密切关系。良好的社会舆论支持有利于留守儿童形成积极正面的个人意识,反之则会形成恶性循环,导致留守儿童形成"破罐子破摔"的不良意识。

表18 "周围的人认为留守儿童大多数是坏孩子"

选项	小计	比例
完全不符合	10	22.22%
比较不符合	31	68.89%
符合	3	6.67%
比较符合	1	2.22%
完全符合	0	0%
小计	45	100%

(四)留守经历中对自我支持的理解

留守儿童在成长过程中,不断积累人生经历和经验,生理上身体在成熟,心理上也在变化发展,对周围世界、人生和社会都会形成自己的观点和看法,并集中反映在他们的世界观、人生观和价值观上。随着年龄的增长,儿童的认识力、观察力和理解力在增强。在留守的岁月中,他们内心一直向往着与父母一起快乐生活的情景。在调研中,我们发现,不少曾经有过童年留守经历的本科学生都希望自己不是留守儿童,换句话说,就是希望自己能够与父母共同度过快乐的童年。那是他们心里的"秘密花园"。特别是看到周围的孩子,能够与父母一起生活,他们的内心充满了"羡慕、嫉妒、恨"。这样的情感体验深深地烙刻在儿童的心灵,即使成年以后,也无法忘怀。在"我非常希望自己不是留守儿童"的调查中,有10人选择"完全符合",占被调查者总数的22.22%,有10人选择"比较符合",占被调查者总数的22.22%,有13人选择"符合",占被调查者总数的28.89%,有11人选择"比较不符合",占被调查者总数的24.44%,有1人选择选择"完全不符合",占被调查者总数的2.22%(见表19)。这组数据显示,绝大多数被调查者不希望自己是留守儿童,这说明在他们看来,留守儿童的生活状态不是他们认为合理或应有的状态。

表19 "我非常希望自己不是留守儿童"

选项	小计	比例
完全不符合	1	2.22%
比较不符合	11	24.44%
符合	13	28.89%
比较符合	10	22.22%
完全符合	10	22.22%
小计	45	100%

儿童经过时间的磨炼都会成长,进入成人世界,儿童时期的经历和积累成就了今日的他们。参与调研的本科学生回顾自己的留守儿童生活,也无不感慨留守儿童生活中种种困境和磨炼,促使他们慢慢形成了生活的自理能力。没有父母的呵护,小小的肩膀开始扛起生活的担子,他们不得不比同龄人更早学会做饭、洗衣、收拾房间,学会独自面对学习和生活中的困难,处理自己的消极情绪。也正是在这样的磨炼中,这些儿童较之同龄人更能够理解生活的不易,也更能够独立地担当责任。在"我在留守过程中学会了生活自理"的选项中,有14人选择"完全符合",占被调查者总数的31.11%,有18人选择"比较符合",占被调查者总数的40.00%,有13人选择"符合",占被调查者总数的28.89%,有0人选择"比较不符合",有0人选择选择"完全不符合"(见表20)。这组数据显示,绝大多数被调查者都认为,父母没在身边,自己必须学会生活自理。这种自理能力为这些本科学生能够在竞争激烈的高考中考入大学奠定了基础。也就是说,他们的自理能力使得他们较之同龄人更成熟,更知道为了自己的人生而奋斗,也更容易在学业竞争中获得比较好的结果。

表20　“我在留守过程中学会了生活自理”

选项	小计	比例
完全不符合	0	0%
比较不符合	0	0%
符合	13	28.89%
比较符合	18	40.00%
完全符合	14	31.11%
小计	45	100%

任何外在的支持都需要个体自身的认同、获取和利用才能够实现其功效。尽管社会各界都非常关注留守儿童群体，给这个群体送去温暖，伸出援助之手，在物资赠送、活动邀请、心理抚慰等方面给予了支持，但是，这些外在的帮助能否真正帮助留守儿童树立生活的信心，促使其勇敢地面对生活中的挫折、失败和困难，还需要留守儿童个体本身具有一定的认知基础，能够认同别人对自己的帮助，怀着感激之心成长，主动获取外在的支持并将这些支持转化为自己的前进和成长的动力。只有当留守儿童能够主动内化这些支持的时候，外在的社会支持才能够发挥其应有的功能。如果留守儿童不能意识到社会支持的重要意义和价值，排斥或拒绝外在的支持，那么，所有的外在社会支持都会无济于事。通过这些外在的支持，促进留守儿童的心理成长，让他们逐渐变得更加坚强，敢于面对生活中的一切。在“留守经历让我变得更坚强”的选项中，有9人选择“完全符合”，占被调查者总数的20.00%，有17人选择“比较符合”，占被调查者总数的37.78%，有17人选择“符合”，占被调查者总数的37.78%，有2人选择“比较不符合”，占被调查者总数的4.44%，有0人选择选择“完全不符合”（见表21）。这组数据显示，绝大多数被调查者都认为留守的经历锻炼了留守儿童的心灵，使得他们内心变得更加坚强和强大，而这样的生活经历也会成为他们精神生活中的一笔财富。

表21 “留守经历让我变得更坚强”

选项	小计	比例
完全不符合	0	0%
比较不符合	2	4.44%
符合	17	37.78%
比较符合	17	37.78%
完全符合	9	20.00%
小计	45	100%

童年时期的留守经历对儿童整个人生都会产生长远影响。留守时期渴望与父母一起共享天伦之乐的希望深深地埋在他们的心中,即使在成年之后,这些情感体验和经历也不会忘记。本科学生已经处于成年早期,即将进入人生婚恋准备阶段,童年时期的留守经历对他们的婚恋同样会产生影响。问及这些年轻人对自己未来家庭的打算,我们发现,大部分年轻人认为儿童的留守状态是不妥的,并期望自己在未来不要将自己的孩子变成留守儿童。在“如果我在未来有了小孩,我不会选择让他留守”的选项中,有27人选择“完全符合”,占被调查者总数的60.00%,有7人选择“比较符合”,占被调查者总数的15.56%,有9人选择“符合”,占被调查者总数的20.00%,有1人选择“比较不符合”,占被调查者总数的2.22%,有1人选择选择“完全不符合”,占被调查者总数的2.22%(见表22)。这组数据显示,绝大多数被调查者会选择不让自己的子女在童年时期留守农村,尽管未来存在许多不确定因素,或许他们在未来也不得不将自己的孩子留守在农村,但是,完全有理由相信,他们一定会更加关注孩子的成长,也一定会在与孩子的交流中注重交流方式方法,给孩子创造更加宽松和积极的成长环境。

表22 “如果我在未来有了小孩,我不会选择让他留守”

选项	小计	比例
完全不符合	1	2.22%
比较不符合	1	2.22%
符合	9	20.00%
比较符合	7	15.56%
完全符合	27	60.00%
小计	45	100%

三、讨论与结论

我国是一个农业大国，在广大农村地区生活着数以亿计的农民。在国家经济发展大潮的推动下，外出务工的人员在不断增加。为了改变家庭经济现状，农村家庭对外出务工相当重视。虽然“读书无用论”等消极不良思想的影响依然存在，但是，仍然有一部分农民家庭意识到读书对于孩子成长的重要意义和价值。无论条件多么受限，他们都会想方设法让孩子上学，接受至家庭经济能力和孩子学习能力都能达到的最高水平。也许是在外地务工拓展了见识，或是看到了教育对于孩子成长的积极作用，他们会竭尽全力支持孩子上学。孩子能够在高三毕业以后升入大学学习，对于外出务工的农民家庭来讲是一件大事，也是一件倍感荣耀的事情。特别是西南民族地区，交通条件差，经济发展水平低，农民们吃尽了没有知识文化的苦，他们宁愿自己受累，也不愿意孩子再走上自己的老路。正是因为有这样一部分农民抱有对教育的希望，他们的孩子才能够有机会走进大学的大门。从某种意义上说，他们这种朴素的观念使得他们的孩子拥有了与很多留守儿童不一样的人生之路。本课题之所以对来自西南少数民族的本科学生进行研究，也是基于“教育支持是对留守儿童最根本的支持”这一主张。从被调查者对留守经历的认知和理解来看，在所有的社会支持中，教育支持是尤为重要的社会支持之一。当然，其他社会支持也是不可或缺的。从前文对数据资料的分析和讨论来看，研究小组至少可以得出以下结论：

第一，留守儿童能够感受到的社会支持中，排在第一位的是祖辈和亲属。在留守儿童的监护人中，绝大多数都是祖辈，包括爷爷奶奶和外公外婆，也有姑叔姨伯舅等。这些“非法定”监护人承担了留守儿童的生活照顾责任。但是由于祖辈知识文化水平低，年龄较长，缺乏教育技巧，加之精力不够等等因素的影响，基本上只能够照顾到孩子的生活。有一些留守儿童还不得不照顾年迈的祖辈，承担烦琐的家务劳动和沉重的生产劳动。对于姑叔姨伯舅等亲属而言，留守儿童不是自己亲生的孩子，在管教上存在一定的限制。如果管教过于严厉，可能会被认为是“虐待”孩子，让孩子觉得没有亲爸亲妈好，如果管教过于宽松，又可能被认为不管教孩子，或是不关心孩子，放任自流。因此，到底如何行使留守儿童父母让渡的“监护权”，无疑是一道“无解的难题”。但是，无论如何，有人管教的留守儿童总比那些无人看护的留守儿童幸运得多。我国传统乡村社会主要以血缘关系和地缘关系为基础构建基本人际关系网络，这为留守儿童在实际生活中获取来自亲属的支持奠定了基础，因为留守儿童与有血缘关系的家庭成员之间以义务或感情为基础建立了天然的信任关系。当留守儿童需要某种支持时，他们会首先想到向亲属求助。

第二，留守儿童能够感受到的社会支持中，排在第二位的是学校老师、同学和同伴。留守儿童处于义务教育阶段，日常生活的绝大部分时间都在学校学习。他们与同龄人有着共同的语言和经历，更容易走进彼此的内心成为朋友，同辈群体能为留守儿童提供情感抚慰和困难协助。在学校，老师的耳提面命也非常重要，不少教师针对留守儿童特殊的家庭背景开展教育教学活动，直接影响着留守儿童世界观、人生观和价值观的形成。特别是在当前国家特别重视乡村教师队伍建设的背景下，乡村教师备受鼓舞，在教育留守儿童工作上更愿意付出劳动，这就让老师与留守儿童的联系更加紧密。当老师发现留守儿童出现任何不良苗头时，就会采取相应的措施来予以干预和纠偏。特别是在西南民族地区比较偏远的乡村的留守儿童，老师出现在他们的生活中，为他们带来了外面世界的精彩故事，也启发和引导着他们从书本中窥见不一样的世界，从而激发留守儿童对现代社会的期待。老师在他们心目中的神圣地位也使得留守儿童愿意将心里话告诉老师。从师生间的依恋关系来看，留守儿童年龄越小，越易对老师形成依恋心理，而依恋关系正是信任关系产生和寻求社会支持的基础。特别是在寄宿制学校的低年级阶段，老师成为留守儿童重要的父母替代角色，儿童愿意主动向老师寻求各种帮助和支持。而年龄较大的留守儿童，对老师的依恋程度明显降低，在行为上表现为被动接受教师的支持，并且不愿意将家庭、父母关系等学习以外的内容吐露给教师，这在一定程度上阻碍了留守儿童对社会支持的获取。[①]

第三，留守儿童能够感受到的社会支持中，排在第三位的是父母。尽管在留守儿童的日常生活中，父母的言传身教作用被削弱，亲子关系存在一定程度的疏离，某些家庭的社会功能减弱，但是在留守儿童心中，父母依然是他们的坚强后盾。天然的血缘关系将他们与父母紧紧地联系在一起，这种血缘关系所带来的情感联结在他们心目中仍然占有重要地位。父母、亲人和兄弟姐妹是他们

① 张明.信任视角下留守儿童的社会支持行为选择[J].江汉论坛，2014(12):132-137.

最值得信任的人，也是他们在遇到困难时求助的支持来源。因为向这些人求得支持无须考虑行为的社会风险和成本，也是基于情感、义务的家庭成员之间的自助行为。无论父母在不在身边，即使父母是作为一个标志性的存在，留守儿童的内心依然是想念着父母，把父母作为自己的精神家园。父母在外地工作，也同样经受着对孩子思念的折磨，在现代信息技术发达的背景下，他们会利用电话、微信和QQ等多种方式与孩子保持联系，让孩子感受到来自父母的关爱。尽管这种支持的力量还比较微弱，但是，在孩子成长的过程中，通过现代信息技术保持亲子关系无疑能够为孩子带来些许安慰。

第四，留守儿童能够感受到的其他社会支持来源不够明确。一方面，留守儿童存在这样的印象是因为他们还比较年幼，对外在的社会支持无法辨别，求助的可得性、成功率、难易程度、获助程度与效果等因素都会影响他们主动获取和利用其他社会支持。另一方面，由于西南民族地区留守儿童整体上获得的社会关注度并不高，即使有一些社会热心人士或资助基金愿意支持留守儿童，但是留守儿童人数众多，有限的社会支持资源会被稀释，无法普惠到大多数，特别是身处大山身处交通极不方便的地区，留守儿童得到的社会支持少之又少。这也是为何本科学生在对外来社会支持进行判断时，绝大多数被调查者认为“几乎没有”得到任何外来组织的捐赠或帮助的原因所在。

第五，留守儿童是不断成长的个体，他们的自我支持能力在不断增强。我们欣喜地看到，儿童不可能永远是儿童，他们在一天天长大，慢慢懂事，认识社会和世界。不少留守儿童在留守的过程中学会了自强不息和生活自理，学会了理解父母的艰辛，认识了生活的本质，懂得了感恩和付出，在生活中愿意为父母分担责任，照顾老人，刻苦学习，立志为美好生活而奋斗。当然，也有一部分留守儿童的自我支持能力没有形成，走上了“童年留守-中年流动-老年留守”老一代农民工的人生轨迹，不得不说这是令人遗憾的事情。对于处于学龄阶段的留守儿童而言，努力学习，利用科学文化知识来改变自己的不利处境是他们能够做到的最为“经济有效”的路径。但是，由于年幼无知，年少顽劣，与知识失之交臂，在最好的年华失去了改变自身命运的机会，这的确令人痛心。曾经有过留守经历的本科学生更懂得珍惜来之不易的学习机会，更愿意发愤图强，为自己的美好未来和父母的安享晚年而自强不息。

第六，留守是一种存在风险的儿童存在状态，需要社会支持的介入。正如前文所述，作为与我国城镇化、工业化和农民工流动相伴生的一种社会现象，留守儿童的生存与发展缺乏相应的资源和社会支持，的确会存在诸多问题，比如，学习滞后、心理失衡、行为失范、安全堪忧等等。[①]不少调研报告与新闻媒体对这类问题的反映和报道即是明证。由于父母近距离监管的缺失，留守儿童在形成世界观、人生观和价值观的关键时期缺少必要的引导和教育，这对于留守儿童正确人格的形成和社会性发展具有一定程度的制约和影响。另一方面，调研也发现，留守儿童中仍有一部分儿童并未检出问题。由于经济上比较宽裕，在生活上得到保障，他们在学业上并未落后，心里充满阳光，身体健康强壮，整体上来讲，他们的童年时期处于积极向上的态势。这与人们提到的留守儿童刻板印象大相径庭。正因为如此，有学者呼吁，要防止“污名化”，不能给留守儿童贴上“问题儿童”的标签。[②]从这个意义上来讲，虽然他们也站在留守儿童的行列，但并不代表他们的生存与发展存在问题。人们日常所言说的“留守儿童问题”的问题在于对留守儿童群体的“一刀切”，忽略了留守儿童中的个体差异、地区差异、性别差异、阶段性差异等诸因素的存在。每一个留守儿童都是一个具体的“人”的存在，并与其他的儿童相区别开来。“留守儿童问题”的表述以偏概全，常常会引发人们对这一群体的异常关注，也会导致留守儿童相关事件报道的放大和发酵，甚至会产生社会歧视。这一切反而会导致留守儿童人文生存环境的恶化，或将引起留守儿童自我认知的障碍。但是，从另一方面来看，这也说明，人们已经关注到留守儿童生存状态存在的风险，明晰了留守儿童群体中的正负分化状态，从引导儿童良好发展，为国家和未来培养合格的劳动者角度出发，社会支持的加强将有助于留守儿童的健康成长。

第七，对于留守儿童而言，近端社会支持的确立和完善是社会支持的重要支点。按照不同的标准，社会支持可以分为近端支持和远端支持。远端支持主要是指国家层面自上而下的政策法律支持，这些支持主要以文件、律条等指令性文本的方式从整体上指导留守儿童成长和发展。近端支持主要是指围绕留守儿童生活范围较近的各个支持主体以工具支持、情感支持、交往支持等方式

① 辜胜阻，易善策，李华．城镇化进程中农村留守儿童问题及对策[J]．教育研究，2011(9)：29-33.

② 任运昌．高度警惕留守儿童的污名化——基于系列田野调查和文献研究的呼吁[J]．教育理论与实践，2008(32)：3-5.

为留守儿童提供支持。由于留守儿童处于学龄阶段,在此阶段的主要任务是学习,他们在学校停留的时间长,与学校打交道的时间和频次远远高于其他社会组织机构,加之我国教育体制实行在国务院领导下由地方政府负责,分级管理,以县为主的体制,因此,对留守儿童的社会支持也应该以县为主,协调统筹,充分利用县域范围内的社会支持资源关照留守儿童的成长和发展。作为个体处于逆境中的保护性因子,社会支持网络的建立与完善显得尤为必要。良好的社会支持不仅能缓解留守儿童抑郁、孤独等情绪反应,提升幸福感、快乐感与心理弹性,从而保护其身心健康,还可减少问题行为的产生,避免留守儿童走入歧途,促进儿童采取积极的方式面对和解决问题。从根本上来讲,对留守儿童给予成长中所需的社会支持,就是为未来社会能够收获具有良好品行的公民和劳动者奠定基础,也是为我国全面建成小康社会提供人力资源保障。

综上所述,西南民族地区在校本科生对留守经历的回顾,让我们发现,能够获取和利用的社会支持越多,留守儿童就越能获得良好发展,也就能够将他们从不利的处境中脱离出来。改变一个留守儿童的成长环境,就能成就一个家庭的幸福,为更多的留守儿童提供社会支持,就能够提高整个留守儿童群体生存与发展的质量和水平。因此,进一步构建和完善留守儿童成长的社会支持系统,保障其运行,就能够为留守儿童成长开辟新的道路。

第三章 西南民族地区留守儿童成长的现有社会支持系统分析

良好的社会支持系统是留守儿童实现健康权、教育权、生存权和发展权的根本保证。我国历来非常重视留守儿童的关爱和保护，致力于构建留守儿童成长和发展的社会支持系统，落实《联合国儿童权利公约》的基本精神。西南民族地区留守儿童不仅是留守儿童这个特殊群体的一部分，也是少数民族同胞的重要组成部分，对这个群体的支持具有举足轻重的意义和价值，有利于形成和强化“中华民族共同体意识”，促进民族团结，繁荣民族文化。

为了深入生活真实现场了解西南民族地区留守儿童的样态，把握这个群体所面临的实际困难和问题，收集他们所受社会支持的情况，研究小组选择了一个少数民族自治州作为样本，对其下辖的某县县政府、县妇联、县团委、县民政、县教体委、县下辖的镇政府、小学学校及留守儿童家长和留守儿童等相关组织、群体和个人进行了访谈。分析相关组织和群体在留守儿童成长和发展中所提供的社会支持特点和属性，调查留守儿童及家长对社会支持的感受和想法，以便研究小组为改善和改进西南民族地区留守儿童的社会支持提供意见和建议。

第一节　研究视角与选样方法

任何一项研究都必须基于一定的视角，选择合适的方法才能够找到问题的根源，提出具有针对性的改进策略和行动框架。选择不同的研究视角，例如，教育学、社会学、心理学、管理学、哲学、政治学、经济学等，都能对问题的解决提供不同的思路和方法。多样化的研究更有利于推动和促进问题的解决，对于留守儿童问题而言，也同样如此。

一、研究视角

一般来讲，学者对留守儿童的研究从两个方向来选择视角：一是从问题到策略，即从研究对象所呈现具体问题入手，深究其中的原因，运用综合分析方法，找到解决问题的对策和路径。二是从典型到一般，即从研究对象中的典型样本出发，探索问题解决的成功经验，由事物的特殊性推导出其一般性，寻找事物发展的一般规律，然后用于指导实践中问题的解决。无论是从问题到策略，还是从典型到一般，都对问题的解决具有独到的价值。

从问题到策略的路向是目前学术研究中比较普遍的做法。在研究过程中，研究者首先厘定研究问题，按照“是什么”“为什么”“怎么办”的基本逻辑层层深入，从一定的学术视角对问题抽丝剥茧，最后提出相应的策略和建议。例如，有研究者对留守儿童关爱服务体系“个体观”路径的困境进行分析，基于生态系统观提出在系统的情境中认知个体需求和提供关爱服务的主张，并尝试从发展型社会政策视角提出关爱留守儿童群体的“家庭生态系统观”。研究认为，在家庭生态系统内部，需要时间系统上注重事先干预，保证留守儿童家庭抚育决策时机与个体生命历程中“社会性时间”发生的一致性；重视支持留守儿童家庭功能实现的意义，强调家庭责任与权力的共存。在家庭生态系统的外部环境中，应该首先定位好家庭的基础性角色，完善主体间的联动机制；积极投资家庭，加强家庭能力建设，通过改善家庭生态系统间接关爱留守儿童，最终营造公平制度环境，形成关爱留守儿童及家庭的文化氛围。[①]该研究从问题出发，分析问题的呈现方式和类型，考察了“留守生命体验”微观层面的社会化生态环境，强调留守儿童的年龄意义和家庭抚育间的关系，提出要调整国家、社会和家庭三者在留守儿童关爱服务供给过程中的关系模式与角色定位。

---

① 杨汇泉.农村留守儿童关爱服务路径的社会学考察[J].华南农业大学学报(社会科学版)，2016(1)：37-44.

也有研究者从新型城镇化的视角研究解决留守儿童问题，认为留守儿童问题的根本解决之道是让留守儿童“随迁”。然而，留守儿童随迁面临诸多挑战，越来越多流动人口选择将子女留守在家，儿童在流入地受教育的状况不如在流出地，流动人口的职业性质和经济条件不利于子女随迁，从新型城镇化的视角解决留守儿童问题，应该明确以儿童优先原则推动和保障儿童的城镇化和市民化，建立输入地和输出地的财政转移；优先落实儿童基本公共服务，构建社会支持网络，帮助流动人口履行对子女的监护责任。①该研究从政策角度分析了留守儿童问题，认为其解决之道依赖于新型城镇化推进过程中社会支持与服务网络的构建与完善。

还有一个研究小组从宏观层面和微观层面分析了留守儿童产生问题的原因，提出以社会支持体系保护留守儿童的问题。该研究小组认为，社会支持体系是社会个体生活的基本生活圈，这个圈子通过社会联结的方式为个体提供养分。研究小组在两年的时间内，对西部8个省、自治区、直辖市近4000名留守儿童进行了问卷调查与访谈研究，通过数据分析发现西部农村留守儿童的主观社会支持、客观社会支持、支持利用和社会支持总分均偏低，这种状况启示西部农村留守儿童社会服务的提供者，应多开展社区倡导工作，以营造留守儿童的外部支持体系，开展留守儿童寻求支持和支持他人的能力训练，以稳固其内部支持体系，多关注男性、13—15岁、非独生、父母长期不回家的和父母与孩子联系频率低的留守儿童。②这些研究者所采用的方法、得出的结论、利用的学术研究视角都对本研究工作的开展具有启发意义。

从典型到一般的路向在学术研究中也经常被用到。这类研究主要从一个典型样本中抽取出其中的经验和启示，为问题的解决提供可资借鉴的思路和办法。当然，这些做法的借鉴也必须因地制宜，结合本地实际，才能够有效，否则全盘照搬或来者不拒，只会带来“东施效颦”的后果。例如，有研究者对江西省于都县农村留守儿童关爱工作进行分析，认为该县立足区域发展实际，创建了政府各部门、学校及校外组织各系统内部有效的关爱机制，留守儿童关爱体系建设实现精准化；多方筹措经费，以点带面搭建起农村留守儿童关爱体系可持

① 杨舸．关于解决留守儿童问题的政策分析——从新型城镇化的视角[J]．中国青年研究，2015(1)：33-37.

② 陈世海，黄春梅，张义烈．西部农村留守儿童的社会支持研究及启示[J]．青年探索，2016(5)：71-79.

续发展的保障平台;将各类校内校外农村留守儿童关爱场所建设纳入县域总体规划,整体布局农村留守儿童关爱阵地;通过开展系列关爱活动,培养农村留守儿童高尚情操及家长正确的家庭教育理念;以优惠政策促进县域经济大发展,引导劳动力就地务工就业,缓解农村留守儿童的增幅,从源头减少了农村留守儿童数量。①该研究以一个县为典型样本,阐述了县域范围内构建的农村留守儿童关爱体系,总结出五点启示:第一,政府的统筹协调是农村留守儿童关爱体系得以成功建立和有效运行的关键。第二,必须要立足区域实际,创新体制机制,形成农村留守儿童精准化关爱的多元环境。第三,设立农村留守儿童关爱工作专项资金,保障农村留守儿童关爱工作的可持续发展。第四,加强农村留守儿童关爱体系专职工作人员配备和能力培养,提高关爱质量。第五,发展县域经济,引导劳动力就地城镇化,从根本上解决农村留守儿童问题。总体上来看,这五点启示对于其他地方县域内留守儿童社会支持系统的建立具有一定的经验启示意义。

也有研究者在研究留守儿童受教育的社会支持体系时,选择了发展良好的留守儿童,围绕他们研究来自父母、监护人、学校和同伴在留守儿童受教育的过程中给予的社会支持。从父母支持状况、监护人支持状况、学校支持状况、同伴支持状况等方面分析留守儿童现有支持的特点与不足,认为父母的支持主要表现为沟通与关爱,监护人的支持主要表现为交流与引导,学校的支持通过多种方式转化为教育力,同伴的支持主要表现在帮助与示范。现有社会支持的不足主要表现是没有看到社区支持的影子,这里的社区是包括留守儿童的邻里社区,也包括学校所在的社区,而且这些支持之间存在一定程度的割裂,未形成严格意义上的社会支持网络。②该研究背后的假设是发展良好的留守儿童一定有较好的社会支持网络支持,并且留守儿童充分利用了所有的社会支持,因而,他们才获得了比较良好的发展。从典型样本中,研究者将社会支持的基本框架和路径呈现在读者面前,对后续研究起到了示范和启发的作用。

本研究涉及两个关键词:留守儿童和社会支持体系。我们的研究假设是:

---

① 吴霓.一个农村留守儿童关爱体系建设的县域样本剖析——江西省于都县的试点实践分析[J].教育研究,2015(12):135-140

② 卢德生.留守与流动儿童受教育的社会支持研究[M].北京:人民出版社,2017:55-94.

留守儿童群体所呈现的问题千差万别，不同的理论都可以给予关注，并提出建设性的意见和建议。分析和归纳留守儿童群体所表现出来的问题特征和属性是开展研究工作的第一步。从比较宏观的层面来看，留守儿童问题是我国农民工大规模流动与国家经济社会向工业化和城镇化转型的产物，背后涉及区域经济发展不平衡、欠发达地区工作机会少、劳动力转移等诸多问题，这些问题的解决必须依赖整个社会力量的参与和支持。从比较微观的层面来看，父母外出务工导致留守儿童原生家庭结构不完整，家庭功能不能够有效发挥，最为重要的支持来源受到冲击，来自父母的支持力度明显减弱或消失，儿童可以依赖的社会支持来源不明确或不清晰，这种“支持断裂”在一定程度上会挫败留守儿童成长的动力，由此引发某些需求无法满足，容易出现“情感饥渴”或“资源真空”的问题。所以，从社会支持体系的视角来探讨留守儿童成长与发展中所面临的问题，实现儿童的健康权、教育权、生存权和发展权，是非常必要的，也是可行的。看似留守儿童问题与社会支持问题是两个分开的、独立的问题，实际上，二者是不可分割的。众所周知，一个人的成长与发展过程与周围的人、事、物等发生着千丝万缕的联系，个体从周围的一切资源和环境中获取发展的能量和营养，逐渐长大成人，失却周围的社会支持，个体就会孤立无援，成长受阻，社会性发展变差，甚至滑向违法犯罪的深渊。所以，研究社会支持体系，完善社会支持体系，可以建立良好的支持环境，引导留守儿童走向自强不息，实现良好的个人发展。

本研究研究的对象是西南民族地区的留守儿童，从地域上看，主要是指川、渝、黔、云四地的少数民族自治州的儿童。我国西南地区少数民族众多，整体经济发展水平较之我国东部沿海城市低，地域辽阔，地形多样，交通距离长，文化水平发展比较落后，因而具有民族独特性、经济落后性、地域特殊性和文化保守性。这些少数民族地区外出务工的农民大多从事体力劳动，经济收入偏低，文化水平不高，在如何对待留守儿童问题上认识不到位，没有具体的知识、技能和行动策略来应对留守儿童的成长与发展，因此，研究西南民族地区留守儿童的社会支持问题非常重要。

社会支持是社会通过各种社会关系，如工作关系、同事关系、朋友关系、亲属关系、师生关系等向社会成员提供的帮助和支持，包括权利与机会、物质与经济、情感与交往、服务与信息等，同时也包括个体对这些社会支持的知晓、利用和反馈等双向互动的过程。本研究以民族自治州内县域留守儿童社会支持体系为样本选择条件,确定了云南省某族某自治州下辖的A县为研究对象,对县域内留守儿童社会支持体系的建构和工作情况进行调研,收集一手资料。[①]

二、研究方法

本研究以云南省某族某自治州下辖的A县为样本,对与留守儿童工作相关的职能部门、工作人员、校长、教师、留守儿童、家长等进行了深入的调查、走访和座谈,获取了非常丰富的一手资料,为分析县域内留守儿童社会支持系统的建构与运行打下了坚实的基础。

云南省某族某自治州有多个少数民族居住,包括白、彝、回、傈僳、苗、纳西、壮、藏、布朗、拉祜等民族。A县位于云南省西北部。为了深入了解当地留守儿童社会支持的情况,研究中主要采用了文献研究法、调查访谈法。

文献研究法。在去A县调研之前,研究小组利用图书馆、资料室、互联网等搜集少数民族地区留守儿童社会支持问题研究的文献、图书、资料,了解A县的地理位置、经济发展状况、交通布局、民族分布等,对资料进行分析整理后,讨论并形成了针对不同被调查者的访谈提纲。通过文献研究法,研究小组对A县留守儿童社会支持体系的基本框架和运行做出了初步判断,制定了进一步推进研究的行动路向。

调查访谈法。研究小组制作了由所在单位提供的工作函和调研方案,提交到A县,与A县副县长取得联系,获取帮助和支持,确定了到达目的地后的工作联系人——县委办公室副主任。在接下来的一周,在副主任的协调下,研究小组按照工作方案的计划,分别走访了县民政局、县教体局、团县委、妇联以及某镇政府、小学等,获得了访谈的第一手资料以及许多纸质资料,为后续研究提供了丰富的材料。在整个调查访谈过程中,研究小组首先感谢被调查者给予的支持和帮助,然后明确了访谈的目的和需要获得的信息,提出关于留守儿童社会支持的开放性话题,引导访谈对象放松心情,各抒己见。为了不影响被访谈者的工作、学习和生活,研究小组采取了集中访谈的方式进行,时间控制在1—2

① 出于研究伦理的考虑,本研究中对地名、人名等做了化名或匿名处理。

小时,有文字资料的内容可以略讲,访谈结束后,直接将文字资料交给研究小组。根据第一次访谈的情况,后续的访谈提纲和内容又做了相应的优化和改进。

研究小组认真听取了被访谈者的讲述,并不时与他们探讨,回应他们的疑惑,但都比较注意研究立场的中立,避免对被访谈者的误导。对于他们对某些问题的看法和感受,也给予肯定和赞同,并将研究小组对这些问题的看法、想法和态度传递给对方,避免对方在谈话过程中因没有回应而带来的不适感。研究小组对访谈过程进行了详细的记录。调研活动结束后,研究小组对这些记录材料和现场获取的资料文件进行了归类、分析和整理,对于整理过程遇到的不明确和矛盾的地方,再次向被调查者通过电话方式确认。

研究小组在访谈过程中,虽然使用了半结构化的访谈方式和访谈提纲,但是,因为现场情况变化多端,因此,研究小组紧紧围绕"留守儿童社会支持系统"引导谈话,谈话背后隐藏的基本思路主要涵盖了六个方面的问题:对留守儿童群体特征的认知、对社会支持的理解与观念、采取的社会支持行动、对社会支持行动的反思、对后续社会支持的谋划以及与其他社会支持的整合思考。对访谈问题的回答有利于研究者归纳总结现有社会支持体系的状况和特点,发现其中可能存在的不足,为进一步改进和完善留守儿童社会支持体系提供可能的思考和建议。

因为本研究主要考虑县域范围内社会支持体系的构建,因此,对县域内的政府部门、组织机构进行了重点考察和调研。研究小组也选择了A县一个发展比较良好的留守儿童进行访谈(由学校老师推荐)。研究小组和老师一同到留守儿童家中走访考察。为了表示礼貌和感谢,研究小组为被访儿童准备了一套儿童世界文学读本。虽然只是选择了一位发展良好的儿童作为访谈对象,但是,管中窥豹可见一斑,结合前期对留守儿童的访谈调查,某些观点和特点也得到了印证,也可以看到社会支持在个体身上所起到的作用。

第二节　来自政府部门的支持

我国各级各地政府部门对留守儿童问题都非常重视，在部门职责范围内对留守儿童开展了大量的工作。在《民政部关于进一步健全农村留守儿童和困境儿童关爱服务体系的意见》(民发〔2019〕34号)中，文件涉及的部门有民政部门、教育部门、公安部门、司法部门、财政部门、人力资源社会保障部门、妇儿工委办、团委、妇联、残联等多个部门或组织。由此可见，留守儿童成长的社会支持体系覆盖面广，牵涉的职能部门或组织众多。本研究根据研究需要选取了4个职能部门作为访谈对象。其中民政部门和教育部门是国家政府职能部门，妇联和团委是群团组织。本小节对访谈民政部门和教育部门的资料进行整理和分析，对妇联和团委的访谈分析将在下一节具体展开。

一、民政部门提供的社会支持状况

我国民政部下设儿童福利司，该部门的职责是拟订儿童福利、孤弃儿童保障、儿童收养、儿童救助保护政策、标准，健全农村留守儿童关爱服务体系和困境儿童保障制度，指导儿童福利、收养登记、救助保护机构管理工作。从部门设置来看，国家将留守儿童的管理职责主要落在民政系统中，从国家到地方都设有民政系统的部门。因此，在研究小组确定访谈对象时，首先选择了A县的民政局。[①]

(一)重视留守儿童工作

留守儿童工作是一项关乎国家、社会和民族的重要工作，一直以来，我国都十分重视留守儿童工作。国家出台了一系列关于留守儿童工作的文件指导地方工作。国家对儿童群体的关心、爱护和支持体现在宏观指导上，国家政策指导还需要基层单位和部门来贯彻和落实。因此，地方民政部门领导及工作人员是贯彻落实留守儿童关爱支持政策的具体实践者。

---

① 访谈时间:2019年7月18日上午，地点:云南省A县民政局会议室，受访者:副县长、民政局副局长、救助站站长、社会事务股股长、某幼儿园代表人(政府购买社会服务代表机构)等。

调查者:请问你们出台了哪些支持留守儿童的文件?[①]

民政局副局长:国家一直强调对留守儿童的关爱和保护,这也是我们部门的重要工作内容。我这里说几个比较重大的文件吧。我们给你们都复印了一份。第一个文件是2016年4月发布的《关于转发开展农村留守儿童留守妇女留守老人摸底排查工作的通知》。文件要求通过开展摸底排查,全面清晰地掌握农村留守儿童数量规模、分布区域、结构状况,及时掌握农村留守儿童的家庭组成、生活照料、教育就学等基本信息,建立农村留守儿童信息库,并健全信息报送机制,为细化完善关爱保护政策措施,加强关爱服务力量调配和资源整合提供基础数据支持,提高农村留守儿童关爱保护工作实效。这个文件明确了农村留守儿童的范围,要求将农村留守儿童的出生日期、性别、民族、就学、户口登记、公民身份号码、身体状况、居住地址、寄宿情况等基本信息,农村留守儿童家庭情况、父母务工地点、家庭主要经济来源、受委托监护人基本信息、村(居)民委员会联系人,本行政区域农村户籍人口中不满16周岁未成年人数量等等信息进行登记。你们可以看一下,这是我们登记造册的留守儿童名单。

第二个文件,根据国家文件和政策要求,2017年7月,我们发布了《关于建立A县农村留守儿童关爱保护工作联席会议制度的通知》,在县人民政府领导下,统筹协调全县农村留守儿童关爱保护工作,研究拟订农村留守儿童关爱保护工作政策措施和年度工作计划。向县人民政府提出建议,指导各乡镇农村留守儿童关爱保护工作,推动部门间沟通与协作,细化职责任务分工,加强政策衔接和工作对接,完善关爱服务体系,健全救助保护机制,督促检查农村留守儿童关爱保护工作的落实,及时通报工作进展情况。总召集人为县人民政府副县长,召集人为县民政局局长,联席会议成员由24个部门和单位组成,县民政局为牵头单位。联席会议原则上1年一次全体会议,由总召集人或召集人主持。根据县人民政府领导指示或工作需要,也可临时召开会议。

第三个文件是《关于加强农村留守儿童关爱保护工作的实施意见》。也是2017年7月发布的。目前全县共有1635名农村留守儿童,随着外出务工人员的增多,农村留守儿童权益保障问题日益突出。我们建立了农村留守儿童关爱保护工作体系的总目标:家庭学校政府尽职尽责,社会力量积极参与的农村留守

① 文字来源于访谈资料,如实摘录,其中有一些语病或逻辑不清之处仍按原始资料保留,后同。

儿童关爱保护工作体系全面建立，强制报告、应急处置、评估帮扶、监护干预等农村留守儿童救助保护机制有效运行，侵害农村留守儿童权益的事件得到有效遏制，安全更有保障，生活幸福感明显提升，全社会关爱保护留守儿童的意识普遍增强，农村留守儿童现象明显减少。总体上来看，我县的留守儿童工作还是做得比较扎实的。

研究小组查看了民政局工作人员提供的农村留守儿童基本情况登记表、农村留守儿童花名册、农村辍学留守儿童花名册、农村实际监护情况较差留守儿童花名册、农村无户口留守儿童花名册、农村留守儿童基本情况排查汇总表。每一位留守儿童的情况都非常清楚地记载在册，可以看出，基层部门在留守儿童工作中付出了大量的劳动，对留守儿童的基本情况做到有案可查，信息完备，显示了该县民政部门对留守儿童工作的重视以及对留守儿童群体的关爱和支持。

（二）提供物质关爱帮扶

留守儿童需要的社会支持是多方面的，包括权利与机会、物质与经济、情感与交往、服务与信息等等，国家层面考虑比较宏观，主要以法律、文件、通知等形式体现出来，具体落实到基层部门就体现为物质金钱帮扶、情感抚慰等，能够被留守儿童及其家庭感受得到的实际支持和帮助。

调查者：请问你们在哪些方面给留守儿童提供过关爱、帮助和支持？

社会事务股股长：对留守儿童的工作主要分为两个方面。第一个对象就是孤儿、事实无人抚养儿童。这是我们民政的工作重点。从国家层面到社会层面，有比较多的政策支持，对他们相当重视。我们现在落实的孤儿和无人抚养的儿童有63人，其中有35个人是孤儿，28个人是事实无人抚养。对于这些人，我们是按照国家的相关政策要求，给予每个人每月1078（元）的补助。这些钱直接打在孩子的账户上。另外一个就是儿童福利中心，在2015年之前，我们都还没有建设儿童福利中心，这些儿童都是通过以县内亲戚寄养的方式（生活），现在从政策层面上能保障到位，这一块工作比较成功。但是由于政策所限，我们民政是“民生兜底”工作，无法给留守儿童直接物质支持和帮助，必须符合国家政策规定的条件才能发钱和物。所以，我们变通了工作路径，主要通过活动的方式给予支持和帮助，比如说，6月1日儿童节时候，有一个镇完小与县特殊教育学校全体学生共庆“六一”儿童节的活动。有一个单位给完小16名建档立卡贫困户学生和14名留守儿童送去了价值3600元的儿童读物和文具。一个农业科技有限公司为部分成绩优秀、家庭困难的同学送去了价值3000元的爱心书包。另外就是一些党支部开展活动，到留守儿童家庭中走访慰问，他们送上一些小礼物。

副县长：1995年以来，我县组织了大量青壮年劳动力到沿海城市就业，所以产生了大量留守儿童，这些留守儿童让我县大伤脑筋，孩子那么小就与父母分离，我们组织劳动力输出的同志也难过。一方面，我们这个地方穷，要维持生计，青壮年要外出去挣钱养家；另一方面，他们一出去，孩子就受苦了。他们打工的地方不给解决孩子入学的问题，再加上他们工作时间长，工资低，无法将孩子带在身边。所以，曾经有一段时间，我们县留守儿童问题非常突出。近年来，在国家脱贫攻坚和乡村振兴背景下，我县推动水果产业经济发展，不少劳动力回流，他们就近就业，既解决了家里的经济问题，又解决了小孩入学的问题，一举两得。与此同时，我县还接受了一批附近区县到这里上班来务工的农民工，我们把他们的孩子安置在相应的公办学校里面，免除他们的后顾之忧。如果我们不解决他们子女的入学问题，那些孩子也会在当地成为留守儿童。所以留守儿童问题的解决是全国一盘棋，要统一考虑。

民政部门工作人员统计留守儿童基本情况，知晓留守儿童日常生活，在政策允许范围内对留守儿童给予帮助和关爱，体现了政府职能部门对留守儿童的重视。通过变通的方式积极寻找对留守儿童的支持，千方百计帮助留守儿童面对当前的困境，营造了全社会都关注留守儿童的良好氛围，这对于留守儿童形成良好的亲社会能力大有裨益。

（三）落实监护责任义务

留守儿童的监护问题一直是社会非常关注的焦点，落实留守儿童的监护人及其责任义务是留守儿童工作的重点。留守儿童的父母外出务工，一般会把监护权转移到爷爷奶奶或外公外婆身上，当然也有一部分留守儿童家长将孩子的监护权委托给亲属（这里指直系亲属外的亲属，后同），还有一部分留守儿童，是事实无监护人状态生存。

调查者：请问你们是如何落实监护人责任义务的呢？

民政局副局长:针对我们排查出来的996个区县留守儿童,其中困境儿童有2653人,我们就是要落实监护责任。一方面督促指导监护人必须携带未成年人,也就是监护人走到哪儿都要把孩子带在身边。另一方面就是如果不能带在身边,就要落实委托责任。父母要委托给一个随时可以联系的、信得过的委托人。这些受委托的监护人要和我们村委的工作人员签订"农村留守儿童委托监护责任确认书"。另外我们每年都要对监护人进行考评,具体知道哪一部分人监护条件比较差,然后再提出改进措施。因为现代管理特别强调契约精神,这是陌生人社会的一个通行的法则,但在我们中国,社会特征不一样,我们叫"熟人社会",因为我们大家都经常见面,都在这一个范围之内活动,大家是比较熟的人,但也不一定是亲戚朋友,这种熟人的关系,不需要那种契约、签约来决定我们之间的关系,这是不一样的。所以现代管理和我们这个乡情不同。我们民族地区对这个理念还没有跟上现代社会的节奏。

通过签订责任确认书,保证每个农村留守儿童都至少有一个监护人,这项工作非常重要。留守儿童还处于未成年人阶段,需要监护人的看管和引导,即使爷爷奶奶或外公外婆不能在孩子最需要的知识增长、技能学习方面提供帮助,但是在遇到紧急情况或突发情况的时候,有监护人提供支持,这在一定程度上能够缓解留守儿童的紧张、焦虑和不安。

(四)促进社会组织服务

通过引进或购买社会组织提供的服务,为留守儿童提供帮助支持,也是非常重要的社会支持手段。《民政部关于进一步健全农村留守儿童和困境儿童关爱服务体系的意见》提出,各地民政部门及未成年人救助保护机构要通过政府委托、项目合作、重点推介、孵化扶持等多种方式,积极培育儿童服务类的社会工作服务机构、公益慈善组织和志愿服务组织。要促进和支持相关社会组织加强专业化、精细化、精准化服务能力建设,提高关爱保护服务水平,为开展农村留守儿童、困境儿童等工作提供支持和服务。各地要将农村留守儿童关爱保护和困境儿童保障纳入政府购买服务指导性目录,并结合实际需要做好资金保障,重点购买走访核查、热线运行、监护评估、精准帮扶、政策宣传、业务培训、家庭探访督导检查等关爱服务。

调查者:请问你们在购买或引进社会组织服务方面做了哪些工作?

民政局社会事务处负责人：由于当地社会经济和社会发展不足，目前要找到能够提供专业社会服务的机构，有一定的难度。尽管如此，我们还是克服困难，寻找了一些专业组织，为留守儿童提供支持。

民政局局长：我们学前这块做了政府购买服务，整个县只做了4家，覆盖率低，不像留守儿童之家。教体局他们是针对义务教育的，我们是（针对）学前的。我们主要做学前这块。因为幼儿园主要是民间组织、社会组织。

某幼儿园代表人（政府购买社会服务代表机构）：我们是政府购买社会服务的一个代表。因为我们这个幼儿园的园长，他是一个山区的孩子，他从小就是比较贫困。他办园以后，为了贫困孩子得到一个较好的学前教育，一开始对那些比较贫困的孩子，进行学费减免，包括争取社会捐助。到2015年，民政局这边就给我们一个政策，邀请我们参加"中央财政支持社会组织示范项目"，说财政部和民政部联合做了一个项目，拿部分资金来让社会组织做一些公益活动。我们这边的县民政局，包括州民政局，他们就给我们一个建议，让我们对这块关注一下。我们知道这个项目以后，就进行了走访。因为之前我们只是觉得孩子主要是贫困这一块，后来发现更多的是留守。因为留守儿童不一定是贫困儿童，但在云南这一块，百分之九十的留守儿童都属于贫困家庭。他就（是）双重的，贫困加留守。所以我们这边做的，不但是生活上的援助，还有心理上援助。所以我们（在）当时项目设立的时候，给孩子提供免费的营养午餐，包括一些医疗，还有一些就是孩子的心理辅导。我们这样做完以后，包括财政部和民政部审核也通过了，而且当时就给我们拨了大概二十多万的资金，让我们做这个项目。做完以后，包括所有孩子的家长，包括民政部门，给我们这边很多肯定。（我们的项目）对孩子的针对性比较强，（找到了）他们的需求点。因为资金有限、能力有限，当时我们这边也自筹了一部分资金，然后是省民政厅的福彩资金也给我们了一些资助，我们项目一直做到2018年，三年结束。我们给孩子做了一些生活上的援助，我们也搞了一些活动，就是针对孩子心理的一些活动，也请了心理老师，给孩子做一些平常的观察。很多时候，他们也发现，云南留守儿童问题更多的是生活上的缺陷，还有亲情上的缺陷。因为父母基本上都是在外面打工的，留守的老人基本是文盲、半文盲，他们只能负责孩子的温饱、睡觉，其他的话，就是没有办法给孩子一个陪伴成长。

国家要求当地民政部门要积极寻求社会组织的支持，加大购买社会组织心理服务力度,有针对性地为精神关怀缺失、遭受家庭创伤等儿童提供人际调适、精神慰藉、心理疏导等专业性关爱服务,促进身心健康。这样的要求对于西南民族地区而言,具体实施起来有一定难度。研究小组所调查的A县处于西南民族地区经济和社会并不发达的区域,一方面无法保障购买社会组织服务的资金,另外一方面也无法找到当地能够提供社会服务的组织。所以在购买社会组织提供的服务方面,还需要下功夫思考如何解决该问题。

(五)面临的工作困难与疑惑

留守儿童问题是一个复杂的社会问题,不仅其产生的背景和原因非常复杂,而且留守儿童呈现的问题也比较多元,因此,在实际工作中,基层工作人员也会面临诸多困难和疑惑。对这些困难和疑惑的收集、分析与综合,有助于我们进一步了解当前留守儿童社会支持系统存在的问题,也有助于我们有针对性地提出解决策略。

调查者:请问在当前你们对留守儿童提供支持、关爱和帮助的过程中,遇到了一些什么问题?

民政局副局长:给我们造成(困难)最大的一个问题,就是经费投入问题。一般到村级、到乡镇一级,这么多年都一直没有专项的经费,也没有列入城镇预算。由于这些年我们县的财力限制,城镇在这方面的支出也没有。那么从我们民政来看,近几年,上面(上级部门)的资金也很少,有也不多。比如说我们今年的资金给了10万,这10万是有一定的要求,专门让我们要建至少三所儿童之家。好在州里让我们在县里自己安排,就是适当地建,建了以后能发挥作用的地方,由我们落实。我们之前也反映过,我们建议儿童之家不宜由村委这级做,应该由自然村来做。选在自然村有它的好处,就是相对比较集中。如果你建一个儿童之家,(应)离他们比较近。如果离他们比较远的话,那么监护人一般是亲戚,他就要来接送他,这就相当麻烦。比如说我们的山区,监护人送儿童到活动点,可能骑摩托车都需要一两个小时,那监护人绝对不会干,毕竟这个涉及安全问题。所以,我们一般都是建议建在自然村。也许县上的领导是考虑经费的投入,因为到自然村的经费就太大了。比如我们县有1360个自然村,而村委只有90个左右。但是,在村委建的实际效果就可能没有在自然村的好。

第二个问题就是人员缺少,(关爱留守儿童)这是一个系统工程,就算你把儿童集中在儿童之家，之后还需要有人陪护，有人监护，有老师，至少有些社会工作人员，才能做好辅导。但是我们民政局这边就感觉，我们做不了这(方)面工作。我们只能从社会救助这一块来做。比如说建在村级的儿童之家，建了，如果你认真去看呢，没有几个最终在做这种工作。他们最多在村上统计一下数据。像我们民政这边，下面一个工作人员的工作经费八十元，工作内容就是落实一下到底有没有留守儿童，情况是什么，如果真的有生活困难，他绝对会向我们申请。他只能做这些简单工作。就像你们说的，解决留守儿童问题不仅仅是解决“吃得起饭”的问题，还有心理上的问题，教育的问题，这个是多层次的。因为大量的留守儿童长期与父母分开，心理一定有一些影响，如果能和其他的朋友、同伴玩耍，那是非常好。但是没有人去做，没有人做心理疏导啊。我们虽然有儿童之家，我们92个村委会，(每个)村委会都有(儿童之家)，但很多指标都跟不上。平时的村上，一般的事务他都忙不完，他不是专职人员。所以我们民政说，我们996个留守儿童，是靠村一级层层上报上来的数据，报上来的数据是有了，但谁去做这些工作呢？留守儿童这项工作，假如说我是一个乡镇的民政助理员，我要去做这个工作，而那个地方可能离我有二十公里远。我去他家，我要联系、要互动，可能这一天的时间，我就过去了。对民政助理员而言，留守儿童是这块的工作，也只是他工作的一小部分。像乡镇一级，有个社会事务办，基本上就是兼职了。有计生的、常年的、老年的，还有民政的，还有退伍军人这块，一个办公室一般就四五个人，上面对着很多部门，还有乡镇的、农村的、治安(的)、扶贫的等等，根本顾不上更多的事情。

社会事务处股长：从2017年，留守儿童工作移交过来，经过工作改革，国家意识到儿童福利工作的重要性，这是我们政府工作的一部分，在儿童关爱这块，专门成立了一个机构。实际上，在现实中，表面上这个机构成立了，但在运行这方面还是比较处于初级的阶段。所以我们基层在运行、在操作这块上，还是觉得难度比较大。现在留守儿童平时在学校，在教育口，你说你民政部门要参与进去，其实有很多方面(不太方便)，如果是专门的一个人或者一个机构，不管是人或者机构，如果有专门的来处理这个，要好一点(儿)。现在，我们在做某一件事情，好像还是倾向于一个固定的、物质的一个东西，一个放在那，可以看得见、摸得着的。但实际上在软的这一块上，如果你做一个流动的留守儿童之家，在互动、在软环境这块，(去做)实际上更多的这些工作，更多的重点还是(应该放)

在这块。但现在,好像必须有一个活动场所、有一定的标准规范,好像才算建立。所以现在的运行模式、运行情况,好像不是太适合。

社会事务处股长:我觉得现在留守儿童这块,一个是在机制上,还是存在很大的问题。首先,就是说,这个力量资源比较分散。比如说教育,关管委,还有妇联,以前都在做。最近这两年,实际上,政府层面的(留守儿童工作)才来到我们民政局。像这个部里面,这一次也专门设立了"儿童福利室",包括省里也有。但是来到我们基层的话,就没有。为什么没有,因为基层的机构的编制控制太严,没有那么多的编制,所以很多到县一级,就没有专门的人在做,那么到乡一级的话,像我们这边乡一级的民政助理员,他做的工作……儿童工作仅仅是他做的工作中很小的一部分。所以说,像这个教育系统,教育体育局的话,大部分学生,一般来说他们很大一部分时间是在学校的,而且现在基本上都是寄宿的。所以说在我们这边,在做日常工作(时),你要延伸到学校这一块呢,有一个衔接上的问题。当然,现在也说一个联席会议制度,但实际在操作上有些困难。所以说资源这块比较分散,像团委、妇联或者关管委在做这一块事的话,我们要去统筹他们。像民政局的话要去统筹,有很大的难度。比如说关管委,妇联,它是党委部门,我们不可能去统筹这个资源。原来是关工委在协调这块,它就好办多了。我觉得现在最大的问题在机构设置上,在体制运营上,还是有很大的困难。

第二点,在实际工作过程中,现实的情况还是(经济)发展不足,这个还是很明显。主要就是,在基层,人员、经费没有保障。有一种提法就是进行社会购买服务。当实际上没钱,钱要地方政府来拿。在地方上,资金和人员方面,不具备这个能力。

第三,因为我们这个地方的社会发展程度很低,总的来说还是初级阶段,那么在社会购买服务上,即使有这笔钱,有钱去买的话,要找一个有一定水平的中介服务组织,还是很困难,找不到那种做得比较好的,比较中意的(中介服务组织)。所以很大程度还是依托当地的乡镇政府、村一级的工作人员在运行这些事。

(六)来自基层工作人员的建议

民政局基层工作人员是留守儿童工作的具体实践者,他们对自己的工作认真负责,落实贯彻国家的各项方针、政策,将留守儿童关爱工作落到实处,但是,在实践中,他们会遇到许多实际问题,凭借着他们对工作的熟悉和对留守儿童的关爱之心,对于留守儿童社会支持系统的建设和完善,也有一定的思考和想法。对这些思考和想法的梳理分析,将有助于推进留守儿童社会支持系统的完善。

调查者:你认为当前留守儿童社会支持中需要完善的部分在哪里?

社会事务处股长:其实从物质层面上,我们现在都有一个认识,在物质层面上很多留守儿童并不缺乏,甚至超出标准。因为他们父母都在外打工,有较好的收入,我们只能做救助工作。小孩的玩具都可能比其他父母在家的儿童玩具多。父母在外打工,可以随时寄回来。但是心理、教育的问题,政府可以根据各自然村的情况采取购买社会服务的形式,比如,这个自然村有10个留守儿童,政府来购买服务,由社会的志愿者也好、中介组织也好,让他们来做这个。把这10个留守儿童集中起来,就可能教育跟上了,心理的关爱也跟上了。

现在在村一级,在村委会一级,要专门设计这样一个岗位,有点儿困难,如果以后有条件再做这块工作,我觉得在操作上应该考虑地域和人员的问题。因为有一些地方,虽然是同样的行政级别,村委会留守儿童人口不一样,服务的对象数量不一样,就要统筹考虑当地的总人口或者服务对象当中留守儿童的数量,是否统筹起来,把两者都考虑在内。比如,经费给乡镇或村委会的话,那么按留守儿童的数量作为参考,这样是否更好。因为如果每一个村委会配给一个专职人员的话,有的村委会可能没有留守儿童或者很少,所以开展工作的时候,他们的工作量就比较小,可能有些地方就会比较多。可能一些村由于自然环境的限制,打工的人就比较多。所以,在人员配置上,还是要考虑这方面。

救助站站长:留守儿童居住很分散,在村委会的儿童之家,别人花一两个小时送儿童到这里,这可能其实最后就成了一种形式。那么建立这种流动儿童之家,就是一个村委会有10个自然村,把留守儿童的名单粘出来,这个星期到这个自然村,下个星期又到那个自然村。这样的形式可能更适合我们农村地区。

政府购买社会服务代表机构代表:我之前跟一个心理工作室(交流过),我们有过了解。他们就建立了一个类似于爱心小站的(机构),设了一部电话视频,孩子定期给父母沟通。另外,我们很多时候下乡看见,确实是挂一个(儿童之家)牌,可能政府资金拨到位了,但人力,还达不到,他们需要专职人员。

二、教育部门提供的社会支持状况

留守儿童正处于义务教育阶段，大多数时间都是在学校度过，他们与老师和同学的关系非常紧密，如果学校采取科学的教育措施、关爱活动，这对留守儿童的发展会起到非常有效的引导和支持。留守儿童求学阶段，是学习能力最强、精力最旺盛的时期，在此阶段，不仅要学习基础知识和基本技能，还要形成良好的品德和行为习惯，树立健康阳光，积极向上的心态，为将来过上有质量，有尊严的生活打下基础。一个人在学校所受到的影响，将直接关系到他一生的成长和发展，因此，教育在人一生成长中发挥着重要的作用。正是基于这样的考虑，所以研究小组把教育部门提供的社会支持作为非常重要的支持力量进行研究。①

(一)清楚掌握留守儿童概况

清楚掌握留守儿童的概况，是开展教育工作的前提和基础，也是某种意义上的支持。只有这样，才能为留守儿童提供具有针对性的教育支持，才能保证教育支持的效果。

调查者：请问教育系统内留守儿童的大概情况是怎样的呢？

教育体育局副局长：全县共有各级各类学校193所，其中普通高完中三所，职业高级中学一所，初级中学17所，九年制义务教育学校一所，特殊教育学校一所，完小76(个)，教学点18个，公办幼儿园9所，民办幼儿园62所，全县在校学生(包括幼儿园幼儿)57202人，据统计，2018—2019学年，全县在校中小学中留守儿童小学1092人，初中有446人，在这些留守儿童中农村建档立卡户学生占较大的比重。青少年弱势群体的特点有：一是青少年弱势群体分布范围广，全县10个乡镇都有留守儿童及弱势未成年人群体，以交通闭塞的山区贫困村尤为突出，特别是建档立卡户子女居多。二是家庭贫困现象突出，除极少数留守儿童家庭条件较好外，其他各类青少年弱势群体家庭经济收入来源单一，生活还有一定困难。三是弱势未成年人心理健康问题突出，有的性情孤僻，有的缺失父母关爱，心理性格偏激。四是留守儿童的家庭教育问题严重，农村留守

① 访谈时间：2019年7月17日下午，地点：云南省A县教育体育局会议室，受访者：教育体育局副局长，教育股主任、德育办老师，县某小学教务主任等。

儿童监护人大多数是爷爷奶奶，隔壁老人对子孙疏于管理或溺爱，不愿管不想管，再者，就是文化素质低不会管。五是社会关爱机制不健全，各村(居)委会基本上没有成立，留守儿童关爱组织活动场地少，留守儿童校外无人管的现象突出，思想心理问题严重，学习受到影响，有的甚至走向犯罪的道路。对留守儿童概况了然于心，是对他们开展教育支持工作的重要前提。掌握了这些情况之后，我们的政策、文件和行动才能够有的放矢，提高教育支持的针对性。

(二)完善留守儿童工作机制

留守儿童问题涉及政府职能各个部门，而这些部门都有各自分管的工作范围和职责，这就需要完善留守儿童的工作机制，最终形成合力，来推动留守儿童相关问题的解决。在教育系统内部，留守儿童也牵涉到教育的方方面面，同样需要各方的协同努力。

调查者：你们都建立了哪些工作机制来支持留守儿童的教育呢？

教育局副局长：第一，我们成立了青少年弱势群体领导小组。这里的弱势群体包括留守儿童。县教育局成立以局长为组长，分管领导党委专职副书记为副组长，教育部督导室、德育办、计财股等相关股室和各中心学校校长为成员的领导组，关爱青少年弱势群体日常工作由教育股牵头完成，加强对关爱青少年弱势群体工作的统一领导、管理及跟踪工作，要求全县各中小学校成立以校长为组长，政教主任、教导主任为副组长，各班班主任为成员的关爱弱势学生的工作组，确保关爱青少年弱势群体工作顺利开展，使他们健康学习，快乐成长。

第二，完善关爱青少年弱势群体管理制度。我们建立和完善了留守儿童、残疾儿童、进城务工子女档案。学校每年都要做好青少年弱势群体摸底调查工作，摸清他们家庭情况，建立弱势特殊群体档案，清楚父母姓名、打工的地址、联系电话，清楚代理监护人的姓名、联系方式，便于老师与家长代理监护人联系沟通，配合教育，共同形成以青少年弱势群体为中心的家校关爱网络，在校收集学生学习活动、日常行为、情感表现等材料，定期与家长联系沟通。我们还实施了教师结对帮扶制度，由班主任、科任老师与本班弱势群体帮扶结对。帮扶老师经常找学生谈心，随时掌握他们思想动态，定期家访，关心生活，指导学习，引导他们健康成长。建立了家校联系制度，各层面有针对性地对留守学生、贫困生、务工子女进行教育和管理，学校对代理监护人每学期期中、期末定期家访，了解他们的在家情况，教育局机关各股室对挂钩学校辖区的困难学生、贫困留守儿童、残疾儿童进行结对帮扶，建立联系卡和慰问制度。

第三，积极开展关爱留守儿童行动。一是各校将关爱留守儿童工作列为学校师德建设的重要部分，在校园内，在家访中，在班级内对留守儿童充分关注，让留守儿童进得来，留得住，学得好，真正让他们感受到学校这个大家庭的温暖。二是学校利用元旦、六一等节日契机，为每个孩子送上学习用品，对他们进行心理辅导与沟通，让这些留守孩子体会学校对他们的关爱，使每一个留守孩子在活动中感受到班集体的温暖，觉得自己和其他孩子一样，可以开开心心快快乐乐地学习生活。三是每年县教育局与县妇联、县团委、关工委积极开展关爱贫困留守儿童活动，联系单位、社会各部门企业，对贫困留守儿童送去学习用品及资金。四是开展留守儿童调查统计工作，2016年对全县中小学留守儿童进行问卷调查，对全县0—12岁留守儿童进行摸底统计。五是建立儿童服务站，提升服务意识，与县团委、县妇联等部门沟通协作，在青少年活动中心成立了儿童服务站，2019年3月已经正式启用，现有志愿服务教师1名，服务留守儿童31人。

（三）确保教育公平与质量

《国家中长期教育改革和发展规划纲要（2010—2020年）》提出把促进教育公平作为国家基本教育政策。教育公平的关键是机会公平。通过公平的教育给每一个留守儿童个性与潜能获得充分发挥和发展的机会，给每一个留守儿童提供追求生活幸福之路的教育支持，给每一个留守儿童提供在教育过程中感受到尊严并与人心灵互育的教育环境，只有这样，人力资源强国才能水到渠成，教育服务社会发展能力自然提高，教育在改善留守儿童生活质量和促进未来人生发展中就会发挥关键作用。

调查者：你们在哪些方面做了哪些具体工作来支持留守儿童的教育呢？

教育局副局长：我县一直非常重视留守儿童教育工作。我们整理了最近几年出台的关于留守儿童的文件，我们部门发布的文件不是很多，大部分是几个部门联合发的，比如和民政、妇联，还有团委，涉及政府办的也有。具体举两个方面的例子。一是控辍保学，确保每一个留守儿童接受教育。我县把控辍保学作为教育脱贫攻坚和斩断贫困代际传递的重要任务抓好落实，以“教育路上，一个孩子都不能少”为目标，充分保障县域内儿童公平受教育权利，包括留守儿童，坚决打好地区教育脱贫攻坚战。完善控辍保学工作机制、压实各级各部门工作责任。认真落实好“双线六长八包一帮扶”工作机制。“双线”即政府一条线、教育一条线；“六长”即县长、乡镇长、村长，教育体育局局长、中心学校校长、学校校长；“八包”即县领导包乡镇、乡镇领导包村、村干部包组、组干部包户，局领导包校、校领导包级、班主任包班、科任教师包人；“一帮扶”即挂包部门和干部把教育扶贫作为有效的帮扶措施，切实配合做好入学、辍学等信息调查上报及辍学学生劝返工作。建立健全部门联动机制。县教体局与公安、民政、残联等部门（或组织）主动对接，全面掌握辖区内适龄儿童少年基础信息，及时查缺补漏，采取“一人一案”措施精准组织入学、精准动员返学，共同做好控辍保学工作。印发《关于进一步做好控辍保学的通知》，进一步明确了各乡镇政府和县级各部门在控辍保学中的工作职责。县政府、县法院、县检察院联合印发《关于依法保障适龄儿童少年接受义务教育的通告》，粘贴到每个自然村（社）和村委会、学校。村委会和各学校通过群众会议、家长会、宣传标语、“告家长书”等做好控辍保学工作宣传。各乡镇政府和中心学校组织控辍保学联合工作组，加强对接联系，做到失学辍学学生底数清、台账明。各工作组利用课余时间深入家庭、接近学生，采取谈心辅导、解决困难、学业帮扶、扶持激励等措施大力开展劝返工作。对家庭经济困难学生重点帮助，不让一名学生因家庭经济困难而失学。对不送适龄儿童少年接受义务教育的监护人，按照宣传教育、责令改正、行政处罚、申请强制执行或提起诉讼“四步法”，依法劝返。各学校还对劝返复学的学生在课程设置、兴趣培养等方面制定特定方案，明确专门教师进行管理，采取“一人一案”“一人一包保”方式，建立完善挂钩帮扶责任机制。同时，丰富校园文化生活，积极开展有益身心健康、学生喜闻乐见的文体和社会实践活动，避免学生因厌学而辍学，确保学生“留得住”。

二是通过帮扶结对，提高老师专业发展水平，支持留守儿童教育。去年12月，上海市一个镇与我县启动了结对帮扶工作，该镇派出8名帮扶支教人员，到我县两个小学开展了为期一周的支教活动，还为两个小学捐赠了总价值5万元的教学设施用具和学生用具。2017年到2019年上海某区与我县共同实施了与群众生产生活密切相关的沪滇扶贫协作项目17个，帮扶到位资金达5700万元；30余名教学骨干分期到上海学习培训；价值数十万元的图书、电脑等教学

(材料4)设施设备先后送我县多所学校，进一步加快了我县教育事业的发展步伐，有力推动了我县各项事业发展。

(四)积极争取爱心资助

青少年是国家的未来和希望，关心关注青少年健康成长，是每一位教育人和有识之士共同关心的话题。我国历来有尊师重教的优良传统，在西南民族地区教育同样备受重视。凡是重视儿童教育的地方，都会想尽千方百计，推动教育质量的提升，调动家庭、学校、社会等各方面的力量，统筹协调，形成合力，推进青少年教育工作的开展。

调查者：你们还联系了哪些社会力量来支持留守儿童的教育呢？

教育股主任：为了保障留守儿童基本教育权益，落实了爱心资助“爱心圆梦”“励耕计划”“雨露工程”“爱心包裹”等项目，对比较贫困的留守儿童进行了物质资助。爱心人士罗先生给某村委会88名建档立卡贫困户子女(每人)价值300元的御寒衣物，给某完小105名学生(每人)价值312元的两套运动服和一双运动鞋(合计)，给另外一个完小价值2万元的图书，还有一个完小是每个学生一个书包和文具。2018年8月县青少年学生校外教育活动中心举行活动，中心辅导员及部分学员集体给5名同学过生日，让他们在爱的暖流中健康成长，以感恩的心对待生活中的点点滴滴。2018年12月和2019年3月联合团委，开展“微心愿”爱心人士捐赠活动，帮助某镇完小的68名同学，某小学校66名同学和某镇154名同学，共计288名同学，给他们每一个同学发放了一个价值365元的温暖包。县教育局与县红十字会联合开展“博爱助学行动”，对全县23个贫困村(村)委会54名贫困家庭、品学兼优的中小学生和留守儿童实施每生1000元的救助，中国教育基金会对我县15名贫困学生给予了每人2000元的资助。这些资助虽然微薄，但是对于留守儿童来讲也算是一场及时雨，让他们感受到社会对他们的关爱。[1]

(五)工作中面临的困难与疑惑

儿童的成长充满了不确定性，儿童的发展潜能巨大，这就要求儿童的教育要未雨绸缪，及时分析儿童成长中可能的风险，防患于未然，将教育支持化作儿

① 由于研究伦理的要求，在访谈材料中，研究者省去或隐去了具体的学校名称和地点。

童成长的“保护伞”。留守儿童生活在复杂社会背景之下，他们明辨是非的能力还不够，一旦学习或模仿违法犯罪的行为，往往容易走入歧途。

调查者：请问你们提供教育支持中面临的困惑与困难有哪些，你们有何思考呢？

教育股主任：留守儿童问题不是我们教育、我们这些老师、校长或作为教育系统的一个部门能够解决的问题。我觉得从工作的职能上来看，民政这边的（工作）是针对弱势群体，留守儿童也属于弱势群体。但是作为（关爱）儿童（工作）这块，我觉得更适合做（留守儿童工作）的（部门）是妇联。因为妇联是一个党群部门，它发挥着党委联系下面的基层群众的桥梁作用。妇联在培养儿童这方面有一定的优势。

德育办老师：我觉得这些捐赠活动，一般都是通过一些社会组织来开展的，这些社会组织当中，组织特别多（人），特别是爱心人士捐赠到我们学校的（我们是）相当慎重的。因为现在怕一些非政府组织，或者有时也怕一些组织通过一些捐赠，达到其非法的目的。在这种组织的鉴别上，我们就需要非常小心谨慎。而且有时候我们根本无法避免，在这种情况下，团委、妇联、红十字会，或者就一些领导、一些民盟（盟员），带来的一些官方的组织，这样的我们才能接受。如果他们私自来联系我们，无法认证他们是否合法，我们都不接受。有些爱心人士来资助，我们都不敢用，就是非官方的资助，我们要求必须发函，这种正式渠道的资助，我们才同意。

县教育体育局局长：现在这些基金、社会资助也是太多了，不知道国家层面，有没有这方面的规范的管理。其实我们从整个市场来看，非常复杂，牵头的单位都非常多。应该统一具体到哪一个部门，比如民政部门，经过民政部门或者哪一个部门来进行个审核、把关之后，确定是合法的组织，然后就进来。如果不这样，渠道太多、部门太多，我们都无法辨认到底是合法的，还是不合法的。

县教育体育局局长：在整个产业的发展过程中，那些边远落后的地方，都为了增加收入，大量的中青年劳动力都出去了。原来我在劳动部门的时候，二十一世纪初的时候，当时我们国家，西部大量的劳动力输往东部，就出现了这个问题。当时就产生了大量的留守儿童，这些老人，就留在村里。所以当时云南就是劳动力输出第二大省，我们也可以在一些资料上了解到，当时我们云南的，好像这个罗平县，就是劳动力输出大县。2003—2005年，我在深圳，当时我就已经发现了大量的农民工，不仅是我们云南的在这里干，可能全国各个地方的，都汇集在这里打工。每天都是超时，加班的算上，每天都是10小时的工作，每月工资不超过3000(元)。到2008年的时候，出现民工荒，国家引起高度的重视。我们这些人出来了，留给这些偏边、老少穷的地区，留下多少社会包袱。我们在整个劳动派遣、劳务输出的过程中，出现过非常大的问题，接下来留守儿童的关爱，怎么关爱，社会责任怎么担当。所以，这个应该是积了20年左右的社会问题。到最后，我们这些外出务工的父母回来，发现自己的孩子的教育非常失败。之前是劳务输出，现在，他们在返乡，而且我们的水果产业，做得很好，反而还有外面来这里打工的。你们看那个"大眼睛"女孩，她就是一个缩影。她也是父母外出，当时她就非常渴望读书、非常渴望父母给她关爱。最终解决问题的方式还是返乡。现在脱贫攻坚要搞劳务输出的话，是非常困难的。

县某小学教务主任：父母是他们的第一任老师。你看，我们学校，从义务教育这个角度，这些留守儿童是全部要选入的吧，这个是没有问题。他到学校，比如说在寄宿制学校五天。在学校里，我们老师是要给一些关爱的，进行心理辅导，开展一些活动，让他在学校里能够留得下来，能够学得好。这个我们教育是有优势的，这个是我们责无旁贷要做好的。但是，周末、寒暑假、还有一些节假日，这些谁来管理？ 有个说法，叫五加二等于零。我们学校老师辛苦五天，对他的教育，有可能返回家庭一两天就一下子把所有的忘了，甚至还有产生更负面的影响。

对于小孩的教育我们学校是主阵地，这些我们以前讲"三位一体"。现在不是"三位一体"，可能还有更多的方面。我们刚刚也讲到，"5小于2"的情况，当然学校是(负首要责任)嘛，但是社会、家庭不担当教育的责任和义务。现在随着全国扶贫工作的深入开展，我们当地的产业发展起来了，许多在外面打工的农民回来了，就减少了很多留守儿童。回乡创业，不仅促进了地方经济的发展，还有效地减少了留守儿童。

教育股主任：我在乡镇学校待了十几年，将近20年，我发现留守儿童主要的问题是，留守儿童自身的安全意识不够，包括她的监护人对孩子的安全意识也不够。从总体来看，留守儿童共性的问题就是，特别是日常的安全教育，比如像留守儿童溺水事件，这些都比较多，这也是我们作为教育工作者……在一线工作的过程中，我们深深感到这些，就是在学校，我们老师，特别是最近几年，对留守儿童的关爱都在增强,都有关爱的机制。比如说,我们老师首先是把留守儿童,可以分成几类。有父母在本县打工的,还是在外地打工的,这些类别还是比较多。有的是父母都出去打工,留给爷爷奶奶;有的是父亲出去,母亲近几年在家照顾;现在,我们还发现新的一种,就是离异父母的留守儿童,这类情况占比比较少,但是比较让人揪心。还有少数的小孩甚至就是“爹死娘嫁人”的情况,或者父母离异后,直接交给爷爷奶奶照顾。这些小孩是弱势群体中的弱势群体。像这样一些留守儿童,我们在学校的老师对这些孩子有关爱。但现在缺少专门的机构(来负责这类儿童)。比如像父母离异,母亲远嫁,就像孤儿了,监护人应该是父母,但现在监护人变成其他人了,像这种孩子,我们在关爱中,要引起重视。

三、政府部门提供社会支持的问题与不足

我国各个职能部门都比较重视留守儿童工作。但是,由于各个部门所管辖的职责范围和权限有所不同,在留守儿童工作中,可能会出现工作交叉、沟通不畅、信息统计重复等情况。本研究只是选择了与留守儿童工作关系比较紧密的部门进行了调研和访谈。根据访谈所获得的资料分析发现,政府部门提供社会支持主要存在以下问题与不足。

(一)部门间信息共享机制不够畅通

在调查访谈中,研究小组发现,各个部门都对留守儿童工作较为关注,依托自身职能部门所拥有的资源、人力和物力,开展了物质支持、情感抚慰、信息提供等各种支持。但是,由于事务性的条块分割,各个部门的信息不能共享。例如,在对留守儿童信息进行统计的过程中,各部门都开展了大量的统计和录入数据工作,由于划分的依据和标准存在一定的差异,因此,二者所形成的最终数据都有较大差距。各方统计数据未实现共享,容易造成一定的人力、物力和财力浪费。在留守儿童关爱行动中,也可能出现对一部分留守儿童重复关爱,而另一部分留守儿童无人问津的情况。

（二）未关注留守儿童中的特殊群体

留守儿童群体是一个非常分化的群体，在这个群体内部，存在非常多样的具体情况，因而，政府部门提供的社会支持不能一概而论。例如，留守儿童中存在“父母离异”后父母都不管的儿童、“父母离异”后与祖辈生活的儿童、“父死娘嫁人”后与祖辈生活的儿童、“母亡父再娶”后与祖辈生活的儿童等，对于这些儿童的情况，还需要格外关注。他们是留守儿童中的特殊群体，他们不同于人们心目中所描述的“留守儿童”形象，在他们的背后都有让人心酸的故事，他们的成长更加让人忧虑，尤其是当前境况对其心理造成的不良影响，有可能直接阻碍他们形成正确的人生观、世界观和价值观，在社会性发展上存着不亲社会，甚至反社会的倾向。

（三）无法分辨部分社会支持的优劣

我国西南民族地区地处我国内陆，信息相对闭塞，人们的信息素养和知识文化水平并不高。虽然大家都意识到留守儿童受到了社会各界的关爱和支持，但是，在具体的支持行动中还是比较谨慎的：一则考虑到某些社会支持有某种强烈的目的性，利用为留守儿童提供支持的机会，或为了赢得媒体眼球，或为了给自己脸上贴金，或者是为了其他不可告知的目的。二则考虑到留守儿童群体本身对这些支持的接受程度，是否会对留守儿童造成“二次伤害”，是否会打扰留守儿童正常的学习与生活。因此，还需要一对“火眼金睛”来判定真正和纯粹的、易于为留守儿童接受的社会支持。

（四）无法与儿童家庭形成支持合力

家庭是留守儿童成长的重要空间，由于大部分留守儿童和祖辈生活在一起，受祖辈知识、能力、精力等的限制，留守儿童的教育和管理都不够理想。儿童生性活泼，老人已近暮年，二者之间代沟非常明显，祖辈们只能提供必要的、基础的生活照料，而学习、思想、心理等问题则无法得到回应。留守儿童的父母们虽然是年轻人，但是，与留守儿童相隔遥远。政府各部门尽管千方百计想要与家庭教育结合起来形成支持合力，但是实际操作起来非常困难。

第三节　来自群团组织的支持

群团组织是“群众性团体组织”的简称，是当代中国社会团体的一种，中央机构编制委员会办公室管理机构编制的群众团体有中华全国总工会、中国共产主义青年团中央委员会、中华全国妇女联合会等。2015年7月9日，新华网获授权公布《中共中央关于加强和改进党的群团工作的意见》(以下简称《意见》)。[①]《意见》指出，群团事业是党的事业的重要组成部分，党的群团工作是党治国理政的一项经常性、基础性工作，是党组织动员广大人民群众为完成党的中心任务而奋斗的重要法宝。工会、共青团、妇联等群团组织联系的广大人民群众是全面建成小康社会、坚持和发展中国特色社会主义的基本力量，是全面深化改革、全面推进依法治国、巩固党的执政地位、维护国家长治久安的基本依靠。

群团组织在留守儿童成长的支持工作中同样发挥着重要作用。工会、共青团、妇联等群团组织利用自身的资源和优势为留守儿童提供关爱、帮助和服务，让留守儿童感受到来自社会的爱。在县域范围内，工会、共青团、妇联等群团组织都设立有机构，网络覆盖广泛。西南民族地区的这些群团组织也同样非常重视留守儿童工作。本研究选取了西南民族地区云南省某族自治州A县的团县委和妇联作为访谈对象，了解这些组织对留守儿童的认识、对留守儿童提供支持的状态、后续支持的考虑以及与其他社会支持的联结等情况。

一、团县委提供的社会支持状况

A县的团县委有工作人员3名，主要负责全县的共青团工作。在留守儿童工作中，他们发挥群团组织的优势，广泛动员，利用志愿者、团员青年、少先队员等多种力量开展多种形式的农村留守儿童关爱服务和互助活动。研究小组与团委的副书记进行了访谈和交流，对团县委提供给留守儿童的社会支持状况进行了了解。

① 新华网.中共中央关于加强和改进党的群团工作的意见.[EB/OL].(2015-07-09)[2021-09-15].http://www.xinhuanet.com/politics/2015-07/09/c_1115875561.htm.

(一)开展活动支持留守儿童走出大山

西南民族地区地处偏远之地,许多留守儿童因为家庭贫困,从来没有走出过大山,团县委为了开阔留守儿童的视野,通过开展看世界的活动组织留守儿童走出大山,见识现代社会与文明的样态,激发留守儿童学习的动力,鼓励他们立志以读书为路,去看外面精彩的世界。[①]

调查者:请问你们部门在支持留守儿童方面是怎么做的呢?

团县委副书记:我们做了留守儿童的冬令营、夏令营、带留守儿童走出去的活动。有一次,我们和几个电商协会的人,一块儿到里面(山区)去。本来是去做扶贫工作的,想看看里面有什么特色农产品,通过电商渠道把它们卖出来。结果发现他们那里,连草都没长,全是黄土和石头,家长就外出务工,家里就剩老人和孩子。小孩子一般是背一袋土豆,背一包米,然后走很远的路到学校住宿。现在的学校正规化了,一般供应伙食。但是在早一点儿的时候,他们还要自己做饭。还有一些孩子连周末都不回家,他们回家的路没有通,走回去就需要六七个小时。一般星期五放学,天黑之前走不到家。所以只能星期六走,星期六走大半天,才回家,快吃晚饭了,然后星期天一大早又要赶去学校。所以一些学生就干脆待在学校里,周末不回家。在回去的路上,电商协会的袁总提出来,我们帮他找一个渠道,帮他找到这个季节正在卖的一个产品——软籽石榴,我们去协调订单,然后由商会帮农民去沿海城市的大型商场上架做协调工作。当时我们就达成一个协议:每售卖一斤商品抽5毛钱,若一斤不好算,就以单为单位,一单5毛钱,最终算下来有几万块钱。他们把这笔钱捐到青少年发展基金会,然后又定向捐赠到我县,专门用于把那个地方的留守儿童带出来。他们那里是属于我县比较偏远和贫穷的地方,很多人连县城都没有来过,他们穿的羽绒服和帽子也是募捐来的。去的路只容纳一辆车通行。一面是山体,另外一面是悬崖,还可以看见云雾。我们把孩子们带到大学去,让大学生接待他们,让他们看一看没看过的东西。虽然那一次我们很辛苦,但是感觉那些孩子和家长都非常开心。他们根本没有见过外面的世界。他们见过的世界,睁开眼睛就是大山。见过的农作物就是土豆和玉米,其他的也没有种出来。来到县城之后,他们连酒店最基础的设施都不会使用。我都还没有来得及给他们讲解,就有孩

① 访谈时间:2019年7月18日下午,地点:云南省A县团县委办公室,受访者:团县委副书记。

子把脚伸到马桶里面去洗脚。我问他为什么这样，他说他要洗脚睡觉了，但没有找到脚盆洗脚。所以带他们出来看一看的这种活动，我们计划以后还要这样搞。我们带他们看看，小学长怎么样？中学是什么呀？高中怎么样？大学是什么样？鼓励他们读书。

2019年1月17日，我们组织冬令营的全体成员73人参观了大学的生物科学馆，孩子们被馆内收藏的各种稀奇古怪的东西深深地吸引了。天上飞的、水里游的、地上跑的，在这里都能找到，活脱脱的一个大自然世界，孩子们都看呆了。各种各样的植物标本、动物标本都是大家没有见过的，大学里的学生志愿者是解说员，孩子们都听得入了神，不愿意离开。孩子们还参观了民族艺术馆，丰富的民族文化深深地震撼了这些傈僳族、拉祜族的同学和家长，他们从未想过民族文化还可以这样精彩。他们还参观了民族乐器制作工作室，当时张老师拿起乐器给大家来了一段即兴演奏，不少孩子跟家长一起跳起了傈僳族、拉祜族的打跳歌，场面非常热闹。这次活动激发了孩子们走出大山多看看外面世界的想法，虽然相处在一起时间不长，但是看着他们渴望的目光，我们可以感受到他们对外面世界的好奇，也听到了他们想改变生活走出大山深处的声音。

这些孩子很多都是第一次到县城，第一次看到这么多车和人，这么多楼，第一次看到看电影、住宾馆、吃自助餐，第一次看到民族文化那么好，大学那么美……这些活动震撼了他们的心灵，打开了他们的心扉，引起了他们的思考，实现了预期效果。我们还组织留守儿童参观现代葡萄庄园，听走出大山的青年务工的故事，让留守儿童感受我县农业产业正在发生的变化，感受到我们山区农民也可以在外面很好地生活工作，通过看县城走进电影院，让留守儿童感受到科技变化带来的生活变化，外面的世界也很精彩。

（二）思想引领激发留守儿童不断上进

西南民族地区部分留守儿童身处大山，与外界隔绝，通过参加活动可以激发他们看世界的动机，同时，以思想引领的方式让留守儿童认识到自身处境的不足和缺陷，经济问题不一定是留守儿童面临的唯一问题，思想意识与观念的改变更为重要。

调查者：你们提供的支持主要侧重于哪些方面？

团县委副书记：我们部门的职责是对青少年进行思想引领。留守儿童的经济并不是最大问题。他们最大的问题是思想意识问题。要有人去引导他们,和他们交流,给他们关爱。比如说,一个留守儿童和他的爷爷和奶奶待在一起,而他们的爷爷和奶奶也教不好他。他在学校里学的东西已经远远超过他家里老人掌握的东西。还有一些照顾留守儿童的老人,只会说少数民族语言,还不能和汉人交流。所以要指望他们去教育他们的孙子和孙女,是不可能的。就只能把他们带出来,看看外面是什么样。因为他们经常是通过课本了解世界,而(通过)课本了解的非常有限。比如说你经常给他讲车怎么样,但是他从来没有坐过车。我认为最触动他们的兴奋点和求知欲的时刻是:把他们带到我们县里最好的一所小学的时候。他们带进去的时候,刚好有两个班在训练足球。我们就让他们把书包放下,和他们一块玩。我们也和学校协调好了,让教练教他们踢球。突然有两个小孩子在玩航拍器,然后他们一直盯着看,因为他们从来没有见过。然后我们悄悄告诉这两个孩子,教他们怎么玩。他们也非常想了解这些东西。我看见一个六年级的小孩,就一直拿着航拍器在研究这个东西怎么飞起来。

事后,我们对孩子们进行了跟踪关心。当时我们亲自把他们送回去,然后休整了一天,第2天把大家聚起来,和孩子及家长开了一个座谈会。和他们开座谈会的时候,如果放一排排板凳,他们就会感到特别拘束。所以我们就找了一块空草地,大家随意地坐着。我们还让学校的老师和校长拿了一点儿生瓜子,一人发一把,闲聊。这样他才愿意和你交流。如果你要让他参加很正式的座谈,他不愿意和你说话。他们很怕生,他们很少见过生人,包括扶贫工作队的人去的时候,他们也会躲起来。人家在村子里走的时候,他们就躲在门缝里看他们。

好多小朋友都说,我要考初中,考进初中了就可以到乡里读书。当时好多小孩还没有理解什么叫作义务教育。他们并不知道,想上初中就可以去上初中。他们的理解就是,有的人上了小学之后没有去上初中,辍学。他们以为辍学是考不上初中的。而在这点上,当时我们没有立马去反驳他们。本来我们应该给他(们)灌输一些义务教育的理念。但是如果我们一说,可能会打击他们的自信心。许多小孩子认为,考得好才可以上初中。但这样也好,他们有这样一个好的心态,好好读书。而他们中的考上高中的人太少了,他们一共有三个人上了高中,其中有两个人上的是职业中学,上普通高中的只有一个人。现在都快到21世纪中叶了,能读到普通高中的人数都很少。不一定非要考特别好的高中,但至少要考得上一般的普通高中吧,至少要有参加大学考试的资格,不然连努力的机会都没有。然后我们就给他们约定,比如说你考上高中奖励,或找一些人,一对一地帮扶你考学校。我们县委书记自己还资助了两个孩子。

(三)支教帮扶关爱留守儿童假期生活

团委是青少年的组织,聚集着一大群热血青年。每到寒暑假,全国各地的团县委都会大学生返乡报到,要求参加县团委组织的志愿者活动或三下乡活动,这些大学生是为留守儿童提供社会支持的重要人力资源。充分利用这些大学生开展帮扶支教活动,可以给留守儿童带来不一样的寒假暑假生活体验。

调查者:请问你们有联系一些其他的社会支持力量来帮助留守儿童吗?

团县委副书记:我们这个组织一头连着大学生志愿者,一头连着留守儿童,通过结对帮扶开展志愿者活动,给留守儿童的寒暑假生活增添了色彩。因为经过脱贫攻坚工作后,我们发现之前的方式意义不大。因为社会上已经有很多爱心人士以及专业的扶贫办,他们比我们有力量,有政策性的资金保障,有专门的定向的一对一捐赠,也有专门的扶贫资金、基础建设等,这个领域不太需要我们。我们团委更需要关注他们的思想,激发他们努力学习的热情。那我们只能以这个方式、从这个方向来开展工作。孩子们与志愿者交朋友,一起开展手工制作、棋艺、球类运动,通过交流互动,了解外面的世界。在开展的"青年心·家乡情"帮教活动中,青年志愿者和留守儿童一起打篮球、跳绳、猜谜语、讲故事,孩子们都非常开心。2018年1月,我们组织志愿者队伍到一个少数民族村去驻村支教,那里傈僳族、彝族群众居多,以前这个村的群众原住地条件十分艰苦,长期居住在大山深处,生态条件恶劣,产业发展滞后,多年来依靠政府救助支持,里面的青少年长期与外界隔绝,到这个村支教,不仅仅是简单地辅导孩子们完成寒假作业,更多的是通过面对面沟通,引导他们了解和熟悉大山以外的世界,包括引导他们做清洁卫生,打扮自己,认识多媒体设备,教他们玩游戏,开展文体活动,增长他们的见识,促进他们养成良好的学习生活习惯,让他们更好更快地融入现代生活。当时参加活动的我县大学生,含在读和已毕业的大学生,有20人。活动效果非常好,孩子们也非常开心。

(四)提供支持面临的困难和问题

每一次活动的开展都需要大量的人力、物力、资源的支持,不仅如此,活动开展过程中,还需要做大量的协调沟通组织和管理工作。因此从产生支持留守儿童的想法到活动的组织策划到最后的落实实施,这是一个复杂的工作过程。这个过程需要支持主体投入大量的时间和精力来保障活动的开展和任务的完成。

调查者:你们有没有长期重点关注一些留守儿童,或者是帮助他们发展得比较好的这种情况?

团县委副书记:这个目前暂时还没有。因为这个事情我们干起来的时间还不是很长。我们在各乡镇还有一个团委。乡镇的团委报给我们花名册和一些基本的情况。然后我们就抽一些时间去看一下他们,一般就是给予一些物质慰问。到后面才有一些关于思想(的)引导和帮助。以前主要限于物质经济方面,这些工作,民政方面做得也很多。

调查者:我们昨天也走访了一些部门,发现你们也做了很多工作,策划了许多活动,对他们都有帮助。你们是否可以长期关注这些群体,或者是否可以长期关注几个孩子,最好让他们发展出来,然后带着感恩的心回报社会,这样就形成一个良性的社会循环?

团县委副书记:对,这样很好。但这首先需要一个组织构架。需要一支队伍,不一定要成立部门,但可以组建队伍,把它挂在民政或教体局等部门都可以。这个我没有想过,但(感觉)实施起来很困难。首先我们级别有限。我们不可能随意去那些部门抽调一些人,我没有这个权限。教育部门有教师的资源,我们团委这边有志愿者,然后民政那边有政策。这些东西怎么利用好,怎么把它做成一个支持系统,这是我们应该思考的问题。其实这些事情要做起来,都有一些思路去做。最主要就是现在,我们的级别太低。我们抽调不了任何单位的(工作人员),我们也叫不动其他地方的人员。所以我们自己这几个人,只能在权限范围之内去做一些事。

调查者:从帮扶留守儿童工作的专业层面上,我们国家在留守儿童这方面做了很多工作,各个地区有没有经验交流的机会去学习学习呢?

团县委副书记:要是有经验的交流就更好了。比如说某一个村,每一次帮扶队伍怎么去帮助他们的生活、怎么帮助学习,思想上是怎么辅导的等等。可以给我们一个模板效仿,或者留个学习的教材,或者做成一个小视频、宣传视频等，我们就可以学到一些东西，工作时可能更到位、更有效，不会像现在这样就摸着石头过河。现在我们就属于这种状态，我们看见哪里，就做哪里，其他的我也不知道，也没有人跟我们说。但大部分留守儿童其实都是集中在偏远地区，因为在县城附近，即便他是留守也是短期(的)。

二、县妇联提供的社会支持状况

中华全国妇女联合会成立于1949年4月3日，是全国各族各界妇女为争取进一步解放与发展而联合起来的群团组织，是中国共产党领导下的人民团体，是党和政府联系妇女群众的桥梁和纽带，是国家政权的重要社会支柱。中华全国妇女联合会在新时代担负着团结引导各族各界妇女听党话、跟党走的政治责任，以围绕中心、服务大局为工作主线，以联系和服务妇女为根本任务，以代表和维护妇女权益、促进男女平等和妇女全面发展为基本职能。其任务主要有八条，其中与儿童相关的有三条：推动保障妇女权益法律政策和妇女、儿童发展纲要的实施；维护妇女儿童合法权益，倾听妇女意见，反映妇女诉求，向各级国家机关提出有关建议，要求并协助有关部门或单位查处侵害妇女儿童权益的行为，为受侵害的妇女儿童提供帮助；联系和引导女性社会组织，加强与社会各界的协作，推动全社会为妇女儿童和家庭服务。妇女联合会在省、自治区、直辖市，设区的市、自治州，县(旗)、自治县、不设区的市和市辖区等建立地方组织。妇女联合会在乡镇、街道，行政村、社区，机关和事业单位、社会组织等建立基层组织。①

妇女是家庭的重要成员，影响着儿童的成长，妇女与儿童天然的联系，让留守儿童工作与妇女工作紧密联系起来。妇联作为全国妇女的“家”，在职责范围内将妇女和儿童的权益保障联系在了一起，组织机构设置上全国覆盖，深入到家庭生活之中。因此，妇联在开展留守儿童支持方面具有一定的优势和便利。民政部多次发布关于留守儿童工作的政策文件，将妇联与留守儿童工作紧密地联系在一起，就是要发挥妇联在家庭建设方面的突出潜能，将对留守儿童的关

① 中华全国妇女联合会．全国妇联简介[EB/OL].(2013-07-17)[2021-09-15].http://www.women.org.cn/col/col33/index.html.

爱和支持深入到儿童身边，让留守儿童真切地体会到社会的关爱。

A县妇联现有8个人员编制，共8个人。其中有2名在驻村工作，1名调至另外一个地方上班了。所以，现在做工作的只有5人，另外聘请了2人。从领导班子的配备来看，是一正两副，即一名主席两名副主席。[①]

（一）开展法制宣传与儿童维权工作

法制宣传工作不仅仅是让人们知道法律的内容，最终目的是运用法律、参与社会法治实践。新形势下的普法重点内容必须实现由单纯注重宣传法律条文向注重培育法治精神的转变，普法既要注重法律知识的学习宣传，更要注重把法治精神、法治意识、法治观念熔铸到人们的头脑之中，体现于人们日常行为之中。法制宣传有利于树立良好的法制环境，为留守儿童提供法律保护和正当的维权。

调查者：请问你们在哪些方面给留守儿童提供了支持呢？

妇联副主席：我们制作和印发了家庭教育的实用工具手册、维权工作手册，积极进校园宣传法治，（做了）在线活动、法治东方、法治进校园活动以及平安家园创建等相关工作，开展未成年人保护法和维权宣传活动，加强留守儿童的法制教育，增强留守儿童的自我保护能力，净化留守儿童的成长环境，积极营造社会关心关注留守儿童成长的良好氛围。我们积极开展留守儿童的维权工作，积极树立留守儿童的知情和救助意识，为留守儿童提供心理健康指导，法律法规的咨询。近五年来，妇联共接待儿童的来信来访10件，有两件是关于留守儿童的。其中一件就是去年我们接手的一个留守儿童，可能他在学校太调皮，所以他被老师打了两个耳光然后又踹了两脚。当时他母亲也是特别委屈，认为老师欺负她儿子可能就是因为父母不在家，之后她就把他儿子的情况告诉我们妇联，我们就很重视，我联系了乡镇妇联对双方进行了调解，调解以后也达成了协议。老师最后真诚地道歉，对他们家也进行了赔偿，这个事情也比较圆满地解决。在这个维权过程中，我们的上访人还是比较满意，也对我们妇联组织给予了肯定。当时我们妇联也是联合了乡镇、村、党组织以及司法的力量开展调解。

① 访谈时间：2019年7月19日上午，地点：云南省A县妇联办公室，受访者：妇联主席、妇联副主席、妇联专干。

（二）引导家庭教育与家风建设

家庭教育的好坏对留守儿童的成长很重要，一个人在未来能否取得巨大的成功是离不开家庭教育的。纵观古今，一个人的发展受到成长环境的巨大影响，而其中占比最大的是父母对子女进行的教育。作为家庭教育的主要实施者，如果不能正确建立培养孩子的观念，就会影响孩子的心理发展方向，所以，妇联要引导家长形成正确家庭教育观念，采用正确的家庭教育方式，培养孩子的健康心理。

调查者：从妇联工作职责范围的角度，你们针对留守儿童重点做了哪些方面的支持呢？

县妇联副主席：近年来，我们积极参与动员社会各界爱心人士及巾帼志愿者开展家庭教育的公益讲座。近年来，每年都有1—2场全县性的家庭教育公益讲座。今（2019年）年7月初，一个巾帼志愿者，自愿承担，我们这边支持，一起举办了一场家庭教育的公益讲座。（这对她来说）完全是无偿的，没有报酬。这场公益讲座有270多个家长和学生参加，可以说社会影响力比较大，反响也是比较好。家庭教育讲座让儿童和家庭都很受益，进一步加强了家庭教育指导的针对性和有效性，帮助家长树立正确的家庭教育观念，推广正确的家庭教育方法，提高育儿水平，形成家校协同的风气，积极营造儿童健康成长的环境。

我们特别重视习近平总书记提出的注重家庭与家教，积极开展各种家风家教活动。从去（2018年）年开始，我们（在）全县，10个乡镇、90个村镇，开展了百场家风讲坛。我们这10个乡镇，每个乡镇开展一场，然后90个村镇，每个村镇开展一场，一共就是100场。在（2018年）开展过程中，老百姓也好，各级领导干部也好，他们给予了很高的赞誉。老百姓跟我们反映讲坛感觉特别好，对家庭的建设、对子女的教育、社会的稳定，都有很好的作用。鉴于这种情况，今年我们计划在全县的1000多个村民小组当中，开展“千场家风宣讲进万家”的活动。原来是在乡镇村宣讲，现在我们就扩展到居民小组，这就是扩展到最小的民众组织。我们计划以1000场家风讲座来宣讲。这项工作正在积极地筹备当中，在8月我们将全面开展。通过家风宣讲活动，积极引导广大家庭，争创最美家庭、弘扬善美家风，以家风带动好的社会风尚。

(三)儿童发展现状掌握与规划评估

留守儿童是儿童群体的一部分,做好整个儿童群体的发展规划和监测评估工作,可以为留守儿童实现健康权、教育权、生存权和发展权打下基础。妇联以关爱儿童促健康成长为目标,立足基层突出重点,积极开展留守儿童的各项工作,例如,儿童文学、关爱慰问、家庭教育、家风建设等,落实儿童发展规划,加强对农村留守儿童的关爱保护。

调查者:请问你们联合了哪些力量来共同支持留守儿童的成长与发展呢?

妇联副主席:我县妇联贯彻落实州的发展规划,积极了解掌握儿童的基本情况,为开展留守儿童工作打下了坚实的基础。最近的一次调查数据,是2019年5月,根据省委的要求,在全县范围内开展义务教育阶段的儿童的数据统计工作。通过基层妇联组织,我们把留守儿童的情况调查清楚。到2019年5月底,全县十个乡镇九十个村,义务教育阶段的留守儿童共有1090人。这个数据可能和民政有出入,因为各家组织的标准,或者方法有所不同。

近五年以来,在县委政府的支持下,每年我们从县委县政府这边会得到拨款十万元的慰问经费。然后每年到20所学校,开展"六一"的慰问活动,每所学校给5000块(元)钱,确保保障到位。按照妇女儿童工作经费预算,我们全县的妇女儿童按23万(元)计算来拨款。每年的妇女儿童工作经费23万(元)也列入了财政预算当中。这5年来,"六一"儿童慰问、全县开展慰问、关爱儿童的物资折合成人民币达500万元,慰问儿童在6000人左右。

我们有个县人民政府妇女儿童工作委员会,然后下面有个办公室。这个办公室就是在我们这里。我们这个办公室主要的工作内容就(是)根据我县妇女发展规划和儿童发展规划,督促和协调达成两项规划工作指标的完成。我们根据州上的规划,也制定了一些指标,这个在我给你们的档案资料中也有。这些规划是每十年一个阶段,从2001年到2010年,根据这个十年的标准,我们每一年都会把(对)这些数据进行监测,监测以后我们会进行一个评估。到目前,我们的指标基本上也是完成了,应该说有百分之九十几达标率,可能还有一些也是快达标了。应该说2019年,我们的整个规划也是基本实现了。

(四)妇联留守儿童工作面临的困难与建议

对留守儿童的支持是一项长期、复杂、艰巨的工作,需要协调和统筹方方面面的关系、人员和资源，因而，在留守儿童工作的过程中，任何一个部门在开展具体支持工作中都需要及早谋划，千方百计化解工作中可能遇到的困难和阻碍。

调查者：请问妇联在留守儿童工作中面临着哪些困难与疑惑？

妇联主席：（留守儿童工作）感觉大家都在抓，但成效也不怎么样。这个已经是很委婉的说法。我也一直很困惑，特别是接到你们调研的通知。我也在思考，最大的问题就是，大家都在抓，但成效不是很好。

我昨天晚上去看了一下这个文件，2016年的13号文件——《国务院关于加强农村留守儿童关爱保护工作的意见》，应该说，这个文件作为顶层设计，很好。但是在基层，这块工作成效不是很明显。这个文件已经明确到民政牵头做什么工作，妇联、团委做什么，教育部门怎么协作，已经写得很明确了。作为中央来说，作为国务院，确实是谋篇布局很好的。

但是最终的效果不是很好，我觉得有一个客观上的因素，就是留守儿童群体属于比较尴尬的群体。这类群体大部分属于情况比较好的，就是他们不是属于特别贫困的群体。但也不属于大众、非常正常、健康的群体，它是仅次于那个层次的下面，但稍微高于弱势的群体。他们不是困境儿童，也不是残疾儿童，既不是下面那头，也不是上面那头，就是（处于）一个很尴尬的处境。如果他们是贫困、残疾儿童，民政他们有一个"兜底"保障工作。

去年，因为我是州人大代表了，我也是分析了孤残儿童、留守儿童的问题，应该是提前了解了这方面的数据。今年刚刚统计出的留守儿童数据，1090名。这个数据也不是很准确。因为每个部门对留守儿童的界定都不同。我们这个界定是在15岁内，而且这个界定也很难精确。今年我们排查，因为残疾而没有进行义务教育的儿童是23个。这也不属于大部分情况，但他们也不尴尬，上有关爱，下也有保障。而留守儿童恰恰处于尴尬的境地，而且社会问题也恰恰是留守儿童里面的家庭教育缺失等等带来的问题。比如，青少年的违法犯罪，也是因为家庭教育的缺失。所以，这个群体，从空间来说，是比较尴尬的。因此，对他们没有引起重视，或者引起重视后也不知道从哪下手。因为民政对残疾、贫苦儿童有"兜底"的保障工作，然后好一点儿的时候，"六一"节的关爱慰问，大家都有享受到阳光雨露。对于留守儿童，没有太（具有）针对性的关爱政策。

我觉得大家都在管（留守儿童问题），是容易造成多层领导、多层负责的现象，也是一个尴尬的处境。部门交叉管得太多。以妇联的工作来说，副主席汇报的几项工作，已经反映了县委县政府对妇联的重视。妇联是属于妇女儿童委员会办公室，也是属于政府机构。县委、县政府也是(提供了)已经最大限度的保障，每年的“六一”节慰问经费，都要安排十万元到一部分学校进行现场慰问。妇女儿童经费每人保障1元，按我们县二十三万人来算，每年的二十三万(元)都保障到位。尤其是去年，我们的经费已经非常非常困难了，因为我们县2014、2015、2016、2017、2018年都在做扶贫工作，所以财政几乎没有钱了。但是在艰难的情况下，我们的经费还是保障到位，包括今年。今年我们统计了一下，在各乡镇经费比较艰难的情况下，也拿出一些经费来慰问学校。所以今年在“六一”节期间，我们慰问的经费总共花费了二十二万元。而且还有一些单位自己出了一些钱，但还没统计到。所以，从面上(大体上)，县委县政府已经是做了很多，这个关爱的覆盖面积是很大的。因为人力资源、物力资源也摆在那，也做不了太多。所以，妇联对留守儿童的工作，从客观来说，没有做太多，也做不了太多。当然，我们也在开展一些关爱活动，但主要针对残疾、贫困儿童，关爱的面还是太窄。

调查者：请问对妇联开展留守儿童关爱工作有哪些建议呢？

妇联主席：第一，注重基层力量的发挥，整合资源，管理主体应该更加精准聚焦，有针对性。这个建议就是针对家家都在管，但成效不是很好的现状。我举个例子吧，就是国务院出台的这个工作建议，让民政来牵头。其实民政做的是“兜底”工作，但把这么大的群体交给他，根本做不了，或者是做了，可能成效不会好。因为根据乡镇的机构设置，到乡镇，他们只有民政专干。到村级，他们没有民政管理员，什么都没有，就相当于一个光杆司令，他能够把上级交给他的“兜底”任务完成，就已经ok(很好)了。你要让他去抓留守儿童的工作，绝对做不好。因为我在乡镇已经工作很久了，这个情况我知道。如果把这个工作交给残联，也不合适。残联在乡镇的专干也是身兼数职，而且他们的工作量也是很大。如果再交给教体局，教体局连他们教学任务都顾及不过来。所以，这项工作，是交给妇联最合适。它的好处是：妇联县级机关的人员很少，但是妇联改革后，基层妇联组织是一个非常有潜力的组织。2016年改革后，设置了村妇联。原来村上是妇女主任，现在是妇女主席，而且每个主席配备了11—15个执委。我们县，村妇女主席最少有7个执委，最多有15个。这些执委是由各个村最优秀的妇女组成，然后就形成了15人左右的队伍。这是我们的基层力量。这一支队伍选出来之后，就应该要发挥最大的优势。这最大的优势就是这些执委知道张三、李四任何一家的情况。而且如果邻居家的孩子出问题了，她去做工作是最好的，不管是妇女的工作，还是孩子的工作。比如说，一个家里，妈妈只知道打麻将，孩子不上学了，或者辍学了，那这个村妇女主席就可以带上几个执委去做工作，去引导，怎么教育孩子。这支队伍就在基层，就在群众当中，她们了解家家户户的情况。我们去年年底完成妇联改革，现在我们全县基层的妇联组织（乡村级）大约有120个，其中妇联执委大约有1360人。如果这1360人有一半的人发挥作用，就是一股很大的力量，而且是基层力量。它最大的优势就是人多，了解当地各家情况。习总书记也说过要发挥妇女组织“半边天”的作用以及人才第一资源的利用。所以这一支力量是最好的力量。当然，在没有动员之前，很多执委都是闲着的，因为她们不知道干什么，没有人给她（们）下任务。所以我过来之前（来这个岗位之前）我对这个想了许多。执委说不出来要做什么，这就和我们过去的妇联组织没什么区别，或者说各级还没有形成一种共识来利用这支队伍，还没形成这个意识，没有交给她们任务。所以在今年五月十八日，省委书记在关于脱贫空间解决民生保障的一次电话会议上，直接给妇联下一个政治任务：你们不是每个村上都有自己的执委吗，每个执委都了解各家各户的情况，你们就利用这个优势，用一个月的时间，把全县义务教育阶段的失学、辍学儿童的情况摸一个底。他就意识到妇联中的这支力量。所以，应该让县所有妇联的执委，落实这项工作。层层部署、层层落实，让全体妇联执委动起来。我们1360名执委，这次有75%左右的人参与进来，这已经很不错了。因为，之前农村一级的妇联干部都不知道自己要做什么工作，现在的村妇联主席每个月只领200元。她们参与进来已经很不容易了，而且她们的文化素质水平都不高，她们的参与度能达到75%已经是非常非常不容易了。这项工作，交给妇联，是最合适的。妇联从党委这一角度来定义的话，它是群团部门，如果从妇联工作办的角度来看，也属于政府的部门。

第二，如果把这项工作交给妇联，那么首先要解决人力配备问题，乡镇的妇联主席尽量做到专干配置。比如乡镇可以做探索，配一名妇联妇委专干，每个乡镇配备一名妇联妇委专干，乡镇的妇联主席可以兼任乡镇的妇委工委办主任，然后配备一名专门的妇委专干，解决人员干事的问题。然后到村一级，因为他们的人已经很多了，到乡镇一级最应该解决的问题就是经费保障问题。我们的妇联主席让她同时兼任妇委工委办主任，每个月给她增加三百，共500块钱一个月,在凭奉献做事的同时一定能起到一定效果。因为全国、全省,如果都去加钱,可能加不了这么多,但是每一个月象征性地加300(元),她可能就把妇联的工作做好,把留守儿童的工作做好。然后这条线从妇联增加一个妇委专干的职委开始,到乡镇有专门做妇委专干的工作,然后到村一级,解决妇委工委的工资,就能干好这项工作。所以,人财物(齐备),如果村一级、乡一级能够配一些妇女儿童专项经费,就更好了。如果那些资金能够上从高层到基层有一个保障,就是最理想的。实在工作经费解决不了,把人力资源的问题解决了,也是好事情啊。

第三,阵地建设很重要,就是建设妇女儿童之家。现在的妇女之家、儿童之家,用的都是村委的活动室。如果要去验收,里面都是村委会办公的地方。它缺少吸引力。它没有儿童之家应该有的氛围和设备。所以就只是把这个"儿童之家"挂在这个墙上。每一年推进十个、十五个"儿童之家"的阵地建设,有孩子喜欢的设备,让孩子都愿意去。我上个月去北京学习,我们到海淀区的街道办参观。他们的"儿童之家"就做得很好。那里的家长和孩子可以一起去学画画、可以看书、还有一起做手工等等。当然我也没说要和北京那个地方比,但是最起码要解决一些基本问题。

第四,在领导方面要加强。从党委政府到基层,落实工作的时候,思想意识的差距导致了工作业务的差距。这个差距的前提就是,留守儿童这个群体是尴尬的群体,他(们)不容易引起各级非常多的重视。假如他们是正常的群体,政府会"牙齿上刮金",拿出部分资金慰问他们,如果他们是最差的一部分,各级部门有针对他们的关爱帮助。但是他们恰恰处于这个中间处境,可能各级基层党委政府,对留守儿童的重视还是有差距。比如说问他们工作怎么样啊,他们就想不起留守儿童的工作做得怎么样,在这些部门中,留守儿童不属于需要花很多精力关注的群体,对于非常贫困的儿童,我们经常会盯着民政办的工作人员,问他们有没有去慰问那些孩子,资金有没有拨出去。所以,这样的差距,它是客观存在的。国务院最近下发的文件《关于深化教育教学改革,全面提高义务教育质量的意见》提到这项工作保障机制的时候,说要加强教育、加强教育立法。不能只推进家庭教育工作,要实现社会、家庭、学校三位一体的格局。但社会教育,说实话,很难找到一个非常好的结合点,去共同做好。最好找结合点的工作就是家庭教育。家庭教育是最好找结合点的,然后最好的结合点就是基层妇联组织,这个组织就是最好的载体，来切入家庭教育的工作。同时，要让社会引起对家庭教育的关注。家庭是人生的第一所学校，父母是孩子的第一任老师。这个理念要传达到千家万户。农村家庭很大部分没有这种理念，就觉得娃娃教不好就是学校的事。所以家庭是学校，父母是老师这个理念，首先要把它传达下去，传达下去就是要宣传。理念传达了之后要让家庭教育有需求。这个需求就是让父母转变了思想观念之后，“我需要这些方面的家庭教育需求”。有需求了，妇联才有市场。然后还要有阵地，有了需求之后，妇联来寻找合适的阵地，基层配合，提供一些更好的建议，我们就这样介入家庭工作。要不然，如果是这个理念传不下去，家庭教育没有需求，然后也没有阵地去做，妇联同样处于一个尴尬的境地。

三、群团组织提供社会支持的问题与不足

群团组织对留守儿童工作比较重视，在各自的职责范围内为留守儿童提供支持，并积极联合其他社会力量为留守儿童的成长与发展提供各种帮扶和关爱。从整体上来看，在这些群团组织的职责、任务与分工中，留守儿童并不是这些群团组织工作的主要对象，留守儿童工作也不是这些群团组织的主要工作内容。因而，群团组织对留守儿童提供的支持也存在一定的问题与不足。

（一）机构自身难以提供更多有效支持

西南民族地区县域内各个群团组织人员配备和经费都有一定的局限性，在支持留守儿童工作方面明显存在“心有余而力不足”的情况。从研究小组走访的情况来看，群团组织对留守儿童群体的特征有清晰的认知，能够意识到支持留守儿童成长与发展的重要意义和价值，

并且主动在日常工作中关照留守儿童群体，将留守儿童工作与各类活动结合起来，希望以具体切实的行动支持留守儿童的成长。各个群团组织主要采取组织夏令营，帮扶支教、物资捐赠等形式支持和关爱留守儿童，比较注重在一定范围内联系和团结一切力量给予留守儿童支持和关爱，但是由于县域内各群团组织机构较小，人员不足，能够组织的活动所覆盖的留守儿童面并不广，因此还不能对留守儿童形成有效的社会支持，在一定程度上，对社会支持的谋划上缺乏长远思考，仅限于“有则作之、无则免之”的状态。

(二)无法协调到其他部门的支持力量

西南民族地区县域内各群团组织层级比较低,尚不能协调到其他同级部门的支持力量,即使能够协调,也相当费时费力,这在一定程度上阻碍了这些群团组织对留守儿童的关爱激情,容易让这些组织在工作中产生畏难情绪。尤其是这些群团组织,本身没有独立的人事权财务权,而做留守儿童支持工作,往往需要人力物力等等资源的支持,无论是提供哪方面的社会支持,都面临着一定的困难和阻力。因此,在支持留守儿童的工作中,可能会导致工作浮于表面,并未深入地开展下去。社会支持包括提供权利与机会、物质与经济、情感与交往、服务与信息等等的帮助和支持,但是由于现实基础的限制,这些群团组织提供的支持可能处于较浅层次的层面。

(三)工作重心并不在留守儿童方面

西南民族地区各群团组织的工作重心各有不同,各自的工作重点均不在留守儿童工作上,在一定程度上对留守儿童提供支持,仅仅是这些群团组织工作的很小一部分,也就是说他们的工作重点并不在对留守儿童提供支持和关爱帮助上面,这就会导致“家家都在管而工作无成效”的局面。例如,团县委的工作主要在于关注青少年成长做团与队的工作,在工作职责划分上比较抽象,关爱留守儿童工作并不是团县委的主要工作,因此,关爱或者不关爱留守儿童主要取决于负责人对留守儿童工作的认识,或者当时情况下是否遇到了合适的机缘,是否恰逢能够产生一些实际关爱留守儿童行动的时机。那些群团组织对留守儿童的支持,大部分是短期支持而非长期支持,是分散支持而不是全面支持,对后续社会支持缺乏谋划,对其他社会支持的整合缺乏全面的思考。

第四节 来自乡镇社区的支持

我国乡镇行政组织健全,乡镇工作人员是广大农村地区的农民最容易接触到的国家工作人员,一般日常生活中需要办理的事务绝大部分都可以在乡镇政府相关部门办理,许多国家政策的落实也主要通过镇级的行政办公人员来实现。因此,乡镇一级的工作人员与农民生活紧密相连,对留守儿童的关爱和支持需要通过乡镇各个行政组织来实现。了解乡镇一级各个部门对当地留守儿童的支持和关爱是建构和完善我国留守儿童社会支持系统的前提和基础。

为了掌握乡镇一级部门和相关社会热心人士对留守儿童提供的社会支持，研究小组到西南民族地区云南省某族自治州A县某镇政府，邀请了相关工作人员进行了交流和座谈，希望了解一线工作人员对西南民族地区留守儿童提供的支持和关爱，了解他们对留守儿童群体特征的认知、对社会支持的理解与观念、采取的社会支持行动、对社会支持行动的反思、对后续社会支持的谋划以及与其他社会支持的整合思考，并希望通过对他们的访谈，获得来自一线的实践建议。

一、乡镇提供的社会支持状况

我国乡镇一级政府工作人员编制比较紧凑，一般工作人员均身兼数职，要承担上级向下级分配的各种任务，往往是一个工作人员对应县域内县级多个政府职能部门的工作职责。在A县某镇，研究小组发现，工作人员对留守儿童工作比较重视，对于分配的工作任务也尽心尽职。[①]

调查者：请问乡镇一级对当地的留守儿童提供了哪些支持？

某委员（主要负责镇上团委、妇联工作）：我们的留守儿童情况相对复杂。不仅仅有父母去发达的地方打工，孩子可能一年、半年见不到父母。我们这边的留守儿童大多数情况是属于父母最多一两个月、两三个月，然后就回家来看一次。或者他们有条件的就是星期六、星期天回来看一次。父母都在外地的有279个孩子，父母不在孩子身边。一部分父母在外地打工，比如像江浙一带。另一部分父母是在附近打工，两三个月回来一次。我们针对留守儿童，还是比较关爱的。妇联方面，我们每年都会有一些关爱活动。每个村的妇联，掌握着每个家庭的基本情况。比如说谁家父母经常在家，谁家父母经常不在家。针对这些情况，我们就会组成“巾帼志愿者”，“巾帼志愿者”就会对这些孩子家做家访，问问他们爷爷奶奶，了解孩子的学习情况，孩子的爸爸妈妈什么时候回来，经常

① 访谈时间：2019年7月19日下午，地点：云南省A县某镇政府办公室，受访者：妇联、团委、宣传等部门工作人员。

打电话吗等等。有时候,他们的爷爷奶奶也会因为孩子的事情找到村上妇联,我们就会组织一两个巾帼志愿者到他们家去,给孩子一些引导。这个是经常在做的,而且每年我们还会评选一些“好儿媳”“好妈妈”等,也就是在引导一种正能量。这主要是妇联的工作。另外,团委这方面的工作我们主要依靠学校。比如说学校的团组织以及少先队辅导员。

镇上民政方面的负责人:还有一个情况让人担心,如果父母犯罪服刑,孩子丢给爷爷奶奶。孩子不仅留守,而且受其他人的歧视。针对这类孩子我们有一定的救助,但还是很有限的。也有些孩子管教不到位,直接和爷爷奶奶起冲突。之前的留守儿童是因为贫穷,父母为了挣钱,被迫与孩子分开。现在,经过精准扶贫,大家(得到)经济发展。比如在我们镇,近几年发展水果产业,父母不用外出务工,从根源上减少了留守儿童,这也许就是一种很好的模式。实际上解决留守儿童问题最根本的是产业经济结构调整。另一个方面,当我们农民财富突然增加(后),没有做好思想准备,(不知道)怎么去管理自己的财富,管理自己的家庭和人生。这时候就产生了一种新的留守情况。比如父母一方走向赌博吸毒、犯罪,那么最后孩子没办法又交给了爷爷奶奶。

某委员(主要负责镇上团委、妇联工作):我们的工作是就家风家教宣传,但我们更多的是唤(醒)家长的意识。在做家庭工作时,告诉父母应该言传身教。有些父母嘴上说怎么教育孩子,但闲着就去打麻将还有就是玩手机。现在手机特别发达,在便利我们生活的同时,也会带来一些负面的影响。玩的时间和方式还是要掌握的。有些家长做得比较好,下班后不玩手机,陪孩子读读书。

二、乡镇提供社会支持面临的困难与不足

我国基层组织与广大农民朋友距离较近,能够掌握农民和广大外出务工人员的基本情况,由于乡镇一级工作人员流动频率较小,我国乡镇社区仍然呈现出“熟人社会”的基本特点,人际交往的范围就在乡镇社区,在同一个乡镇生活的人,几乎彼此都能够认识,对彼此的近况和故事都比较了解和掌握。但是由于地处农村地区,信息交流沟通不够频繁,乡镇社区能够提供给留守儿童的支持也是有限的。

调查者:请问你们在给留守儿童提供社会支持的时候面临哪些困难和

问题?

某委员(主要负责镇上团委、妇联工作):现在流行玩手机,但手机上提供了很多的非主流的价值观、人生观。这个东西冲击很大。有些人觉得读书没用,对读书的功利性太重。他看不到读书对人生有什么意义。他就觉得身边很多人出去务工几年,家里面的条件就有改善,而且人家也没有多读书。这个问题主要还是需要学校、家长这边来做这个工作。让他们知道读书不是仅仅为了挣更多的钱,这是要改变的。我主要认为玩手机这个事对留守儿童的影响很大。但我们也不知道怎么解决这个问题。我们在给留守儿童进行引导教育帮助的时候,往往面临着很大的阻力。另外我觉得可以组织志愿者队伍。平时下班后,没什么事时就去关心关爱留守儿童,组织社会力量,去帮扶留守儿童。

从研究小组对乡镇社区一级工作人员的访谈来看,这一级的工作人员主要是执行上级部门分配的各项工作,在自己职责范围内完成对留守儿童的关爱和支持。受制于自身工作水平能力以及认识高度的限制,他们往往只重在执行上级部门分配的任务,个体对"如何给留守儿童提供支持""提供哪些支持"等问题的思考比较少,也比较缺乏长远的打算。但是他们切切实实地履行着国家规定的工作职责,利用自身优势,在近端为留守儿童提供了相应的关爱和支持,营造了良好的社会氛围。

第五节 来自学校师生的支持

留守儿童正处于求学阶段,教育支持是成长与发展过程中最为重要的关键性支持,教育的责任主要由学校承担。学校成为影响留守儿童人生观、价值观和世界观的实践场域。故而,从某种意义上来说,学校在留守儿童成长中扮演着尤为重要的角色,教师是其生活与学习中的"重要他人"。为了掌握学校对留守儿童提供的社会支持,研究小组到西南民族地区云南省某族自治州A县某镇某小学,邀请校长和老师进行交流和座谈,希望了解一线学校校长和老师对西南民族地区留守儿童提供的支持和关爱,了解他们对留守儿童群体特征的认知、对社会支持的理解与观念、采取的社会支持行动、对社会支持行动的反思、对后续社会支持的谋划以及与其他社会支持的整合思考,并希望通过对他们的访谈，了解当前学校给留守儿童提供社会支持的状况以及存在的问题与不足。[①]

一、学校提供的社会支持状况

留守儿童在学校与教师待在一起的时间比其他人更多。学校教育的影响将奠基孩子的一生。了解学校给留守儿童提供的社会支持，有助于我们发现留守儿童成长中关键因素的影响机制，完善社会支持体系，帮助留守儿童成长与发展。

调查者：请问你们是如何帮助和支持留守儿童成长与发展的？

小学校长：我们镇一共有57个自然村，123个村民小组。我们有1所初级中学，8所小学，其中一所在高寒山区，是村小，9个幼儿园。我们全镇在校学生2975人。中学有917人，2058人在小学。我们整个镇有留守儿童279人。

最近几年我们关于留守儿童的工作主要有：

第一，抓家庭教育。家庭教育对我们教育的影响根深蒂固，因为良好的家庭教育是儿童成长的重要基础。因此，我们就要求我们中小学学校的教师一定要深入家里面去做各种工作，要了解他们的学习、生活以及思想的状况。今年，我们特别成立了家庭学校。第一步就是要深入到每一个家庭，了解他们的第一手资料：哪些父母出去打工了，哪些家庭比较特殊，哪些父母的教育方法怎么样等等。我们成立家庭学校，让家长来支持学校教育。我们要求他们都做好家庭教育。老师去家访的时候，也要求教师要给这些爷爷奶奶教一些教育的方法。因为他们可能和现在孩子还是有代沟，不知道怎么教育孩子。所以我们老师做家访的时候，除了解情况，还要教他们一些教育子女的方法，怎么样去帮助孩子，怎么去弥补他们情感上的缺失。尽量多方面做工作，动员外出的父母减少这方面对孩子的影响。我们做家访的时候，如果父母要出去打工，那么就动员父母，能留一个在家就尽量留下。因为，如果双亲都外出打工，爷爷奶奶照顾孩子的吃穿没什么问题，但对他的思想、学习和亲情的沟通交流，可能就做得不是这么好，所以父母尽量还是留下来。如果父母实在都要外出，就要求他们定时

① 访谈时间：2019年7月19日下午，地点：云南省A县某镇政府办公室，受访者：小学校长、老师各1人。

给家里打电话，和孩子沟通一下情感，或者视频一下。特别是在尽可能的情况下，还是要抽时间回家，比如，两三个月或者至少半年要回家看一下孩子。

第二，让他们尽量来参加学校组织的一些活动，“给爸爸妈妈写信和回信”、和爸爸妈妈一起参加“六一”儿童节游园活动，要让这个孩子感觉到父母关爱，没有情感上的缺失。

第三，我们多方筹措资金，加强慰问孩子。这几年，我们镇上也比较关心（留守儿童）。每年春节或者一些节假日，通过部门协调，安排一些专项的资金，配合团委，一起到一些家庭比较困难的留守儿童家里进行慰问。这几年基本上我们每年都挑选比较困难的儿童，有二十多个吧，坚持做这项工作。

第四，我们让教师尽量做好对这些孩子的关心和帮助。一是从经济上给予帮助。对经济上有困难的这一部分孩子，我们学校积极想办法，比如申请助学金、生活补助等，或者发动经济比较好的家庭、师生进行捐款等等。二是要求教师在生活上关心这一部分孩子。在生活上给予照顾，在言语上给予鼓励，努力调动（他们的）学习热情、生活热情，积极为他们创造一个轻松愉悦的环节。我们要求教师杜绝对于这部分孩子的一种冷落和歧视。通过各种关心和帮助，让他们感受到学校就是他们的家，让他们感知到我们教师、我们周围的同学其实就是亲人。三是在学习上给予他们各种帮助。在课堂上，我们就要求教师多关注这个群体，多提问多询问，通过各种方式来调动这些孩子的学习积极性。必要的时候，我们要求教师建立后进生的辅导档案，进行一对一的辅导，让他们树立学生的自信心，提高他们的学习兴趣，尽量地提高他们的成绩。四是做好心理疏导。其实这一类孩子，他们往往都是缺乏关爱，爷爷奶奶和他们有一些代沟。他们不愿意说话，性格比较孤僻，也不善于与人沟通交流。所以我们要求教师要多关心他们，及时了解他们的心理状况，给他们多一些鼓励，多一些关爱。帮他们建立正常的社会交际关系，让他们既要有朋友伙伴，同时也知道他们该和什么人交往，不该和什么人交往，给他们做一些指导。这就是这么多年我们做的一些工作。

调查者：在学业和思想工作方面，学校给留守儿童提供了哪些支持呢？

小学校长：留守儿童的作业，也是家长老师最头疼的。我们的作业也是定量布置的，没有很多。但没有交作业的，或者作业质量不高的，绝大部分是这些留守孩子。课堂上，我们也要求老师对这些学生要多关注。就成绩而言，优秀的(留守儿童)有,但不多,绝大多数的(留守儿童)平时作业拖拖拉拉,所以成绩,普遍中偏下。特殊一点的,可能就比较糟糕。思想方面的交流,(留守儿童)到了四年级以后,尤其是六年级时,他们的逆反心理特别严重。平时他们的父母,很长时间进行一次沟通,所以对他们不太了解。我可以很负责地说,父母掌握的情况,根本没有班主任掌握的情况(清楚)。所以我们的党支部发挥作用。我们把所有的老师带动出来,一个老师负责一两个学生。像我自己也负责了两个学生,而且是全校最头疼的。对他们家访,主要是通过打电话,不一定是到家里去。留守儿童是老师家访频率最高,次数最多的。记得有个学生,我自己陪同去家访就6次了,班主任就20次左右了。主要是把孩子在校的表现反馈给父母,告诉爷爷奶奶。比如有些孩子不愿意上学,老师上课前就会清点人数。如果人没来,老师就立马打电话,如果家长说孩子背着书包出来了,这种情况我们就比较担心了,代理班主任也会及时通知,甚至跑去家里看看,因为我们这的孩子住得也不是很远,了解情况到底什么原因。我们的科任老师也是如此,特殊情况时,我们的班主任、科任老师,或者校领导,也会亲自跑去(他)家了解情况。

二、学校提供的社会支持存在的不足

农村学校师资力量和水平有限,校长和老师们抱有质朴的师爱之心,对每一个留守儿童给予学业上的指导和生活上的关爱,尽职尽责,将成人社会良善的一面展现在留守儿童面前。学校教育是社会等级与阶层的再生产机制,教育资源占有的多寡决定了个体未来社会等级之所在,并产生对原有社会等级或阶层的再生产效应。接受义务教育的状况直接影响到留守儿童自身的成长与发展,决定了他们的素质水平,从而影响到整个社会文明的程度和社会进步的速度。如果留守儿童失去了接受良好教育的机会,就会造成低素质人口和原有社会阶层或等级的再复制,将来社会也会为解决这些问题付出巨大的代价,因此学校教育必须从留守儿童童年时期抓起,支持他们奠定成年后人生、事业发展的基础。

来自学校的社会支持包括学校的老师和同学等个人提供的支持,也包括学校以单位组织的形式提供的支持。一般来讲,学校都会想方设法组织一些社会力量对留守儿童群体中比较弱势和贫困的儿童提供物质与经济支持,对于大部分留守儿童而言，学校主要是对他们进行家庭教育指导，指导同伴间交往的处理以及相应管理制度的建设。通过营造良好的教育氛围，为留守儿童的成长与发展建立潜移默化的教育环境。

（一）无法得到家庭教育的协同支持

由于外出务工人员他们进入城市，大多选择从事技术含量低，工作时间长，劳动收入少的工作，他们的职业状况并不理想，职业地位也比较低，基本上处于社会底层，在留守儿童的教育问题上，虽然希望自己的孩子获得良好的教育，在学业上有所发展，但实际上，他们大多没有精力，没有时间，也没有能力与学校教育产生协同支持。因此往往在留守儿童教育方面存在“5+2=0”的现象。

（二）尚未掌握必要的心理疏导方法

留守儿童在现实生活中常常出现诸多心理问题，但是由于一线的老师缺乏相关的心理知识与辅导技能，遇到留守儿童的心理问题常常手足无措，常常凭教育经验和生活经验开展工作，这样就会出现无法达到预期教育效果的现象，因此一线的老师非常希望有心理辅导方面专业化的引领，这样做留守儿童的思想工作和心理疏导就会更加专业，具有针对性，效果也会更加明显。

（三）外部社会支持力量带来打扰

由于留守儿童绝大部分时间待在学校，因此一些外来的社会支持力量，常常联系学校，给予留守儿童相应的支持和关爱。但是学校也有相应的教育教学秩序，而这些外来社会支持常常是突发的，非预期地前来慰问和关爱留守儿童，这会扰乱学校的教育教学秩序，打扰留守儿童的正常生活学习，因此学校希望相关机构或社会热心人士能够与学校的留守儿童事先沟通，征求被支持关爱者的意见，尊重他们的想法和观点，获得允许之后，再采取相关支持行动。

第六节　来自家庭亲属的支持

家庭是建立在婚姻、血缘关系基础和一定经济基础之上的亲密合作共同生活的社会群体，也是社会最小的经济细胞，家庭成员之间具有深厚的天然联系，带有不可更改的血缘性和遗传性联系。家庭作为一种独特的文化环境，是孩子成长和发展的第一所学校。子女的诞生既是生物意义上的人的培育，又是社会意义上的人的诞生。家庭的功能不仅是生儿育女，而且也是人生的摇篮，不仅具有提供经济物质支持的功能，还具有休闲娱乐、情感抚慰等社会功能。所以，父母对子女的责任主要是教育而不是养育，家庭教育功能的缺失必然影响孩子成长与发展。①

西南民族地区农村留守儿童家庭中，父母外出务工造成家庭功能不能正常发挥，留守儿童早期的社会化和成长因为缺乏必要的教育引导而产生负面影响，进而影响到留守儿童的成长与发展。外出务工大潮的出现使得"农民工"这个特殊的群体背后产生了大量的留守儿童，他们的家庭不断遭遇成员外出务工的冲击，稳固而完整的核心家庭日趋瓦解，家庭结构出现了新的变化。在我国传统儒家思想的影响下，特别是农村社会，家庭在社会与人际关系中占有核心地位。这种家庭关系是一种强信任关系，成员之间相互依赖，相互扶持，共进共退，亲属关系中的个体互动，遵循的是以责任为主，人情为辅，利益淡化的原则，个人与家人互动时，责任与义务处于第一位，遇到任何事情都会全力保护家人。②正是基于这样的社会背景，农民工外出时，常常将留守儿童监护权托付给直系亲属，例如爷爷奶奶，外公外婆，姑叔舅姨等。

为了解西南民族地区留守儿童的实际状况，研究小组到西南民族地区云南省某族自治州A县某镇一位10岁留守儿童的家中进行了观察和交流。希望通过研究这位发展比较好的留守儿童所获得的社会支持情况，总结其中的经验，为进一步改善留守儿童的社会支持状况提供借鉴。

一、留守儿童家庭提供的社会支持状况

这位10岁的留守儿童，今年读五年级，平时与外公外婆生活在一起，外婆没有文化，外爷有一点儿文化，基本能读书看报。父母离异，妈妈在距小孩居住

① 贾勇宏.人口流动中的教育难题：中国农村 留守儿童教育问题研究[M].北京：中国社会科学出版社，2013:200.

② 徐莉.非政府组织与社会支持体系的构建：以艾滋病防治领域为例[M].北京：中国社会科学出版社，2012:108.

地100公里左右的地方上班，周末能够回家，看望孩子，与孩子团聚。①

调查者：请问当时你外出务工，将孩子留给外公外婆照顾是出于怎样的考虑呢？

留守儿童母亲：我离婚以后，孩子带在身边到城里工作非常不方便，于是我就和自己的父母商量，让他在镇上读书，(由)外公外婆照顾他的日常生活。虽然我也可以到沿海城市去工作，挣更多的钱，但是为了孩子的成长，我选择在比较近的地方工作，挣钱养家。如果我一个人带着孩子在城里工作的话，光是给孩子做三顿饭都够我累的，还有孩子的学习，我根本没有精力和时间来管，因为我上班事情也很多，所以没办法，只好暂时让孩子跟外公外婆一起生活。孩子在镇上上学，挺方便的，周围的人也比较熟悉，他本身也比较自觉，老师很喜欢他。

调查者：请问你作为母亲是如何与孩子保持良好的亲子关系的？

留守儿童母亲：我以前的专业是幼儿师范，虽然我现在没有从事教师的工作，但是我知道教育对孩子非常重要。我现在是孩子班级家委会的成员之一，一般班级有什么活动，我都想方设法从外地赶回来参与这些活动。虽然我并不是每一天都陪伴在孩子身边，但是我经常回来，经常向老师询问孩子的情况。其实留守儿童的父母，如果经常和老师交流，还是对孩子的成长有很大帮助。我们家亲戚好多孩子都在这个学校，我感觉这个学校(的老师)对孩子的关心更多一点儿，比起城里的孩子。作为经常没有陪在孩子身边的父母，觉得这里的老师很关注这些孩子，不仅是学习，还有生活、心理等，他们做的工作很多，感觉已经超出职责范围了。

调查者：请问你是否觉得学校给你提供了许多家庭教育方面的指导呢？

留守儿童母亲：是的，孩子的教育非常重要，需要学校老师和家长共同配合。经常和老师交流，自己做父母的能力有很大的提高。老师只能在校期间通过学习关心他们，爷爷奶奶关心他们的生活，吃饱穿暖。但他们心理上(的)问题，可能外界无法解决，只有父母能做到。所以只要父母是尽职尽责的父母，即使孩子处于留守的状态，父母想尽千方百计对他实施教育和引导，也能够让他

① 访谈时间：2019年7月19日下午，地点：云南省A县某镇留守儿童家中，受访者：留守儿童及其母亲、外公外婆等。

健康地成长和发展，所以在做父母这方面还是需要不断的学习，掌握一些家庭教育的基本理念方法之类的知识。

调查者：小朋友，你平时是怎么安排自己的学习和生活的？

留守儿童：我平时就是按时上学，放学回家以后先做完作业，做完作业就看一些书，我喜欢看军事、科学方面的书，有时候遇到解决不了的问题，就问问外爷(外公)，我用外爷的手机查资料，查完了就交给他。我们家周围有许多小朋友，做完作业我就和他们一起玩。我是老师的小助手，我帮老师收集作业发作业，组织大家打扫清洁卫生。我们学校以前组织过"经典诵读"大赛，我代表我们学校去县城参加了比赛，还获了奖。我很喜欢上学，在学校可以和同伴一起玩耍，大家都玩得非常地开心。老师也对我们挺好的，认真地教我们读书写字做游戏。

二、留守儿童家庭提供社会支持状况分析

留守儿童家庭中的父母外出务工，其目的在于为孩子的成长提供经济上的支持与保障。但是，儿童的成长远非满足其物质需求这么简单。儿童是成长中的人，在物质需求之外，还有更为重要的精神需求，例如，交往的需求、爱的需求、自我实现的需求。若是家庭成员不能提供稳定的情感支持，留守儿童的成长将面临无依无靠的孤独境地。而解决这一问题的路径重心在于为留守儿童编织符合其心理需要的社会关系网，尤其是亲子关系。儿童终将长大，走向独立，无论何种形式的支持都是为了让留守儿童走向独立生活。研究小组走访的留守儿童学业表现优秀，自我管理能力较强，得到了良好的家庭亲属关系的支持。从他的案例中，我们可以总结出一些经验。

第一，选择就近务工，缩短心理距离。如果留守儿童的家长外出务工时，选择离家较远的地方，遥远的空间距离更容易产生疏离感，留守儿童心理上就感觉父母离自己太遥远，父母的管控监督无法落实。如果留守儿童的家长在选择务工地时，能够考虑交通时间、地理位置等因素，将务工地选择在离儿童不太远的地方，那么对留守儿童的教育和监管都会有效。当留守儿童出现学习、生活、心理等方面问题时，家长可以给予相应的支持和关爱，增强实效性，及时帮助儿童走出困境和烦扰。正确处理教育孩子与家庭经济之间的关系，合理安排教育孩子与挣钱谋生之间的时间，不轻易错过教育孩子的时机。

第二，经常联系学校，形成教育合力。虽然留守儿童当前的主要任务是学习，大部分时间都在学校与老师和同学在一起，但是学校教育需要家庭教育的配合。留守儿童家长应该经常联系学校老师，了解孩子的学习状态、心理状况，配合学校教育工作，完成孩子课后学习引导，遇到自己面临的家庭教育难题与教师沟通，共同商定解决的办法。只有家庭与学校和老师通力配合，协同工作，才能够形成教育留守儿童的合力，共同促进留守儿童的成长与发展。否则，仅仅依靠学校教育的推动，失去留守儿童家庭的配合，教育就达不到预期效果。

第三，主动学习成长，掌握教育方法。孩子在成长，家长也需要学习，不同年龄阶段的孩子会呈现出不同的特点，相应的教育方法也会不一样。留守儿童家长应主动学习、掌握一定的教育技巧和方法，分析留守儿童的性格特点、兴趣爱好等，主动采取相应的教育措施，防止留守儿童出现学习、心理健康等问题。通过阅读家庭教育类书籍、浏览家庭教育类网站、参加学校家长学校等多种方式掌握教育技巧与方法，为留守儿童的成长与发展提供支持。

第四章

西南民族地区留守儿童成长社会支持系统构建的基本原则

西南民族地区留守儿童较之其他地区的留守儿童，有其存在的特殊性。这些区域经济发达程度低，外出务工人员多，留守儿童常年保持在高位。本研究所指西南民族地区范围包括云贵川渝四地，这些地区面积广阔，自然资源非常丰富，存在着明显的区域差异，是我国民族居住比较集中的地区，各地在经济发展上具有普遍的相似性，面积辽阔，交通距离长，经济发展相对落后，以制造业为主。高原、盆地较多，在西南地区与外界形成了天然屏障，阻碍了西南地区经济与外界的联系，加剧了西南地区的落后。西南地区人口多，劳动力资源丰富，为劳动密集型产业的发展提供了巨大优势。2005年西南地区生产总值为19583.21亿元，仅占全国的10%，经济发展速度在全国也是倒数，一直没有改变贫穷落后的面貌。2015年国家统计局公布的数据表明，西部地区经济正快速崛起，特别从近两年的发展情况来看，西南地区交通条件、投资环境显著提升。这说明随着国家整体经济发展趋势的向好，西南地区的经济条件和发展水平也在不断提高。但是，经济发展与沿海发达城市之间的差距依然存在，西南地区内各地发展不均衡的状态依然存在。例如，西南地区不仅有成都、重庆等相对发达的城市，还有一些老少边穷地区，乡村经济十分落后，农业欠发达，工业基础几乎为零。城乡差距的扩大化严重影响到了西南地区的全面发展，导致西南地区整体经济发展动力不足。西南地区少数民族众多，长时期的贫穷落后，严重制约了我国良好民族关系的建立，不利于民族团结，也会导致我国西南地区民生状况的改善滞后。因此,从这个意义上来看,留守儿童现象在一定时间内还会长期存在,对留守儿童的社会支持还需要持续发挥作用。

第一节 解读留守儿童的基本特征

留守儿童是我国众多儿童中具有典型特征的儿童群体,分析他们所面临的困难和问题,构建必要的社会支持系统,其目的在于实现儿童的健康权、教育权、生存权和发展权,并以此为基础"管中窥豹",构建整个社会和国家对儿童的保护和关爱网络,促进儿童权益的落实和保障。本研究主要关注西南民族地区农村留守儿童的生存状况,希望在对他们生存状况进行"深描"的基础上,引发人们认识到这个区域留守儿童由于文化、地理、民族、交通等多种条件限制而具有的独特性。经济相对落后,交通不够发达,人们的文化水平较低,现代化程度不高等,这些现实原因导致民族地区的留守儿童问题具有其本身的独特性。本节在于明晰留守儿童的特殊性,厘清人们在留守儿童相关工作中存在的认识误区,引导大家能够站在人类、国家和社会发展的角度,俯身听取留守儿童成长的需求,构建更加完善的社会支持系统,帮助留守儿童健康成长。

一、知悉留守儿童成长的特殊性

留守儿童是儿童群体的一部分,他们具有广大儿童的普遍特点,也具有本身因为"留守状态"而带来的自身特点。儿童是人类自身生成的承载物,留守儿童同样是人类自身不断生产的承载物。在儿童身上,人类看到了社会发展的未来希望。通过人口再生产,儿童来到人间,渐渐长大成人,实现着人类繁衍与代际更迭。每一个留守儿童都是他们所在家庭的未来和希望。父母一辈人外出务工劳作,其内心愿望都是满足整个家庭的生活与生存,也是为了满足孩子的基本生活要求。作为留守儿童成长的第一社会支持来源,家庭为留守儿童提供了基本的物质资源保障。按照马斯洛的人的需求层次理论来分析,当一个人的基本生理和生活需求都无法满足的时候,其余一切需求都是无本之木,无源之水。因此,当世人看见留守儿童父母不在身边而任其发展时,往往忽略了留守儿童家长在做出留守决定时的艰难心情。作为旁观者的他人，根本无法理解留守儿童家庭中的父母在做出决定时所面临的复杂境况。

每一个留守儿童都是成长中的人。留守儿童在每一个年龄阶段都会表现出大部分孩子都具有的特征，比如，成人比较容易接受的特点，好奇、天真、调皮、热情等，也有一些成人不太容易接受的特点，淘气、任性、贪玩等。对于非留守儿童家庭来讲，父母的言传身教与耳濡目染会对孩子的成长产生影响，发现错误会得到监督和教育，表现良好会得到表扬和鼓励。而留守儿童的家庭中，父母角色的缺位、父母近距离监督教育的缺失使得留守儿童无法得到及时的引导。仅仅凭着祖辈的管教，往往无法实现对孩子的有效管教。正是如此，留守儿童的父母需要学习如何在远距离为孩子提供精神支持，如何与不断成长的孩子沟通，如何为孩子的未来及早谋划。当然，也许他们的父母因个人水平有限，无法考虑这么长远。但是，其他社会支持力量则需要从自身职责范围与道义责任出发，为这些留守儿童做出长远考虑。

每一个留守儿童都是国家的未来。从一个家庭来讲，儿童是家庭的未来与希望，对于一个国家来说，同样如此。儿童是国家的财富与未来。没有儿童的发展，就没有国家未来的发展。正如梁启超在《少年中国说》一文中所言："少年智则国智，少年富则国富，少年强则国强，少年独立则国独立，少年自由则国自由，少年进步则国进步，少年胜于欧洲，则国胜于欧洲，少年雄于地球，则国雄于地球。"在我国向小康社会前进的道路上，每一个留守儿童都会成为这样的少年；在我国乡村振兴的背景下，每一个留守儿童都是美丽乡村建设的未来建设者和守护者。因此，每一个留守儿童都不可小觑，他们积蓄着力量，是我国宝贵的人力资源。正因为如此，我们更应该建立和完善社会支持网络，帮助每一个留守儿童成长，并记住"今日之责任，不在他人，而全在我少年"，支持留守儿童就是支持我们国家的未来与希望。我国是一个人口大国，但并不是人力资源强国。广大的留守儿童是我国未来的建设者和接班人，应提供完善的社会支持，提高他们的文化素质和科学文化水平，观照他们的成长就是关注中华民族的将来。

生长在民族地区，浸润在少数民族文化场域中的儿童，特别是少数民族儿童，他们的经验与兴趣、需要与爱好都与他们天然的生存生活环境互为一体，民族文化在形塑着儿童的文化性格；反过来，儿童也以自身的社会化发展，赋予民族文化新的生命力。因此在这个意义上，我们可以看到，儿童对于民族文化发展具有非常重要的意义。[①]我国是多民族国家，民族国家最核心和最本质的特征是民族和国家的统一，即民族取得了国家的形式，国家具有了民族的内涵，民族和国家的结合是通过民族（国家的全体人民）对国家的认同实现的。[②]我国民族地区的留守儿童同时肩负着国家与民族的希望，我们关注民族地区的留守儿童，就是关注国家与民族的未来，引导留守儿童逐渐建立起自身与中华民族之间的深厚情感与文化关联，形成“我是中华民族的一员”的判断。从这个意义上讲，人们更应该关注民族地区留守儿童的成长与发展，以中华民族共同体意识引导人们保障和实现儿童的健康权、教育权、生存权和发展权，不断完善社会支持网络，发挥社会支持的功效，将民族地区的留守儿童培养成民族文化的接班人和国家发展的人力资源。

重视留守儿童的特殊性，就是要理解和树立“儿童是国家财富”的理念。用这样的理念来引导社会支持，将有利于人们从一定的高度正确对待留守儿童，以更长远的目光来谋划对留守儿童的社会支持体系。一方面，脑科学和儿童发展的相关理论研究表明，为儿童提供良好的社会支持，协助他们成长和发展，可以为国家未来人力资源提供源源不断的劳动者。另一方面，从“投入—产出”的经济学角度来分析对留守儿童的支持，我们也发现，对儿童早期的社会支持投入越多，产出的社会良好回报率越高。比如来自教育领域和学校的社会支持对留守儿童的成长就大有裨益。作家雨果曾说，“多建一所学校，就少建一座监狱”。无独有偶，美国作家马克·吐温也认为，“你每关闭一所学校，你就必须开设一座监狱”。两人在建设学校方面的指向如此高度一致，说明他们都看到了来自教育的社会支持对于青少年成长的重要价值和意义，让适龄孩子读书，接受完整的教育，他们才能学有所成，起码有可能成为一个人格健全的公民，而不至于走入歧途。

根据美国经济学家舒尔茨和贝克尔的人力资源理论来看，对留守儿童进行教育和支持是一项有意义和有价值的投资活动，对留守儿童进行教育投资是回报率最高的投资，是促进就业和增加收入，促进儿童向上流动的重要渠道。儿童的教育投入是支持国家长远发展的基础性、战略性投资，对经济社会发展的

① 孙杰远.论民族地区乡村儿童价值观教育[J].教育研究,2020.41(1):98-110.

② 周平.全球化时代的民族与国家[J].学术探索,2013(10):1-10.

回报是最高的。教育不仅教给留守儿童科学文化知识和技能，也培养人格、更新观念、驯化道德，提高人力资本存量，增加个人和社会福祉，促进经济和社会的全面发展。正因为如此，我国坚定不移地实施科教兴国战略和人才强国战略，推动教育优先发展和科学发展。在这个过程中，留守儿童"一个都不能少"，民族地区的留守儿童也是题中应有之义。

"儿童是国家财富"，这不是一句口号，而应该成为一切有关留守儿童社会支持工作的指导思想。它将"面向未来的儿童"提高到了国家发展、民族兴亡和人类繁荣的高度，是具有远见卓识的未来观和儿童观。这种观念要求我们在建构和完善留守儿童社会支持系统的工作中，动员全社会的力量，引导一切相关的资源，围绕留守儿童的健康权、教育权、生存权和发展权，走出"儿童是家庭的私人财产"的误区，主动介入留守儿童的成长，构建更为完善的儿童教育、保护、支持和发展的福利体系。这些不仅关乎一个家庭的希望和未来，更关乎到整个国家、民族、社会的未来。[①]若是如此，留守儿童成长中所面临的困境将有所缓解。良好的社会支持系统为留守儿童成长提供各种帮助与资助，引导留守儿童努力提高个人生活和学习技能，从依赖走向自强，最终成为社会需要的人才，为民族振兴和国家繁荣贡献力量。我国留守儿童人数众多，将这样庞大的人群或人口培养成社会发展需要的人才，这无疑是一件人心所向的好事。因此，从长远的眼光来看待留守儿童，而不是将留守儿童作为"经济发展的包袱"，在政策观照、经费投入、人员配备、资源倾斜等方面考虑到留守儿童的权益，无疑是值得的。

对于广大农村留守儿童而言，父母既是缺场的，又是在场的。这种既在场又缺场的状态是留守儿童家庭教育一个较为显著的特点。从空间上来看，留守儿童与父母处于不同的空间，但是他们可以通过即时通信的方式将分离的空间链接起来，只是这种链接时断时续，时紧时慢，不具有连续性。从时间上来看，父母与留守儿童在不同的时间轴上生活，分离的空间以及通过网络实现的及时在场，能够让留守儿童感受到父母的疼爱，但是，却无法实现父母对孩子的教育关怀，这使在场与缺场纠缠在一起，让远距离的社会事件和社会关系与地方性场景交织在一起。

---

① 陈世海，詹海玉．西部留守儿童社会工作综合服务体系研究[M].北京：中央编译出版社，2017：131.

二、理解留守儿童成长的长期性

留守儿童从出生到成年需要经历一个漫长的成长过程，他们的认识、观察、注意、记忆、想象、思维、语言都能在学校教育和各种影响因素的共同作用下，不断得到发展。儿童的发展是按照一定的顺序持续发展的，在一定年龄时期都表现出该年龄阶段具有的普遍特征。儿童从出生到青少年时期，一般要经历六个阶段，即乳儿期（1周岁以内），婴儿期（1—3岁），幼儿期（3—6岁），童年期（又称学龄初期，六七岁至十二三岁），少年期（又称学龄中期，十二三岁至十五六岁），青年初期（又称学龄晚期，十五六岁至十七八岁）。童年期相当于小学阶段，少年期相当于初中阶段，青年初期相当于高中阶段。[①]本研究所指的留守儿童是7—16岁的农村学龄儿童，这个阶段他们正处于接受义务教育阶段，也正是世界观、人生观和价值观形成的重要阶段。在基础教育阶段，留守儿童就像一张白纸，好奇心强，容易接受新鲜事物，对世界充满期待，精力旺盛，如果辅之有必要的社会支持，他们就能够得到良好的发展。但是，在留守儿童最需要父母关爱和引导的年龄，他们的父母不在身边，这无疑失去了成长过程中最好的辅助。父母们无不希望留守儿童能够长大成才，但是，受制于家庭经济发展等多种因素，他们选择自己外出务工，将孩子留守在农村，这种留守儿童教育与监护权利的让渡是家长们在权衡整个家庭未来可能的基础上所做出的符合“经济人”思维的行动，这本身也无可厚非。这也是为什么有研究者称留守儿童是经济发展的“受害者”之原因所在。一旦留守儿童脱离了父母的监管，留守儿童的发展就难以有效掌握和监控。我们的确不忍心责备这些抛开孩子远离家乡的农民工，他们的选择是出于谋生考虑。在我国经济高速发展的浪潮中，农民工为之付出了辛苦的劳动。但是，儿童不是个人的私有财产，他一出生，就具有自己的权利和权益，社会和国家必须要有所行动，构建他们作为未来社会公民所必需的社会支持体系。因此，从这个意义上讲，社会支持体系的建立和完善要考虑到留守儿童整个一生的历程和发展规划，而不是仅仅着眼于当下困难的解决，这样才能够确保留守儿童所面临问题的根本解决。

社会支持系统的建立不仅要考虑到留守儿童个体成长的时间维度上的长

① 靳玉乐．现代教育学（2015年修订版）[M].成都：四川教育出版社，2015：69.

期性，还要认识到留守儿童工作的反复性，这种反复性是指对留守儿童成长的观照需要不断累加和积淀，不可以一劳永逸，也不可能一蹴而就，因为儿童成长中会不断出现新问题和新情况，社会支持系统需要不断调整和反馈。也正是因为这种反复性，所以留守儿童社会支持工作才具有长期性。特别是处于基础教育阶段的留守儿童，在共时轴上，应考虑每一个儿童个性化的需求与教育；在历时轴上，应考虑儿童一生的职业规划与社会流动。留守儿童在现实中呈现出的问题，诸如心理问题、学习问题、行为问题、安全问题等等，远远超出人们的想象。留守儿童在成长过程中，各种关系变量、随机事件、偶然影响以及不确定性都会对其发生作用，各种变量和因素又相互交织缠绕，在因与果的关系上极有可能呈现出以下四种状态：一个原因导致一个结果；一个原因导致多个结果；多个原因导致一个结果；多个原因导致多个结果。因此，当留守儿童出现某方面问题的时候，我们首先应该叩问，是哪个或哪些原因导致的后果，这些问题在非留守儿童身上是否发生过？否则，任何论断都是无稽之谈。正因为如此，对儿童留守问题的破解绝不能目光短视，应该充分考虑到留守儿童共时与历时两轴重要节点上的人生发展。

当前我国留守儿童数量庞大，要减少留守儿童出现的规模和数量，不是单靠某一方面的努力就可以达成的。人是社会的人，其群体性决定了人不可能离开社会而得到生存与发展。对于留守儿童而言，社会支持系统的建立需要从共时轴和历时轴上来综合考虑，并结合未来职业发展来整体构建留守儿童成长之路。借鉴生涯理论中对人的一生发展的支持，我们认为，对留守儿童的支持要从长远考虑，帮助留守儿童从依赖走向自强，按照生涯认知、生涯探索、生涯定向与生涯准备、生涯成熟的基本规律，帮助留守儿童获得谋生的技能和形成个人良好的生活方式。[①]儿童成长充满未知，他们都是有潜力的个体。美国心理学家华生在《行为主义》一文中曾说："给我一打健康的儿童，在由我自己设计好的特定的世界里把他们养育成人。我可以保证，无论其天赋、兴趣、能力、特长以及他们祖先的种族如何，我都能把他们随机训练成任何一种类型的专家——医生、律师、艺术家、商人、政治家，当然也可以是乞丐、小偷。这里没有一样是

① 田光华.遇到未知的自己：构建九年一贯制生涯教育体系的探索——以北京市樱花园实验学校为例[J].中小学心理健康教育，2017(21)：31-35.

能力、天赋、气质、智力结构和行为特征的遗传结果。”[①]虽然此论断过于强调外在环境和影响的重要性，但是，研究发现，儿童潜在的能力空间巨大，对他们施加必要的引导和支持，对他们的成长和发展是有所帮助的。在留守儿童群体中，他们完全有可能诞生未来的科学家、医生、艺术家等为社会所需要的人才。当然，也有可能出现危害社会的违法乱纪者。为了预防后者的产生，或者说，为了降低后者情况的出现概率，社会支持系统的建立完善更应该坚持长远考虑，及早谋划更加科学合理的社会支持系统。

留守儿童父母外出务工是我国社会经济高速发展所伴随的社会现象，留守儿童问题也是我国现代化进程中职业流动和社会分工带来的问题。现代社会的一个典型特征是社会分工越来越精细，传统家庭中许多职责和工作都被社会分工所替代，儿童的教育责任也无例外。家庭的教育责任正在向专门的教育机构，包括学校、校外培训机构等，慢慢转移，甚至这些教育机构成为教育责任的主要承担者。社会生活复杂以后，分工更细，知识更精确，技术更专门，有一部分抚育作用不得不从家庭里移出来，交给特设的教育机关。这种教育机构起初不过是补充性质，可是日渐发达，时常有取父母的责任而代之的趋势。最后抚育作用已经逐渐由家庭责任转变到社会责任。费孝通先生的这番论述指出了现代社会发展进程中家庭教育责任的转移，这提示我们，乡村学校承担的责任愈发重大，留守儿童父母教育责任的让渡会带来学校教育缺乏家庭教育的有力支持。同时，父母外出，与子女分离，这种家庭的“撕裂”与“破碎”使得父母不得不将家庭的教育责任完全托付给学校，从而造成家庭教育活动完全被专门化的学校教育活动所取代，同时也使得乡村学校失去家庭教育的支撑。[②]这样的情况将长期存在，并不断演化，对留守儿童而言更是如此。

三、重视留守儿童成长的复杂性

儿童是人类的未来，他们的生存与发展关乎人类的成长和延续。世界上每一个国家都关注儿童的生存状态和发展走向。在我国，儿童是学界研究和社会

① SHAFFER D R，KIPP K. 发展心理学：儿童与青少年（第九版）[M]. 北京：中国轻工业出版社，邹泓，等译. 2016:37.

② 周兴国. 乡村教育的现代化困境与出路[J]. 教育研究与实验，2018（4）：1–6.

聚焦的重要领域。在众多的儿童中,留守儿童所存在的样态颇为人们所牵挂。留守儿童在心理、生活、学业、安全、健康等方面存在的问题常常会引起人们极大的关注,留守儿童相关问题的解决还需要建立科学合理的社会支持系统,从更加全局和长远的眼光来看待,以科学儿童观为支撑,将复杂性理论作为一种方法论导入构建留守儿童社会支持的研究中。复杂性理论超越了现代科学研究中存在的简单性思维,强调在问题分析及解决中采用非线性、过程性及关系性的思维范式。留守儿童相关问题的探讨存在割裂和片面思维的误区,不少人常常运用还原分割的方式定性问题,运用线性思维的方式解决问题。借鉴复杂理论提供的思维工具,重新审视留守儿童的相关问题,扬弃对“控制”的依赖,也为在实践中破解留守儿童问题提供一种可能的思维路径。

儿童并非生而有问题,而是留守的状态可能导致问题的出现。在儿童成长和走向独立的过程中,面临着重重困难与艰险,需要他人的教育、管理、支持和扶助。也正因为如此,对于成长中的儿童来说,其特殊性决定了留守状态是极为不妥的生存形式,特别是亲子关系的疏离会在儿童心理上造成一定程度的影响。同时,儿童是社会的未来成员,是一种社会性关系存在,各种社会关系存在都会在儿童成长中投射下印迹。在此意义上,“儿童留守问题”的实质就是儿童生存与发展权益保护的问题。人们对留守儿童的关注就是对这个特殊群体生存与发展权益保护问题的思考,是对未来社会公民的审视,也是对人类未来发展可能的考量。以复杂性思维来关注留守儿童,可以更加明晰问题的本质,提醒人们在面对留守儿童出现的各种问题之时,不要以简单性思维的范式去看待和处理。

近年来关于留守儿童的诸种问题见诸媒体,引发了公众的极大关注,儿童留守相关问题成为家庭之痛与社会之殇。究其原因,有人将儿童留守问题归结为“家庭选择让孩子留守”。然而,从某种程度上说,儿童留守相关问题并非人们所臆想的机械和线性的因果事件。从表面上看,儿童留守是家庭选择的结果,是留守儿童的家长在管理和教育孩子问题上行使着个人空间的权力,然而个人行为的结果却并非个人能够承担。留守儿童的成长不可能脱离整个社会大环境而单独存在,他们的成长与我国社会转型时期的政治、经济、文化和教育方方面面都息息相关,作为未来社会的公民,社会需要对其进行支持或规约。因而,将留守儿童问题单一地归因为留守儿童家长选择的结果是不妥的。很显然，这种机械而线性的思维方式，忽略了儿童成长过程中各种不确定性事件发生的可能性，忽略了儿童发展中各种冲突因素及偶发事件等的影响，缺乏对儿童成长的全方面观照和窥见。这种逻辑显然未能充分而全面地理解和参透儿童成长的基础与进程。

对立思维的显著特点在于对立场与逻辑的根本否定，突显出对问题分析的绝对性，往往以一概全，以特殊涵盖一般，用一种立场彻底否定另一种，比如，将留守儿童出现的行为问题与心理偏差扩大化，导致留守儿童被“污名化”，否定家长选择儿童留守的理性判断，代之以“不应留守”或“让儿童进城”的论断。此外，在对待儿童留守问题上，还存在着忽视留守对儿童成长一定程度的积极影响，例如，经济条件的改善提高了儿童的物质生活水平，留守的生活让儿童逐渐变得坚强、独立与担当等。不仅如此，对留守儿童的差异化认识还有待加强，不少人将农村留守儿童作为一个整体来对待，忽视了其中不同的特征和多样化需求，这可能导致关爱行动缺乏针对性和有效性。对此，复杂性理论提醒我们，首先要承认人类所处境遇及实践活动的复杂性，因为世界上并没有简单的事物，只有被简单化的事物。无疑，儿童留守问题是一个相当复杂的问题。在面对和解决儿童留守问题上，若过分夸大留守的负面效应，否定留守中的积极因素，或是全面否定家长做出的留守选择，这都是一叶障目的做法。可以说，这种思维割裂了事物发展变化过程中的各种关系，在关注矛盾的对立性之时完全忽略了矛盾的统一性，忘记了矛盾双方同一与共存之间的张力，否定了矛盾各方存在的合理性。

综观人们对儿童留守问题的思考，我们发现，基于对儿童成长整体属性的疏离，还原论思维中的实体性思维方式将儿童成长静态地化解为多个领域，如，教育管理、民政支持、社区监管等，不同领域的人们各自为政，在关爱留守儿童成长中缺乏有效的协商和沟通机制，因而出现了各个部门之间的分化与交叉，各种涉及留守儿童的领域，如学校、社区、政府部门等之间缺乏全面的统筹和考量，由此导致对儿童成长认识上的再度割裂，各种互不关联、片段性、不完整且肤浅的项目和政策无法发挥其应有的效用，当我们期待的结果与实施的现实相去甚远时，我们会大失所望。正是由于众多关爱主体之间缺乏有效的协同机制，留守儿童关爱措施常常出现“碎片化”的现象，陷入权责不清、缺乏合力的泥沼，甚至造成对留守儿童的二次伤害。[①]留守儿童政策是各地在实践中逐渐探索出来应对当前儿童问题状态的理性思考结果，但是儿童留守问题本身的复杂性导致其政策的针对性及有效性受到一定程度的质疑。对于儿童留守问题这个广受关注的话题，政府的考量绝不能仅仅局限于某一个社会范畴之内，这很容易导致政策的失当或偏颇。特别是在各个行政部门在自身责权范围内思考问题时，往往会忽略其他社会部门的政策应对。例如，为解决农村儿童留守问题，农村寄宿制学校的建设应运而生，但是这对缓解儿童留守问题到底能发挥多大的作用，其运行能否达成人们的政策预期呢？可能在实际工作中，我们更应该关注这些学校的运行问题。在留守儿童政策上，尤其是在留守儿童的教育政策上，现行政策与实际运行还需要考虑到留守儿童各种情况的差异性和复杂性，以避免"头痛医头、脚痛医脚"现象的产生。

儿童留守问题是我国经济社会转型时期所伴生的一种社会现象，我们应该认识到其复杂性与长期性，若要逐步探索其解决之道，必先洞悉现行解决问题的思路或方法中存在的简单性思维，代之以复杂性思维范式，秉持科学合理的儿童观，以儿童生存与发展权益保护为基本立场和出发点，萃取"精准扶贫"的思想精髓，才能寻求出解决儿童留守难题的"林中之路"。

儿童的生存与发展关乎国家未来和民族命运，用正确的儿童观认识儿童留守问题至关重要。传统的儿童观一味将儿童置之于被人"宰制"的地位，完全忽略了儿童的生命整体。对儿童的关照，应该顺应儿童生命活动的内在机制与机理，减少为了某种目的的"作秀"，增强对儿童成长规律的整体认知和判断，深入儿童的心灵世界，探寻其内心真正的需求，而不是旁观者"自以为是"的推断。对于留守儿童而言，精准识别其留守状态显得尤为重要。特殊的生活环境，不同的家庭境遇等等都会在留守儿童身上留下"烙印"。一切外在的支持都应该以"留守儿童"个体的现实需求为出发点，敬畏儿童成长的规律，尊重其精神生活方式。对于儿童来说，生命整体的成长过程是一个积极适应、主动建构的自我完善过程。当前社会各界对留守儿童的"过度关爱"，有可能成为阻抗儿童成长的"源始的结构整体性"的"操心"。这种"我认为你需要"的心态对于儿童而言是致命的，不仅会泯灭留守儿童作为生命个体逐渐学会自我选择、自我完善

① 孙雪连.农村留守儿童的精准扶贫研究[J].中国教育学刊，2017(6)：30-34.

的可能性，而且会遮蔽留守儿童生活的自觉意识，代之以“不会为自己的生活操心、不会操心别人、不会操心周围事物”的人。①

复杂性的方法要求我们在思维时永远不要使概念封闭起来，要粉碎封闭的疆域，在被分割的东西之间重建联系，努力掌握多方面性，考虑到特殊性、地点、时间，又永不忘记起整合作用的总体。就儿童留守问题而言，同样需要将其纳入到复杂性思维的范式之中来加以考虑，而不是将其视为一个单独的问题或事件。因此，应该考虑到留守儿童存在的年龄阶段正处于青少年时期。换言之，一般儿童在这个阶段会面临的学业压力、情感需求、成长烦恼等等，留守儿童同样也会遭遇。只是因为发生的条件有差异，因而反映在语言、行动或心理上就会呈现出千差万别的图景。人的本质不是单个人所固有的抽象物，在其现实性上，它是一切社会关系的总和。留守儿童只是众多关系交错之后聚焦的点之所在，因而问题的解决必须从关系思维的角度出发来加以精准检视。

儿童留守问题的解决不可能一蹴而就，在我国社会转型时期，社会流动成为一种常态。解决儿童留守问题绝不可能“毕其功于一役”。这个过程必然会随着各个相关利益主体的关注、相关影响因素的干预而逐渐变化，解决问题的曙光也将出现在社会发展的进程之中。儿童的成长是一场未知的旅程，不是一张现成的蓝图。对于儿童的认识，不同的儿童观会规约人们对儿童的看法和行动。复杂性理论指出，复杂性思维基本上是与不确定性打交道的、能够构想组织的思维。这个思维能够进行连接、背景化、总体化，但同时也能够看到特殊性、个别性、具体性。故此，只有认识到儿童成长的过程性特征，才能够在儿童留守问题上做出精准判断和决策。

在复杂性思维范式之下，要想认识一个事物，就得从不同的层次、不同的角度、不同的途径将问题提出来，不满足于一因一果、非此即彼的解决策略，而是要多视角、多纬度立体透视，从而揭示多因多果、一因多果或多因一果等相互交错的“策略网”。②认识儿童的过程既是清晰的，又是模糊的，他们是生活在一定情境之中，可以被理解，却无法被精确分析的谜。当成人面对儿童时，并不一定

① 苗雪红.面向儿童生命整体的儿童教育——对儿童教育问题的现象学思考[J].安徽师范大学学报(人文社会科学版),2013(6):712-716.

② 王海英.复杂性思维视野下的儿童观[J].学前教育研究,2004(3):5-7.

能够完全理解儿童的思想和言行。在这个意义上,关爱留守儿童政策的“成人视角”是无法真正适应儿童的。在复杂性思维的视野下,留守儿童其实也是一个过程,儿童的心灵世界随着儿童的成长而变化。我们可以从多角度去逐渐理解他们,但我们永远都不能绝对科学、客观地去分析他们。毕竟我们都不再是儿童,我们只是曾经是儿童。任何对留守儿童的猜测和揣摩都是对儿童的不敬。

总之,在这个以不确定性、流动性和多元化为特征的时代,复杂性是我们面对和解决一切问题必须抱有的思维方式。复杂性所带来的压力是无法抗拒的,无论人们情愿与否,对于我们的社会而言,变革成为一个至关重要的问题。从某种意义上讲,积极的变革是应对变化的最好手段。儿童留守问题的复杂性远远超出人们的想象,变革社会治理的思路和模式,依托政府与社会自治力量以及各种可供选择的社会支持资源,儿童留守问题的解决方可得到推进。当然,复杂性是一个提出问题的词语,而不是给出解决办法的词语。本研究仅仅从理论上尝试阐释人们解决儿童留守问题时存在的思维误区,但无论如何,若失去对儿童留守问题本身复杂性的深入检视,便难以拨开重重迷雾,导致在实践中乱象重生。唯有从复杂性思维的角度切入儿童留守问题的解决,才能够确保儿童留守问题本质的明晰和问题的真正解决。

第二节 研判社会支持的多重属性

虽然留守儿童正处于义务教育阶段,教育支持是最为主要的支持力量,但是,他们本身所面临的问题并不是教育本身的问题,而是多方面因素共同作用的结果,要从根本上解决农村儿童留守问题仍然需要多方努力,构建科学合理的社会支持网络,覆盖留守儿童群体的时间维度和空间维度,其目的在于促进留守儿童健康成长,能够在未来过上有尊严有质量的生活,实现我国“小康路上一个都不能少”的目标,继承、发扬和繁荣我国西南少数民族文化传统。

虽然各类研究者对社会支持的内涵、外延、手段以及策略等都有不同的看法,但总体上来讲,大多数研究将社会支持分为客观支持和主观支持。客观支持包括物质支持和网络支持,主要是指外在的支持者对被支持者提供的客观、不为主观感受为转移的各种支持，无论被支持者是否充分利用或感知到被支持，客观支持都一直存在。主观支持主要是指个体在社会生活中所感受到的被尊重、体谅、协助、满足等心理体验感受。[①]由于我国实行在国务院领导下由地方政府负责，分级管理，以县为主的体制，国家许多政策、法规、意见、通知、条例等都通过县级政府及其职能部门得到落实和贯彻，县级是离农村留守所在村镇空间距离短，而且比较具有全局性的行政管理单位。因此，本研究主要考察县域内对本辖区农村留守儿童所构建的社会支持体系。这个社会支持系统是多种力量的聚合和靠拢，也是整个社会大系统的一部分，通过这个社会支持系统，农村留守儿童能够解决日常生活中面临的危机和困难，维持日常生活的正常运行。

一、社会支持主体的多元性

留守儿童是家庭的未来，是国家的财富，是民族的希望，对留守儿童提供社会支持就是为家庭的稳定、国家的昌盛和民族的繁荣奠定基础。留守儿童从一出生就是社会的一员，他们的成长与发展离不开社会支持系统的帮助。一直以来，我国社会各界都非常关心留守儿童所面临的问题和困难，不断探索各种途径关爱和保护留守儿童的权利和权益。对于儿童留守问题的解决，社会支持主体存在着多元性的特点。[②]从支持来源来看，当前对留守儿童的社会支持主要来源于政府、社区、民间、学校、家庭以及儿童自身。

第一，政府支持的统领性。我国政府一直非常重视儿童保护工作，留守儿童作为整个儿童群体的一部分，由于其所面临的特殊环境尤为受到重视。从法律制度、政策设计到贯彻落实，国家各级各类职能部门，包括民政、公安、司法、财政、教育等部门都对留守相关问题进行了全面的顶层设计，强调了留守儿童关爱与保护工作的重要意义和价值，细化了实施意见，“从上而下”构建了我国留守儿童成长社会支持的基本框架。例如，2019年11月20日，民政部、国资委、全国总工会、共青团中央、全国妇联、全国工商联联合发布的《关于劳动密集型

① 卢德生.留守与流动儿童受教育的社会支持研究[M].北京：人民出版社，2017：46.

② 陈旭.留守儿童的社会性发展问题与社会支持系统[M].北京：人民出版社，2013：389.

企业进一步加强农村留守儿童和困境儿童关爱服务工作的指导意见》(以下简称《意见》),对我国当前留守儿童工作进行了总体部署,提出了具体的工作要求、内容与措施,体现了国家对整个留守儿童群体的重视和关心。[①]《意见》强调,坚持围绕中心、服务大局,助力打赢脱贫攻坚战和实施乡村振兴战略;坚持履行企业社会责任与促进企业发展相结合,推进企业文化建设,增进务工人员家庭和谐;坚持儿童利益最大化,全方位维护儿童合法权益。这对当前留守儿童工作提供了观念上的引领和指导,将留守儿童的利益与国家、社会以及企业的利益密切联系在一起,突出了留守儿童工作的重要性。《意见》还对具体部门的具体工作内容做出了部署,要求通过开展专题宣讲,加强亲情关爱,组织困难帮扶,明确职责分工,加强资源整合与宣传引导,做好留守儿童关爱服务工作。但是,国家支持具有全局性和广覆盖性,并不针对具体某一个部门进行详细部署,也不会针对某一个留守儿童开展个性化支持,因此,国家支持只是为整个留守儿童群体谋划了纲领性的支持框架,无法细致到考虑每一个地域、民族、年龄段留守儿童的具体情况,也存在一定的局限性,这需要地方政府,特别是县级政府及职能部门深入领会和落实国家支持的主张和要求,因地制宜,因势利导,结合本地区留守儿童特点、区域特征、农民工现状等多种因素来落实国家支持的意图。

第二,社区支持的具体性。在我国广大农村地区,村镇上的每一个人都与其他人发生着千丝万缕的联系,是一个典型的“熟人社会”。“熟人社会”是建立在人与人之间的熟悉和信任基础之上的,正如费孝通先生所描绘的,“乡土社会在地方性的限制下成了生于斯、死于斯的社会。常态的生活是终老是乡。假如在一个村子里的人都是这样的话,在人和人的关系上也就发生了一种特色,每个孩子都是在人家眼中看着长大的,在孩子眼里周围的人也是从小就看惯的。这是一个‘熟悉’的社会,没有陌生人的社会……熟悉,是从时间里、多方面、经常的接触中所发生的亲密的感觉。”正是这种“熟人社会”的特质,决定了乡里邻居之间互相比较熟悉,了解各家各户的基本情况,即使随着农村人口流动的加

① 中华人民共和国民政部.关于劳动密集型企业进一步加强农村留守儿童和困境儿童关爱服务工作的指导意见[EB/OL].(2019-12-18)[2021-09-22]. http://xxgk.mca.gov.cn:8011/gdnps/pc/content.jsp?id=14152&mtype=1.

剧，农村社会原有的差序格局被打破，但是，这种“熟人社会”的属性还是基本得到保持，社区或乡镇的工作人员很容易知道各家的处境，邻里之间也彼此明白相互的基本状况，因此，来自社区的支持更加具体，更加贴近留守儿童的日常生活，也更容易被留守儿童所知晓、信任、获取和利用。但是由于我国农村地区留守儿童众多，受社区工作人员能力、时间、精力、认识的局限，要关注或关切到每一个留守儿童的需求，也是不可能的。

第三，民间支持的奉献性。近年来，留守儿童受到社会各界的关注，非营利组织和社会热心人士投入人力、物力、财力以各种方式为留守儿童成长提供良好的支持，营造了宽松积极的社会氛围。来自民间的社会支持凭着对留守儿童的关爱之心，想方设法筹集资金，捐赠财物，筹办活动，助力留守儿童的成长。这些民间支持所具备的志愿性、自主性、灵活性、非营利性等特点，在促进留守儿童成长过程中发挥着越来越重要的作用。[①]不少地区的实践经验表明，民间支持的力量和作用是无法替代的。民间支持奉献着爱心，以积极助人的人道主义精神感染着留守儿童。但是，对于留守儿童而言，民间支持固然热心，毕竟是来自“陌生人”的援助，出于信任的考虑，或是对自尊心的维护等，这些支持能否被留守儿童认同和接受也值得考虑。另一方面，一些社会组织机构为留守儿童提供的社会支持过于注重服务的覆盖面和显性的“成效”，将主要资金投入到设施改善和物资捐赠上，在完善硬件和“仪式性”捐赠行为之后，缺乏更加持续深入和长期的服务，这种浮于表面和流于形式的社会支持根本无法到达留守儿童内心深处，也不契合留守儿童内心真正的需求，甚至可以反过来理解，倒是满足了某些社会组织在创造影响力和获取社会关注度方面的潜在需求。[②]

第四，学校支持的基础性。留守儿童处于义务教育阶段，大部分时间是在学校度过的。学校在引导学生学习、生活、交往、心理健康等方面具有非常重要的作用。在大部分家长的眼里，留守儿童到了学龄期就应该到学校接受义务教育，在他们的意识里，自己可以把孩子交给老师，父母只需要给孩子提供基本物质生活保障就足够了。正是因为广大农民对学校和教育存在这样的认识误区，

① 徐莉.非政府组织与社会支持体系的构建——以艾滋病防治领域为例[M].北京：中国社会科学出版社，2012：1.

② 陈世海，詹海玉.西部留守儿童社会工作综合服务体系研究[M].北京：中央编译出版社，2017:160-161.

所以，他们并没有家校共育的理念，这也是为什么留守儿童在广大农村地区普遍存在的重要原因之一。也正是因为如此，学校在留守儿童成长过程中扮演着举足轻重的角色，老师是他们人生路上最为重要的引路人和“指明灯”。从这个实际出发，我们在理解学校教育对于留守儿童的意义时，已经超越了传统意义上人们对学校教育的理解，此时的学校和老师的角色已经超越了日常生活中人们言语中所指，教师已经担当了留守儿童家庭教育中父母应当承担的部分角色和作用。从前文研究中，我们也发现，少数民族地区留守儿童能够进入大学学习，学校和老师发挥了重要作用。在留守儿童成长的过程中，老师是不可替代的“重要他人”。留守儿童与学校老师接触、交流，不仅学习文化科学知识，还接受成人社会规范的训练，通过书本和老师看到外面的世界，点燃他们对精彩世界的好奇之心。对于留守儿童而言，提供入学机会、学业成功的机会均等是重要的社会支持理念，也是帮助他们摆脱当前困境，阻断代际贫困和阶层固化，过上有质量有尊严生活的重要途径。通过充分发挥学校教育的基础性作用，从根本上提高留守儿童的个人素质和能力，为未来生活奠定基础。尽管学校和教师在留守儿童成长过程中具有如此重要的作用，但是，我国农村教育的质量令人担忧，农村教师的水平还需提高，教师队伍的流失率居高不下。尽管重庆等地启动了农村全科教师计划，为广大农村地区补充高质量师资，但是，农村教师队伍建设依然任重道远，要依靠他们为留守儿童提供支持的道路充满了复杂性和不确定性。

第五，家庭支持的亲和性。留守儿童父母外出务工，形成了地域上的职业流动，这是基于他们对在家做工和外出务工收入之间进行权衡而采取的工具性选择，其目的在于摆脱生活压力或是为了追求理想生活。这种选择在为家庭带来经济回报、物质改善的同时，也对他们的生活方式或模式产生了影响，对家庭成员尤其是留守儿童存在一定的风险。在这个社会流动加剧，社会生活多元发展，个体行动及人际交往更趋理性的社会，我们面对的是一个“陌生人社会”，而不再是“熟人社会”。在劳伦斯·弗里德曼看来，“陌生人社会”是这样的：“在当代世界，我们的健康、生活以及财富受到我们从未而且也永远不会谋面的人的支配。我们打开包装和罐子吃下陌生人在遥远的地方制造和加工的食品；我们不知道这些加工者的名字或者他们的任何情况。”[①]在这样的“陌生人社会”，工具理性和经济追求入侵到留守儿童家庭的生活世界，造成了父母与儿童链接的割裂，不仅时空上有距离，而且心理上有阻碍，二者之间的社会支持联结体系被打破。社会支持的核心就在于这种联结的建构、巩固和完善。留守儿童的困境得以缓解必须基于社会支持体系的存在。我国历来重视家庭对儿童的哺育责任，尽管家庭的功能随着工业化时代的到来而有所削弱，但是，中国重视家庭的传统依然存在着，并一直发挥着强大的社会和人文功能。正是这一传统决定了无论经济多么发达、社会如何发展，家庭依然是中国人普遍信赖的、可靠的、稳定的生活保障和依靠，人们遇到困难或需要帮助时，首先想到的求助或帮助是家庭内部的成员或有血缘关系的家庭成员，之后再推及朋友乃至整个社会。也就是说，社会成员的哺幼、养老问题及生活困难的缓解等生活服务需求的满足，在很大程度上都是通过家庭成员的相互扶持来加以解决的。[②]正因为如此，我国大部分留守儿童的临时监护都由具有血缘或亲缘关系的祖辈或亲属来承担，由这些人提供的社会支持对于留守儿童而言更容易获得，也更容易利用。但是，毕竟人的亲属关系有限，大部分留守儿童亲属也同样处于一个社会阶层，难以找到更广泛的社会资源和关系，来自家庭的社会支持仍然比较有限。

第六，自我支持的自强性。留守儿童是一个不断发展中的个体，在幼年阶段，个体表现具有一定的依赖性。但是，儿童终将长大成人，这个过程就是留守儿童自身不断从外界学习新东西，认识新事物，学会生活自理，掌握生存技能，逐渐成为能够有所担当的社会公民的过程。留守儿童的自我支持可以表现为生活上的自我管理，学业上的自我提高，心理上的自我调适、安全上的自我保护以及身体健康上的自我维护。这些自我支持引导留守儿童从一个“依赖的人”成为一个“独立的人”。尽管在自我支持的过程中会充满了阻碍或困难，但是，这些经历都会历练留守儿童的人生，丰富他们的人生经历，提高他们的自我保护意识，拓宽眼界，增长见识，丰富阅历，为融入社会奠定基础。所有的社会支持都集中到一个落脚点，那就是留守儿童自身的成长。没有留守儿童对自身情

① 陈耀辉.从“熟人社会”到“陌生人社会” ——访温大法政学院教授、市第九届政协常委张小燕[J].温州瞭望,2009(3):30-31.

② 姚建平.国与家的博弈:中国儿童福利制度发展史[M].上海:格致出版社,上海人民出版社,2015:序1.

况的明晰，没有留守儿童对未来人生的期待，他们就不会积极主动地利用一切社会支持来成长和发展。整日浑浑噩噩，对自己的人生没有明确的认识和判断，一切社会支持都是无用武之地的。从这一点上来讲，一切外来的社会支持只有转化成留守儿童内在的支持，才能实现帮助他们成长的初衷；否则，社会支持就是徒劳无效的。

二、社会支持内容的多样性

留守儿童群体是我国社会发展转型时期的特殊群体，关注留守儿童的成长是每一个人的责任和义务。我们应该清楚地认识到，留守儿童群体是一个与我国社会阶层职业流动和经济高速发展紧密联系的群体，是“发展的受害者”。从某种程度上来讲，他们幼小而脆弱，几乎没有自我保护的基本能力，对成人的依赖程度非常高，对社会支持网络的依赖也非常高。所以，建立和完善良好的社会支持网络，不仅可以缓解他们所面临的心理压力，增强社会适应性；同时，对于全面建成小康社会也具有积极意义。特别是在面临留守儿童“污名化”舆论环境下，更需要强大的社会支持来帮助他们摆脱困扰和困境。社会支持主体的多元性为支持内容的多样化提供了可能。

不同的支持主体根据自身工作内容、性质、资源等情况，为留守儿童提供了丰富多样的支持内容。已有的研究中，有一些研究将支持内容分为物质支持、尊重支持、情感支持、工具支持、信息支持等。也有一些研究者从不同的层面来细化分析支持内容，例如，经济支持、实际的支持、工具性的支持、情绪支持或情感支持、建议和指导以及一些生活中具体化的支持形式。本研究根据已有调查研究的数据的分析，将支持内容划分为义务支持、物质支持、情感支持、教育支持、专业支持、舆论支持和道义支持等等。例如，2019年12月4日，重庆石柱土家族自治县民族中学为初中留守儿童举办了心理健康教育讲座，围绕“青春期的生理变化、青春期生理保健、做一名阳光的女中学生”等，引导孩子们学会与老师、家长、异性正常交往，并通过具体实例分析，讲解了离家出走、早恋等带来的危害。对留守儿童进行心理教育，引导其形成积极健康的心理状态的支持属于教育支持。2019年8月23日，由贵州省民政厅、贵州广播电视台主办，贵州省福利彩票发行中心、贵州广播电视台综合广播联合承办的以“走出大山看世界”

为主题的关爱留守儿童活动在贵州省科技馆拉开帷幕。来自晴隆县第六小学、鸡场镇田坝小学、小王寨教学点、紫塘小学、紫马乡紫马小学、晴隆县第二中学六所学校百余名留守儿童,在贵阳开启一场新奇体验之旅。通过参观贵州科技馆、游览多彩贵州城极地海洋世界、贵阳森林野生动物园、观看电影《哪吒之魔童降世》等丰富多彩的活动内容,满足孩子们走出大山看世界的愿望,让他们体验更加精彩的暑假生活。通过活动与研学旅行的方式让学生走出大山,认识奇妙的世界,这属于教育支持。2018年10月,册亨县冗渡镇派出所民警将平安手环发放到冗渡镇中心小学257名留守儿童手中,向学生讲解了平安手环的作用和使用方法,同时向学生宣传生活中的安全常识,提高孩子们的防范意识。发放的平安手环具有位置实时监控、紧急报警、移动轨迹查询等多项功能,便于及时处理各种突发情况,为留守儿童筑牢一道安全防护墙。派出所通过发放手环的方式,为留守儿童的安全提供支持,这样的支持属于义务支持。2018年7月,贵州医科大学医疗服务志愿团队到三穗县款场乡龙脚村开展了以"山区中国梦、扶贫在行动"为主题的关爱留守儿童送医送药服务活动,龙脚小学的60名小学生收到了价值1万余元的书包、衣服、图书等物品。来自贵州医科学校的医疗服务志愿团提供的医疗药品和服务,以及生活教育物资,用他们的专业知识和专业技能为留守儿童提供社会服务和支持,这是属于来自专业团队的专业支持。当然这样的分类并不能将所有的社会支持囊括在内,往往一种社会支持具有多种属性,还包括了许多内容,因此,很难将所有的社会支持按照唯一的标准来进行划分,支持内容也因此而呈现出多样性的特点。也正是这样的特点,使得社会支持系统能够满足更多留守儿童的多样化需求。

三、社会支持策略的差异性

社会支持策略是指支持主体在支持留守儿童的过程中所采用的工作方式、方法与路线。不同的社会支持主体根据自身所拥有的资源、资金、关系和能力等条件会采取不同的支持策略。从支持的方式上来看,有直接支持和间接支持,有长期支持和短期支持,有全面支持和局部支持。这些社会支持策略出发点相同,但是过程、手段和方式不同,因此不同的支持策略是殊途同归的。

一般来讲,人们谈到对留守儿童的支持,往往会想到直接支持留守儿童,为他们提供物质帮助和情感支持。例如，2019年9月20日，深度贫困地区留守儿童帮扶发展示范项目走进甘孜藏族自治州泸定县冷碛中心小学。该示范项目旨在通过全社会共同关爱，让留守儿童用阳光般灿烂的笑容面对生活，面对学习，自强不息，快乐健康地成长。据了解，自2012年以来，为发挥政府资金对社会组织的引导作用，财政部每年给民政部拨付资金2亿元，设立“中央财政支持社会组织参与社会服务项目”，作为补助资金支持社会组织参与社会服务。该项目至今已连续实施七年，由济南市地球村社会工作服务中心组织实施。2019年，济南市地球村社会工作服务中心组织实施的“深度贫困地区留守儿童帮扶发展示范项目”首次走进泸定，旨在解决学校和学生面临的困难，阻断贫困代际传递，助力深度贫困地区打赢打好脱贫攻坚战。[①]对于济南市地球村社会工作服务中心而言，他们为留守儿童提供了直接支持，而对于提供资金和政策支持的财政部和民政部而言，他们为留守儿童提供了间接支持。对留守家长进行引导、教育和帮助也是留守儿童社会支持系统提供的一种间接支持。

2018年2月，黔南布依族苗族自治州义龙新区关工委承办的“留守儿童家长‘尽责优教’大讲堂活动”在万屯镇开讲，222名留守学生家长、代理家长代表聆听了“如何运用关爱救助保护措施”“如何履行留守儿童监护主体责任”“贵州省家庭教育促进条例”等讲座。此次讲座从“留守儿童”的家庭教育、安全隐患、安全教育、常见心理、行为问题等方面进行了案例分析和培训，详细讲述了当前留守儿童的现状和存在的问题，并对家长和代理家长如何履行监护责任、掌握正确教育管理孩子的方法等方面进行了重点讲解、引导家长树立正确的教育观，掌握正确的教育方法，加强留守儿童对学校、家庭和社会三者之间的密切联系，形成家庭、学校、社会教育合力，为留守儿童营造良好的成长环境和氛围。此次培训抓住农民工春节返乡契机，对留守儿童家长及代理家长开展“尽责优教”理念培训，进一步加强全镇农村留守儿童的教育与管理，提高留守儿童监护人的监护能力、监护意识和监护水平，优化监护人对留守儿童的管教水平。

当然，无论是直接支持还是间接支持，其目的和宗旨都在于为留守儿童提供必要的帮助，让他们勇敢地面对当前的困境，不断增强自信，自强不息，成为

---

① 甘孜日报.深度贫困地区留守儿童帮扶发展示范项目在泸定启动.[EB/OL].(2019-09-23)[2021-09-22].http://www.gzz.gov.cn/gzzrmzf/c100073/201909/9f1104575b2147328721048a4e2f50fe.shtml.

未来国家的建设者和接班人，过上有质量有尊严的生活。

四、社会支持环境的辐射性

人类生活在一定的环境之中。从性质上来看，这个环境不仅包括我们赖以生活的自然环境，也包括社会环境。自然环境是人赖以生存的自然条件，包括地理位置、气候条件等，影响人身体的发育、自然的特征，乃至性格的形成。我国西南民族地区具有独特的山形地貌，气候温和，以农业生产为主，交通距离远，人员交流频率不如沿海发达地区频繁，信息相对闭塞，整体社会经济相对比较落后。社会环境是个体通过交往所形成的社会关系，包括政治、经济、文化、习俗以及与个体发展相关的其他社会关系，影响个体的社会性发展。西南民族地区各民族呈现出“大杂居小聚居”的特点，民风淳朴，与自然和谐相处。自然环境是客观存在的，但是社会环境却是人类不断建构的结果。人建构和创造了环境，环境体现了人的意志和想法，也影响着人的发展。从范围来看，环境可以分为大环境和小环境。大环境是指个体所处的总体自然环境与社会环境，小环境是指与个体直接发生联系的自然环境和社会环境。一个人在童年和少年时期的活动范围比较小，受到小环境的影响较多，随着年龄的增长与活动范围的扩大，个体与社会环境的互动性增强，社会大环境对人体的影响就越来越大。就留守儿童而言，他们正处在少年时期，身在我国经济比较落后的西南一隅，受到环境的影响主要来自当地的社会文化小环境。①

正是因为社会支持环境所具有的辐射性影响深远，因此建设良好宽松的社会支持环境很有必要。由于我国农村地区经济文化发展水平整体较低，不少地方还存在“读书无用论”的遗毒，留守儿童正处于义务教育阶段，正是读书的好时光，为了他们免受“读书无用论”的影响，营造“好读书、读好书、读书好”的社会文化氛围显得尤为重要。在这一点上，社会支持主体为留守儿童营造的支持环境显示出强大的辐射性。例如，2019年12月17日，文山苗族壮族自治州砚山县干河乡干河小学荡漾着欢声笑语，该州第一个“魏桥彩虹之家”项目在这里启动，向干河、蚌峨、维摩3个乡的9所小学“魏桥彩虹之家”授牌，并向干河小学的

---

①《教育学原理》编写组.教育学原理[M].北京:高等教育出版社,2019:91-92.

孩子们赠送彩虹阅读包。“魏桥彩虹之家”是由北京彩虹公益基金会、山东魏桥创业集团共同策划的项目，从硬件与软件两方面入手，为留守儿童建立活动区域，配备相关书法、美术、音乐、科创等硬件设施，并通过互联网实现留守儿童与父母的长期互动，同步还将有魏桥彩虹导师进行相关辅导，陪伴留守儿童成长。该项目目前已在山东菏泽、临沂等地落成4家。砚山县的项目将分两期进行，一期在干河、蚌峨、维摩3个乡的9所小学设立“魏桥彩虹之家”，二期将设立在砚山更多的乡镇寻找有意愿参与的小学，并将项目运营长期化、持久化、普遍化，扩大辐射面积和人群。这样的捐赠活动可以促使留守儿童养成阅读的好习惯，体验阅读的快乐，在阅读中丰富知识、开拓视野、涵养心灵，鼓励他们以优异的成绩回报家庭、回报国家、回报社会的关心关爱。建立以阅读为基础的社会支持环境，以书香浸润留守儿童的生命，这对留守儿童一生影响深远，也对于当地社会风气建设、人文环境营造等同样至关重要。

留守儿童受社会的正向影响越多，他们的社会性发展越好，亲社会行为的能力越强，更容易以积极健康的心态面对周围的人和事情。因此，建立良好的社会支持环境，以环境潜移默化的功能去影响、辐射和引导留守儿童的成长非常重要。就舆论环境而言，各类媒体不仅要报道留守儿童面临的困境引发社会的关注，更要报道留守儿童自强不息的事迹，让人们看到留守儿童中的优秀和典型。不能一味将留守儿童“污名化”，也不能以悲伤的故事去吸引人们的眼球，以博得更多的“点赞”“转发”和“关注”，形成媒体连锁效应，这对于留守儿童的成长非常不利，很容易引起人们对留守儿童的歧视、误解和孤立。

建立良好的社会支持环境是做好留守儿童工作的基础，通过支持留守儿童的成长，可以推进民族团结，繁荣民族文化，促进民族发展，铸牢中华民族共同体意识。中华民族共同体意识是国家统一之基、民族团结之本、精神力量之魂。适应新时代发展历史定位，以各族群众为主体，以铸牢中华民族共同体意识为根本方向，以加强各民族交往交流交融为根本途径，全面深入持久开展民族团结进步创建工作，是推进民族团结进步事业发展的必然要求，也是实现中华民族伟大复兴中国梦的必然要求。儿童是民族的希望，他们的成长与发展关系到民族的未来。对西南民族地区的留守儿童进行支持是为了实现儿童的健康权、教育权、生存权和发展权，就是落实和铸牢中华民族共同体意识，就是要坚持以人民为中心，紧扣“中华民族一家亲，同心共筑中国梦”总目标，紧紧围绕共同团结奋斗、共同繁荣发展主题，秉持“重在平时、重在交心、重在行动、重在基层”理念，按照人文化、实体化、大众化总要求，全面深入持久开展民族团结进步创建工作，突出创建主题，把握创建方向，深化创建内涵，丰富创建形式，扩大参与范围，提升创建水平，大力营造中华民族一家亲的社会氛围，为实现中华民族伟大复兴中国梦凝聚磅礴的精神力量。①

第三节　明晰社会支持的发生机理

随着社会各界对留守儿童的关注，社会支持网络构建也逐渐走向完善，不同的社会支持主体开始深入思考如何有效地提供支持内容实现对留守儿童的支持。留守儿童的需要、困惑和成长是社会支持发生作用的前提、关键和条件。为了实现儿童的健康权、教育权、生存权和发展权，需要促进社会支持网络的完善，发挥社会支持的功效，明晰社会支持的发生机理。只有这样才有助于各个社会支持主体反观自身的支持行为和支持策略，为实现留守儿童有质量有尊严的生活奠定基础。

一、整合社会支持的价值

人类绝大多数能力形成的关键期和敏感期都集中在童年时期。儿童期的习惯、经历和遭遇对人一生的发展影响深远，它不仅影响就学阶段的学业成绩与表现，也影响到儿童长大成年以后的社会地位、经济收入、健康状况和事业成就。但是，在我国经济高速发展的社会背景下，不计其数的农民工将自己的孩子独自留在农村老家，使得这些孩子饱受“留守儿童”标签的“污名化”之苦。改革开放40年来，无数农村留守儿童在农村孤独地成长，在亲情、家庭监护和教育都缺失的状态下成长，导致各种问题的出现：学习成绩下降、生活失助、安全失保、心理失衡、性格扭曲等。这40年间，留守儿童成为了“发展的牺牲者”，他

① 中华人民共和国国家民族事务委员会.中办国办印发《关于全面深入持久开展民族团结进步创建工作铸牢中华民族共同体意识的意见》[EB/OL].(2019-10-24)[2021-09-28].http://www.seac.gov.cn/seac/xxgk/201910/1138132.shtml.

们的父母为我国经济发展贡献了力量，但是，从某种程度上来说，他们也是以牺牲孩子的成长来换取自己家庭经济的收入。有的农村家庭已经产生了“留守二代”，这导致整个家庭在“幼年留守—中年流动—晚年留守”中产生代际循环，阶层固化的现象非常普遍。留守儿童现象是我国农民工问题之下的一个子问题，二者相伴相生。对此，学者温铁军认为，农村留守儿童问题的产生实际上是“三农”问题的一个表现，其根源在于人地关系紧张的基本国情和城乡二元结构的基本体制矛盾，而这两个矛盾在相当长的时期是无法化解的。外出务工的农民本身工作不稳定、城乡隔离的户籍制度、城市高昂的生活成本和教育成本是横亘在农民工及其子女面前的难以逾越的鸿沟。因此，农民家庭选择将孩子留守，尽管从社会现实看是整个家庭不得不接受的痛苦，但从经济角度看仍然不失为一种现实的“理性的选择”。①

由于农民身处社会底层，所拥有的资本和资源极为有限，眼界不够开阔，要想突破阶层的束缚往往要付出千万倍的努力，而努力往往伴随着汗水和泪水，前行的路上必定充满了阻碍和困难。一旦他们面对困难失去上进和奋斗的勇气与决心，堕落和平庸就会自然而然地笼罩他们的人生。与其让成年的留守儿童面对不幸的人生，不如在其童年时期对其进行支持和投入。人类在儿童幼年期的投入会产生成百上万的经济收入和社会收益，特别是对儿童的教育支持，更被认为是重要的投资。根据美国经济学家西奥多·W.舒尔茨(T.W.Schultz)的人力资本理论，教育投资是具有重要经济作用的行为，教育不是消费，而是一种投资活动。对儿童的教育支持能提高劳动力的素质，提升劳动生产率，促进生产的经济效益。在各种人力投资形式中，教育投资是最有价值的。教育作为一种重要的投资活动，对个人而言，个人接受教育就可以增强知识和学习技能，提高个人收入回报；就社会而言，教育为社会培养人才，提高社会生产力，促进社会经济的发展。②对留守儿童的教育支持，就是为我国经济发展进行人力资本投资，这样的支持是具有远见卓识的行为。对于留守儿童个体而言，借助这样的社会支持可以从困境中脱离出来，为个人的生存与发展谋求更好的未来。对留守儿童家庭而言，解决了家庭的后顾之忧，为家庭的长远发展奠定了基础。

① 温铁军.分三个层次解决农村留守儿童的教育问题[J].河南教育，2006(5)：10-11.

② 靳玉乐.现代教育学(2015年修订版)[M].成都：四川教育出版社，2015:92-93.

对于国家、社会和民族而言，留守儿童成长为合格的社会公民、社会主义事业的建设者和接班人，成长为民族文化传承与繁荣的载体。

社会支持主体从任何一个方面对留守儿童进行支持都需要聚焦到儿童健康权、教育权、生存权和发展权的实现，仅仅是为了支持而支持，流于形式，这样的支持则不为留守儿童所需要。当前各种社会支持汇集到留守儿童身边，无论是出于何种目的和想法，都需要整合支持行动的价值，将各种社会支持行动都统一到对留守儿童成长与发展的重视，对儿童权益的保障与实现。儿童时期是人生发展的关键期和敏感期，也是最容易受到外在影响的脆弱时期。人们无法理解留守儿童对父亲或母亲的依恋，也无法体会在离别和留守之间交替的心情，更无法想象留守儿童从弱小走向坚强和担当的心路历程。每一个人都有童年，却不是每一个孩子都会被留守，只有留守的孩子才懂得留守生活的艰辛。这些深藏在幼小心灵之中，不为外人所知的童年秘密，伴随着孩子的成长。在这个过程中，留守儿童在生长，在成熟，并同时显现出自主与依赖、开放与封闭、确定与不确定、自我组织与自我瓦解的矛盾与悖论。怀特海曾说："自然就是一个过程。"留守其实也是一个过程，儿童的心灵世界随着儿童的成长而变化。我们可以从多角度去逐渐理解他们，并关注留守儿童的成长过程，根据不同年龄、家境、心理等特点，因地制宜地提供教育支持，帮助留守儿童逐渐成长，成人甚至成功。

二、聚焦社会支持的需求

儿童历来是世界各国关注的焦点，因为这个群体的成长与发展关系到国家的未来，关系到民族的延续，更关系到人类的存亡。2002年，联合国儿童问题特别会议提出了"适合儿童生长的世界"行动计划，强调要"致力于创造一个适合儿童生长的世界，考虑到儿童的最高利益，在民主、平等、不歧视、和平与社会正义等原则以及包括发展权在内的所有人权的普遍性、不可分割性、相互依存性和相互有关性的基础上实现可持续的人类发展"。该行计划希望谋求建立一个"能够让所有女孩和男孩享受童年的世界"。在这个世界上，他们的童年将是游戏和学习的时光，他们将受到爱护、尊重和珍视，他们的权利将没有任何差异地受到促进和保护，他们的安全和福祉高于一切，他们将健康、和平、尊严地成长。[①]这样看来，全世界都致力于对儿童进行全方位、全过程、全覆盖的社会支持，这里的儿童涵盖了在各种处境中的儿童，无论是健康儿童，还是处于弱势或困境中的留守儿童，例如孤儿、残疾儿童、流浪乞讨儿童、单亲家庭子女、受暴力侵害和虐待的儿童以及有患艾滋病的父母或本身感染艾滋病病毒的儿童。在这个意义上来讲，社会支持对于儿童而言更加具有举足轻重的意义和价值。

要想认识一个事物，就得从不同的层次、不同的角度、不同的途径将问题提出来，不满足于一因一果、非此即彼的解决策略，而是要多视角、多维度立体透视，从而揭示多因多果、一因多果或多因一果等相互交错的“策略网”。认识儿童的过程既是清晰的，又是模糊的，他们是生活在一定情境之中，可以被理解，却无法被精确分析的谜。当成人面对儿童时，并不一定能够完全理解儿童的思想和言行。在这个意义上，关爱留守儿童不仅要有“成人视角”，还要有“儿童视角”。

从现有社会支持来看，可以分为基于支持主体供给的社会支持与基于被支持者需求的社会支持。一般来讲，支持主体对留守儿童所面临的困境和情况进行前期调研和摸排，对留守儿童所需要的社会支持给予预判，然后就支持主体能力、时间、空间、资源、人力、物力等情况进行权衡，制定社会支持计划，采取支持行动，以求实现对留守儿童的支持。这样的支持就是基于支持主体供给的支持，在整体上对留守儿童群体进行观照，提供大面积全覆盖式的社会支持。例如，《2018年楚雄州儿童发展事业统计监测评估报告》显示：2018年，楚雄州实现生产总值（GDP）1024.33亿元，与上年相比（下同）增长10.2%；人均地区生产总值37303元（按常住人口计算），增长10.0%；楚雄州完成一般公共预算收入86.69亿元，增长8.01%；完成一般公共预算支出275.91亿元，增长10.95%。城镇常住居民人均可支配收入34154元，增长7.9%；农村常住居民人均可支配收入10988元，增长9.4%。楚雄州城乡居民收入增长与社会发展基本同步，为儿童事业的健康发展提供了强有力的经济保障。楚雄州继续采取资金救助、政策扶持、社会帮扶等主要措施，努力促进社会救助服务水平提高。楚雄州基层组织中持有证书的专业社会工作者103人，社区儿童福利员301人，都比上年各增

① 联合国.适合儿童成长的世界[EB/OL].（2002-05-10）[2021-10-12].https://www.un.org/zh/documents/treaty/files/A-RES-S-27-2.shtml.

加55人;8个流浪儿童救助保护中心救助流浪儿童89人,家庭收养儿童65人,11个受暴妇女儿童救助(庇护)机构救助(庇护)妇女儿童23人次。另外11个儿童福利机构、4个开展残疾儿童康复的残疾人康复机构,继续发挥社会救助作用,着力提高社会保障服务水平。儿童法律援助不断完善,合法权益得到进一步维护。楚雄州进一步加大法制宣传力度,法制课时、教材、师资落实率、中小学生法律知晓率、中小学法制副校长(辅导员)配备率均为100%。继续完善维护儿童合法权益的工作机制,楚雄州有法律援助机构11个,各乡镇分别建立了法律援助工作站,全年法律援助案件受援1064人,减少179人,其中未成年人受援人数255人,减少34人,儿童的人身、财产等合法权益得到较好的维护。儿童文化生活不断丰富。楚雄州公共图书馆少儿文献藏书5.69万册,未成年人参观博物馆和科技馆人数分别是36.67万人次和13.74万人次;全年首播和转播少儿广播、电视和动画等儿童节目时间分别是1358小时、3684小时和2776小时。[①]从一般与普遍意义上来讲,整个社会环境的改善与儿童事业的发展会惠及到整个儿童群体,作为儿童群体的组成部分,留守儿童也同样受益,并从中获得支持。这样的社会支持是广覆盖、无差别的。

就如同"世界没有两片相同的叶子"一样,也没有任何两个留守儿童的境况会相同,这就需要精准分析每个留守的需求,实施个别化和差别化的社会支持策略。在整个社会支持大系统大背景下,还需考虑每一个留守儿童的实际情况。2019年9月27日上午,带着支部党员捐赠的2100元现金和两个毛毯,大理白族自治州永平县博南镇派出所民警相约博南镇青羊厂村委会干部、村小学老师及州县挂钩干部一起,沿着泥泞崎岖的山路,深入到一户留守老人和四户留守儿童家中开展走访慰问,详细了解老人的身体状况、生活起居和儿童们的学习生活情况,送上慰问金和慰问品,为今后留守老人的生活起居、医疗和留守儿童的学习、生活,认真出谋划策。[②] 2015年6月,鸿基金关爱留守儿童成长计划之"爱的背包"项目落地云南省大理白族自治州宾川县。鸿基金是由民政部主管的全国性公益组织公募基金,按照资助协议,鸿基金将为宾川留守儿童捐赠

① 楚雄彝族自治州人民政府.2018年楚雄州儿童发展事业统计监测评估报告[EB/OL].(2019-07-24)[2021-11-10].http://www.cxz.gov.cn/info/egovinfo/1001/xxgkxt_content/115323000151673132-/2019-0724008.htm.

② 永平警方."牵手"农村留守人员——博南派出所向农村留守老人、儿童捐款、捐物[EB/OL].(2019-9-28)[2021-11-10].https://mp.weixin.qq.com/s/veFPrzIWqMA3tD_AcMBjQQ.

价值5万元的"爱的背包"500套，每套"爱的背包"包含1个带有反光条的安全书包、1册课外图书、1本家庭相册、1把爱心手电、24个贴好邮票的信封和1张卡片。后期，鸿基金还将视情况持续开展资金资助、学院援建、图书捐赠等项目。为处于困境的留守儿童送去物质支持，体现了支持主体对留守儿童的关爱，对留守儿童的嘘寒问暖，给予了他们情感上的支持，尽管这些支持主体相对于留守儿童而言，并不是熟悉的身边的人，也不是自己的亲朋好友，但是，这些来自社会各界的点滴关怀，体现了整个社会对弱势群体的支持，以及社会成员之间的友爱和友善，用社会正能量吸引儿童产生亲社会的行为，认识到社会中和善行为的存在，形成良善的观念。2019年12月，大理白族自治州宾川县仁和社区留守儿童服务中心组织开展免费体检、军事拓展、物质帮扶等一系列关爱留守儿童的活动，让孩子们感受到生活的温情与美好，呵护他们健康成长。在宾川县鑫鑫幼儿园，仁和社区的留守儿童在老师的指导下依次进行身高、体重、视力、口腔、心肺等检查。医务人员细致地做记录，并详细讲解日常科学饮食、个人卫生注意事项、疾病的预防和治疗等常识。除了体检外，针对留守儿童在学习、生活和人际交往过程中可能存在和出现的各种心理困扰或问题给予疏导。此次活动还精心策划了有针对性的军事拓展，让孩子们在游戏的过程中发现问题、面对问题、解决问题。宾川县仁和社区关爱救助留守儿童服务中心项目于2018年6月8日启动，在中央财政和社会组织示范项目资金的支持下，共为270多名留守儿童提供包括健康体检、进行心理健康辅导训练、提供生活及学习用品等受益内容，让留守儿童真正感受温暖和关爱。像这类针对社区服务范围内留守儿童开展的活动能够形成全社会关心留守儿童的氛围，建立友善的社会风尚。社区工作人员离留守儿童生活空间比较近，能够了解留守儿童基本情况，能够根据留守儿童情况利用已有资源，争取更多资源，为留守儿童提供物质支持、情感支持和专业支持。

无论是基于支持主体供给的社会支持还是基于被支持者需求的社会支持，都是为了实现留守儿童的健康权、教育权、生存权和发展权。基于支持主体供给的社会支持考虑得比较长远和宏观，是普惠性的支持，基于被支持者需求的支持考虑到留守儿童个体的个性化要求和实际情况，具有很强的针对性。社区是留守儿童日常生活的地方，人和环境都比较熟悉，没有陌生感，亲和的氛围很容易感染到他们，留守儿童主观感受性一旦增强，社会支持就更容易被留守儿童所使用和接受，较之被动接受社会支持或较远端的不易感知的社会支持而言，基于被支持者需求的社会支持发挥的实际效用要远远大于其他类型的社会支持。

三、评价社会支持的反馈

对于留守儿童面临的困境和烦恼，不少有识之士已经意识到，农村留守儿童问题不仅仅是教育领域要解决的问题，更是整个国家和社会亟待解决的问题，这关涉到法律、政治、经济等各个领域，如果放任自流，不加引导或支持，就会有可能导致这部分孩子成为许多社会问题，如犯罪、吸毒等违法行为高发的群体，从而影响到社会的繁荣稳定与国家的长治久安。从这个意义上讲，建构和完善留守儿童的社会支持体系是一项系统工程，也是一项价值意义深远的工作。这需要国家、学校、家庭以及社区合力构建科学合理的社会支持体系，共同关注农村留守儿童，缓解儿童在留守期间的焦虑和紧张，引导他们不断积累，自强不息，提高他们的科学文化水平，为国家培养社会主义事业的建设者和接班人，为民族文化延续和传承提供人力资源支持。

在19世纪法国社会学家埃米尔·迪尔凯姆(Émile Durkheim)的里程碑式的著作《自杀论》中，他分析了社会联系紧密程度与自杀的关系，由此衍生出“社会整合有助于增进心理健康”的观点，由此，社会支持逐渐进入到各个学科，成为研究的焦点。从埃米尔·迪尔凯姆的论证中，我们也同样可以推论，留守儿童需要社会支持来增强与社会的联系，实现社会性发展。社会支持是个体处理突发事件和解决困难问题的潜在性资源，普通的日常生活中可能感受不到其存在，但是，一旦突发情况产生，这些社会支持就可以快速提供物质的、精神的或信息上的帮助或援助，减少留守儿童个体心理上的孤独感和无助感，增强其归属感和愉悦感，提升个体的自信心和自尊心，抑制儿童消极情感的产生，防止主观幸福感的降低。[①]

从社会互动的角度来看，社会支持系统以留守儿童为中心，集合各种社会资源为其提供帮助和支持，社会支持主体需要从被支持者那里获取信息反馈，

① 万增奎.农村留守儿童的精神诉求和社会心理支持研究[M].北京：人民出版社，2014：278.

以改善或提升支持内容、支持策略和支持环境。如果仅仅从社会支持主体的视角出发，给予留守儿童各种社会支持，而不对留守儿童的感受进行反馈和跟踪，那么这样单向的社会支持可能会造成支持的无效或无用，也可能造成支持的重复或浪费。因此，正确地收集社会支持的反馈，评估社会支持的效果，对于后续社会支持的改进和完善非常有帮助，对于整个社会支持系统的完善也至关重要。

作为课题研究者而言，对留守儿童的社会支持系统进行研究既是一种关注和关爱，也是一种社会支持，同时也是对社会支持系统运行情况的评估与评价，收集被支持者对所受到的社会支持的感受、感想和反馈，将更加有利于改进和完善社会支持系统，推进社会支持的不断优化。从全国教育科学规划领导小组办公室网站获取的数据显示，截至2020年3月，近五年全国教育科学"十三五"规划年度立项中，共计有14项关涉到"留守儿童"这个特殊群体。全国教育科学"十二五"规划2015年度立项2项，分别为"西南民族地区留守儿童成长的'4S社会支持模式'建构研究""农村留守儿童生存状态评估与学校社会工作介入模式研究"；2016年度立项3项，分别为"基于多模态信息技术的留守儿童发展评估和教育促进研究""社会学视域下我国农村留守儿童的体育活动参与的困境与帮扶途径的研究""基于实证调查的留守儿童教育支持研究"；2017年度立项4项，分别是"农村留守儿童关爱服务体系及机制研究""社会分层与流动视阈中留守儿童情感教育研究""西南地区欠发达县农村留守儿童关爱保护的现实困境及对策研究——以四川省蓬溪县为例""农村留守儿童的心理素质发展及其影响因素：一项两年追踪研究"；2018年度立项2项，分别是"农村留守儿童社会性发展的风险和保护因素研究""留守儿童情绪加工偏向的认知神经机制研究"；2019年度立项2项，分别是"乡村振兴战略背景下农村留守儿童学习力现状及教育干预研究""农村留守儿童心理韧性发展机制与强化策略"。这些课题研究带领团队成员关注留守儿童成长中面临的各种问题，涵盖了教育学、社会学、心理学、管理学等多个学科领域，他们从自身学科专业优势出发，试图对当前留守儿童生存与发展现状进行评估和评价，提供更为科学合理的改进策略。

从实际工作改进的角度出发，2018年10月，民政部对留守儿童工作也进行了规范和指导，出台了《全国农村留守儿童关爱保护和困境儿童保障示范县（市、区、旗）指导标准》（以下简称"标准"），这是当前留守儿童社会支持系统建设的行动指南，也是我国改进留守儿童成长环境的“国家标准”。标准明确了“领导协调机制”“经费保障机制”“基本权益保障”“救助保护机制”“能力建设”“一票否决”六个一级指标，涵盖了“组织领导”“经费安排”“生活保障”“监护落实”“医疗康复”“教育保障”“监测预防”“强制报告”“应急处置”“评估帮扶”“监护干预”“工作机构”“儿童之家”“工作队伍”“业务培训”等15个二级指标，在各个二级指标之下，分别设置了48个三级指标，确定了留守儿童关爱保护和困境儿童保障工作的标准和规范，主要采取审阅材料、听取汇报、现场查看、走访居民、舆情监测、实地考察等六种评估方式，检查指导留守儿童工作。该标准全面评估了留守儿童关爱保护工作的安排和落实，是国家层面对留守儿童进行社会支持的明证，不仅是留守儿童社会支持领域国家意志的体现，也是当前留守儿童支持效果的官方评估标准，为进一步改进和完善留守儿童社会支持系统构建了关键的工作框架。当然，这个社会支持框架主要包括政府及其相关职能部门提供的服务和帮扶，涵盖面广，保障了留守儿童成长与发展的基本权益，属于正式支持，主要针对留守儿童中普遍面临的问题。除此之外，还有一些非政府组织、国际组织、民间组织以及留守儿童亲属、朋友等提供的非正式支持，作为辅助性支持主体，主要针对每一个留守儿童个体所面临的具体和特殊情况提供帮扶和援助。正式支持和非正式支持共同为留守儿童构建了良好的社会支持网络。

第五章
西南民族地区留守儿童成长社会支持系统的基本框架

留守儿童社会支持系统的建构必须基于解读留守儿童的基本特征,研判社会支持的多重属性,明晰社会支持的发生机理,才能够不断建构和完善留守儿童成长的社会支持系统,结合理论研究和调研的实际情况,本研究以不断完善和补充已有社会支持体系为出发点和落脚点,构建家庭、学校、政府、社会等各个支持主体联动的工作框架,进一步明确支持者(Supporter),明晰支持内容(Substance),确定支持策略(Strategies)、改善支持环境(Surroundings),构建适合儿童成长的内容充实、策略多样、环境亲和的社会支持框架,促进儿童从“依赖”走向“独立”,实现儿童的健康权、教育权、生存权和发展权。本章节将以农村留守儿童社会支持系统四大构成要素来具体阐释其内容,希望对留守儿童工作有所裨益。

第一节　支持主体:以政府为主导 多主体共参与

留守儿童作为同龄人中的弱势群体,理应得到社会更多的帮助和关爱。鉴于留守儿童的复杂性与特殊性,在社会支持体系中,应该抛弃简单的线性思维,在政府的主导下,联合学校、家庭、社会组织甚至国际组织共同参与建立一个留守儿童的支持网络。

一、政府主导：建立中央政府指导下的多部门协作服务平台

谈到政府，我们往往只会想到留守儿童所在地的政府，然而当我们回顾留守儿童的产生原因时，则会想到留守儿童问题的解决不仅仅是留守儿童所在地政府的事情。留守儿童的产生很重要的原因是户籍限制，父母务工地政府不能接收儿童入学导致的。因此，我们在思考政府作用时，也不能忽略儿童父母务工地政府的责任。

按理说，留守儿童的父母在城市务工，为城市的发展做出了应有的贡献，其子女同样应该得到公平的教育机会。然而由于城乡差别、地区差异，尤其是大城市的户籍限制，留守儿童无法跟随父母在其工作地入学而不得不留在户籍所在地。为此，2001年中央政府在《国务院关于基础教育改革与发展的决定》第12条中提出："要重视解决流动人口子女接受义务教育问题，以流入地区政府管理为主，以全日制公办中小学为主，采取多种形式，依法保障流动人口子女接受义务教育的权利。"①（简称"两为主"）。随后，又出台了一系列相关政策对这一工作进行了强化。2006年6月新修订的《中华人民共和国义务教育法》第十二条进一步提出："父母或者其他法定监护人在非户籍所在地工作或者居住的适龄儿童、少年，在其父母或者其他法定监护人工作或者居住地接受义务教育的，当地人民政府应当为其提供平等接受义务教育的条件。具体办法由省、自治区、直辖市规定。"②这样一来在法律上将这一政策固定下来。2014年中央政府又在《国家新型城镇化规划（2014—2020年）》中进一步提出"将农民工随迁子女义务教育纳入各级政府教育发展规划和财政保障范畴，合理规划学校布局，科学核定教师编制，足额拨付教育经费，保障农民工随迁子女以公办学校为主接受义务教育。"③这些政策法律的制定为地方解决外来务工人员子女教育问题提供了遵循要求和标准，然而各地在具体实施过程中，由于事权和财权不统一，流

① 中国政府网．国务院关于基础教育改革与发展的决定[EB/OL].（2005-05-19）[2020—01—03]. http://www.gov.cn/gongbao/content/2001/content_60920.htm.

② 中国政府网．中华人民共和国义务教育法[EB/OL].（2006-06-29）[2020-01-03]. http://www.moe.gov.cn/s78/A02/zfs__left/s5911/moe_619/201001/t20100129_15687.html.

③ 中国政府网．国家新型城镇化规划（2014——2020年）[EB/OL].（2014-03-16）[2020-01-05]. http://www.gov.cn/gongbao/content/2014/content_2644805.htm.

入地政府虽然出台了一系列配套政策,然而普遍感到力不从心。结果是只有一部分外来务工人员子女,才能有机会在父母工作地就读公立学校。例如,上海市教委统计了截至2008年底的上海外来流动人员子女义务教育基本情况,详情如下:

据统计,截至2008年12月,在上海接受义务教育的外来流动人口子女总数为401747人,占上海义务教育阶段学生总数的35.91%,其中农民工同住子女为343231人,占外来流动人口子女总数的85.43%。全日制公办学校继续挖掘潜力,在外来流动人口子女总数增长1.7万人的情况下,共接纳247522名外来流动人口子女就读,占外来流动人口子女总数的61.61%。2008年,全市共有66所符合基本办学条件的农民工子女学校纳入民办教育管理,这些学校接受政府委托招收外来流动人口子女,学校享受政府补贴,学生享受免费就读,共接收51240名学生,占外来流动人口子女总数的12.75%。在公办学校就读和在政府委托的民办学校免费就读的外来流动人口子女两者相加达298762人,占外来流动人口子女总数的74.36%。目前全市仍有182所农民工子女学校尚未纳入民办教育管理。这些学校共接纳外来流动人口子女102985人,占外来流动人口子女总数的25.63%。①

上海市教委在2010年9月份发布的教育简报《上海市实施进城务工人员随迁子女义务教育三年行动计划带来五大变化》中指出:

随着上海来沪务工人员的不断增多,上海随迁子女人数也不断增加,2007年,上海义务教育阶段随迁子女共约38万,其中21万余在公办学校就读,另有17万在农民工子女学校就读。2007年之后,上海面临新一轮人口出生高峰,常住人口年出生数攀升至16万以上,此轮出生高峰至少持续到2016年。因此,在相当长一段时间内,上海随迁子女义务教育工作面临公办教育资源紧缺、本地区人口出生高峰、农民工子女学校亟待规范管理等多重挑战。②

从以上数据可以看出,即便上海这样的经济发达地区,在解决随迁子女入学上也面临很大压力。随后,为进一步规范这一政策,很多地方政府都依据《义

① 上海教育.上海外来流动人员子女义务教育基本情况[EB/OL].(2009-02-24)[2020-01-17]. http://edu.sh.gov.cn/web/xwzx/show_article.html?article_id=49655.

② 上海教育.上海市实施进城务工人员随迁子女义务教育三年行动计划带来五大变化[EB/OL].(2010-09-17)[2020-01-17]. http://edu.sh.gov.cn/web/xwzx/show_article.html?article_id=59352.

务教育法》的要求制定了具体的实施办法。上海市政府组织市教委、市发展改革委、市人力资源社会保障局、市公安局制订了《关于来沪人员随迁子女就读本市各级各类学校的实施意见》并发布了《上海市人民政府办公厅转发市教委等四部门关于来沪人员随迁子女就读本市各级各类学校实施意见的通知》(沪府办发〔2013〕73号)。上海市教委对此也进行了公开解读:

根据《上海市人民政府办公厅转发市教委等四部门关于来沪人员随迁子女就读本市各级各类学校实施意见的通知》(沪府办发〔2013〕73号)要求,2017年,进城务工人员适龄随迁子女需在本市接受义务教育的,适龄儿童须持有效期内《上海市临时居住证》,并且父母一方须持有效期内《上海市居住证》;或者父母一方持有效期内《上海市临时居住证》满3年(从首次发证日起至2017年6月30日),且连续3年(从首次登记日起至2017年6月30日)在街镇社区事务受理服务中心办妥灵活就业登记。2017年,各区县教育行政部门受理随迁子女入学手续截止日为6月30日。区县教育行政部门可以结合本区县实际,依据进城务工人员持有《上海市居住证》积分分值、持有灵活就业登记证明的先后顺序等因素,统筹安排适龄随迁子女入学。小学阶段以进入公办学校为主,部分地区公办教育资源紧缺的,可统筹安排进入政府委托的民办小学就读。初中统一安排至公办学校就读,入学后学校应告知学生及家长完成义务教育后报考高中阶段学校的相关规定和政策。①

通过以上分析,本研究发现虽然中央政府明确了流入地政府的责任,流入地政府也制定了相应的政策来承担自身的义务。但由于随迁子女基数庞大,流入地又多位于人口众多的大城市,所以在现实上,很难保证每个随迁子女都能在流入地正常入学。因此,这就需要流出地政府也要肩负一定的责任。这个责任不是指一般意义上的保证适龄儿童入学的责任,而是比一般儿童更加特殊的保护留守儿童的责任。

然而,本研究也发现,长期以来,中央一直没有出台关于流出地政府责任的明确而强有力的政策。而且,流入地和流出地政府缺少相应的协调机制。②当

① 上海教育.进城务工人员适龄随迁子女就读本市义务教育阶段学校必须具备哪些条件? [EB/OL].(2017-01-06)[2020-01-17]. http://edu.sh.gov.cn/web/xwzx/show_article.html?article_id=90748.

② 葛新斌."两为主"政策中的政府投入责任探析[J].教育发展研究,2009,29(02):1-5.

留守儿童被侵害的悲剧一次次在社会上引起了巨大的震动时，教育部联合中华全国妇女联合会、中央社会管理综合治理委员会办公室、共青团中央、中国关心下一代工作委员会于2013年1月4日出台了《教育部等5部门关于加强义务教育阶段农村留守儿童关爱和教育工作的意见》，"进一步加强义务教育阶段农村留守儿童工作，促进广大留守儿童平安健康成长、不断增强其生活幸福感"。[①]这一意见为加强留守儿童的关爱和教育工作作出了有益的探索。然而，这一意见所能影响的机构也多为群团组织，关注的对象也仅限义务教育阶段的留守儿童，作用有限。留守儿童的健康成长还需要更多机构的参与。2016年1月27日，国务院总理李克强主持召开国务院常务会议，语重心长地对与会者说："决不能让留守儿童成为家庭之痛社会之殇！"[②]并认为："当然最重要的，还是通过推进农民工市民化、引导扶持返乡创业就业等措施，从源头上减少留守儿童。"[③]会议对全面加强农村留守儿童关爱保护进行了部署。会议认为：

"加强关爱保护，使数千万农村留守儿童安全健康成长，是家庭和政府、社会的共同责任。会议要求，必须依法强化家庭监护主体责任，落实基层政府、村(居)委会和学校等的安全管理、监督、教育等职责，支持社工、慈善组织等社会力量参与，完善关爱服务体系。建立强制报告、干预、帮扶等机制，打击侵害留守儿童的各种违法行为。加大寄宿制学校等建设。通过推进农民工市民化、引导扶持返乡创业就业等措施，从源头上减少留守儿童。"[④]

随后，国务院于2016年2月14日印发了《国务院关于加强农村留守儿童关爱保护工作的意见》[⑤]，从政策层面对留守儿童的保护问题进行了顶层设计。值

---

① 教育部．教育部等5部门关于加强义务教育阶段农村留守儿童关爱和教育工作的意见[EB/OL].(2013-01-04)[2020-01-17]. http://www.moe.gov.cn/srcsite/A06/s7053/201301/t20130104_146671.html.

② 国务院．李克强：决不能让留守儿童成为家庭之痛社会之殇[EB/OL].(2016-01-27)[2020-01-03]. http://www.gov.cn/xinwen/2016-01/27/content_5036696.htm.

③ 国务院．李克强：决不能让留守儿童成为家庭之痛社会之殇[EB/OL].(2016-01-27)[2020-01-03]. http://www.gov.cn/xinwen/2016-01/27/content_5036696.htm.

④ 国务院．李克强主持召开国务院常务会议(2016年1月27日)[EB/OL].(2016-01-27)[2020-01-03]. http://www.gov.cn/guowuyuan/2016-01/27/content_5036652.htm.

⑤ 国务院．国务院关于加强农村留守儿童关爱保护工作的意见[EB/OL] .(2016-02-14)[2020-01-03]. http://www.gov.cn/zhengce/content/2016-02/14/content_5041066.htm.

得一提的是，国务院发布的这份意见不仅对各省、自治区、直辖市人民政府提出了要求，而且对国务院各部委、各直属机构也提出了要求。随后，民政部、教育部、公安部3月29日联合召开农村留守儿童摸底排查工作新闻通气会，决定在全国范围内开展一次农村留守儿童摸底排查工作。[①]为加强部门间协作配合，国务院批准了民政部牵头成立由27个部门和单位组成的农村留守儿童关爱保护工作部际联席会议制度。[②]作为部际联席会议成员，国家卫生计生委（现国家卫生健康委员会）于2016年5月25日印发了《关于做好农村留守儿童健康关爱工作的通知》，对相关工作进行了明确和细化，并督促地方切实履职尽责。[③]国务院于2016年06月16日发布了《国务院关于加强困境儿童保障工作的意见》[④]，这些困境儿童也包括部分留守儿童。为进一步将这两项政策落到实处，2019年5月27日，民政部、教育部等十部门联合印发了《关于进一步健全农村留守儿童和困境儿童关爱服务体系的意见》[⑤]，对儿童保护工作的机制进行了梳理和细化，将留守儿童纳入了整个儿童保护的机制之中并进行了重点强调。

至此，针对留守儿童，我国在体制上建立了，在中央政府指导下的、民政部门牵头的、多部门互相协作的服务平台。在这一平台上，各部门可以共享数据、各司其职、互相协作。在这一平台上，不仅要求县级以上人民政府及其民政部门设立并明确未成年人救助保护机构和儿童福利机构的工作职责，而且为加强基层儿童工作队伍建设，新设立了儿童督导员和儿童主任，并明确了其工作职责和专业发展。

从实际的工作成果来看，自2016年2月14日国务院发布《国务院关于加强

① 国家民族事务委员会.农村留守儿童数量规模尚无准确数据 三部门于三月底开展摸底排查[EB/OL].(2016-04-14)[2020-01-03]. http://www.seac.gov.cn/seac/mzjy/201604/1015109.shtml.

② 国务院.国务院办公厅关于同意建立农村留守儿童关爱保护工作部际联席会议制度的函[EB/OL].(2016-04-05)[2020-01-03]. http://www.gov.cn/zhengce/content/2016-04/05/content_5061324.htm.

③ 国家卫生计生委.关于做好农村留守儿童健康关爱工作的通知[EB/OL].(2016-05-19)[2020-01-03]. http://www.nhc.gov.cn/rkjcyjtfzs/zcwj2/201605/c9943e67d201409593922f706ddf9b3a.shtml.

④ 国务院.国务院关于加强困境儿童保障工作的意见[EB/OL].(2016-06-16)[2020-01-03]. http://www.gov.cn/zhengce/content/2016-06/16/content_5082800.htm.

⑤ 民政部.关于进一步健全农村留守儿童和困境儿童关爱服务体系的意见[EB/OL].(2019-05-27)[2020-01-08]. http://www.mca.gov.cn/article/gk/wj/201905/20190500017508.shtml.

农村留守儿童关爱保护工作的意见》以来，关于留守儿童的各项工作都在有序开展。2017年10月10日，全国农村留守儿童信息管理系统正式启用，实现信息采集、动态更新和通报共享。该系统“包括数据录入、审核报送、汇总分析等功能模块，实现了与最低生活保障信息系统、建档立卡贫困户信息系统、残疾人信息管理系统的数据共享，为开展农村留守儿童数据更新、比对核实、组合查询、定期通报、实时报送等工作提供了可靠的平台支撑和有效的技术保障，对建立翔实完备的农村留守儿童信息台账，推动社会资源的有效对接，实现对留守儿童的精准关爱、精准帮扶、精准保护具有十分重要的意义。”[①]随后，各地都积极开展了农村留守儿童信息采集及数据录入工作，并定期进行信息动态更新。这一系统对全国的留守儿童进行了深入摸底排查，并实现了数据动态更新、共享，为进一步开展留守儿童的教育、关爱和保护工作打下了基础。在此基础上，民政部于2019年又将对农村留守老人、留守妇女的关爱和保护纳入其中，开发了“三留守”人员信息管理系统。[②]

然而，研究也发现，无论是民政部、教育部等十部门联合印发的《关于进一步健全农村留守儿童和困境儿童关爱服务体系的意见》中，还是民政部牵头成立由27个部门和单位组成的农村留守儿童关爱保护工作部际联席会议制度中，均没有国家民族事务委员会的参与。而国家民委的下设机构中也有专门负责民族地区教育、科技发展工作的教育科技司，科技司内设专门的基础教育处。虽然其关于教育方面的主要职责仅限于研究提出少数民族和民族地区教育的特殊政策建议，协调或配合其他部门关于少数民族教育的相关工作。但是其不能参与留守儿童的相关工作则对少数民族地区留守儿童工作的有力开展显然是一大损失。从《国务院关于加强农村留守儿童关爱保护工作的意见》和《关于进一步健全农村留守儿童和困境儿童关爱服务体系的意见》中，我们可以发现，没有对少数民族地区的留守儿童的关爱和保护政策作出针对性的规定。我国是一个少数民族众多的国家，各民族汇集成中华民族群体，呈现出“大杂居，小聚居”的特点。少数民族和汉族的留守儿童一样具有诸多共性，然而也有不可

① 民政部. 全国农村留守儿童信息管理系统正式启用[EB/OL].(2017-10-11)[2020-01-08]. http://www.gov.cn/xinwen/201710/5230936.htm.

② 民政部. 全国农村“三留守”人员信息管理系统第一批上线运行工作推进会在京召开[EB/OL].(2019-09-19)[2020-01-08]. http://www.mca.gov.cn/article/xw/ywdt/201909/20190900019763.shtml.

回避的特殊性，尤其是处于少数民族地区的留守儿童，由于民族文化的影响，其特殊性更加明显。少数民族地区的儿童集合了“儿童”“少数民族”“中国”等多重概念，故此，少数民族地区的留守儿童问题解决更加具有深远的意义和价值。在这个意义上，本研究建议国家民族事务委员会和地方民族事务机构纳入留守儿童支持与关爱服务框架，以制定更有针对性的关于少数民族地区留守儿童的关爱和保护政策。

二、家庭主体：强化家庭监护主体责任

父母是孩子的第一任老师，父母对孩子的教育和引导会影响孩子的一生。儿童成长所需要的亲情关爱和家庭温暖是政府和其他社会组织都无法代替的。从法律上来说，父母是孩子的监护人，父母不但有生育孩子的权利，而且有抚养、管理和教育好孩子的义务和责任。任何教育机构或外在的教育支持力量都无法替代父母提供的家庭教育。在留守儿童的社会支持系统中，必须通过教育和指导的方式让父母认识到家庭教育在儿童成长中的作用，并督促他们要关心子女的生活、学习和心理状况。

在调研中，本研究也发现这样一些值得关注的现象：一是部分留守儿童的父母，尤其是比较年轻的父母，在流入地政府可以提供外来务工子女入学机会、自己也有能力在流入地养育子女的情况下，仍然将子女留在老家让自己的父母抚养、照顾。二是部分留守儿童的父母通过微信、QQ等社交媒体经常与孩子互动交流，教育得当，孩子的精神状态和其他非留守儿童相比没有太大差异，并没有出现留守儿童比较普遍出现的行为偏差等问题。三是有部分儿童的父母虽然在家，但是，儿童的起居生活等都交给老人看管，父母与儿童的交流较少。这些儿童虽然不是留守儿童，但是其出现心理问题的概率也很大。

从以上情况可以看出，在某种意义上，留守儿童不仅仅是一个地理概念，也是一种家庭教育状态或心理距离概念。判断孩子是不是留守儿童的标准不是其父母是否在外务工，而是其父母是否有效地加强了亲子交流，承担了抚养和教育的责任。因此，在这个意义上，本研究非常强调父母在儿童成长中作用的发挥。

我们可以看到，历史上有很多人虽然远离父母外出求学，但是其父母在通

信手段远没有现在快捷的情况下，坚持与孩子交流，留下了很多脍炙人口的家书，这对孩子的成长和成才都起到了一般教育无法替代的作用。如果父母利用好社交媒体工具或纸质家书与子女多交流，孩子的发展不会受到太大的影响。因此，对于故意不承担养育责任甚至虐待孩子的父母，政府还应建立干预机制，追究违法者法律责任。

调研中，研究小组也发现很多群团组织机构通过开展家庭教育公益讲座的形式对家长进行家庭教育方面的指导，为家庭教育提供理念、方法和资源的支持，这对于儿童的成长大有裨益，也是儿童成长所必须开展的工作，体现了社会对儿童成长的支持，彰显了社会公平与正义。

为此，在《国务院关于加强农村留守儿童关爱保护工作的意见》中对家庭在留守儿童成长中的主体监护与教育责任进行了进一步强化，这主要体现在以下四个方面：一是在基本原则上，将“坚持家庭尽责”作为四项基本原则之首。提出“在家庭发展中首先考虑儿童利益”，这就从政策上解决了儿童利益和家庭经济利益之间的矛盾。二是在关爱服务体系上，将“强化家庭监护主体责任”作为最重要的方面，对于只能委托其他亲属代为监护子女的父母，也要“与留守未成年子女常联系、多见面，及时了解掌握他们的生活、学习和心理状况，给予更多亲情关爱”。三是在救助保护机制上，对于监护不利或不履行监护责任的父母或监护人，相关部门不仅建立了强制报告机制，而且应急处置、评估帮扶、监护干预等方面的机制都进行了完善和健全。四是在产生源头上，从农民工流入地和流出地两个方面进行改革，提出推进农民工在流入地市民化，解决随迁儿童在流入地入学、升学问题，并积极引导扶持农民工返乡创业就业，从根源上解决留守儿童问题。[①]由此可见，国家已经充分认识到家庭在儿童成长中的作用，并在体制机制上做好了设计。

三、学校保护：加大教育部门和学校关爱保护力度

学校是留守儿童的“精神栖息地”，如果学校能够加强对留守儿童的关爱和

① 国务院. 国务院关于加强农村留守儿童关爱保护工作的意见[EB/OL].(2016-02-14)[2020-01-03]. http://www.gov.cn/zhengce/content/2016-02/14/content_5041066.htm.

保护,留守儿童的精神世界必然会更加快乐。长期以来,教育部门和学校对留守儿童都非常关心、爱护,许多教师对班级中的留守儿童在学习、生活上都进行了额外的帮助,例如,减免学杂费、住宿费、生活费,提供额外生活补助等支持。这些帮助和支持对家庭经济困难的留守儿童确实起到了重要的作用。然而,随着时代的发展,很多留守儿童的父母在外已经有了长期稳定的收入,其家庭也摆脱了经济落后的面貌。如何为留守儿童提供高质量的教育、提高他们的精神文化生活质量,则成为了学校教育的新任务。在调研中,我们也了解到很好的案例,A县小学的老师们积极家访,与留守儿童监护人沟通信息,构建留守儿童成长的安全保护网与健康成长网。

我国许多民族地区留守儿童现象也比较突出,这些地方的学校通过各种方式加强家校共育,为我们研究留守儿童成长的社会支持体系提供了新思路和新方法。例如,位于广西壮族自治区柳州市三江侗族自治县的知了小学因为给优秀学生发猪肉成为了"网红学校"。知了小学位于贫困村知了村,建在海拔600多米的半山坡上,是村子的最高处,地理位置较偏僻,住得最远的学生每天上学要走两公里的山路。据校长张世杰介绍,学校生源全部来自知了村所辖的知了、归滚、归喜、良拜四个自然屯。全校175名学生中,除了教职工的孩子和村干部的孩子,"几乎都是留守儿童"。

三江侗族自治县独峒镇知了小学在散学典礼上,给品学兼优的学生发猪肉作为奖励引起了广大网友的关注。

6日下午,记者联系到知了小学张校长,他证实确有此事,学校购买了150斤猪肉,发给50名品学兼优的学生作为奖励,目的是想通过此举加强家校互动,引起家里人重视孩子的学习,所以奖品发得实在些。

张校长说,知了小学一到六年级共178名学生,有90%以上都是留守儿童。以前每年散学典礼,给学生奖励的都是本子之类的学习用品,这次发猪肉,学生和家长都很高兴。

购买猪肉的钱是知了村嫁到北京的姑娘杨茜组织的爱心人士捐款给学校的,学校作为奖励基金用于奖励品学兼优的学生。①

---

① 柳州晚报. 广西一小学给优秀生发"奖状+猪肉",全校九成以上留守儿童[EB/OL].(2018-07-07)[2020-01-08]. https://www.thepaper.cn/newsDetail_forward_2247229.

这一次发猪肉后，孩子们的学习积极性和成绩都有所提高。为此，2019年春节将近，这所学校又为71名优秀学生每人奖励3斤猪肉，并登上微博热搜，被网友称为“最实在的学校”。校长张世杰介绍说，发猪肉是为了让孩子们拿回家和家人一起分享，加强家校互动，也能让家长们看见孩子们的优异表现，会更鼓励孩子认真读书。

目前，包括张世杰在内，知了小学在职教师共有8人，其中四名“70后”，“师资力量缺乏”是目前知了小学的难题。“学校除学前班外，共六个年级，每位老师至少要教授两门课程。我今年教三年级的语文课和六年级的通识课，这已经是最少的了。”张世杰称。

尽管条件不太好、师资较为缺乏，但知了小学的教学质量并未落下。三江侗族自治县教育局办公室一名工作人员接受澎湃新闻采访时称，在全县所有小学中，知了小学教学质量一直以来都名列前茅，“多次获得全县乡村小学小升初考试第一”。

对于这一成绩，该校教导主任杨再彰老师介绍，除了“奖励学生猪肉”这样的创意做法，学校在教学上下了不少功夫，比如学校每学期都会开展校际教学交流，和外乡的老师互相学习，交流教学方法，且经常开展公开课教学活动，考核教师的教学水平，“老师们都很积极，希望多举办这样的交流和考核活动”。

学校也会举办知识竞赛、体育竞赛等不同类别的竞赛活动，通过发奖状等精神奖励的方式，提升学生的综合素质。因学生多是留守儿童，从2017年开始，杨再彰向全校推行“家长群”。“现在我们老师和家长能直接交流，可以听取家长的建议，孩子们在学校的表现我们也能第一时间反馈给家长。”杨再彰称。①

还有些学校通过为留守儿童过集体生日活动来关爱孩子们的成长。

本着弥补留守儿童缺失的亲情，进一步密切家园联系、融洽师幼关系、构建和谐校园、促进社会稳定。5月10日上午，云阳县清水土家族乡中心幼儿园举办了“留下希望，守住幸福，让孩子在快乐中成长”为主题的关爱留守儿童集体生日会活动。

① 澎湃新闻．广西一乡村小学奖优秀学生3斤猪肉：增强留守儿童与家人互动[EB/OL]．(2019-01-23)[2020-01-08]. https://www.thepaper.cn/newsDetail_forward_2891690.

据悉，此次主题活动在全园开展，各位老师精心设计，全园幼儿热情参与，孩子们通过自己的歌声和舞蹈，将自己的爱分享给大家，积少成多，汇聚成了一片爱的海洋，大家在这样爱的海洋中健康快乐成长。

此次活动主要采取了“集体互动”“戴生日帽，走幸福之门”“老师送祝福”“分享生日蛋糕”等形式。在活动中，老师和孩子们一同进行各种互动，趣味十足，引来了孩子们愉悦的笑声。

通过这次主题活动，清水土家族乡中心幼儿园的留守儿童们在浓浓的爱中，即使没有爸爸妈妈在身边也能感受到过生日的愉悦，感受到幼儿园的温暖，同伴的热情，老师的关心，集体的关怀。希望这些孩子们沐浴在爱的阳光下，健康成长，时刻拥有自信、快乐的脸庞。①

上述学校的做法对留守儿童的成长起到了重要作用，也提升了学校自身的教育质量。为此，《国务院关于加强农村留守儿童关爱保护工作的意见》中提出要加大教育部门和学校关爱保护力度。“中小学校要对农村留守儿童受教育情况实施全程管理，利用电话、家访、家长会等方式加强与家长、受委托监护人的沟通交流，了解农村留守儿童生活情况和思想动态，帮助监护人掌握农村留守儿童学习情况，提升监护人责任意识和教育管理能力。”②学校在留守儿童成长中要成为家长与学生之间的纽带，既要教育好学生，又要提高家长和监护人的责任意识和能力。

四、社会辅助：吸引各种资源和力量积极参与

除了政府、学校和家庭以外，社会组织也越来越成为一支强大的社会支持力量。随着很多企业的不断壮大，他们越来越意识到教育和保护儿童的重要性，于是便纷纷建立基金会，参与到关心教育和儿童保护的社会支持行动中来。另外，很多个人也组成各种志愿者组织，例如，中国志愿服务联合会主办的中国志愿服务网、全国教师志愿服务联盟主办的中国教师志愿者网上有很多志愿者

① 重庆晨报．清水土家族乡中心幼儿园：举办集体生日会 关爱留守儿童[EB/OL]．(2019-05-10)[2020-01-10]. https://www.cqcb.com/county/yunyang/yunyangxinwen/2019-05-10/1611817_pc.html.

② 国务院．国务院关于加强农村留守儿童关爱保护工作的意见[EB/OL]．(2016-02-14)[2020-01-03]. http://www.gov.cn/zhengce/content/2016-02/14/content_5041066.htm.

和志愿者团队等，这些都是支持留守儿童成长的专业社会资源。2019年志愿者扶贫50佳案例名单中，广州市海珠区蓝信封留守儿童关爱中心开展的项目——“留守儿童解忧杂货铺”“留守儿童心理扶贫案例”，都得到了社会的认可。从这些案例中，我们可以看到社会组织在留守儿童成长中所扮演的重要角色和发挥的重要作用，借鉴这些案例，社会组织在农村留守儿童的成长中同样可以有所作为，特别是对西南民族地区的留守儿童而言，他们更需要社会组织提供的社会支持。

本研究选取了一些比较规范的社会组织机构进行了分析，发现这些机构注重行动的公益性，关注社会弱势群体，对留守儿童的关注程度高，长期给留守儿童提供专业的社会支持，营造了良好的社会氛围，彰显了社会公平正义，为留守儿童等弱势群体带来了欢乐和希望，令人感到欣慰和感动。例如，中国志愿服务联合会、全国教师志愿服务联盟、马云公益基金会等，这些影响力大、资金充足、管理规范的社会组织在留守儿童成长中提供了非常重要的社会支持。

中国志愿服务联合会简介①

中国志愿服务联合会经民政部批准，于2013年12月在京登记成立。中国志愿服务联合会是由志愿者组织、志愿者自愿组成的全国性、联合性、非营利性社会组织，2019年7月转隶归中共中央宣传部领导，在中央文明委指导下开展工作。联合会的职责是，“引领、联合、服务、促进”志愿服务事业发展，普及志愿理念，弘扬志愿精神，培育志愿文化，组织开展志愿服务活动，推动形成“我为人人、人人为我”的社会风尚。

中国志愿服务联合会的成立，有助于促进我国志愿服务事业的发展，推动志愿服务活动制度化，实现学雷锋活动常态化，进一步形成引领社会进步的文明风尚；有助于培育和践行社会主义核心价值观，增进人们对社会主流价值的认同感和践行力，为实现“两个一百年”奋斗目标、实现中华民族伟大复兴的中国梦不懈奋斗。

全国教师志愿服务联盟在教育部的领导下，于2014年12月5日在北京成

---

① 中国志愿服务联合会．中国志愿服务联合会简介[EB/OL].[2020-02-11].https://www.cvf.org.cn/cvf/channels/12105.shtml.

立。[①]全国教师志愿服务联盟是由各级各类学校教师志愿服务组织、教师志愿者组成的全国性、联合性、行业性、非营利性社会组织，属于中国志愿服务联合会的分支机构，接受中央文明委、中国志愿服务联合会指导。全国教师志愿服务联盟秘书处设在北京师范大学。

在社会组织里，影响比较大的是马云公益基金会。马云公益基金会由阿里巴巴创始人马云先生于2014年12月15日发起并捐赠成立，主要关注企业家精神、教育、女性领导力、医疗环保四个领域，打造可托付、可参与、可持续的公益组织。在马云公益基金会众多教育项目中，“马云乡村寄宿制学校计划（图1）”对留守儿童的健康发展给予了有针对性的支持。[②]

该项目以“让乡村寄宿制学校的儿童健康生活、阳光成长”为目标，以“社会力量参与公益”为理念，通过“企业—基金会—教育系统”的三方合作模式（图2），在不同地区的项目试点学校打造农村寄宿制学校生活空间样板，并开展快乐创新的课余活动、家庭式宿舍生活管理，同时探索建立教师培训管理激励体系。最终将设施设备、生活管理、教师培训、家校合作等方面积累的有效经验形成基本规范和模式经验，通过政策倡导、公众传播等手段进行推广。2017年起，项目在贵州省的两所学校开展了前期尝试。为了更精准地助力教育脱贫与振兴乡村战略，2018-2019年，项目锁定教育资源相对缺乏的14个集中连片特困地区以及国家重点扶贫开发地区的832个贫困县，以及浙江省内相对贫困的29个县，从中选择了贵州黎平、江西寻乌、浙江淳安、云南镇雄、河北青龙、湖南洞口、河南台前、山东曹县、四川凉山等地的9所项目学校进行为期三年的试点。2020年，项目进一步在贵州普安、江西寻乌等地进行县域学校布局调整的探索。[③]在马云乡村寄宿制学校计划中，集合各方力量，发挥各自特长，探索建立了一套“家校合一”“教”“育”结合的寄宿制体系，解决留守儿童的教育和身心发

① 李剑平. 全国教师志愿服务联盟在京成立[N/OL].（2014-12-11）[2020-02-11]. http://zqb.cyol.com/html/2014-12/11/nw.D110000zgqnb_20141211_6-03.html.

② 马云公益基金会. 认识马云公益基金会[EB/OL].（2014-12-15）[2020-02-11]. https://www.mayun.xin/index.html#/about-us/jmf.

③ 马云公益基金会. “马云乡村寄宿制学校计划”项目介绍[EB/OL].（2017-11-1）[2020-04-08]. https://www.mayun.xin/index.html#/project-detail/349.

展问题。①

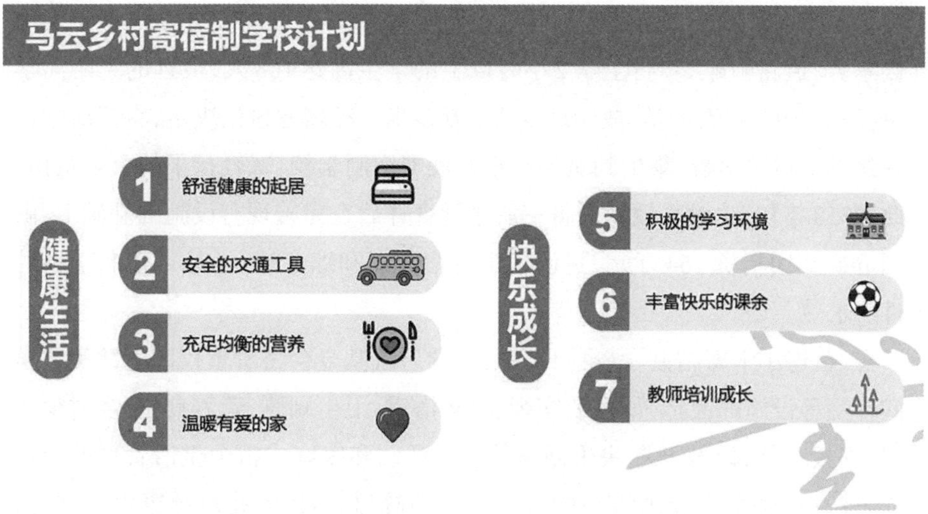

图1　马云乡村寄宿制学校计划七大改造项目图②

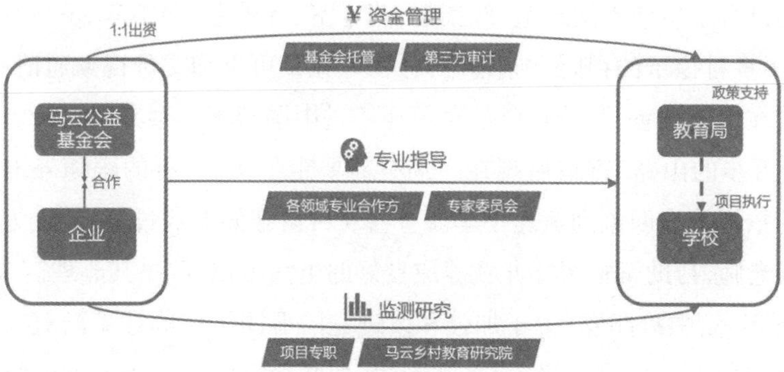

图2　三方合作架构图③

① 马云公益基金会．马云乡村寄宿制学校计划试点首次入住，这里的孩子们搬进“新家”[EB/OL].(2018-12-19)[2020-02-18]. https://www.sohu.com/a/283242463_668026.

② 马云公益基金会．让马云现身看望寄宿学生，这所寄宿制学校究竟有啥魅力？[EB/OL].(2019-11-21)[2020-04-08]. https://www.mayun.xin/index.html#/topic-detail/19246.

③ 马云公益基金会．“马云乡村寄宿制学校计划”项目介绍[EB/OL].(2017-11-1)[2020-04-08]. https://www.mayun.xin/index.html#/project-detail/349.

以该项目资助的云南省镇雄县花山乡黄连小学为例,该校所在的黄连村位于镇雄县花山乡,原有学校三所,学生共274人,大部分是留守儿童。由于当地气候恶劣,道路崎岖,步行上学2小时以上的学生高达168人,最远的家距离学校单程14公里,一天上学、放学就要走6万多步。经多方讨论决定,将三所学校合并建设寄宿制学校,集中到黄连小学开展寄宿制学校,减轻孩子的上学负担。因此,2018年初,镇雄县教育局将三所小学合并后在完善现有设施的基础上,由中国五矿集团捐资164万元,建设了学生宿舍楼和综合楼,满足寄宿制学校的硬件需求。

在"黄连小学寄宿制学校项目"中,鹏瑞启航基金会将着重校园生活和教学空间环境等设施的改造,如品质宿舍、温暖浴室、卫生厕所、营养食堂、乡村少年宫、平安校车等,以及开展快乐创新的课余活动和家庭式宿舍生活管理的探索工作、建立教师培训管理激励体系,让乡村寄宿制学校的儿童健康生活、阳光成长。①

项目开展一年多来,新的黄连小学建设了24间宽敞明亮的宿舍,乡村寄宿制项目还进行了生活空间改造,阅读吧、美术室、音乐室、少年宫、乐高室一应俱全,打开了乡村孩子的视野;"亲情吧"让留守儿童可以和父母视频通话;孩子们一日三餐在学校就餐,学校食堂的菜单还经过中国营养学会专门设计。原来每天要走6万步的山路,寄宿后现在一周只需要走一次。②有的跟随外出务工父母上学的孩子甚至回流到黄连小学。有些农村留守妇女经过培训,成为了保育员或生活老师,帮助寄宿留守儿童养成良好的生活习惯,解决其心理需求。

2015年,党中央印发《关于加强和改进党的群团工作的意见》,对少先队组织工作提出要求。要求各级工会、共青团、妇联、残联、关工委等群团组织发挥关爱服务优势,积极为农村留守儿童及其家庭提供假期日间照料、心理疏导、家庭教育指导等关爱服务。通过政府购买服务等方式,支持和推动社会工作服务机构、公益慈善类社会组织、志愿服务组织等社会力量为农村留守儿童提供专业服务;同时,发挥市场机制作用,支持社会组织、爱心企业举办农村留守儿童

① 界面.鹏瑞十年 爱心启航|黄连小学寄宿制学校项目启动仪式成功举行[EB/OL].(2018-12-18)[2020-02-18]. https://k.sina.cn/article_6192937794_17120bb4202000mulz.html.

② 董宁.让6岁孩子不再走6万步山路,云南镇雄黄连小学寄宿制新模式引关注[EB/OL].(2020-01-08)[2020-02-18]. http://photo.china.com.cn/2020-01/08/content_75590673.htm.

托管服务机构。有的学校通过与各机关单位主题教育活动相结合的方式，引导更多的社会人士关心、爱护留守儿童，为孩子们带去温暖。2016年发布的《国务院关于加强农村留守儿童关爱保护工作的意见》也提出“坚持全民关爱。充分发挥村（居）民委员会、群团组织、社会组织、专业社会工作者、志愿者等各方面积极作用，着力解决农村留守儿童在生活、监护、成长过程中遇到的困难和问题，形成全社会关爱农村留守儿童的良好氛围。”①

过生日，吃蛋糕，收礼物，对于许多孩子来说是最普通不过的事情。可是这在很多留守儿童看来，却是一件非常奢侈的事情。为了完成留守儿童们这一心愿，4月11日，重庆高速冷水服务区生态旅游自驾营地联合冷水小学，为该校80名留守儿童开展了集体生日活动。

活动在悠扬、温馨的生日祝福歌声中拉开帷幕，工作人员和老师为“小寿星”们戴上了生日帽，与他们一起品尝生日蛋糕，并给每位留守儿童赠送了一套文具作为生日礼物。

生日会后，活动组织孩子们进行了互动游戏、诗歌朗诵和歌舞表演，并带孩子们游览了自驾营地。阳光照耀下的自驾营地，这群头戴生日帽的红色小身影格外炫目，孩子们天真无邪的笑容感染着在场的每一个人。

该自驾营地负责人表示，此次活动是为了关爱农村留守儿童，充分发挥精准扶贫作用，让师生们感受到重庆高速集团的人文关怀，也为留守儿童留下一段美好的回忆。

“我今天非常高兴，自从我爸爸妈妈出去打工后，我就没过过生日。今天叔叔阿姨给我提前过生日，不仅让我吃到了生日蛋糕，还给我送了生日礼物，这让我回想起了小时候爸爸妈妈给我过生日的场景，这种感觉真的是太美好了！”一名留守儿童说。②

国际组织作为一支重要的国际力量在全球教育治理上发挥着重要作用，留

① 国务院．国务院关于加强农村留守儿童关爱保护工作的意见[EB/OL]．(2016-02-14)[2020-01-06]. http://www.gov.cn/zhengce/content/2016-02/14/content_5041066.htm.

② 罗远琴．留守儿童冷水自驾营地过生日[EB/OL].(2019-04-16)[2020-02-10]. https://www.cqcb.com/county/shizhu/shizhuxinwen/2019-04-16/1564454_pc.html.

守儿童问题也成为联合国儿童基金会等国际组织关注的对象。联合国儿童基金会(United Nations International Children's Emergency Fund,简称UNICEF),原名"联合国国际儿童紧急救助基金会",于1946年12月11日创建,最初目的是满足第二次世界大战之后欧洲与中国儿童的紧急需求。1950年起,它的工作扩展到满足全球所有发展中国家儿童和母亲的长期需求。1953年,UNICEF成为联合国系统的永久成员,并受联合国大会的委托致力于实现全球各国母婴和儿童的生存、发展、受保护和参与的权利。1979年,联合国儿童基金会正式开始与中国政府合作,项目领域涵盖卫生与营养、教育、儿童保护、社会政策以及紧急援助等多个方面。在这些合作项目中,联合国儿童基金会将与政府各部门和爱心企业紧密合作,树立标杆示范项目,探索留守儿童保护的新模式。

以"3-A"模式为指导,将儿基会资助作为"种子经费",只限于在一些模式探索中和国家级活动中提供服务,在合作伙伴中开展技术、计划和管理方面的能力建设,在示范地区和国家级项目中进行交流和宣传。联合国儿童基金会在中国的工作致力于促进儿童权利的落实,为此促进政策发展和法律保障工作。

自2010年以来,联合国儿童基金会支持7个省(自治区、直辖市)20个试点县的200个村开展儿童福利项目。在国家政策提出在村级单位设立儿童主任以来,联合国儿童基金会积极开展相关项目。在项目村都有一位专门具体从事儿童和家庭福利工作的儿童主任,了解每一户孩子情况,发现困境儿童并帮助他们联系相关部门解决吃饱穿暖、看病就医、上学就业等生存、教育、发展和心理疏导问题。从2018年村儿童主任的成绩单(表5-1)来看,儿童主任在实际工作中充分发挥了作用,在儿童工作中,包括留守儿童,关切到儿童成长的方方面面。毫无疑问,这样贴近留守儿童日常生活的支持,对于保障留守儿童的健康权、教育权、生存权和发展权大有裨益,为实现留守儿童未来有质量有尊严的生活奠定基础。

表5-1 2018年村儿童主任的成绩单[①]

9.1万儿童组织开展了集体活动
174名儿童上了户口
656名儿童申请到低保或困境儿童津贴

① 研究小组根据联合国儿童基金会驻华办事处网站资料整理绘制而成。

续表

785 名儿童申请到教育补贴
183 名遭受侵害或虐待的儿童提供了保护服务
7.2 万儿童建立并更新档案，针对不同类型困境儿童提供服务
142 事实上无人照顾的儿童协调临时看护人
121 名儿童申请到大病救助
125 名辍学儿童协调返校
82 名儿童申请到孤儿津贴

从以上资料可以看出，社会组织在留守儿童社会支持方面发挥着重要的作用。因此，各地留守儿童工作部门可以与这些社会组织建立联系，共同携手推进留守儿童的成长与发展，积极引导和发挥社会组织的作用，提高对留守儿童指导的针对性和专业性。在对妇联和乡镇工作人员的访谈中，研究小组也发现，基层工作人员建议应加强妇联的主导作用，因为留守儿童工作属于基层工作，而妇联从全国妇联到基层的村一级妇联都有专门的工作人员，而且儿童工作本身也是妇联的工作内容之一，县妇联及以上机构一般都会设立专门的儿童工作部，妇联的工作人员对儿童工作很热心，有群众基础和威信。鉴于《关于进一步健全农村留守儿童和困境儿童关爱服务体系的意见》中提出为加强基层儿童保护工作力量，在乡镇人民政府（街道办事处）设立儿童督导员，在村（居）民委员会设立儿童主任的建议，本研究建议可以由乡镇人民政府（街道办事处）妇联主席兼任儿童督导员，由村（居）民委员会妇女主任兼任儿童主任。从而做到做到事有人干、责有人负。

在《关于进一步健全农村留守儿童和困境儿童关爱服务体系的意见》中，对社会组织的功能和作用进行了大篇幅论述，提出要鼓励和引导社会力量广泛参与儿童保护和服务工作之中，地方相关部门不但要发动社会各方参与儿童服务工作，而且要培育孵化社会组织，并购买社会组织提供的服务。[①]由此可见，社会组织的发展空间将会越来越大，发挥的作用也越来越重要。

① 民政部．关于进一步健全农村留守儿童和困境儿童关爱服务体系的意见[EB/OL]．(2019-05-27)[2020-01-08]. http://www.mca.gov.cn/article/gk/wj/201905/20190500017508.shtml.

五、自我提高：培养留守儿童的抗逆力

留守儿童的成长需要社会的支持，然而我们在进行社会支持的时候，不要忘记留守儿童自身的主观能动性。马克思主义教育观认为："主观能动性使个体既成为改造外部客观世界的主体，又成为自我改造的主体。作为改造外部客观世界的主体，人在面对外部不利环境时，能够发挥主观能动性，克服困难，积极改造世界，而不是被外部环境所压垮。'出淤泥而不染'就是人的主观能动性的很好表现。所谓自我改造的主体，是指人的发展不为外力所驱动、所支配，而是一个自我发展、自我建构、自我超越的过程。主观能动性为人自身的发展创造条件，同时，勾画自己未来的发展目标和愿景，为实现目标不竭进取。对于教育而言，固然要传授知识，发展能力，培育人格，但更要激发个体发展的自我意识和能动性，唤醒生命发展的自觉性，赋予人不懈发展的动力。"①

毛泽东在《矛盾论》中，对形而上学的宇宙观进行批判的同时，提出了唯物辩证法的宇宙观，并对内、外因关系进行了系统的论述。"唯物辩证法的宇宙观主张从事物的内部、从一事物对他事物的关系去研究事物的发展，即把事物的发展看作事物内部的必然的自己的运动，而每一事物的运动都和它的周围其他事物互相联系着和互相影响着。事物发展的根本原因，不是在事物的外部而是在事物的内部，在于事物内部的矛盾性。任何事物内部都有这种矛盾性，因此引起了事物的运动和发展。事物内部的这种矛盾性是事物发展的根本原因，一事物和他事物的互相联系和互相影响则是事物发展的第二位的原因。"②"外因是变化的条件，内因是变化的根据，外因通过内因而起作用。"③

基于这些理论的指导，长期以来我国在各项工作中都非常注重发挥人的主观能动性，采取各种措施来提升人的主观能动性，从而解决外部遇到的困难。那么，作为未成年人且身处困境、心理脆弱的留守儿童，他们是否有主观能动性？如果有，这种主观能动性是否足够强大可以应对当前的外部困境与挑战？如果没有或很弱，我们是否可以通过教育等手段来培养其主观能动性呢？

长期以来，人们不太注重留守儿童主观能动性的培养，留守儿童只被作为

① 《教育学原理》编写组．教育学原理[M].北京：高等教育出版社，2019: 90-91.

② 毛泽东．矛盾论[M]//毛泽东．毛泽东选集（第一卷）．北京：人民出版社，1991:301.

③ 毛泽东．矛盾论[M]//毛泽东．毛泽东选集（第一卷）．北京：人民出版社，1991:302.

救护的对象，作为弱势群体，其本身具备的主观能动性被忽略。当前社会各界对留守儿童的“过度关爱”，有可能成为阻抗儿童成长的“源始的结构整体性”的“操心”。这种“我认为你需要”的心态对于儿童而言是致命的，不仅会泯灭留守儿童作为生命个体逐渐学会自我选择、自我完善的可能性，而且会遮蔽留守儿童生活的自觉意识，代之以“不会为自己的生活操心、不会操心别人、不会操心周围事物”的人。[①]一切外在的支持都应该以“留守儿童”个体的现实需求为出发点，敬畏儿童成长的规律，尊重其精神生活方式。对于儿童来说，生命整体的成长过程是一个积极适应、主动建构的自我完善过程。

许多研究者将“抗逆力”这一概念引入留守儿童的研究领域，主张通过培养留守儿童的抗逆力来促进其健康发展。所有外在的支持必须内化为留守儿童内在的自我支持才能够充分发挥作用，留守儿童自我支持能力越强，其抗逆力越强。研究者们进行了大量案例研究，探索了很多培养留守儿童抗逆力的措施，并应用于帮助儿童应对压力情境。[②]抗逆力关注内因和人的主观能动性，主张通过自我提高来应对外部困境，这些研究也同样可以开拓社会支持研究领域的思路，作为一个着力点来推进留守儿童社会支持工作。调研中发现：有些留守儿童不仅没有出现相关的心理问题，而且成绩优异，各方面发展很好，就是因为其具备强大的抗逆力和主观能动性。

留守儿童问题是一个综合性的社会问题，不是一两个部门就能解决的，也不是只靠政府的力量就能解决的，所以不仅要加强多部门的协作，而且要整合家庭、学校、社会组织和学生自身的力量来进行应对。对于民族地区留守儿童来说，其情况更加复杂，需要国家民族事务委员会和地方民族事务机构积极介入。对于经济落后地区，尤其应发挥社会组织、基金会等的积极性和活力，并将对留守儿童的关爱工作与教育、脱贫、社会经济发展相结合进行系统规划。在合作过程中，需要各个部门主动承担责任，发挥领导作用，这样才能做到有人负责，有人担责，更好地促进部门之间的合作。在选择主要负责部门上，要根据实际情况，做到实事求是、分类指导、精准施策。对于没有脱贫的贫困家庭，要制定以民政部门为主导的兜底政策，解决其生活困难；对于家庭条件得到改善，希

① 苗雪红．面向儿童生命整体的儿童教育[J]．安徽师范大学学报（人文社会科学版），2013(6)：712-716.

② 肖梦洁．留守儿童社会支持、心理弹性、社会适应现状及其关系研究[D]．桂林：广西师范大学，2015：17.

望得到更好教育的家庭，要制定以教育部门为主导的教育提升政策，满足其高质量教育需求。

第二节　支持内容：以政策为主线 聚合社会资源

在留守儿童成长的社会支持系统中，政府、家庭、学校、社会组织和学生本人都是重要的主体成员。他们在系统中分别应该提供哪些支持内容才能保证整个支持系统的顺利和持续运转呢？下面本研究将针对这一问题进行详细论述。

一、政策引导：通过政策来引导并整合资源

对于在整个支持系统中起主导作用的政府来说，应首先制定有针对性的政策，通过政策来引导相关主体的参与并明确各主体的责任，通过政策来整合各方资源。在政策引导上，中央政府和各部委、各省市等地方政府的政策应做到各有侧重，各负其责。地方政府的政策不仅要结合地方实际情况，而且要与中央政府和各部委出台的政策做好衔接，具有可操作性。

2001年中央政府在《国务院关于基础教育改革与发展的决定》第十二条中提出："要重视解决流动人口子女接受义务教育问题，以流入地区政府管理为主，以全日制公办中小学为主，采取多种形式，依法保障流动人口子女接受义务教育的权利。"①（简称"两为主"）的政策。2018年新修订的《中华人民共和国义务教育法》第十二条进一步提出："父母或者其他法定监护人在非户籍所在地工作或者居住的适龄儿童、少年，在其父母或者其他法定监护人工作或者居住地接受义务教育的，当地人民政府应当为其提供平等接受义务教育的条件。具体办法由省、自治区、直辖市规定。"2014年中共中央、国务院又在《国家新型城镇化规划（2014—2020年）》中进一步提出："将农民工随迁子女义务教育纳入各级

① 国务院．国务院关于基础教育改革与发展的决定[EB/OL].(2005-05-19)[2020-01-03]. http://www.gov.cn/gongbao/content/2001/content_60920.htm.

政府教育发展规划和财政保障范畴，合理规划学校布局，科学核定教师编制，足额拨付教育经费，保障农民工随迁子女以公办学校为主接受义务教育。”[①]。这些政策都明确了农民工流入地政府要对留守儿童的教育负责。国务院于2016年2月14日印发了《国务院关于加强农村留守儿童关爱保护工作的意见》[②]，从政策层面对留守儿童的保护问题进行了顶层设计。这一政策既明确了流入地政府的责任，也明确了流出地政府的责任。政策要求国务院各部委以及地方各部门要加强协作，明确了民政部门在多部门合作中的主导地位，这使得政策制定和实施有合作、有落实、有负责。政策还明确了政府、家庭、学校、社会等留守儿童相关方的责任与义务，尤其明确了家庭的责任，并提出要积极整合社会资源，加强各方合作。政策提出了从根源上消除留守儿童的治本之策，就是发展经济，这就将留守儿童问题与国家的扶贫、东中西部产业转移和合作相结合，让留守儿童政策融入整个国家发展战略，在不断发展中解决留守儿童问题。另外，2015年国务院办公厅印发的《国家贫困地区儿童发展规划（2014—2020年）》提出要切实保障贫困地区儿童生存和发展权益，实现政府、家庭和社会对贫困地区儿童健康成长的全程关怀和全面保障。

这些相关政策都将留守儿童纳入保护范围，体现了国家对留守儿童群体的重视和关爱。同时，这些政策还吸收了其他机构包括国际组织的力量参与留守儿童工作。例如，教育部与联合国儿童基金会合作，将爱生学校的理念、模式和经验融入到《义务教育学校管理标准》之中，这些对中国义务教育学校的学生尤其是农村地区的留守儿童等都产生了重要影响。

二、法律保障：通过法律来保障留守儿童的权利

留守儿童享有和其他儿童相同的权利，然而其身份标签中，无论是“留守”还是“儿童”，都是弱势群体。所以，在社会中，其权利更容易受到忽视甚至侵犯。为此，2014年最高人民法院、最高人民检察院、公安部、民政部联合印发《关

① 中共中央国务院. 国家新型城镇化规划（2014－2020年）[EB/OL].（2014-03-16）[2020-01-05]. http://www.gov.cn/gongbao/content/2014/content_2644805.htm.

② 中共中央国务院. 国务院关于加强农村留守儿童关爱保护工作的意见[EB/OL].（2016-02-14）[2020-01-06]. http://www.gov.cn/zhengce/content/2016-02/14/content_5041066.htm.

于依法处理监护人侵害未成年人权益行为若干问题的意见》，为受到监护人侵害的未成年人撑起法律的保护伞。这一政策结合《民法典》《未成年人保护法》，共同为制定留守儿童保护政策提供了法律依据。在此基础上，最高人民法院还与其他专业机构合作研讨关于留守儿童保护的法律实践。

2017年8月29日，最高人民法院与联合国儿童基金会在四川省眉山市联合召开“儿童权益刑事司法保护研讨会”。最高人民法院刑一庭负责人、联合国儿童基金会驻华代表和四川省高级人民法院、眉山市委政法委、眉山市中级人民法院有关领导出席并致辞。来自北京、河南、贵州、安徽等20多个省市法院及最高人民检察院、全国妇联的代表，最高人民法院特邀咨询员、特约监督员和有关专家学者等共100余人参加研讨。

本次研讨为期三天。其间，眉山市中级人民法院就牵头开展“预防惩治侵害留守儿童权益犯罪联动机制”试点建设的情况进行了专题介绍，眉山市检察机关、民政、团委等联动机制成员单位和社会志愿者代表就加强协作，吸纳社会力量积极参与，构建行政、家庭、学校、社会保护与司法保护相衔接的留守儿童保护工作格局等经验举措，做了交流发言。与会专家、代表就开展留守儿童综合司法保护、预防惩治性侵害未成年人犯罪联动机制方面的课题进行了研讨。普遍认为，四川眉山、山东青岛相关试点工作取得了积极进展，达到了先行先试，积累可复制、可推广的经验模式的阶段性试点项目目标。研讨期间，与会代表还对猥亵儿童、遗弃留守儿童等违法犯罪的法律政策适用问题进行了讨论。联合国儿童基金会驻华办事处、首都师范大学有关专家学者就儿童司法保护问题进行了专题讲授。代表们实地走访、参观了眉山市仁寿县未成年人社会保护中心。

据了解，我国目前尚有农村留守儿童902万人，中西部省份占九成以上，一些儿童家庭监护、教育缺失，遭受不法侵害等案件时有发生，引起广泛关注。党和国家一直高度重视留守儿童保护工作，近年来，先后出台《关于加强农村留守儿童关爱保护工作的意见》等文件，加强顶层制度设计，统筹协调全国农村留守儿童关爱保护工作，取得积极进展。2015年，最高人民法院与联合国儿童基金会驻华办事处合作，在四川眉山中院启动“预防惩治侵害留守儿童权益犯罪联动机制”试点项目，审判职能向前、向后延伸，构建机制牵引多部门联动发力，建立起留守儿童基础数据库、合适成年人数据库、侵害留守儿童犯罪案件数据库，并积极探索开展被害人救助、心理辅导等工作，有效提升留守儿童司法保护水平。①

各地也积极出台相关法律政策来加强对留守儿童的司法保护。例如贵州省高级人民法院出台的《关于充分发挥审判职能作用加强农村留守儿童合法权益保护的意见》就提出：严格依照婚姻法、未成年人保护法、预防未成年人犯罪法及相关司法解释等规定，确立儿童利益最大化原则，强化儿童权益优先保护司法理念，加强隐私保护，避免二次伤害。意见要求，全省法院对涉留守儿童案件中涉嫌刑事犯罪的，要及时告知农村留守儿童方提起刑事自诉或请求公安机关处罚。对侵害农村留守儿童合法权益的案件，主动为其提供法律援助。同时，要建立涉留守儿童案件立、审、执有效衔接的"绿色通道"，实行涉留守儿童案件立案法官引导诉讼责任制。意见强调，全省法院要借助家事审判改革契机，逐步探索家事审判和少年审判合一的科学路径；要积极探索适合留守儿童心理、生理特点的审判方式，把审判工作向前延伸，完善法庭教育制度；要依法加大调解工作力度，充分调动各方面的积极因素，及时化解矛盾纠纷。意见指出，全省法院在审理留守儿童刑事案件时，要坚持"教育、感化、挽救"方针和"教育为主，惩罚为辅"原则，对罪行较轻、悔罪表现好的被告人，尽可能依法给予改过自新的机会；依法从重、从严、从快严厉打击故意杀害、伤害、强奸、抢劫、抢夺、猥亵、拐卖、拐骗留守儿童的违法犯罪和教唆、胁迫、引诱留守儿童违法犯罪等各类案件；依法追究辍学留守儿童家长违反义务教育法行为的相关法律责任，保障辍学留守儿童重返校园接受义务教育。②

据《中国教育报》报道，农村留守儿童关爱保护工作部际联席会议办公室披露的信息显示，自2016年11月在全国部署开展农村留守儿童"合力监护、相伴成长"关爱保护专项行动以来，至2017年8月底，已有68万多名无人监护和父母一方无监护能力的农村留守儿童得到有效监护。其中，批评教育失职父母90822人，治安管理处罚282人，依法追究失职父母刑事责任16人，依法撤销失

① 人民法院新闻传媒总社．集思广益群策群力　最高人民法院研讨加强农村留守儿童司法保护[EB/OL]．(2017-08-31)[2020-01-03]. http://www.court.gov.cn/zixun-xiangqing-57992.html.

② 人民法院报．贵州出台意见加强农村留守儿童权益保护　强化儿童权益优先保护，加强隐私保护避免二次伤害[EB/OL]．(2019-07-18)[2020-01-03]. http://www.court.gov.cn/zixun-xiangqing-171612.html.

职父母监护权案例17个。[①]法律在留守儿童保护行动中起到了重要作用。在调研中,我们还了解到妇联等机构也积极开展法制宣传教育工作和留守儿童维权工作,为留守儿童成长构筑了法律保护之网。

三、舆论响应:通过舆论来回应社会关切

研究发现,对于留守儿童这一群体,社会每一个人都非常关心,然而平时这种关心之情只是沉睡在人们的内心之中。如果能够有舆论介入,则能很好地将人们内心的关切之情激发出来,将思想转化为行动,进而促进甚至加快相关政策的制定。2018年的“冰花男孩”王福满就是一个很好的舆论响应社会关切的案例。[②]

穿着单薄的外套,满头银白色的冰花,一张拍摄于教室内的照片,让云南鲁甸“冰花男孩”王福满成为“网红”。王福满当时只有8岁,是云南鲁甸县新街镇转山包小学的学生。他的母亲离家出走,父亲王刚奎外出打工,他和58岁的奶奶姚朝芝、10岁的姐姐王福美一起生活。当天上午,他离开家,走了近一个小时的山路,赶到学校参加期末考试。等他到达教室时,头上已结满冰霜,远看去像长了一头白发。“冰花男孩”照片背后,以王福满为代表的留守儿童群体,也引起关注。

分管教育的副市长等人到学校现场办公,并到“冰花男孩”家中家访,对做好学校学生和留守儿童安全温暖过冬作出具体安排。当地举行的专题会上提出,加大对农村学校,特别是寄宿制学校过冬工作的检查力度,“落实好灾区学校师生过冬各项措施,为高寒山区的学校配备必需的取暖设备”。

“冰花男孩”走热后,共青团云南省委、云南省青少年发展基金会、云南省志愿者协会面向全省各级团组织和广大团员青年及社会各界爱心人士倡议启动“青春暖冬行动”。 昭通市青少年发展基金会也向全社会发出倡议,呼吁社会各界奉献爱心。首批10万元爱心捐款已送抵学校。在校81名学生,每人现场

① 杨三喜.关爱留守儿童要精准施策[N/OL].(2017-09-29)[2020-01-06]. http://www.cssn.cn/jyx/jyx_kspx/201709/t20170929_3657694.shtml.

② 百度百科.王福满(冰花男孩)[EB/OL].(2018-01-10)[2020-04-08]. https://baike.baidu.com/item/%E7%8E%8B%E7%A6%8F%E6%BB%A1/22335089?fr=aladdin.

获得500元“暖冬补助”。此外，中建三局昆明分公司为转山包小学捐赠保暖衣服144套、取暖设备20台。

截至2018年1月11日，云南青基会通过腾讯公益众筹、新浪微公益众筹等方式已面向全社会筹集暖冬爱心善款共计30万余元。2018年5月“冰花男孩”王福满所在的新街镇转山包小学完成学生宿舍改造。2018年1月10日，中国人民公安大学微校园在得知“冰花男孩”王福满的心愿是“当警察”和“来北京”后，公安大学师生发出了热情的邀请，期待他能够初心不改，努力拼搏，来到北京这所被誉为“共和国警官摇篮”的学校学习，成为一名人民警察，实现除暴安良，报效祖国的崇高理想。公大学生们希望“冰花男孩”能够看到这些鼓励，和他们一同实现内心的梦想。

一张照片不仅让“冰花男孩”王福满成为了社会关注的焦点，而且让以他为代表的留守儿童群体再一次成为了人们的热议话题和政策焦点。这在某种程度上加快了地方政策的落地。在信息化尤其是自媒体时代，很多人们关切的社会现实都有成为社会舆论的可能，所以对于留守儿童，学校、家庭每一个人都应该去关注、去记录留守儿童的困难和变化。因为每一张照片、每一段视频或文字都有可能成为新的舆论话题，进而促进留守儿童问题的解决。

四、物质支持：通过物质来满足留守儿童需求

物质支持是一种比较明显、能够量化，同时也是比较方便的支持。在经济相对贫困地区，留守儿童可能亟待得到物质上的帮助，以满足生活、学习的需求。例如，习近平总书记2019年调研的重庆市石柱县中益乡小学就是通过物质支持，改变了学校的面貌和发展环境。重庆市石柱县中益乡小学共有11个班(含盐井村村小4个班)，165名学生，其中有78名贫困学生，56名留守孩子，90%以上为少数民族，教职员工有23人。2019年，当地政府和爱心企业对学校进行了建设和改造。2019年9月开学之际，学校教学条件大幅改善，专门配备有计算机、音乐、书法、劳动技术等专门教室和共享科技馆，供孩子们学习和探索。2019年教师节来临之际，该校获“全国教育系统先进集体”称号。

中益乡小学是一所农村寄宿制学校。上个学期，该校有11个教学班，165名学生，其中贫困学生78人，留守儿童56人，90%以上的学生都是少数民族，另

有教职员工有23人。虽是寄宿制学校,但条件有限,有寄宿需求的学生大多租住在场镇上。

今年来,中益乡小学对教学综合楼和学生宿舍进行改扩建。工程完工后,教学综合楼面积将达1200多平方米,20间带厕所的学生宿舍将投入使用,可容纳120多人的幼儿园也将开园……

“这么多项目紧张推进,我只有守在这里才放心。”虽然是暑假,但谭顺祥一有时间就“泡”在学校,督促建设方加快施工进度,确保所有工程在9月开学前如期完工。其中,他特别关心学生宿舍楼建设,目前正联系家具采购事宜,“下学期,有寄宿需求的学生,住宿问题全部都能解决了。”

令谭顺祥更为欣喜地是,下学期,县里将派5名优秀教师来支教,充实中益乡小学的师资力量。学校也将派出一名骨干教师外出“取经”,到重庆南岸区一所优秀小学跟岗学习半年。除此之外,市里不少单位还向学校抛来橄榄枝,计划派出教育专家前来办讲座。①

五、精神抚慰:通过精神产品来促进留守儿童心理健康

随着经济的发展,很多留守儿童的父母在外务工,家庭经济条件得到了很大改善,而且随着地方经济的不断发展,对留守儿童的物质支持也越来越多。调研中也发现,很多地区、很多家庭的留守儿童不再仅仅需要物质上的帮助,他们需要更多的精神产品来满足心理的需求。为此,联合国儿童基金会开始联合企业和政府、学校开展“爱生学校社会情感学习项目”。

2015年2月5日,海尔集团与联合国儿童基金会正式签约,未来三年双方将在“爱生学校社会情感学习项目”上实现深度合作,在西部3个省3个县开展关爱行动,共同关注农村地区留守儿童的教育及心理健康问题。海尔集团董事局主席、首席执行官张瑞敏,轮值总裁周云杰,联合国儿童基金会驻华办事处代表麦吉莲以及教育部教师工作司综合处处长黄贵珍等出席会议。

当前留守儿童的教育以及健康问题成为整个社会共同关注的热点,今年1

① 汤艳娟."总书记来了我家乡,我们更要努力奔小康"——石柱县中益乡见闻录[N/OL].重庆日报,(2019-07-17),[2020-04-09]. https://epaper.cqrb.cn/html/cqrb/2019-07/17/004/content_236853.htm.

月公布的《国家贫困地区儿童发展规划(2014—2020年)》指出,促进贫困地区儿童发展是改变贫困代际传递的根本途径,要重点加强对留守儿童和孤儿、残疾儿童、自闭症儿童的心理辅导。对此,教育部教师工作司表示,此次海尔集团与联合国儿童基金会以支持关爱中国农村留守儿童为主旨建立合作伙伴关系,完全契合教育部与联合国儿童基金会教育合作项目的目标,特别是当前正在开展的促进中国农村儿童、包括留守儿童的社会情感发展和心理健康项目。

据了解,作为联合国儿童基金会在中国家电类首家企业合作伙伴,海尔将与联合国儿童基金会共同解决留守儿童健康及教育问题,在广西三江县、贵州省纳雍县、重庆忠县开展爱生学校社会情感学习项目,针对骨干培训者、农村小学老师等进行社会情感教育教学培训,从而对留守儿童的情感发展、交流沟通以及心理健康产生积极正向的影响。①

另外,联合国儿童基金会也建设了爱生学校,并邀请王源等青年偶像作为大使参与并推广这一理念和项目。而且,爱生学校也在不断影响着中国的教育政策的制定。

"无论住在农村还是城市,是男生还是女生,是身有残疾抑或面临其他困境,每个儿童都有接受优质教育的权利。"近日,联合国儿童基金会青年教育使者、歌手、演员王源在北京召开的新闻发布会上说。

今年9月,新学期伊始,王源首次探访了广西壮族自治区三江侗族自治县的两所爱生学校。

"我印象中农村学校大多校舍简陋,设施老旧,但出乎意料,我探访的两所学校都很现代化,教学质量高,校园环境也很美。"王源说,"在这里爱生学校项目发挥了重要作用。爱生学校是一个非常先进的理念,在它的指导下,儿童的利益总是被置于首位,而且特别注重儿童的心理健康发展。"

2001年,教育部和联合国儿童基金会共同启动了爱生学校试点项目,探索中国特色的爱生学校模式,着力于学校环境的改善和教育质量的提升,让6—12岁的儿童好学、乐学。爱生学校模式注重社会情感学习和心理健康教育;促进体育教育,倡导身心健康发展和团队合作;改善水与环境卫生设施,使其更加儿

① 海尔集团. 携手联合国儿童基金会 海尔关注留守儿童教育[EB/OL].(2015-02-06)[2020-02-12]. http://www.haier.net/cn/about_haier/news/shzr/201502/t20150206_260406.shtml.

童友好、环境友好，提高学校卫生管理能力，促进儿童养成良好的个人卫生习惯；支持教师的专业发展，提高教学质量。

“爱生学校帮助儿童提高学习效果，成功升入中学，并使他们学习到重要的生活技能，培养儿童未来为社会做出积极贡献应具备的能力。”联合国儿童基金会驻华代表花楠(Rana Flowers)说，“联合国儿童基金会致力于让每一位儿童都受益于爱生学校理念。爱生学校模式已在中国获得认可，我们希望这一模式能够继续在全国范围内推广复制。”

通过教育部与联合国儿童基金会的长期合作，爱生学校的理念、模式和经验已被融入《义务教育学校管理标准》，正在惠及亿万中小学生，特别是农村地区的中小学生。

在这次探访中，王源给孩子们上了一堂音乐课，在学校的菜园和学生们共同劳动，带着他们餐前用肥皂洗手，一起学习包饺子，并加入了学生们的篮球训练。他还旁听了一堂社会情感学习课，并与学生们一起讨论让他们最自豪的事情。

“社会情感学习在中国是一个新理念。它教授学生如何与他人相处，如何实现团队合作，如何发挥创造力等。我觉得这些技能和课本知识一样重要，能够帮助学生更好地迎接未来。”王源说。

中国已经基本普及了九年义务教育，但地区之间的教育质量仍然存在显著差距。农村儿童、留守儿童和偏远地区的少数民族儿童等弱势儿童群体的学习效果往往受到影响。联合国儿童基金会与中国政府合作推广爱生、公平和优质的基础教育，为最薄弱的学校提供支持。①

另外，有些机构如北京上学路上公益促进中心以实证研究支持公益创新，提升留守儿童心理健康水平为使命，以成为守护儿童心理健康的公益引领者为愿景，倡导“阳光、正直、理性、开拓”的价值观。针对从小缺乏父母陪伴导致的心理异常问题，专注留守儿童心理健康关爱，帮助乡村留守儿童“走出”心灵的“困境”，拥有温暖的童年。该机构自2013年4月以来，积极响应党中央、国务院关于精准扶贫、文化扶贫的号召，推动乡村留守儿童心理健康改善，在全国通过

① 贾文婷，常红．联合国儿童基金会青年教育使者王源助力农村儿童教育质量提高[EB/OL]．(2017-11-20)[2020-02-12]. http://world.people.com.cn/n1/2017/1120/c1002-29657305-5.html.

丰富多彩的公益产品和服务，改善留守儿童、流动儿童的心理健康状态。

上学路上根据心理学中“故事疗法”“家庭治疗”和“叙事疗法”等理论依据，结合中国现实，开发了“故事盒子”“小雨点广播”（通过MP3、校园广播等给孩子讲心理暗示故事）“作文叙事”（通过心理学改造的、嵌入式语文作文课程帮助孩子建立心理安全岛）等公益项。这类公益项目目前覆盖全国23个省级单位，达500所中小学，受益儿童近17万人，根据反馈结果，心理改善率为64%。“如何给远方孩子打电话”（培训留守儿童家长通过电话改善亲子关系项目），受益父母达35万人。

与此同时，为增强留守儿童心理研究能力，自2015年起，上学路上每年发布《中国留守儿童心灵状况白皮书》，业已成为该领域最重要的连续研究文献。不仅被行业内部机构多次引用，同时引发全球1000多家媒体报道，覆盖人群累计达到1.4亿。并受到民政部、全国妇联、关工委、团中央、教育部等相关部委和包括中科院心理所、农科院、社科院、北师大、美国宾夕法尼亚大学、香港大学等研究部门的关注。

上学路上在公益实践和理论研究的同时，积极联结各种资源，举办了“留守与儿童国际电影节”“留守儿童非虚构写作计划”和“留守主题影展”，让更多公众了解留守现状，投身慈善事业。

上学路上受到各界肯定，并多次获奖，如CCTV年度法治人物（2016）、南方周末年度公益案例（2014）、南方人物周刊“温度中国”致敬（2014）、教育电视台年度公益致敬（2013）等等。[①]

调研中，各部门也反映留守儿童由于父母在外打工，经济条件得到了很大改善，他们更缺的是精神的抚慰，因此他们也计划将工作的重点放在留守儿童的心理健康上。然而，当前基层面临的问题是心理咨询人员的缺乏，也担心心理咨询师不了解留守儿童的具体情况，造成二次伤害。

本研究建议，要摸清留守儿童的心理状况，在做留守儿童调查和统计时，要将心理健康情况作为重要的方面纳入其中。这一调查可以与学校班主任工作相结合，让班主任教师来负责具体的调查工作。在心理咨询上，班主任是最了

---

① 北京上学路上公益促进中心．上学路上介绍[EB/OL].[2020-02-18]. http://www.sxlsngo.com/schooladmin/about/introduce.html.

解学生的人，也是学生最熟悉的人，应让班主任承担相关心理咨询工作。针对班主任心理咨询方法缺乏问题，可以开展相关培训，并列为教师专业发展计划。学校在核定教师绩效工资时，要根据其任教班级留守儿童数量进行适当倾斜，进一步增加教师开展留守儿童心理咨询的积极性。

第三节　支持策略：以儿童为中心 多支持相结合

有了支持主体和支持内容，那么支持主体如何将这些支持内容落到实处，提高支持的效果呢？这就需要制定有效的支持策略。留守儿童尤其是民族地区的留守儿童所在地区一般位于贫困地区，留守儿童的家庭很多也是贫困家庭。所以，在制定留守儿童支持策略上，要与民族团结与发展、地区脱贫致富的战略和政策相结合，做到直接支持与间接支持相结合、局部支持与全面支持相结合、长期支持与短期支持相结合。

一、直接支持与间接支持

直接支持就是针对留守儿童的问题通过给钱、给物，来帮助留守儿童解决基本的生活问题。这种支持快速、直接，能够在前期有效地帮助留守儿童渡过难关。针对直接支持，国家和各级地方政府也出台了各种政策。

在实际效果上，通过"冰花男孩"王福满的案例，我们可以很明显地看到直接支持的作用。"冰花男孩"很快获得了政府和社会爱心人士的关心和捐助，学校的取暖和住宿等设施设备都得到了改善。王福满也受邀去北京参观了警察博物馆、中国人民公安大学，体验了心目中的理想职业——警察。然而，事过近两年，另一则关于"冰花男孩"的新闻也引起了关注。

据报道，2019年12月8日"王福满的父亲王刚奎在网上发文称，自己想申请贫困户资格，同时给家人争取村中公益性岗位的名额，但都没被批准，王刚奎怀疑因和村主任有矛盾有关。对此，当地村主任王刚明回应记者称，王刚奎家的贫困户评定资料已递交，但由于不够评定标准，未获批。虽然此前两家确有过节，但公事就是公事。”[①]

虽然事后调查证实，“冰花男孩”的家庭经济情况已得到了改善，不属于贫困户认定标准，但是我们可以看出，刚刚脱贫的家庭的确有不断改善家庭生活的愿望。当然，这是好事，但直接支持已无法再有效发挥作用了。这就需要各种间接支持策略积极介入其中。

这些间接支持策略虽然不是直接针对留守儿童自身，但是可以通过促进地方经济、社会、教育、文化等各项事业的发展来减少留守儿童的数量，提高留守儿童的生活质量。在2016年1月27日的国务院常务会议上，李克强总理认为：“当然最重要的，还是通过推进农民工市民化、引导扶持返乡创业就业等措施，从源头上减少留守儿童。”[②]国务院于2016年2月14日印发的《国务院关于加强农村留守儿童关爱保护工作的意见》[③]第五条也提出了通过大力推进农民工市民化和引导扶持农民工返乡创业就业等途径，从源头上逐步减少儿童留守的现象。

以习近平总书记首次提出“精准扶贫”理念的湖南湘西花垣县十八洞村为例，我们可以更清晰地看到这种间接支持的效果。坐落在武陵山腹地的十八洞村平均海拔700米，四周群山环绕，苗寨吊脚楼鳞次栉比，全村225户939人，人均耕地0.83亩，原是一个典型的苗族聚居贫困村。十八洞村2/3的青壮年在外打工，出现了大量留守儿童，且孩子没有电话，没有互联网，与父母、外界没有什么接触。2013年时，全村人均纯收入只有1668元。实施精准扶贫后，十八洞村通过发展种植业、养殖业、苗绣加工业、乡村旅游业、电子商务等产业，吸引在外务工人员回村创业、就业。2018年，2/3的村民在村里发展，1/3的村民到深圳、广州等地转移就业，每年直接增收600余万元，人均纯收入达到12128元。[④]

① 前度郎．“冰花男孩”家庭申贫被拒，让情归情理归理[EB/OL]．(2019-12-11)[2020-02-16]. http://www.bjnews.com.cn/opinion/2019/12/11/660312.html.

② 国务院．李克强：决不能让留守儿童成为家庭之痛社会之殇[EB/OL].(2016-01-27)[2020-01-03]. http://www.gov.cn/xinwen/2016-01/27/content_5036696.htm.

③ 国务院．国务院关于加强农村留守儿童关爱保护工作的意见[EB/OL]．(2016-02-14)[2020-01-03]. http://www.gov.cn/zhengce/content/2016-02/14/content_5041066.htm.

④ 张燕玲．“精准扶贫”首倡地湘西十八洞村的“幸福人家”[EB/OL]．(2019-03-07)[2020-03-03]. http://www.chinanews.com/gn/2019/03-07/8774181.shtml.

从十八洞村的案例,可以看出直接支持和间接支持应该根据各自特点,加强配合与衔接,既解决留守儿童短期的困难,又解决地方经济、社会的稳定发展。这样才能最终从根本上、源头上解决留守儿童问题。

对于一些极端偏远地区的留守儿童,团委等机构也在尝试通过间接支持的方式来帮助留守儿童。例如云南宾川县团委就通过外出参访等方式,开阔孩子们的眼界,激发他们读书上进的精神。“我们把孩子们带到大理大学去,让大学生接待他们。让他们看一看没看过的东西。另外我们团县委自己给他们承诺,只要他们能考出来,考进高中,我们就每人给予2000块钱作为助学金(每人一次性奖励2000元)。”

二、局部支持与全面支持

留守儿童是一个特殊群体,然而留守儿童并不是生活在特定地区和学校孤岛上的群体。留守儿童生活上面临的困难容易被看到并引起社会的共鸣,然而留守儿童所面临的问题不单单是生活问题,还有教育质量、心理健康等等问题。因此,在支持策略上,要从留守儿童生活的环境、教育环境、德智体美劳全面发展的角度来开展支持,做到局部支持与全面支持相结合。

许多支持从对留守儿童教育或生活方面的关爱转向对留守儿童身心发展成长的全面支持,从对留守儿童的支持转向对全体农村儿童的支持,从学校、村的层面的局部支持逐步转向以县为对象的整体乡村学校的全面支持。例如,马云公益基金会不仅积极投入资金支持乡村寄宿制学校改造,而且制定了《寄宿制学校生活空间设计标准 2.0》《硬件建设流程标准》《生活管理案例集》等,不断探索制定标准,整合资源,优化学校教育管理流程,以形成可以推广的模式。从2020年起,马云公益基金会在原有“乡村寄宿制学校计划”试点学校的经验基础上,计划在小规模学校密集的地区推动撤点并校,让乡村留守儿童享受良好的教育资源和成长环境。目前初步确定在贵州普安县和江西寻乌县开展并校试点。项目将在试点县域内进行调研和学校布局规划,建设一批符合标准的寄宿制学校,推动小规模学校撤并。在湖南湘西十八洞村的精准扶贫行动,就是通过对十八洞村的全面支持来达到对留守儿童支持的效果。在调研中,我们也了解到相对于物质上的需求,留守儿童更希望获得教育质量方面的提升。“比如说我们搞募捐或者是春节去慰问,给一点现金。这些活动已经搞了好几十年了。但实质上的意义不是很大。因为不是每个留守儿童都缺这些东西。有的就是因为他们的父母去挣钱了,所以家里面不是很缺钱,能够满足基本的生活保障。但是就是因为父母远离他们,没有人教他们,山区学校的教育也不是特别好,不管是硬件还是师资力量,还是相对比较落后。县委县政府和教体局都很支持这些活动。所以现在提出:县城的一些老师如果想评高级职称,就必须到这些乡村支教两年。你可以分成两段,先去一年,然后回来,再去一年。这也相当于县委县政府和教体局给的一些支持。”

为此,2018年中共中央、国务院印发了《乡村振兴战略规划(2018—2022年)》,提出要“坚持乡村全面振兴。准确把握乡村振兴的科学内涵,挖掘乡村多种功能和价值,统筹谋划农村经济建设、政治建设、文化建设、社会建设、生态文明建设和党的建设,注重协同性、关联性,整体部署,协调推进。”①国家的乡村振兴战略为解决留守儿童问题提供了更全面的思考,也就是说留守儿童问题不能孤立地看,孤立地解决,其最终解决需要乡村的全面振兴。因此,对留守儿童支持要由局部逐渐转向全面,要与国家的乡村振兴战略相结合,在整个乡村振兴的大背景下来解决留守儿童面临的各种复杂问题。

三、长期支持与短期支持

按支持的时间来看,可以将支持分为长期支持与短期支持。在舆论的引导下,出于对留守儿童的关爱,当前来自社会的各种支持比较多,这些支持大概有以下特性:一是有些支持具有个体性,缺乏群体性;二是有些支持具有短期性和周期性,缺乏系统连贯性。我们可以看一则案例:

麦田里的守望者——叶连平

叶连平,男,汉族,1928年9月生,中共党员,和县乌江镇卜陈学校退休教师。

叶连平四十年如一日坚守乡村,1991年退休后仍心系教育,自费创办“留守

① 新华社.中共中央国务院.乡村振兴战略规划(2018－2022年)[EB/OL].(2018-09-26)[2020-07-03]. http://www.gov.cn/zhengce/2018-09/26/content_5325534.htm.

儿童之家”，为留守儿童义务授课。

从教时，他大胆进行教学改革，首创中学语文“四步教学法”并在省内推广。退休后的他经常因农村学校缺员去代课。看到孩子们因学不好英语而厌学、许多留守儿童作业无人辅导时，他于2000年在家里开办“留守儿童之家”，平日里辅导孩子作业，周末集中给孩子们上英语课，这一干就坚持了19年，培养了1000多名学生，其中700多名是留守儿童。他患有严重的白内障，因担心手术失败再也不能站上讲台，一直就这么将就着。每每批改作业都佝偻着脊背，眼睛几乎要贴在本子上，字字斟酌，句句推敲，一个标点都不放过，有的地方还加上批注。他把所有的积蓄都花在孩子身上。自费创办“留守儿童之家”以来，有超过100名孩子在他家免费吃住。他成立叶连平奖学金基金，奖励优秀学生，资助困难学生。他自掏腰包购买教材，还组织孩子外出参观，开拓视野。他对别人慷慨大方而自己却十分节俭，所住平房是三十多年的老房，没有装潢、没有卫生间、没有一件值钱东西，为节省几角钱不惜骑自行车到7公里外的镇上买菜，至今身上还穿着60年前的补丁衣服。

叶连平获评“全国德育教育先进个人”“中国好人”“省优秀教师”“省优秀共产党员”“省五一劳动奖章”“市道德模范”等荣誉称号。①

叶老师在采访中坦言，他的“留守儿童之家”很难有人接续。所以，在通过短期支持解决留守儿童当前困境的情况下，应进一步思考和研究如何将这些短期支持转化为长期支持。

本研究认为，需要政府整合各种资源，将对留守儿童的关爱落实到项目、政策和规划上。为此，许多地方做出了很好的尝试。2018年，共青团湖南省委联合湖南省扶贫办发起了“青青e家”项目，关爱留守儿童暑期安全自护教育。7月17日，团湖南省委、湖南省扶贫办、省慈善总会联合省文明办、省教育厅等部门，共同举办2018年湖南省关爱留守儿童暑期安全自护教育暨“七彩假期”志愿服务体验日活动。今年暑假期间，第一批100家“青青e家”将作为暑期安全自护教育的阵地面向全省青少年开放。

---

① 唐娜．叶连平[EB/OL]．(2019-07-05)[2020-02-18]. http://ah.wenming.cn/zthd/2019/demf/ddmf/201907/t20190705_5176020.shtml.

团湖南省委：百家“青青e家”护卫留守儿童[①]

“青青e家”项目由团湖南省委联合湖南省扶贫办发起，主要服务于农村留守儿童与进城务工人员子女，通过搭建公益众筹平台在全省范围内建立青少年活动空间，为青少年提供线上网络课程，线下为其提供专业社会组织服务。

今年年初，第一家“青青e家”正式开放，由团湖南省委在永州新田县黄栗山村筹建、中粮可口可乐华中公司认捐。目前“青青e家”已完成首批100家的建设。自建成运营以来，近千名志愿者参与其中，累计开展服务活动3000余次，服务青少年5万余人次。

今年暑假期间，第一批100家“青青e家”将作为暑期安全自护教育的阵地面向全省青少年开放。同时，为吸引更多社会力量参与，团湖南省委联合苏宁易购，在暑期人流量密集的长沙核心地域五一商圈，将“青青e家”原型复制，35家“青青e家”筹建方将在体验点开展为期一个暑假的安全自护服务，建立青少年安全自护体验示范点。

据悉，团湖南省委汇总收集了全省青年社会组织将要开展的120场暑期安全自护活动，通过网络统一对外发布，青少年可根据发布信息，就近就便参与当地安全自护教育活动。同时通过购买50家社会组织服务团队，在全省开展“七彩假期”志愿服务活动。

团湖南省委书记汤立斌表示，近年来，通过“共青团关爱农民工子女志愿服务活动”“七彩假期”志愿服务等项目活动，依托“青青e家”“七彩小屋”“青年之家”“12355青少年服务平台”等阵地，围绕亲情陪伴、学业辅导、自护教育、心理疏导等内容，有效整合志愿者、社工等各界资源，广泛动员各方力量加入关爱青少年的行列中，有效营造关心青少年健康成长的社会氛围。

这些对留守儿童关爱的社会支持行动通过项目做成了一个模式，可复制可推广可测评，从而吸引更多的个人、机构和资源投入其中。项目由政府的群团组织发起并推动，有政府信用作为保证。政府群团组织的项目都会制定年度计划和进行年度总结，这就保证了这些项目不是短期行为，可以长期开展下去。能够长期开展的项目自然对社会更有吸引力。令人欣慰的是，在调研中，我们

① 洪克非．团湖南省委：百家“青青e家”护卫留守儿童[N/OL].（2018-07-19）[2020-02-18]. http://zqb.cyol.com/html/2018-07/19/nw.D110000zgqnb_20180719_4-03.htm.

了解到团委等部门也在筹划将短期的志愿者支教工作做成一个系统的长期支持项目。

中国志愿服务网通过整合相关社会资源,结合信息化,开发了“中国志愿”APP,使志愿服务不仅仅是一时一地一事的个人短期行为,还成为人们长期的生活行为。为留守儿童提供的志愿服务自然也成为了中国志愿网服务的一部分。

第四节 支持环境:以学校为阵地 铸牢中华民族共同体意识

尤里·布朗芬布伦纳(Urie Bronfenbrenner)是美国著名的人类学家和生态心理学家。他在1979年出版了《人类发展生态学》(*The Ecology of Human Development: Experiments by Nature and Design*)一书,提出了著名的人类发展生态学理论。他认为人的发展与成熟不是孤立存在的,而是在家庭、朋友、学校、社区、社会等各种关系的相互作用中形成的。[①]人类发展生态学理论强调对某一群体支持政策、内容和策略的制定要考虑整个社会生态的整体性和该地区的特殊性,这为留守儿童成长社会支持系统的构建提供了理论指导。因此,本研究将借用人类发展生态学理论,运用整体性思维,从民族地区的特殊性出发,研究留守儿童的支持环境,希望能够从总体上构建留守儿童成长的社会支持环境,促进留守儿童的健康成长。对于民族地区留守儿童来说,与他们成长最为密切的环境可以总结概括为经济环境、人文环境和舆论环境。

一、以县为主促进经济环境的改善

马克思主义认为经济基础决定上层建筑。留守儿童问题是经济发展的不平衡导致的,因此,这一问题的解决也必将从经济环境的改善做起。一方面,经济环境改善可以使农民工流入地政府有足够的资源接纳随迁子女入学;另一方面,经济环境的改善也可以使农民工流出地提供足够的就业和创业机会。这样

① Bronfenbrenner U.The Ecology of Human Development: Experiments by Nature and Design [M]. Cambridge, MA: Harvard University Press, 1979.

能从根本上解决留守儿童问题。即使做不到这两点，经济环境的改善也可以提升各个社会支持主体对留守儿童的支持力度。

为此，中央政府应持续加大扶贫力度，尤其是对“三区三州”地区的扶贫力度，加强其与东部农民工流入地区的合作和产业转移对接，提升地区经济活力。地方政府尤其是县级政府应根据自身特色，积极营造良好的营商环境，开展招商引资，加强与东部地区的合作力度，做好产业转移的对接。

在调研中，研究小组发现，西南民族地区不少县域深入挖掘自身优势，发展经济，改善经济环境，吸引外出务工人员返乡创业，就近务工。例如，云南省宾川县“依托县域特色资源优势，以推动产业融合发展为核心，主动出击，积极作为，从红色旅游、电子商务、沪滇协作三个方面入手，积极探索推广消费扶贫模式，不断延长产业链，着力构建与贫困户的利益联结机制，持续深入推进消费扶贫，群众增收渠道进一步拓宽”。经济环境的改善，为当地带来更多的发展机遇，许多青壮年劳动力回乡工作、创业，从而在一定程度上解决了长期困扰教育的留守儿童问题。[①]

重庆市石柱土家族自治县根据各乡镇的优势、特色，做好规划，经济发展取得了积极成效。“南宾、下路、沙子、三河、桥头、三星、王家、河嘴等乡镇(街道)紧紧抓住‘三变’改革、深度调整产业结构机遇，把农民组织起来、资源整合起来，发展起了皱皮木瓜、茶叶、脆红李、黄连、香米、核桃等产业，创新建立利益联结机制，惠及数万群众；西沱、中益等乡镇以美丽乡村建设为标准，盘活乡村旅游资源，大力发展康养经济，推进三产融合发展，乡村旅游已初具模型，当地群众逐步吃上‘旅游饭’；临溪镇以开展主题教育为契机，建起了含革命文化、伟大历程等红色教育内容在内的党性教育基地。”另外，枫木镇建立了风电场项目，冷水镇建设了特色康养小镇项目。[②]

发展地方经济，经济环境的改善提高了地方政府的“造血能力”，为社会、文化、教育等事业的发展提供了坚实的支持和保障。调研中，我们也发现有些经济条件比较好的乡镇，劳动力大部分可以做到就近就业，留守儿童问题并不明显。

---

① 吴华．我县多管齐下打造“消费扶贫”新模式[EB/OL]．(2019-06-21)[2020-02-10]. http://www.bc.gov.cn/dlsbcx/c102087/201906/d93b861f71414cd49267c51a701db36a.shtml.

② 游凤，罗远琴．我县集中展示经济社会发展亮点[EB/OL]．(2020-09-07)[2020-09-10]. http://cqszx.gov.cn/zwxx_260/qxdt/202009/t20200907_7856890.html.

二、以校为根加强人文环境的优化

人文环境虽然不如经济环境的改善对留守儿童成长的支持具有直接作用，然而，人文环境的优化可以提升留守儿童的归属感和幸福感。尤其是民族地区，长期以来，由于与外界联系较少，民族文化和地方文化保存得比较好，有些甚至是国家非物质文化传承地。如果民族文化和地方文化能够在传承过程中不断优化，让留守儿童体会到文化的自豪感，那么其健康发展未来可期。

很多地区也通过加强东中西部对口支援和合作来加强人文环境的优化。例如，1996年10月，福建省委、省政府成立了由时任福建省委副书记习近平担任组长的对口帮扶宁夏回族自治区领导小组，闽宁两省区由此开始帮扶，在2000年，两省区正式建立了教育共建帮扶协作关系。宁夏回族自治区教育厅厅长郭虎表示，“闽宁协作成为国家东西扶贫协作的典范，而闽宁教育协作成为闽宁协作的典范”。一批批赴宁支教的福建教师辛勤付出、无私奉献，认真落实习近平总书记关于“构筑互惠互利、联动发展的工作格局”的重要指示精神，扎实推进教育帮扶目标任务落地见效，有力支持了宁夏中小学教育教学改革，促进了闽宁教育协作层次和效益的新提升。闽宁教育协作有效构建了良好的对口协作机制，有力支持了宁南山区的教育发展，显著提升了教师队伍综合素质。[①]在调研中，我们发现妇联等机构也积极开展家风宣讲，加强留守儿童成长的人文环境。相关人员也提到，很多留守儿童如果能够得到祖辈和亲朋的照顾和温暖，也会发展得很好。而且，民族地区亲情文化比较浓厚，可以利用亲情文化来为留守儿童营造成长的有利环境。还有的学校成立了家庭学校，加强家校联系，并通过家访来指导祖辈教育孙辈的方法。

在人文环境的优化上，农村学校作为国家最基层的文化教育单位，是“村落中的国家”。在开展教育的过程中，应自觉承担文化传承和发扬的责任。在调研中，研究者看到了很多地方在人文环境的优化上采取了很多有益的做法。例如通过家风家教的宣传，改变父母打麻将、玩手机等坏习惯。在这方面，本研究搜集到了一些成功的案例。

---

① 中国教育报．闽宁教育协作树典范[N/OL].（2017-10-23）[2020-04-10]. https://www.neac.gov.cn/seac/mzjy/201710/1014827.shtml.

陈立群校长与贵州省台江县民族中学①②③

2016年4月起，陈立群远赴贵州，在黔东南苗族侗族自治州的国家级贫困县从事支教工作，从8月开始，担任贵州黔东南州台江县民族中学校长，分文不取。他说，不为功利，不求功德，只为心愿。

黔东南州是全国脱贫攻坚的一方主战场，也是杭州对口帮扶的地区；台江县是“天下苗族第一县”，也是国家级贫困县。作为全县唯一的公办高中，台江民中在陈立群来此就任校长之前，教育质量堪忧：每年仅有100多人能上二本线，2008年和2011年分别只有一名学生考上一本。

初到台江民中，听课时，偶尔发现一个高二教室的愿景墙上贴着一位男生三年高中的愿景是“娶一个老婆回家”，陈立群当即找到班主任，带着责问的口气说：“你怎么可以把学生闹着玩的东西放在相对严肃的愿景墙上？”班主任带着委屈说：“这就是这个学生的真实愿景啊！”将信将疑的陈立群找到这位学生，学生的回答让他大吃一惊——“我的父母交代我说，寨子里有很多光棍，你书读得好一点差一点都没关系，但一定要娶一个老婆回来。”

为此，陈立群校长认为，没有爱和责任，做不了教育，更做不好教育。无论对学生还是老师、家长，陈立群都格外重视“心灵唤醒”“精神教育”的力量。他常常引用德国哲学家、教育家雅斯贝尔斯的观点：“教育首先是精神成长，其次才成为科学获知的一部分。”他将立志作为学校发展的突破口，以校为根加强地区人文环境的优化。

走近台江民中的教学楼，两幅巨大的红色条幅格外醒目，文字是陈立群亲自撰写的。上联：一生诚做基，不装不作不混，励志笃行出大山；下联：万代勤为本，用力用脑用心，真才实学报家国。

陈立群通过班会、成人仪式、升旗演讲、朗诵比赛、游学、社团活动、读书活动等等，强化激发师生们对“志”的理解和思考，希望苗族师生都能培养起“高远

① 马悦，郑文．陈立群：花甲进苗乡 烛照学子路[EB/OL]．(2019-09-10)[2020-04-10]. http://zjnews.zjol.com.cn/zjnews/zjxw/201909/t20190910_10983144.shtml.

② 朱丽晨．爱与责任 无问西东——记贵州省台江县民族中学校长陈立群[EB/OL]．(2019-09-11)[2020-04-10]. http://www.wenming.cn/sdkm/chelq/xjsj/201909/t20190911_5251052.shtml.

③ 石天星．放弃百万年薪聘请 杭州学军中学老校长远赴贵州支教[EB/OL]．(2017-09-08)[2020-04-10]. https://zj.zjol.com.cn/news/746877.html.

的志向、高昂的志气、高雅的志趣”，成为引领、陪伴其一生的精神武装。

树是苗族的图腾。苗族同胞有“生死一棵树”的习俗：出生时种一棵树，离世时把这棵树砍下，作为自己的棺木。自从陈立群做了台江民中的校长，师生们就多了一个节日：“12·9励志节”。每年这一天，高三年级的师生以班为单位，都要在校园里种一棵“志向树”。树的下面，还埋有一个瓶子，里面是全班师生的高考志向和人生理想。从台江民中的大门往里走不多远，就能看到全校师生植下的“志向林”，虽然还是幼苗，但已是葱茏一片。陈立群为苗族人和树木的生命关系，注入了“志”的新内涵。

在台江民中，留守儿童、贫困家庭孩子较多，陈立群经常走村入户家访。台江县境内崇山峻岭，车辆经过之处，旁边就是万丈悬崖，有些地方需要坐船、步行。最远的一次家访，陈立群需要先开车一个半小时，再坐45分钟柴油船，下船后再走半小时路，才能到达学生家里。陈立群不在学生家中吃饭，走时却总会留下几百上千元，目的就一个：千万不能辍学！3年时间里，陈立群跑遍了整个台江，家访了100多个贫困学生家庭。春风如雨，润物无声，该校贫困生辍学现象基本消失。

教育是阻断贫困代际传递的治本之策。如何在欠发达地区恢复和创设尊师重教、耕读传家的良好民风？陈立群号召老师们走进寨子，把社会最底层撬动起来，让百姓们充分认识到教育对于改变贫穷落后面貌的重要意义。在中组部帮扶台江工作组的协调下，陈立群亲自培训驻村第一书记，内容包括教育与脱贫、尊师重教、家庭教育等等。在县委县政府的大力支持下，高考后，陈立群将教师分成几个组，走进寨子给高考中榜家庭送喜报，大力宣传“考出一个孩子、脱贫一个家庭、带动一个寨子”的典型事迹，启发村民重视教育。

令陈立群欣喜的还有，在他坚持高考结束送喜报的行为感染下，今年各个村寨自发奖励考上大学的孩子，尊师重教的氛围越来越浓厚。

一次偶然的机会，他参观了台江县城东边始建于清代光绪年间的莲花书院和文昌宫，发现书院已经荒废。在他的积极建言之下，台江县决定修复莲花书院和文昌宫……

他反复说，应该帮助村民认识教育的真正意义，形成读书光荣的好氛围，形成“耕读传家”的好风尚，这样才能从根本上脱贫。

2018年，台江县民族中学全校901名学生参加高考，450人考取本科，高考增量从全州垫底冲到全州第一;2019年,全校885名学生参加高考,有561人考取了本科,本科成绩完成率达到了183%,其中一本线第一次超过100人。刚刚过去的2020年高考中,台江民中1047名考生中,829人达到本科线,其中270人上一本线,本科上线率达到79.2%。[①]

案例中,陈立群校长以台江县民族中学为阵地,不但改变了学校落后的面貌,而且改变了当地人民群众对教育的认识,使他们更加重视教育,树立了知识最有价值、教育改变命运的观念。很多家庭走出了第一位大学生,改变了很多贫困家庭的知识层次,也通过教育从根本上阻断了代际贫困。

三、以人为本提升舆论环境的力量

针对民族地区留守儿童的特点,本研究认为要抓住民族地区和留守儿童这两个焦点,以人为本,提升舆论环境的力量,吸引更多的人来关注、关心民族地区留守儿童的健康成长。

2010年,中央在第五次西藏工作座谈会上首次提出了“民族交往交流交融”思想并于2014年的中央民族工作会议上做出了系统阐述。这是在新的历史条件下对马克思主义民族融合理论中国化做出的新发展。2019年10月23日,中共中央办公厅、国务院办公厅印发的《关于全面深入持久开展民族团结进步创建工作铸牢中华民族共同体意识的意见》指出,中华民族共同体意识是国家统一之基、民族团结之本、精神力量之魂。应秉持“重在平时、重在交心、重在行动、重在基层”理念,按照人文化、实体化、大众化总要求,全面深入持久开展民族团结进步创建工作。[②]2020年,国家民委、全国总工会、共青团中央、全国妇联四部门又联合出台了《关于进一步做好新形势下民族团结进步创建工作的指导意见》,充分发挥工会、共青团、妇联等群团组织优势,推动各级群团组织全面深入持久开展民族团结进步创建工作,加强各民族交往交流交融,铸牢中华民族

① 新华每日电讯.本科率10%变79%,陈立群在苗乡立起一群“幼苗”[EB/OL].(2020-08-21)[2020-08-31]. http://www.xinhuanet.com/mrdx/2020-08/21/c_139307001.htm.

② 新华社.中共中央办公厅 国务院办公厅印发《关于全面深入持久开展民族团结进步创建工作铸牢中华民族共同体意识的意见》[EB/OL].(2019-10-23)[2020-02-12]. http://www.gov.cn/xinwen/2019-10/23/content_5444047.htm.

共同体意识。[①]其中，就提出了要加强民族地区青少年的民族团结教育。民族教育事关国家民族团结统一的大局，搞好民族地区留守儿童成长社会支持系统的建设能够进一步丰富党的“民族交往交流交融”思想内涵，有利于在人民心中铸牢中华民族共同体意识，甚至为世界民族教育发展提供中国智慧。

民族地区留守儿童的健康成长和发展，不仅关系到民族地区经济、社会事业的发展和稳定，而且关系到西部大开发战略的实施，关系到民族的团结和国家统一，关系到国家的形象和与分裂势力的斗争。提升民族地区留守儿童成长社会支持的舆论环境不仅有利于提高民族地区教育质量，而且有利于向世界展示中国民族地区教育的新形象，提升民族地区人民的获得感和民族自豪感。

民族地区的发展需要一代一代、成千上万高素质的人才加入其中。民族地区发展的核心是人才储备，“输血”式的人才供给政策只能解一时之困，长久之策必是实现民族地区的自我“造血”。加强民族地区留守儿童成长的支持，有利于提升民族地区各级各类教育质量，培养更多的高素质青年人才，为民族地区经济、社会的长远发展提供强大的智力支持和人才保障。

留守儿童的健康成长不仅关系到个人和地区的经济发展，而且关系到国家发展的大局，关系到国家能够从人力资源大国转型到人力资源强国，关系到国家发展模式由高速增长到高质量发展的过渡。这些都是构建良好舆论环境时可以借用的资源和力量。通过这些方面的宣传与教育，可以以小见大，让地方政府、社会力量、家庭、学校不断意识到对留守儿童成长社会支持的重要性。另外，对支持留守儿童成长的项目、地方政府、社会组织、个人等信息多进行正面的报道，也可以为社会营造关爱留守儿童的氛围，从而激发更多的机构和个人投身到留守儿童保护的行列中来。

---

① 国家民委．国家民委 全国总工会 共青团中央 全国妇联关于进一步做好新形势下民族团结进步创建工作的指导意见[EB/OL]．(2020-01-17)[2020-03-12]. http://www.gov.cn/xinwen/2019-10/23/content_5444047.htm.

第六章
西南民族地区留守儿童成长社会支持系统的运行机制

儿童时期是生命的起始阶段，也是人生发展的关键期和敏感期，很容易受到外界冲击，生命极为脆弱。留守儿童的童年时期面临着更为复杂的状况。特别是处于义务教育阶段的留守儿童，更需要完善科学的社会支持体系的帮助。从某种意义上说，留守儿童面临的主要问题是教育质量堪忧中教育需求遇冷，亲情缺乏下的家庭连结断裂，城乡分割下的体制壁垒阻抗，断续社会关爱中依旧杯水车薪。建立留守儿童社会支持体系旨在实现儿童的健康权、受教育权、生存权和发展权。留守儿童社会成长支持系统还需要动力机制、协调机制和反馈机制的保驾护航，建立和完善相应的动力机制、协调机制和反馈机制，才能保障留守儿童社会成长体系的顺畅有序运行。没有这三大机制的协同与合作，留守儿童社会成长系统就会成为“空中楼阁”。

第一节　留守儿童成长社会支持系统的动力机制

动力是推动事物前进和发展的力量源泉，留守儿童社会成长体系需要动力的支持，无论是西南民族地区的留守儿童，还是其他区域的留守儿童，都面临着同样的问题，留守儿童都需要社会支持系统提供关爱和帮助。本研究主要从4个方面寻找留守儿童社会支持的动力来源，他们分别是政府职能部门、学校、社会组织和家庭。

一、政府部门支持留守儿童的合法性确证

留守儿童是儿童群体的一个分支，对留守儿童的关爱和保护离不开对整个儿童群体的关爱和保护支持系统的建立。从儿童保护现状来说，我国还没有专门成立统管儿童福利的机构，没有专门的儿童保护主管部门，一般在文件、通知或意见中，常常以“相关部门”或“相关单位”代替，这常常使得儿童权益保障等工作形成“各部门职责交叉，无法形成工作合力产生实效”的情况。目前我国涉及儿童权益保障的机构和部门较多，既有民政、教育等这类政府组织部门，也有检察院，法院等司法部门，还有共青团、妇联等群团组织，这常常导致儿童权益保护工作的边缘化、碎片化、虚置化，更为重要的是缺乏专业性力量的参与，无法满足儿童健康权、受教育权、生存权和发展权的实现和保障，还可能出现工作重复、遗漏现象，很难从根本上保证儿童权益保障工作的有序开展。

第一，设置统一机构，归口同一渠道。儿童权益保障是一项长期性、复杂性、艰巨性的工作，当前各个职能部门都有各自的业务范围，均以完成本职工作为主，对于儿童权益保障常常是有条件就开展，若无条件或资源则不开展，机构之间也缺乏联系与协调，尚没有形成统一的工作机制，这不利于儿童权益保障信息与资源的共享，常常会导致相关问题处理的延迟与拖沓。因此，很有必要设立专门的儿童权益保障部门，凡是涉及儿童相关问题的工作都统一归口到该部门进行处理和协调，以避免儿童面临问题或困难时到多个部门反复奔波寻求帮助的情况出现。对于广大人民群众而言，并不是所有人都清楚知道政府各个职能部门的设置及其工作范围，而政府职能部门的工作人员则比较熟悉各个职能部门的工作职责，在解决问题时，很容易找到相关的负责部门和解决途径。若是要提高处理儿童相关事件与问题的效率，必须提供一系列连续性的程序和专业化服务，也必须有统一的专门机构开展儿童保障工作。

第二，配置专业人员，保障儿童权益。儿童权益保障的问题非常复杂，涉及教育学、心理学、社会学、管理学等相关的学科知识背景，没有这些学科知识背景的支撑，儿童权益保障是无法落到实处的。当前儿童权益保障相关工作人员并未经过专业的培训，比较缺乏相关的专业技术知识方法，在一定程度上，他们常常是凭借着一腔热情和一些普适性的方法，开展儿童权益保障工作，对于儿童所面临的困境和问题缺乏科学有效的调查、分析和评估，在一定程度上无法

聚合各方社会力量来保障儿童健康权、受教育权、生存权和发展权的实现。本研究在调查中发现,各个职能部门虽然开展了相应的工作对留守儿童进行支持,但是许多支持活动缺乏科学儿童观的引导与专业人士的指导,尽管开展有声有色,但是针对性时效性有待进一步评估。这些部门的工作人员在开展留守儿童支持活动中也常常面临诸多困难,困难的背后是由于他们缺乏相应的专业知识背景作为支撑。对留守儿童的支持仅仅停留在表面,还无法分析留守儿童真正的需求;对留守儿童提供的支持比较有限,常常以物质与经济支持的方式出现,而对于留守儿童权利与机会、情感与交往、服务与信息等方面的需求分析不够,容易出现支持供给与支持需求之间的信息不对称;在对留守儿童群体特征的认知、对社会支持的理解与观念、对社会支持行动的反思、对后续社会支持的谋划以及与其他社会支持的整合等方面的思考不够深入透彻。

第三,整合社会力量,形成保障合力。正是由于目前尚未形成专门的儿童权益保障主管部门,当前各个分管职能部门很容易以不属于自己的职责范围为由,在儿童权益保障工作方面相互推诿,特别是在没有儿童权益专项保障资金或人员不足等情况下,更容易形成"多家都在管,效果都不好"的局面。一旦设置了专门统一的儿童权益保障主管部门,该部门就可以协调统一相关的人力、物力、财力资源,特别是社会热心人士,公益组织等,集中力量开展儿童权益保障工作。本研究在调查中发现,部分政府职能部门无法识别社会组织提供的社会支持的优劣,对社会组织或个人支持、参与儿童权益保障工作,采取保守和谨慎的态度,该现象的背后是权威专业儿童保障部门的缺乏以及儿童权益保障专业人员的缺位。若是有权威的儿童专业保障机构和儿童权益保障专业人员的保驾护航,一切愿意参与儿童权益保障的组织、机构和社会热心人士,都可以通过科学合理的评估程序,参与到儿童权益保障的工作中来。这样一来,一方面可以弥补当前儿童权益保障工作在人力、物力、财力方面的欠缺,另一方面也可以形成全社会共同参与儿童权益保障工作的良好局面。我国民政部自2006年开始启动非政府组织评估工作,采取"以评估促发展"的思路,推动社会自治力量参与到重大社会问题的解决中,先后发布了《关于推进民间组织评估工作的指导意见》和《全国性民间组织评估实施办法》。中共十八届三中全会通过的《中共中央关于全面深化改革若干重大问题的决定》指出,"政府要加强发展战略、规划、政策、标准等制定和实施,加强市场活动监管,加强各类公共服务提供。……支持和发展志愿服务组织，……重点培育和优先发展行业协会商会类、科技类、公益慈善类、城乡社区服务类社会组织，成立时直接依法申请登记，加强对社会组织和在华境外非政府组织的管理，引导它们依法开展活动。”这为我国政府利用社会组织参与社会管理与治理提供了制度保证，相信在这些制度的引导下，社会组织在支持留守儿童工作方面将有更大的突破。[①]

第四，吸引返乡务工创业，从源头上减少留守儿童。留守儿童产生的根本原因在于当地经济不够发达，就业务工机会少，农民迫于生计不得不外出工作，因此当地政府应该积极发展经济，吸引农民工返乡务工创业，改善经济环境，将农民工留在本地就业，提高他们的收入，由此来平衡经济发展与儿童成长之间的矛盾。例如，贵州省将儿童关爱保护与攻坚脱贫结合起来，扶持5.66万名留守儿童父母返乡。紧紧围绕决战脱贫攻坚、决胜同步小康，贵州相关部门坚持将留守儿童关爱救助保护作为一项战略性、长期性、公益性的系统工程，助力脱贫攻坚、关爱源头进一步拓展。通过搭建农村劳动力与企业供需平台，促进农民工返乡创业就业行动计划，扶持5.66万名农村留守儿童父母返乡就业创业。易地扶贫搬迁安置点建立儿童之家被纳入了“依法治省”实事之一。协调调剂经费，支持全省14个深度贫困地区农村中小学校建设规范化医务室3081所。在援建深度贫困、易地扶贫搬迁安置地区儿童之家的基础上，在全省易地扶贫搬迁县城安置区复制推广“益童乐园”项目，更大力度地助力易地扶贫搬迁儿童融入新环境，助推脱贫攻坚公益实践。根据贵州省民政厅的最新统计数据，从2015年截至2019年5月，贵州的留守儿童已大幅减少，困境儿童保障面进一步扩大，留守儿童困境儿童获得感、幸福感和安全感明显提升。[②]在调研中，研究小组也发现，当地留守儿童的减少与当地经济发展密切相关，研究小组所在调查走访的A县，多年以前一直以劳务输出到沿海为主，特别是1995年以来的十年，这些家长外出务工以后，给当地留下不少留守儿童，产生许多社会问题。随着近年来当地水果产业的快速发展，外出务工农民不断返乡加入水果产业链，水果产业发展势头良好，正在吸引更多的外出务工人员返乡就业创业，留守儿

① 郑家昊. 政府引导社会管理：复杂性条件下的社会治理[J]. 中国人民大学学报，2014(2)：14-21.

② 吴蔚，曹轶. 做实儿童救助保护 贵州5.66万留守儿童父母返乡[EB/OL].(2019-08-29)[2021-12-10]. http://mzt.guizhou.gov.cn/xwzx/mzfc/201910/t20191021_21940248.html.

童数量持续下降。当地水果产业的发展良好势头吸引了周边县市的劳动力前来务工,A县为这些务工家庭提供住房和子女教育,这在一定程度上缓解了人们对留守儿童问题的焦虑。

二、学校支持留守儿童的合理性检视

留守儿童正处于义务教育年龄阶段,他们大部分时间都在学校与老师同学一起度过。教育是国家和社会发展的基础和根本,留守儿童是我国教育领域里面的弱势群体,虽然父母外出务工给家庭增加了一定收入,但是在教育问题上,留守儿童家长也希望自己的孩子能够接受良好的教育,在学业上表现优秀。学校是儿童成长和发展的最主要场所,学校教育质量的好坏决定着留守儿童成长与发展的质量。家庭教育缺位的确给学校教育效果的发挥造成了一定的困扰,但在当前留守儿童现象依然比较普遍的背景下,学校依然是支持留守儿童的主要教育力量,如何保障留守儿童正常的学习,为他们提供合适的学校教育,这是我们国家和社会需要思考的首要问题。

第一,提高教育质量,保障教育公平。教育是每个家庭的头等大事,在留守儿童家庭中同样如此。儿童是家庭的未来和希望,每个家长都希望自己的孩子接受良好的教育,能够在学业上表现突出。当前外出务工的家庭,在经济收入有一定保障的基础上,往往会把大量的经济投入放到孩子的教育和学习上,甚至有些家长会把家庭的绝大部分收入投资到孩子的教育或择校上。我国农村地区一直保持着良好的尊师重教传统,家长在教育上寄托了更多的希望。教育是民族振兴、社会进步的基石,是提高国民素质、促进人的全面发展的根本途径,寄托着亿万家庭对美好生活的期盼。提高教育质量,保障教育公平,是实现留守儿童良好发展的基础,也是实现儿童的健康权、受教育权、生存权和发展权的关键。2010年的《国家中长期教育改革和发展规划纲要(2010—2020年)》中明确指出,“教育公平是社会公平的重要基础。教育公平的关键是机会公平,基本要求是保障公民依法享有受教育的权利,重点是促进义务教育均衡发展和扶持困难群体,根本措施是合理配置教育资源,向农村地区、边远贫困地区和民族地区倾斜,加快缩小教育差距。未来10年要形成惠及全民的公平教育……切实解决进城务工人员子女平等接受义务教育问题。”学校要勇担责任,在教育质量提高和教育公平实现中,“树立以提高质量为核心的教育发展观,注重教育内涵发展,鼓励学校办出特色、办出水平,出名师,育英才。建立以提高教育质量为导向的管理制度和工作机制,把教育资源配置和学校工作重点集中到强化教学环节、提高教育质量上来”。提高教育质量是每一所学校都必须思考的首要任务,在教育教学中落实教育公平思想是每一位老师都必须秉持的基本立场。

第二,关注留守儿童,主动担当责任。在农村学校,留守儿童是一个比较庞大的群体,这个群体中的儿童具有极强的特殊性,他们的心理特征与普通家庭儿童有所不同。根据心理学家埃里克森的“人格发展八阶段理论”,处于此阶段的儿童,他们的自我意识正在逐渐高涨,他们的情绪体验呈现出成熟与幼稚相互交替存在的特征,也是同一性形成的关键时期,如果缺乏科学恰当的引导,他们将会产生反社会行为。与普通家庭儿童不同的是,留守儿童的家长外出务工,无法对他们的教育实施有效监管和引导,由此可能引发孩子世界观、人生观与价值观的偏离。教师是留守儿童成长过程中的关键人物和重要他人,肩负着引导儿童成长的重要使命,因此老师应当主动担当责任,关心留守儿童的心理特征和变化,掌握儿童的各种情况,及时疏解留守儿童的心理问题,详细记录其家庭基本情况,包括留守儿童监护人的情况、家庭住址和联系方式,父母外出务工的时间和地址,父母的联系方式,以及留守儿童在校的学习、行为表现等,随时掌握他们身心变化,从而进行有针对性的教育和管理。值得一提的是,重庆市自2013年开始在高校招收全科教师本科学生,到2020年已有三届全科教师毕业走上农村教师工作岗位,这些年轻人在乡村担当教师,面对的绝大多数是留守儿童。他们用自己的青春陪伴留守儿童的童年,引导孩子们遨游知识的海洋,帮助他们树立正确的观念,给予他们父母般的情感支持,这些年轻的全科教师是农村留守儿童工作开展的支柱力量。他们在支持留守儿童成长与发展过程当中发挥的作用值得肯定和赞扬。

第三,联系儿童家长,促进家校合育。留守儿童成长过程中最为缺失的是家庭亲情的支持,学校作为专业的教育机构,应该及时掌握留守儿童家长的联系方式,采取多种形式联系家长与其沟通,利用家长学校、家委会、家长会等方式,为留守儿童家长提供教育专业咨询服务,指导家长形成科学的教育理念,帮助家长掌握必备的家庭教育技巧和方法。经常与家长联系沟通,交流孩子在校的表现及学业情况,与家长共同商量教育孩子的路径和策略,引导家长合理处理外出务工与教育孩子之间的矛盾，劝导家长在有一定经济基础支持的情况下尽量以教育孩子为先。例如，引导家长理解“在需要教育孩子的时候，如果选择挣钱，不去管教孩子，等孩子长大完全有可能将家长辛苦一辈子挣的钱一年败光；如果在需要教育孩子的时候，选择了管教和陪伴，等孩子长大，家长一辈子没挣到的钱，可能孩子一年就能挣到”；引导家长在孩子成长的关键期选择陪伴和管教，将外出务工与孩子成长两件事情进行平衡协调，在儿童留守问题上可以将长期留守与短期留守结合，阶段性留守与策略性留守结合，将留守状态带给儿童的影响降到最低。

三、社会组织支持留守儿童的合情性回归

留守儿童问题备受社会各界关注，社会组织作为一支独立于政府部门的力量，因其非营利性、志愿性、灵活性等特点，可以不断探索农村留守儿童教育发展的新模式。儿童保护的关注度在不断提升，政府职能转变需要从行政权力为主体、自上而下的政府管理模式向服务型政府转变。在市场与政府的关系方面，政府的部分职能转向由市场提供，将市场在社会资源中的配置作用逐渐发挥出来。在儿童保护与权益保障领域，社会组织扮演着越来越重要的角色，这也是政府创新转型的趋势。政府可以直接提供公共服务，也可以把部分公共服务委托给具有一定资质的社会组织完成，将社会力量整合到公共服务当中，使社会力量成为提供公共服务的主体之一。在留守儿童保护方面，政府可以选择出资购买相应的社会服务，通过评估评价等方式进行监控。当然，也有一些社会公益组织愿意义务提供相应的社会支持，帮助留守儿童及其家长面对困难，走出困境，彰显社会良善的一面，这有益于社会公平正义的实现。

第一，提高儿童权益保障效率。与政府自身提供儿童保护服务相比，社会组织提供的服务不仅有利于为社会提供高质量的公共服务，也有利于提高各类事务的工作效率。关于留守儿童的社会保护问题，除了政府的重视外，还需要专业的人员来开展这项工作，政府主要是提供资金支持，进行监督管理，但是具体的工作最好是由专业的社会组织开展，最合适的方式就是通过政府购买服务，培养和发展专业的儿童保护领域的社会组织。例如，北京歌路营教育咨询中心针对农村寄宿留守儿童构建了多场景、多时段、多媒体的服务体系，包括

"好音乐有故事""WHY课堂""心理故事课""新一千零一夜——农村寄宿留守儿童睡前故事""校园综合干预计划"等项目。"歌路营"在为河北省涿鹿县H小学提供服务时，其参与农村寄宿留守儿童教育管理的成本由"歌路营"和H小学共同承担。目前其所开展的五个教育项目，已走入1627所学校，为410000名学生提供了服务。"歌路营"在项目的设计和实施中，始终秉承依托学校、服务学生的理念，根据农村留守儿童面临的具体问题制订有针对性的方案，并注重结合农村学校实际，通过联系目标学校试点、根据试点结果推广改进方案。"歌路营"已与重庆市教委等68家地方教育主管部门实现了合作，虽然合作模式仍有待提升，但是在实践中，"歌路营"在参与农村留守儿童教育管理方面已经取得了一定成效。以"新一千零一夜——农村寄宿留守儿童睡前故事"公益项目为例，2012年该项目开展至今，已覆盖了全国26省238区县1597所学校，使41万余名农村寄宿留守儿童受益。该项目目前已成为"歌路营"的品牌项目，对于促进农村寄宿留守儿童的心理健康发挥了很大作用。H小学校长和多位班主任教师普遍表示，项目开展以来，学生的阅读能力和写作水平确实有较为明显的提升，主动阅读的意识也大大增强，以前的图书角基本无人问津，现在大部分同学都是人手一册课外书，还有同学主动与其他同学交换课外阅读材料。①由此我们可以看出，社会组织在参与儿童保护工作方面具有自身独特的优势，能够利用自身的专业特长，为留守儿童提供优质服务，在留守儿童成长和发展中发挥重要作用。

第二，专业支持留守儿童成长发展。留守儿童群体是一个特殊的群体，他们在年幼时期没有父母的陪伴，往往心灵比较脆弱，很容易形成自卑、孤僻等心理特征，在老师和朋友面前往往不太容易袒露心声，担心受到身边人的嘲笑，这为社会组织介入留守儿童的关爱与保护工作提供了契机。一方面，社会组织属于非官方性质，很容易与留守儿童接触沟通，了解他们的内心真实情况；另一方面，社会组织愿意为留守儿童提供真诚的帮助，也有能力为他们服务和支持。社会组织很容易接近留守儿童，与他们建立亲密关系，为指导和帮助留守儿童的学习、生活和心理问题，打开另外一条通道。对农村留守儿童教育所面临的

① 杜晓晴，周小舟，邓雨薇. 社会组织参与农村留守儿童的教育管理——以北京歌路营教育咨询中心为例[J]. 中国青年社会科学，2018(2)：111-116.

问题而言，社会组织所具有的公益性决定了人们参与其中的动机不是营利，而是以某种社会使命感、责任感为内驱力，其完全有可能以与政府一样的公共性为目的，而非为一己之私利对留守儿童进行援助。例如，江西微爱留守公益组织在南昌大学等高等学校招募了200名大学生，对200名留守儿童进行“一对一”的帮扶，让这批孩子能在志愿者的关心下健康成长。在大学生志愿者和留守儿童之间采用“书信往来”这种简单而又充满爱的方式，进行“一对一”的往来。这种方式可让留守儿童能及时述说成长过程中的困惑和迷茫，找到一位人生道路上的倾听者和朋友。江西心灵通对各地的留守学校教师进行全员培训，并为留守儿童和留守儿童父母、监护人提供心理咨询，尝试开通留守儿童心理热线，培养心理健康教育师资，对留守儿童进行面对面、心贴心的心理疏导，注重了解留守儿童存在的心理问题，针对已有的问题，抓好人文关怀，促进心理健康；对带有倾向性、易发性、规律性的心理问题，实施重点教育疏导，把解决心理问题与抓好生活关怀结合起来，做到及时发现、正确疏导、悉心矫正、有效化解。[①]由此可见，针对留守儿童的心理问题，社会组织在此方面能够发挥更大的优势。他们拥有的专业人员能够运用专业知识和专业技能，帮助留守儿童疏导和解决心理问题，在这一点上是其他方面支持力量无法比拟的。

第三，教育家长提升家庭教育能力。留守儿童的监护人一般是祖辈，祖辈一代年龄偏高，精力有限，在教育孩子方面力不从心。留守儿童的父母在外务工，对于儿童的教育和管理常常是心有余而力不足，在孩子遇到困难和烦恼时，常常鞭长莫及，既无法及时帮助孩子面对困难和烦恼，又欠缺教育孩子的技能与方法。父母在留守儿童心中的位置是无人能够替代的，教育家长，帮助家长树立科学的教育观念、掌握有效的教育方法是解决留守儿童家庭教育问题的关键点。学校虽然在教育家长方面开展了一些活动，设置了家长学校，但是学校老师们的精力有限，他们的工作重点主要在促进留守儿童的学业和心理发展上，因此，在教育家长、提高家长教育技能技巧方面，社会组织仍然有巨大的活动空间。相较于政府外在的强制性资源整合手段，社会组织的方式更为温和，更强调自觉与引导，具有独到的优势。非政府性的社会组织，可以避开政治因

① 廖金萍.社会公益组织参与农村留守儿童教育的调查与研究——以江西微爱留守公益组织为例[J].农村经济与科技，2015(11)：162-163.

素的影响，以社会使命为先，以平等社会成员的身份，以自治的方式，对各类社会组织或个人进行关系协调，开展广泛的社会动员；亲和力强，往往更易被社会公众接受，可以把潜藏于社会深处的某些资源聚集起来，发挥社会资源应有的功能，产生良好的社会效应。[①]社会组织通过非正式的方式，为家长提供家庭教育的讯息和知识，促进家长与家长之间的沟通交流，缓解家长的焦虑情绪，邀请专业人士引导家长形成科学的育儿理念，这对于留守儿童的成长和发展大有裨益。

四、家庭支持留守儿童的合德性呼唤

《中国儿童发展纲要（2011—2020年）》（以下简称《纲要》）明确提到，要“提高留守儿童家长的监护意识和责任”。能够把家庭责任写到《纲要》里面去，是多方共同努力的结果，但对此的宣传和推进还很不够。父母照顾和抚养孩子是与生俱来的责任，现在我们在强调社会支持时不能把家庭责任淡化，还需要加强宣传和采取措施。当然，我们还必须看到，家庭责任的落实也是有前提条件的。这个条件就是我们国家正在经历现代化、城市化，我们必须在现代化、城市化的背景下去强调家庭责任，而不能因为这方面的家庭责任而妨碍现代化、城镇化进程。[②]联合国《儿童权利公约》支持父母首要责任的清楚陈述，表明父母对儿童发展负有责任，来自父母责任的父母权利义务必须以儿童最大权利来行使，就父母身份而言，重点不在强调父母权威，而在强调父母责任，儿童权利与家庭权利是携手并行的。[③]因此家庭必须为留守儿童提供支持，确保留守儿童的权利。

留守儿童家庭教育的缺失对留守儿童的学习、心理健康、社会行为等方面都产生了众多的负面影响。《国务院关于加强农村留守儿童关爱保护工作的意见》（国发〔2016〕13号）也指出：“强化家庭监护主体责任，加大关爱保护力度，逐步减少儿童留守现象，确保农村留守儿童安全、健康、受教育等权益得到有效

---

① 贾霄锋，李杰．社会转型时期民间组织与留守儿童教育模式研究——基于重庆市的地域研究[J]. 重庆教育学院学报，2012（1）：5-11.

② 段成荣．解决留守儿童问题的根本在于止住源头[J]. 武汉大学学报(人文科学版), 2016，69(2): 15-18.

③ 段小松．联合国《儿童权利公约》研究[M]. 北京：人民出版社，2018：124.

保障。”《教育部关于加强家庭教育工作的指导意见》(教基一〔2015〕10号),明确提出要“加快形成家庭教育社会支持网络”,并指出“推动建立街道、社区(村)家庭教育指导机构……“为家长提供公益性家庭教育指导服务”,最终“构建家庭教育社区支持体系”,“积极引导多元社会主体参与家庭教育指导服务,利用各类社会资源单位开展家庭教育指导和实践活动”,还要求给予困境儿童更多关爱帮扶。这些文件的出台为家庭教育指明了方向。

第一,明晰家庭教育的重要价值与意义。家庭是孩子的第一个课堂,父母是孩子的第一任老师。家庭教育工作开展得如何,关系到孩子的终身发展,关系到千家万户的切身利益,关系到国家和民族的未来。在社会转型时期,家庭教育已经不再是家庭的“私事”,发生在家庭中的教育活动也不再是“家长个人事务”。其由于关涉到整个社会公民的素质而成为社会的一项公共事务,虽然这与我国传统观念中“管教孩子是家长的私事”相抵触,但是,现代社会家庭的部分功能已经逐步走向社会,转而由社会分担和负责。从表面上看,儿童留守是家庭选择的结果,是留守儿童的家长在管理和教育孩子问题上行使个人空间的权利,然而个人行为的结果却并非个人能够承担的。家长放弃或让渡了家庭的教育权利和功能,使得留守儿童在成长中缺乏家庭教育力量的有力支持,这的确会导致部分留守儿童在个人成长过程中的行为偏差。留守儿童的成长不可能脱离整个社会大环境而单独存在,他们的成长与我国社会转型时期的政治、经济、文化和教育的方方面面都息息相关,作为未来社会的公民,社会需要对其进行支持或规约。“生而不养”“生而不教”的家庭观念和行为必然遭人唾弃。国家和社会都有权利和责任保障每一位儿童的基本家庭教育服务,对于留守儿童来说,由于其整个家庭处于社会比较弱势的地位,无法高质量地实现家庭教育和家庭治理,更需要政府等公权部门来保障他们的受教育权。这就迫切需要我国构建基于国家框架的家庭治理体系。[①]

第二,提供多元化家庭支持方式与形式。家庭是留守儿童成长的关键场域。留守儿童的产生在于社会流动背景下家庭结构与功能的部分缺失,但留守儿童教育问题的产生却并非仅仅源于此。非留守儿童也会产生与留守儿童同样的问题。因此,留守儿童问题是儿童问题的下属分支。从这个角度来看,留

① 南钢.留守儿童家庭治理:模式、问题与重构[J].温州大学学报(社会科学版),2019(5):21-29.

守儿童问题就会呈现出不同的景象。留守儿童家庭中的父母外出务工,其目的在于为孩子的成长提供经济上的支持与保障。但是,儿童的成长远非满足其物质需求这么简单。儿童是成长中的人,在物质需求之外,还有更为重要的精神需求。例如,交往的需求、爱的需求、自我实现的需求。若是家庭成员不能提供稳定的情感支持,留守儿童的成长将面临无依无靠的孤独境地。而解决这一问题的路径重心就在于从复杂性理论中汲取养料,为留守儿童编织符合其心理需要的社会关系网,其中尤为重要的就是亲子关系。考虑到大部分留守儿童的父母文化知识水平较低,在家庭建设方面的考虑可能会存在不周全的情况,社会各种支持力量需要加强对留守儿童家庭教育的支持,由"线性支持"转向"协同支持"、由"浅表化支持"转向"介入性支持"、由"知识本位"转向"人格建构"、由"一维单向"转向"多维立体"。政府部门应该在公共服务机构,例如医院、社区、村委会等,设立家庭教育辅导中心或服务协会,提供家庭教育指导或引导服务,协助留守儿童的家长在兼顾外出务工与孩子留守之间做好合理的安排和规划。学校应该利用家长学校、信息技术等建立与留守儿童家长互通有无的沟通协商机制,共同应对儿童成长中的问题。家庭在留守儿童成长中的情感支持举足轻重,家长责任的担当为孩子树立了正面的榜样,故留守儿童家长在自身家庭中的角色和定位建设也不可偏废。这里需要指出的是,家长的个体决策自由并没有因此废弃,而是提醒其需要考虑自然和社会复杂系统中集体效果的制约,仅仅是出于个人的良好愿望是远远不够的。

第三,主动学习家庭教育理论与方法。一个家就是一个小社会,家庭成员的思想、言论、行为相互影响度非常高,尤其是父母的品行修养、行为习惯、人际交往等将是孩子学习做人最直接、最日常的"教科书"。留守儿童的家长要主动学习家庭教育的理论方法和技巧,掌握儿童心理变化的规律和特点,对孩子进行知识的启蒙、智慧的启蒙、道德的启蒙和性的启蒙等,使孩子对生活和相关事物形成正确的认识。父母良好的启蒙教育对孩子的成长是无可替代的,即使孩子接受了学校教育和社会教育,父母的教育依然起着不可估量的作用。作为孩子最好的引领者,父母应该在孩子的生活、学习,尤其是道德品质、人际交往、身心健康等方面进行全面的引导,帮助孩子找到属于自己的目标与方向,激发孩子内心的正能量,使孩子慢慢形成正确的人生观与价值观,心有阳光、信心满满地去创造自己幸福的未来。尽管留守儿童的父母不在孩子身边,但是依然可以采取多样化的方式教育和管理孩子，让留守儿童感受到父爱母爱的存在。为人父母一定要坚持学习家庭教育的理论与方法，学会担当父母的责任与角色，而不是因为工作原因将孩子完全留给爷爷奶奶或外公外婆，置之不理，听之任之。在孩子的成长过程中，父母要珍惜这段和孩子共度的黄金时光，担当好自己应有的角色，发挥好自己独特的作用，整合社会资源和社会支持，帮助孩子的成长与发展，解决孩子面临的学业、心理、健康、生活的问题，在成就孩子的幸福中获得自身的幸福，享受美满的人生。

第二节 留守儿童成长社会支持系统的协调机制

留守儿童成长与发展是全社会都非常关注的事情，不同的支持主体从自身资源优势出发，提供了相应的社会支持，这些支持往往是出于支持主体对留守儿童需求的分析，各个支持主体之间缺乏相应的协调机制。为了实现和保障留守儿童的健康权、教育权、生存权和发展权，社会支持系统中还需要建立相应的协调机制，以实现社会支持的良好效果。

一、支持者间的互动沟通

由于留守儿童家长对家庭教育权利的放弃和让渡，使得学校在留守儿童成长中成为重要的力量和因素，学校需要从儿童教育与成长的角度为其思考各种支持力量的综合运用和协调。但是，在实践中，我们不难发现，学校实难担此重任。教育管理、民政支持、社区监管等，不同领域的人们各自为政，在关爱留守儿童成长中缺乏有效的协商和沟通机制，因而出现了各个部门之间的分化与交叉。各种涉及留守儿童的领域，如学校、社区、政府部门等之间缺乏全面的统筹和考量，由此导致对儿童成长认识上的再度割裂，各种互不关联、片段性、不完整的项目和政策无法发挥其应有的效用，这导致了当我们期待的结果与实施的现实相去甚远时，我们简直大失所望。正是由于众多关爱主体之间缺乏有效的协同机制，留守儿童关爱措施常常出现“碎片化”的现象，陷入权责不清、缺乏合力的泥沼，甚至造成对留守儿童的二次伤害。良好的社会支持网络可以缓解留守儿童的心理压力，对提高留守儿童的学业成绩也具有积极作用。自组织原理认为，随着时间的推移，各支持主体之间将相互作用，形成一个支持网络结构。实际上这是一个艰难的过程，最终也未必一定能够形成良好的社会支持网络机制。

第一，信息共享。在县域内，各个政府职能部门都对留守儿童的基本信息以及面临的相关问题进行了统计分析，建立了相应的信息库，但是这些信息并未与其他部门共享，各自为政的情况非常突出。社会组织若是需要相关留守儿童的信息开展针对性的工作，往往需要前往多个部门沟通协调以获取资料，这对社会组织开展关爱和支持留守儿童的活动，造成一定的阻碍。从某种意义上说，信息资料建立成数据库，若是不加以充分使用，其存在就毫无价值。合理充分使用数据库的人越多，关心和帮助留守儿童的人就越多，留守儿童获得的社会支持就越多。越多的组织和个人合理地运用这些资料和数据库，就更能彰显数据库的价值，也能避免人力、物力、财力的重复、浪费和投入。因此，县域内留守儿童信息的有效共享非常必要，这将为各个职能部门开展留守儿童工作奠定基础。

第二，分工合作。留守儿童工作涉及社会支持的方方面面，包括教育、司法、医疗卫生等多个相关职能部门，这些部门在开展相应支持留守儿童的活动中，需要协调其他部门的力量，既有分工又有合作，没有任何一个部门可以全面覆盖留守儿童的方方面面。类似工作联席会议这样的制度能够保障部门之间的分工与合作。例如，2019年6月17日，黔南州召开农村留守儿童和困境儿童关爱救助保护工作联席会议，会议由州民政局牵头，州教育局、州公安局、州妇联、团州委、州残联、州关工委、州人社局、州中级人民法院、州检察院等19个成员单位参与。会议通报了黔南州农村留守儿童和困境儿童关爱救助保护工作的开展情况，并对下一步关爱服务工作进行了安排部署，建议相关单位充分发挥职能，把留守儿童、困境儿童关爱工作做深、做实、做细、做出示范，营造出全社会关心、关注留守儿童的良好氛围。各成员单位均表示要重视和支持关爱留守儿童、困境儿童工作，切实增强做好留守儿童、困境儿童工作的责任感和使命感。会议强调，各部门要加强情况研判，落实各环节责任，把每一名农村留守儿童、困境儿童都纳入关爱保护的安全网中，杜绝掉以轻心、麻痹大意，确保不出现极端事件。要坚持问题导向，突出解决监护缺失问题，着力抓好责任落实，切实强化组织保障。[①]这样的会议对于各个职能部门掌握留守儿童整体概况非常有帮助，若是能够向社会开放，让更多关爱留守儿童的组织和热心人士知晓当前县域内留守儿童的概况以及工作努力方向，将更加有利于县域内留守儿童支持关爱与帮助工作的推进，更加有利于留守儿童社会支持系统的完善。

第三，主动担当。留守儿童不同于残疾儿童、孤儿、事实无人抚养儿童，他们的父母健在，有祖辈抚养陪伴，其境况往往好于那些残疾儿童、孤儿和事实无人抚养儿童。对留守儿童提供社会支持是一个比较宽泛的任务概念，从某种意义上来讲，支持主体在支持留守儿童工作方面，可以多做或少做，可以主动做，也可以被动做，但是主动做和多做的出发点是不一样的。正如研究小组在调查中发现，组织留守儿童活动的团县委，对留守儿童工作充满热情，对留守儿童抱有一颗火热的心，愿意组织志愿者下乡支教，愿意组织留守儿童外出研学旅行，这样的支持活动令人感动。2018年暑假，在贵州省绥阳县蒲场镇宜安社区“童伴之家”活动室里，十多名留守儿童和童伴妈妈一起高兴地开展益智活动。为保障留守儿童的暑期安全，拓展他们的综合素质，培养他们更广泛的兴趣爱好，绥阳县民政局立足县情实际，结合儿童特点，利用“童伴之家”为留守儿童打造缤纷假期。根据“童伴计划”活动要求和暑期特点，开展以益智活动为主要特色，采取寓教于乐的方式，根据每名留守儿童的情况，重点培养留守儿童安全常识、心理素质，开展学前教育、互动游戏等暑期特色科目，促进了留守儿童的身体素质和团结协作能力。这样的暑期活动增强了“童伴之家”对孩子们的吸引力，也提升了孩子们的综合素质。培养孩子们的兴趣爱好、增进亲情友情是“童伴之家”的重要功能。在“童伴之家”，留守儿童们在童伴妈妈的带领下，做手工、绘画等，小朋友们用手工纸、胶带等做太阳、小熊等图案，做出了天真、画出了童真。除开展活动外，童伴妈妈还通过“童伴之家”微视频，不定时组织孩子面对面与家长视频沟通交流，在外务工的父母放心了，心情也舒畅多了。在“童伴之家”，孩子能增长不少见识，通过参加一些特殊课程，例如环保、花艺、礼仪、素质拓展等课程，让许多孩子大呼过瘾、有趣。这些大多留守儿童所不曾经历的生活，在“童伴之家”里一一体验到了。孩子们高兴地说：“在这里不仅认识了

① 赵芳．黔南州召开留守儿童困境儿童联席会议[EB/OL].(2019-06-18)[2021-12-15].http://mzt.guizhou.gov.cn/xwzx/sxxx/201906/t20190617_21888863.html

好多新朋友，还见到了很多新的东西。”绥阳县民政局始终坚持“以人为本、儿童优先”的原则，以“童伴计划”为抓手，以“四心工程”为宗旨，整合资源、搭建平台、以点带面、强化责任、精准关爱，全力打通关爱保护留守儿童“最后一公里”，走出了切合实际、独具特色的留守儿童关爱之路。①这些不同的社会支持主体从自身职责资源出发，针对留守儿童的身心特点，主动组织相关社会支持和关爱活动，帮助留守儿童的成长和发展，为留守儿童的成长与发展提供了社会支持。尽管这些活动覆盖的留守儿童面还有待于进一步拓展，但这些活动的开展，毕竟已经迈开了可喜的一步。

二、支持内容的丰富完善

留守儿童群体是一个复杂分化的群体，每一个留守儿童所面临的困难和问题均不相同。不同地域、不同的社区环境、父母外出时间长短、有无祖辈照顾、不同性别、不同年龄的留守儿童面临着不同的问题。从总体上来讲，留守儿童群体主要面临着心理健康、生活保障、行为失范、学业问题等方面的困扰，但是具体到个体，每一个留守儿童所面临的困难、需要重点和关爱的方向又有所不同。农村留守儿童群体并不是统计学意义上抽象的数字，而是一个个纯真鲜活的生命个体。②针对不同特征和需求的留守儿童，要有不同的社会支持措施。为了保障和实现留守儿童的健康权、教育权、生存权和发展权，需要对留守儿童面临的具体情况进行具体分析，在支持内容上不断丰富完善。

（1）对学业失教的留守儿童给予学习辅导支持。学习是留守儿童面临的主要任务，学业上表现不良是留守儿童表现出的主要问题，也是当前社会各界支持主体关注的主要焦点。学校是留守儿童接受教育的主阵地，留守儿童正处于求学阶段，教育的责任主要由学校承担。学校成为影响留守儿童人生观、价值观和世界观的实践场域。故而，从某种意义上来说，学校在留守儿童成长中扮演着尤为重要的角色，教师是其生活与学习中的“重要他人”，特别是在当前我国农村地区寄宿制学校大规模设立的背景之下，留守儿童在学校与教师待在一

① 绥阳县民政局.绥阳:“童伴之家”为留守儿童打造缤纷假期[EB/OL].(2018-08-24)[2021-12-22].http://mzt.guizhou.gov.cn/xwzx/sxxx/201808/t20180824_21730897.html.

② 孙雪连.农村留守儿童的精准扶贫研究[J].中国教育学刊，2017(6):30-34.

起的时间比其他人更多。学校教育的影响将奠基孩子的一生。对于学业表现不良的留守儿童，学校应加强对这些儿童的学业辅导支持，以师生结对、生生结对的方式，帮助留守儿童提高学习成绩。其他社会支持主体以志愿者身份加入，深入开展留守儿童的学业辅导工作。

（2）对心理失衡的留守儿童给予心理疏导支持。留守儿童心理问题是社会各支持主体尤为关心的问题。随着年龄的增长，留守儿童面临的问题与主要矛盾也在不断发生变化。在不同的时期，留守儿童的心理问题呈现出不同的特点。根据心理学家埃里克森的“人格发展八阶段理论”，处于义务教育阶段的留守儿童，他们的自我意识正在逐渐高涨，他们的情绪体验呈现出成熟与幼稚相互交替存在的特征，而这也是同一性形成的关键时期，如果缺乏科学恰当的引导，他们将会产生反社会行为。与普通家庭儿童不同的是，留守儿童的家长外出务工，无法对他们的教育实施有效监管和引导，由此可能引发孩子世界观、人生观与价值观的偏离。留守儿童的父母外出或者返乡会造成留守儿童身份的变化，特别是在父母首次外出务工时给留守儿童生活上造成的冲击最为突出，父母返乡又使留守儿童身份发生变化，成为曾经的留守儿童，当父母再次外出务工，子女又成为留守儿童。父母外出或返乡的行为决定了儿童的留守身份，这对留守儿童心理上造成一定的影响，或者会带来二次伤害。与父母见面次数越多的留守儿童更能够充分地获得来自父母的支持、关爱和帮助，与父母见面次数越少的留守儿童获得来自父母的支持越少，留守儿童出现心理疾病的概率越大。因此，在这个意义上，父母外出与返乡的行为频率影响着留守儿童的心理状况。留守儿童在自尊水平、社会性发展、自我效能感、孤独感、心理弹性等方面表现出一定的心理劣势。对留守儿童进行心理健康教育势在必行，各个社会支持主体需要围绕心理疏导开展支持活动，建立心理关爱支持网络，疏导留守儿童心理问题，加强心理健康知识和技能培训，壮大心理健康师资队伍，为留守儿童心理问题疏导提供专业支持。例如，2016年，重庆市秀山土家族苗族自治县设置心理辅导室66个，配置心理辅导教师100名，定期开展心理辅导。建立留守儿童一人一档动态管理制度，采取“一对多”“一对一”方式进行结对帮扶，同时定期进行制度研讨，提升管理水平。[①]为推进贫困地区农村留守儿童健康教育项目，加强对项目县的指导，2017年6月1日至2日，受国家计生卫生委流动人口司委托，由中国健康教育中心研究院孙建国、河南省疾控中心健康教育所研究员张玉林、上海市健康促进中心副主任医师魏晓敏等组成的专家组到凉山彝族自治州越西县就留守儿童健康教育工作进行实地调研，指导当地的留守儿童心理健康教育工作。

(3)对行为失范的留守儿童给予思想引导支持。由于留守儿童缺乏家长有效的约束和管教，常常出现不符合社会规范和要求的行为。如果对这些失范行为缺乏必要的引导，留守儿童难免走上歧途，甚至违法犯罪的道路。通过对留守儿童进行谈心，引导留守儿童读书，进行必要的法制教育活动，能够很好地引导留守儿童的道德行为。各支持主体可以对行为失范的留守儿童进行日常帮教服务，对已经有违法倾向或违法行为的留守儿童进行耐心的思想教育和劝导，警示他们违法犯罪行为的严重后果，疏导内心的困惑，指导他们明辨是非，用社会积极的价值观引导他们走向健康的人生。各支持主体还可以开展相应的社会实践活动，使留守儿童参与到实践活动中去，与同龄人交流，用优秀的榜样吸引他们，营造良好的成长氛围和环境。例如，2016年7月19日，在重庆市秀山土家族苗族自治县，团县委、县妇联、县教委主办的“布谷计划”留守儿童夏令营在县群团活动中心启动。该项目团队主要由清华大学、北京大学、美国马卡莱斯特学院等7所国内外高校的11名志愿者组成，开展以“动力与信心”为主题的留守儿童夏令营活动，整个活动为期9天，主要分为生活实验室(创意写作与表达、你的秀山和我的秀山、“声音”的秘密、“世界为什么不是平的”等四个课程)、主题活动(百科接力、纸飞机大赛、航天器设计、中华上下五千年、中国地理等多个活动)等多个模块，内容覆盖面广，旨在拓宽留守儿童的视野，鼓励他们发展兴趣，促进交流。该项目的支队长蒋青原认为，“我们的目的在于构建夏令营平台，在拓展视野的各项主题活动设计中赋予孩子参与、决定、做出改变的主动权，同时辅以与志愿者的深度交流，帮助孩子们进一步认识自己、认识社区、

① 重庆市秀山土家族苗族自治县人民政府.县教委多面发力扎实开展关爱留守儿童工作[EB/OL].(2016-11-18)[2021-12-22].http://www.cqxs.gov.cn/zfxx/news/2016-11/26_21982.shtml.

认识世界，找到脚踏实地的信心和仰望星空的勇气”[①]。类似这样积极健康的活动吸引了留守儿童的目光，将留守儿童充沛的精力融入到探索的活动中去。留守儿童用一颗好奇的心探索这个充满奥秘的世界，远离了不健康因素的影响，这对于留守儿童的成长与发展非常有利。

(4)对生活失保的留守儿童给予生活护导支持。在留守儿童群体中的确存在一部分留守儿童，他们的生活比较困难，生活物资得不到保障。对于这一部分，留守儿童社会支持主体应该给予物质与资源上的支持，在生活上提供必要的帮助和关爱。能够纳入低保保障的留守儿童尽量纳入民政系统的保障中，不能纳入低保保障的留守儿童，社会各支持主体可以为他们提供物资捐赠和经济支持，使他们生活上有一定的保障。当前各个社会支持主体最常见的支持留守儿童方式是给予生活物资的支持和帮助，但是这种支持方式需要分析支持对象的真实需求，对生活上的确需要帮助和支持的留守儿童才给予支持，而不能采取一概而论或“一刀切”的方式给予所有留守儿童物资和经济支持，这样的支持是不切实际的，也是言不由衷的，或者说是敷衍了事的。例如，2017年11月21日，中国邮政集团公司、富德生命人寿有限公司在重庆市石柱土家族自治县中益小学举行了“邮爱相伴——富德同行”关爱贫困乡儿童公益捐赠活动，为中益小学送去了图书室物资、电脑、书报、文具、防寒服及玩具，后续还围绕留守儿童展开了“评选最美留守儿童”“小小银行家”等活动，为留守儿童、困境儿童送去更多的关爱。这样的活动重点针对留守儿童学习和生活物资的缺乏进行帮扶和支持，不仅为中益小学的留守儿童带去了关爱，更营造了良好的社会氛围，引导更多社会各界人士去关注、关爱留守儿童。

三、支持策略的精益求精

对留守儿童进行关爱帮扶和支持是一项长期的工作，在支持策略上应该采取多元化的方式进行，既可以长期支持，也可以短期支持；既可以定点支持，也可以分散支持；既可以重点支持，也可以全面支持。为了实现留守儿童健康权、

---

① 田茜.“布谷计划”重庆秀山留守儿童夏令营启动[EB/OL].(2016-07-20)[2021-12-25].http://www.cqxs.gov.cn/zwxx_207/xsyw/202001/t20200103_3814104.html.

教育权、生存权和发展权的实现和保障，各个社会支持主体应根据自身人力、物力、财力及资源的状况，优化支持策略，在权力与机会、物质与经济、情感与交往、服务与信息等方面为留守儿童提供尽可能优质多样的支持。有研究者分析认为，农村儿童缺少相应的教育资源和保护资源（如社会支持网络）是不争的事实，是留守以前就存在的问题，留守增加了农村儿童的脆弱性，使原来的问题凸显出来。有研究者将当前的留守儿童关爱大致归纳成四种支持模式：关爱模式、社会支持模式、自强模式和赋权模式。[①]关爱模式主要是指各社会支持主体为留守儿童提供物质和精神上的支持，包括手拉手活动、大手拉小手活动、成立留守儿童支持基金、帮助留守儿童设立亲情电话等，这样的支持虽然给留守儿童一定的帮助，但是这种自上而下、由外而内的社会支持线路，往往容易忽略留守儿童的内心感受，留守儿童成为被动的受惠者和接受者。社会支持模式是社会各支持主体为留守儿童提供制度、舆论环境方面的改善，争取相应的制度安排和宽松的舆论环境，在远端支持上为留守儿童提供帮助和关爱。自强模式是将留守儿童当中的优秀者树为典范和榜样，鼓励留守儿童在困境下不断挑战自我，勇于担当，这对于激发留守儿童积极上进，非常有帮助。赋权模式是激发留守儿童内在的能量，逐渐学会支配自己的生活，制定自己的生活议程，获得相应的技能，建立自信，能够参与有关自己的问题解决的决策。好的教育就是一个赋权的过程，它可以赋予儿童、青少年更多的力量和智慧来选择生活，改变命运。本研究在广义上使用“社会支持”概念，认为这四种模式从不同层面和维度对留守儿童进行支持、帮助和关爱，形成了留守儿童成长与发展的社会支持网络。这四种模式各有其优点，也有一定的缺陷，各个社会支持主体在支持留守儿童成长与发展的过程当中，应该充分考虑自上端而下端或自下端而上端，自内部而外部或自外部而内部，自远端而近端或自近端而远端等多个维度关照留守儿童健康权、教育权、生存权和发展权的实现与保障，熟知留守儿童群体的特征，树立科学合理的社会支持理念与观念，采取积极的社会支持行动，反思社会支持行动的效果，谋划后续社会支持跟进，整合各方社会支持力量，体现人文关怀，彰显社会正义，实现留守儿童成长的效度。

① 卜卫. 关于农村留守儿童的研究和支持行动模式的分析报告[J]. 中国青年研究, 2008(6): 25-30.

第三节　留守儿童成长社会支持系统的反馈机制

我国社会进入快速发展的转型时期，经济的转型必然促进人口的流动，劳动力流向城市是中国城市化进程中的大势所趋，无论是选择主动将儿童留在农村，还是被动将儿童留在农村，留守儿童现象在一定时期内仍然会存在，各社会支持主体仍然需要长期对留守儿童提供支持、帮助和关爱。为了实现和保障留守儿童的健康权、教育权、生存权和发展权，完善留守儿童成长社会支持系统，还需要对社会支持系统进行评估、评价和反馈，不断改进留守儿童成长社会支持系统，帮助留守儿童过上有质量的、有尊严的生活。

对过去的理解与评判是为了增进对现实的改进，留守儿童社会支持系统的改进取决于问题解决过程中经验的不断重组和改良，这样的行动不是来自孤立或短暂的事件，而是来自朝着一种建设性方向的前进和努力。审视当前留守儿童成长社会支持系统现状，可以为我们提供一种超越时间的前进意识，总结当前支持留守儿童成长与发展过程中暂时的胜利，养精蓄锐，准备面对可能反复出现的挫折。各个社会支持主体都应对支持留守儿童成长与发展的工作进行监控和反馈，以不断改进未来的留守儿童支持工作，调整留守儿童支持策略，改进留守儿童支持环境。

一、利用大数据全面监测

现代社会是一个高速发展的社会，科技发达，信息流通，人们之间的交流越来越密切，生活也越来越方便，大数据便是这个高科技时代的产物。随着经济社会的发展，数据已经渗透到当今每一个行业领域，成为重要的生产因素。人们对于海量数据的挖掘和运用，推动了各行各业工作的开展。大数据时代的到来使得数据成为一种无形的资产，大数据平台可以通过应用系统之间的数据融通提供数据共享服务，大数据技术对大量数据信息的挖掘、分析和建模，使资源配置由主观经验走向客观数据分析。将大数据技术运用到农村留守儿童支持系统中，将有利于更准确地把握农村地区留守儿童发展的现状与趋势，为留守儿童提供更好的社会支持。[1]

---

① 侯曼，武敏娟.大数据背景下农村留守儿童精准服务体系构建[J]. 中国统计，2019(1)：14-16.

第一,利用大数据平台全面掌握留守儿童现状。通过数据采集与分析可以了解我国留守儿童的地域分布、生活状态和群体特征等整体信息,也可以收集到每一个留守儿童的个人信息,如,出生日期、性别、民族、就学、户口登记、公民身份号码、身体状况、居住地址、寄宿情况等基本信息,农村留守儿童家庭情况、父母务工地点、家庭主要经济来源、受委托监护人基本信息、村(居)民委员会联系人等,这些信息为精准支持留守儿童提供可靠的基础,也为建立和完善留守儿童社会支持体系做好准备。

第二,利用大数据联系支持主体与留守儿童。大数据作为一种技术手段,可以帮助社会各支持主体掌握留守儿童的个性化需求,通过分析留守儿童的相关信息,精准把握留守儿童的生存状态,避免支持行动的错位、重复或缺位。正如本研究前文所述,各个支持主体彼此之间无法做到信息互通有无,这阻碍了支持行动的连续性与针对性。利用大数据技术手段对留守儿童需求进行分析,是采取社会支持行动的前提和基础。通过构建农村留守儿童大数据精准服务平台,能够保证留守儿童数据采集更加准确有效,各个支持主体对留守儿童现状了然于心,更有利于进一步采取支持行动,准确把握支持资源与留守儿童之间的关联。通过不同支持主体之间的信息交流与共享,可以实现支持服务模式的推广,提高留守儿童社会支持的影响力。

第三,利用大数据平台促进留守儿童家校共育。留守儿童正处于义务教育阶段,学校教育是留守儿童成长与发展中的重要支持因素,利用大数据平台,促进留守儿童家校共育,将老师、学生、管理者、家长以及学习资源融汇于大数据教学平台之上,可以实时监测留守儿童学习现状,为留守儿童提供思想和生活方面的指引。大数据平台还可以及时准确地发现留守儿童当前学习存在的问题,便于学校找出学校管理中的薄弱环节,针对留守儿童心理健康与人格发展存在的问题,有目的地、有针对性地解决留守儿童心理问题。教育大数据介入学校教育,能够动态跟踪学习过程,快速定位不良行为发生的根源,预测后期行为发展趋势,提高学习分析精确性。大数据技术的分析、预测功能,能够准确地把握学习者学习和心理状况,进行精准的学习、心理干预,避免问题的进一步恶化。[①]

---

① 赵雪梅,赵可云. 教育大数据应用于学业预警的设计研究——以农村留守儿童学业预警为例[J]. 教育发展研究, 2018, 38(12): 64-71.

二、借助“互联网+”全程监管

随着信息化的发展以及手机的普及，通过“互联网+”的方式，实现对留守儿童的全面监管和支持成为可能。2015 年 3 月，李克强总理在政府工作报告中提出“制定‘互联网+’行动计划”。2016 年 2 月，国务院印发《关于加强农村留守儿童关爱保护工作的意见》，提出要加强农村留守儿童关爱保护工作，维护未成年人合法权益，强化家庭监护主体责任，加大关爱保护力度，逐步减少儿童留守现象，确保农村留守儿童安全、健康、受教育等权益得到有效保障。依托互联网，各个社会支持主体可以采用“互联网+家庭”“互联网+学校”“互联网+公益组织”“互联网+爱心企业”“互联网+教育机构”等多种方式，将各种社会支持力量集中起来，凝聚全社会的爱心，共同打造关爱留守儿童的“互联网+”生态网，全面覆盖留守儿童的学习、生活、心理和安全方面，为实现和保障留守儿童的健康权、教育权、生存权和发展权，织就一张“无形无边”的社会支持网络。[①]

（一）技术支持保障人身安全

西南民族地区地形复杂，地域广阔，坡坎池塘等安全隐患多。没有父母的陪伴，许多留守儿童由他们的祖辈监管监护，由于祖辈们年龄偏长，身心精力有限，往往无法顾及留守儿童的安全问题，“互联网+” 能够为留守儿童提供技术保障，随时定位儿童所在的位置，监护人可以随时知道儿童周边情况，确保留守儿童的人身安全。利用互联网技术，帮助家长知晓留守儿童安全情况，可以缓解留守儿童家长在外地的担忧和焦虑。例如，电话手表和手环的应用，打破了西南民族地区的地域限制，不少地方将留守儿童的手环接入到当地的治安监管天眼系统，记录留守儿童日常行踪，保障留守儿童的人身安全。

（二）智力支持促进学习教育

信息技术的发展改变着人们的日常生活，“互联网+”突破了时空的限制，给人们的日常生活和工作带来了一场彻底的革命，颠覆了人们的日常思维模式，“互联网+” 进一步将互联网思维融入实践，推动社会生活和经济形态发生各种各样的演变。在支持留守儿童的学习教育方面，“互联网+” 突破了时间与地域

---

① 陈德容，李平. 互联网+ 打造关爱农村留守儿童“生态网”[J]. 重庆与世界，2018(8): 52-54.

的限制,将千里之外拉近到眼前,为留守儿童开阔眼界,打开了新的天地。一方面,学校可以充分利用"互联网+"教育的方式开展专门时间和地点的集中授课,也可以超出校园向更广泛的范围辐射,以开放的方式教育和引导留守儿童。学校可以利用互联网将优质教育资源引入到学校教育内,提升教育教学质量,促进教育公平。对西南民族地区留守儿童而言,他们不仅可以接受来自本地教师的教育、影响和引导,还可以享受来自全国各地的教师提供的教育资源,不仅能够学习传统的语文、数学等课程知识,还能接受到其他教师教授的音乐、美术等艺术课程,甚至还可以接受到国际化的英语课。在这样开放的教育场域中,留守儿童所获得的智力支持无比强大,为充分实现留守儿童的教育权拓展了前所未有的空间。[①]另外一方面,学校可以利用"互联网+"开展网上家长课堂,联系留守儿童家长,传递留守儿童信息,为留守儿童家长传递家庭教育的理念方法和技巧,提升父母的主体责任意识,改善留守儿童的家庭教育环境,促进留守儿童家庭远距离的亲子沟通,为留守儿童家庭建立良好亲子关系奠定基础。

(三)情感支持推动心理疏导

留守儿童成长过程中最大的烦恼莫过于缺少来自父母的情感支持,因此,留守儿童面临着孤独、自卑、胆小、内向等心理问题,借助"互联网+"可以在父母与儿童之间,师生之间建立良好的友情关系,网络支持留守儿童心理发展需要。例如,留守儿童产生的孤独感,这是一种非常普遍的心理现象,不仅成人可以体验孤独感,青少年同样会体验到这种孤独感,这种孤独源于个体与他所关心的人之间缺乏稳定的社会联系。通过"互联网+",可以打破时空的限制,让留守儿童与同辈、老师、家长建立情感沟通的桥梁,帮助留守儿童建立自信心,推动留守儿童勇于面对困难、困境和烦恼,帮助留守儿童留而有德、留而得乐、留而好学、留而不乱。[②]由于留守状态而造成的留守儿童不信任他人、不愿意与人交往的问题,学校也可以通过"互联网+",打造空中心理咨询室,让留守儿童在虚拟、宽松的网络环境中放松警惕,敞开心扉,愿意倾听,叙述自己的烦恼,这对于消除留守儿童的孤独感很有帮助。

---

① 闫向华."互联网+"时代农村留守儿童家庭教育问题探析[J]. 教育现代化,2019,6(68):264-265.

② 田俊,王继新,王萱等."互联网+"在地化:教学共同体对留守儿童孤独感改善的研究[J]. 电化教育研究,2019,40(10):82-88.

三、推动社会支持效果反馈

各个社会支持主体对留守儿童采取不同形式的支持活动，其目的在于增强留守儿童的自强自立能力，推进留守儿童从依赖走向独立。留守儿童对社会支持的有效利用，有助于留守儿童不断成长和发展，实现和保障留守儿童健康权、教育权、生存权和发展权。因此，各个社会支持主体都应积极倾听留守儿童的心声，主动了解留守儿童对社会支持的感受，提高留守儿童对社会支持的利用程度，收集留守儿童对社会支持的反馈，促进社会支持的效度。

第一，倾听留守儿童自我反馈。目前，在留守儿童社会支持过程中，各相关支持主体大多通过政策、资金、物质、设施、场所等来帮助扶持留守儿童家庭，力求改善其家庭状况和水平。对于这些外部支持是否有助于留守儿童的成长与发展，各个社会支持主体需要积极与留守儿童沟通，了解他们的成长现状，认真分析留守儿童内心的真正需求，抛弃单一物质支持的思维模式，从各个不同的角度思考留守儿童的支持方式。例如，除了学校对留守儿童进行科学文化知识教育外，企业、社区以及其他各种社会组织也开展了形式多样的科学普及活动、开发创新活动、文学艺术活动和社会实践活动等，这些活动不仅丰富了留守儿童的学习生活，还极大地拓展了留守儿童的知识视野，促进了留守儿童人格的主动建构，使留守儿童实现了全面发展。[①]但是留守儿童对这些活动的感受如何，是否能促进留守儿童积极情感的形成，是否有利于留守儿童的成长与发展，还有待于各个社会支持主体积极倾听留守儿童的反馈，对留守儿童反馈的信息进行认真分析，综合各方面复杂性因素，为开展后续社会支持奠定基础。

第二，联系老师同学获取信息反馈。留守儿童与老师和同学关系亲密，生活中接触较多，通过与老师同学交谈沟通，获取留守儿童成长与发展的信息，能够更加全面地知晓留守儿童的现状，获得相应的社会支持效果反馈。例如，留守儿童的心态、同辈关系状况、心理健康水平等，这些信息可以由老师和同学通过观察留守儿童以及与留守儿童交往等渠道获取。通过对这些信息的分析，可以看出留守儿童对这些社会支持的利用程度、想法、观点和感受，为各社会支持主体在后续提供社会支持时提供参考，有助于提高未来支持行动的针对性。特

---

① 南钢.留守儿童家庭治理:模式、问题与重构[J].温州大学学报(社会科学版),2019,32(05):21-29.

别是通过与留守儿童老师的交流更能全面掌握和获知社会支持对留守儿童的效果,因为老师是留守儿童成长中的“重要他人”。作为专业的教育者,能够正确、全面、科学地评估留守儿童成长发展的现状与趋势,“教师”的角色与身份有助于他们观察和分析留守儿童言行,知晓社会支持对留守儿童的效果。通过对这些信息的反馈和分析,有助于各个社会支持主体在后续社会支持行动中的调整、顺应与改变。

第三,联合留守儿童家长沟通信息。任何外在的社会支持,都需要通过留守儿童家庭作用于留守儿童,促进留守儿童的成长与发展。与留守儿童家长保持紧密联系,通过信息互通有无,能够确保社会支持行动的针对性和有效性。家长是留守儿童最亲密和信任的人,儿童的感受也最倾向于告知家长,家长也能够很容易地感受到留守儿童的成长与变化。留守儿童家庭结构不完整,家庭功能部分丧失,是导致留守儿童存在突出问题的主要原因,各个社会支持主体在提供社会支持时,首先要考虑从根源上支持留守儿童家庭功能的完善,强化父母对留守儿童的监护责任,与留守儿童父母携手保障儿童的安全,协助家庭建立情感沟通机制,完善和强化家庭监护功能。因此,评估亲子关系状况与家庭发展能力,将留守儿童与其家庭的生态建设与发展作为社会支持整体目标,将家庭视为一个生态系统,将留守儿童的社会支持放入到对整个家庭支持的框架中进行考量,以推动家庭良性生态为圭臬和旨归,才能从根本上促进留守儿童的发展。

后　记

当本研究正在紧锣密鼓推进之时，正是我们面临“新型冠状肺炎”疫情肆虐大地的时候。全国人民响应号召，停工停学，居家防疫。“最短的寒假”意外变成了“最长的寒假”。2020年2月底，全国学生在家“停课不停学”，开启了网上学习的新旅程。令人欣喜的是，留守儿童的家长们无法外出务工，终于可以和孩子们在一起享受亲子时光了。能和父母在一起待这么长时间，孩子们一定非常高兴。但是，与此同时，令人忧虑的是，留守儿童的父母无法外出工作，收入的减少令生活拮据。2020年3月底，即使国内不少地方已经开始复工复产，外出务工人员所面临的工作难题依然严峻。生活中常常出现这样的“两难境地”，一边是留守儿童的教育和成长，一边是家长的工作与焦虑，如何平衡与调节这二者之间的矛盾，仅仅依靠家长的力量是无法实现的，这就需要建立完善的社会支持网络，依托全社会的力量为这样一个特殊群体提供支持、关爱和帮助。

研究小组在推进研究的过程中，接触到西南民族地区许多政府职能部门工作人员、群团组织工作人员、社会公益机构工作人员以及许多社会热心人士，他们都非常关注留守儿童，以十分的热情和爱心投入到留守儿童的关爱和支持工作中，让人心生敬意，非常感动。以这些社会支持主体为主干，我国已经基本构建了留守儿童社会支持工作框架，尽管该工作框架在运行中还存在一定的缺陷，但是人们在不断地思考如何完善和深入推进对留守儿童的支持工作。在调查研究中，研究小组收集了社会各支持主体对以下六个方面问题的思考，包括对留守儿童群体特征的认知、对社会支持的理解与观念、采取的社会支持行动、对社会支持行动的反思、对后续社会支持的谋划以及与其他社会支持的整合思考。为了实现儿童的健康权、教育权、生存权和发展权，各个社会支持主体在行动，将《联合国儿童权利公约》的精神实质加以贯彻落实。

儿童并非生而有问题，而是留守的状态可能导致问题的出现。在儿童成长和走向独立的过程中，面临着重重困难与艰险，需要他人的教育、管理、支持和扶助。正因为如此，对于成长中的儿童来说，其特殊性决定了留守状态是极为不妥的生存形式，特别是亲子关系的疏离会在儿童心理上造成一定程度的影响。同时，儿童是社会的未来成员，是一种社会性关系存在，各种关系存在都会在儿童成长中投射下印迹。从表面上看，儿童留守是家庭选择的结果，是留守儿童的家长在管理和教育孩子问题上行使着个人空间的权力，然而个人行为的结果却并非个人能够承担。家长放弃或让渡了家庭的教育权利和功能，使得留守儿童在成长中缺乏家庭教育力量的有力支持，这的确会导致部分留守儿童在个人成长过程中的行为偏差。留守儿童的成长不可能脱离整个社会大环境而单独存在，他们的成长与我国社会转型时期的政治、经济、文化和教育方方面面都息息相关，作为未来社会的公民，社会需要对其进行支持或规约。

深深感谢在本研究推进过程中接受采访和问卷调查的每一个人。特别是在西南民族地区调研期间，研究小组接触到了民风淳朴的少数民族同胞，他们的善良、热情和真挚深深地烙刻在我们心中！

深深感谢研究小组所在的工作单位重庆文理学院的每一位领导和老师，科研处、教育学院、教育创新研究院的领导老师和同仁给予研究小组极大的方便和鼓励！

深深感谢研究小组每一位成员，正是由于他们夜以继日的艰苦劳动才使本书能够完整地呈现在读者面前！

袁　丹

二〇二二年三月二十日

参考文献

一、著作类

[1]段小松.联合国《儿童权利公约》研究[M].北京:人民出版社,2018.

[2]郑长德.中国少数民族地区经济发展报告2018——改革开放40年民族地区的经济发展[M].北京:中国经济出版社,2018.

[3]卢德生.留守与流动儿童受教育的社会支持研究[M].北京:人民出版社,2017.

[4]王振耀.重建现代儿童福利制度——中国儿童福利政策报告2014[M].北京:社会科学文献出版社,2015.

[5]刘铁芳.乡土的逃离与回归:乡村教育的人文重建[M].福州:福建教育出版社,2008.

[6]刘旦,陈翔,王鹤等.留守中国——中国农村留守儿童妇女老人调查[M].广州:广东人民人民出版社,2013.

[7]李春玲.中国城镇社会流动[M].北京:社会科学文献出版社,1997.

[8]蔡迎旗.留守幼儿生存与发展问题研究[M].南京:江苏教育出版社,2009.

[9]任运昌.农村留守儿童政策研究[M].北京:中国社会科学出版社,2013.

[10]陈旭.留守儿童的社会性发展问题与社会支持系统[M].北京:人民出版社,2013.

[11]赵润琦.儿童保护问题的探索[M].厦门:厦门大学出版社,2016.

[12]王雪梅.儿童福利论[M].北京:社会科学文献出版社,2014.

[13]杨敏.儿童保护:美国经验及启示[M].南京:江苏人民出版社,2016.

[14]姚建平.国与家的博弈:中国儿童福利制度发展史[M].上海:格致出版社,上海人民出版社,2015.

[15]北京师范大学社会发展与公共政策学院家庭与儿童研究中心.儿童保护制度建设研究:目标策略与路径[M].北京:社会科学文献出版社,2017.

[16]陈世海，詹海玉．西部留守儿童社会工作综合服务体系研究[M].北京：中央编译出版社，2017.

[17]潘小娟，卢春龙．中国农村留守儿童群体生存状况研究[M].北京：北京大学出版社，2013.

[18]尚智丛．科学社会学——方法与理论基础[M].北京：高等教育出版社，2008.

[19]卢德平．中国弱势儿童群体：问题与对策[M].北京：社会科学文献出版社，2007.

[20]南方周末．在一起[M].北京：中信出版社，2016.

[21]韩晶晶．澳大利亚儿童保护制度研究[M].北京：法律出版社，2012.

[22]贾勇宏．人口流动中的教育难题——中国农村留守儿童教育问题研究[M].北京：中国社会科学出版社，2013.

[23]费孝通．乡土中国·生育制度[M] .北京：北京大学出版社，1998.

[24]徐莉．非政府组织与社会支持体系的构建——以艾滋病防治领域为例[M].北京：中国社会科学出版社，2012.

[25]万俊人．现代性的伦理话语[M].哈尔滨:黑龙江人民出版社，2002.

[26]叶敬忠，詹姆斯·莫瑞．关注留守儿童：中国中西部农村地区劳动力外出务工对留守儿童的影响．北京：社会科学出版社，2005.

[27]尚晓援．中国弱势儿童群体保护制度[M].北京：社会科学文献出版社，2008.

[28]陆士桢，任伟，常晶晶．儿童社会工作[M].北京: 社会科学文献出版社，2003.

二、期刊类

[1]马良，郭玉飞．儿童保护政策与留守儿童社会支持系统——对贵州毕节留守儿童自杀事件的反思．青少年研究与实践, 2015，30(04): 8-12.

[2]姚建龙，常怡蓉．留守儿童犯罪:污名化的反思与修正．中国青年社会科学, 2016，35(04): 135-140.

[3]胡晓婷，韩庆峰．论西部少数民族地区农村留守儿童社会支持系统建设．中共南宁市委党校学报, 2016，18(04): 21-27.

［4］李向振，李佳浩．“污名化”与“农民工”主体性的双重建构．山西农业大学学报(社会科学版), 2018，17(06): 29-35.

［5］董辉，张凤莹．从“污名化”视角看待留守儿童．开封教育学院学报，2017，37(07):269-270.

［6］许琪．父母外出对农村留守儿童学习成绩的影响．青年研究, 2018(06): 39-51+92.

［7］李春影．儿童形象的教育反思:传统取向与进步取向之比较．教育理论与实践, 2018，38(28): 3-7.

［8］程猛，吕雨欣，杨扬．“底层文化资本”再审视．苏州大学学报(教育科学版), 2018，6(04): 52-59.

［9］杨竹．贵州农村少数民族留守儿童社会支持系统研究．贵州民族学院学报(哲学社会科学版), 2010(05): 56-60.

［10］郭书剑，王建华．寒门贵子:高等教育中精英主义与平等主义的冲突．高等教育研究, 2018，39(10): 21-30+36.

［11］班永飞，宋娟，吴孝勇．贵州省农村留守儿童问题行为特点及与社会支持的关系．中国儿童保健杂志, 2013，21(01): 34-36.

［12］丁宇，谭凝．基于社会支持理论的留守儿童义务教育问题研究．教学与管理,2015(30): 11-13.

［13］邓旭，徐镝．困境儿童教育精准支持:主体、客体、方法、内容．教育理论与实践,2018，38(10): 18-22.

［14］邓旭与，马凌霄，困境儿童教育精准支持及其实现路径．辽宁教育行政学院学报,2018，35(06): 28-34.

［15］王素华，林琼芳．留守儿童成长过程中乡村教师的作用与角色替代．教学与管理, 2018(18): 20-22.

［16］丁宇，刘春环．留守儿童教育问题的政府作用研究．现代中小学教育，2015，31(06): 1-4.

［17］张克云，叶敬忠．留守儿童社会支持网络的特征分析——基于四川省青神县一个村庄的观察．中国青年研究, 2010(02): 55-59.

［18］叶一舵，沈成平，丘文福．留守儿童社会支持状况元分析．教育评论，2017(08): 18-22+32.

[19]孙杰远．论民族地区社会治理的认同逻辑与教育支持．教育研究，2018，39(11): 114-119.

[20]苗雪红．面向儿童生命整体的儿童教育——对儿童教育问题的现象学思考．安徽师范大学学报(人文社会科学版), 2013，41(06): 712-716.

[21]邓纯考．农村留守儿童社区支持的资源与路径——基于西部地区四省两区的调研．教育发展研究, 2013，33(01): 12-17.

[22]底特利希·本纳，顾娟，彭正梅．童年并未消逝：迈向支持自主性的现代教育．华东师范大学学报(教育科学版), 2018，36(06): 54-60+155-156.

[23]李雪萍，刘腾龙．乡土文化资本与返乡农民工子女乡土适应研究——以湖北省Y乡镇中学为个案．中国青年研究, 2018(10): 58-65.

[24]王成芝，曹晶．乡村文化传承何以受阻：农村学校布局调整的文化学思考．教育理论与实践, 2015，35(31): 30-34.

[25]吴炜．新生代农民工的童年期教养经历研究．中国青年研究，2014(08): 73-76+81.

[26]张明．信任视角下留守儿童的社会支持行为选择．江汉论坛，2014(12): 132-137.

[27]郑家昊．政府引导社会管理：复杂性条件下的社会治理．中国人民大学学报，2014，28(02):14-21.

[28]钟芳芳，朱小蔓．重构爱的联结：乡村教师对留守儿童家庭的情感教育支持．教育理论与实践, 2017，37(04): 43-47.

[29]吕宾，俞睿．城镇化进程中留守儿童乡村文化认同危机及对策．宁夏社会科学, 2016(04): 229-233.

[30]段成荣．解决留守儿童问题的根本在于止住源头．武汉大学学报(人文科学版), 2016，69(02):15-18.

[31]严运楼，邢远阁．农村留守儿童的网格化治理方式．重庆社会科学，2016(07): 56-63.

[32]张晶，叶丽萍．农村留守儿童发展权保障机制研究．法制与社会，2016(05): 52-53.

[33]刘森林．社会分层视角下农村留守儿童教育问题的研究．教学与管理，2016(24): 58-61.

[34]黄雪娇,赵可云.我国留守儿童研究热点和前沿演进趋势——基于关键词知识图谱的可视化分析.基础教育研究, 2016(15): 21-25+32.

[35]王玉香,吴立忠.我国留守儿童政策的演进过程与特点研究.青年探索, 2016(05): 42-50.

[36]陈世海,黄春梅,张义烈.西部农村留守儿童的社会支持研究及启示.青年探索, 2016(05): 71-79.

[37]侯曼,武敏娟.大数据背景下农村留守儿童精准服务体系构建.中国统计,2019(01): 14-16.

[38]周镇忠,蔡芸,顾天安等.大数据支持下的农村留守儿童福利政策研究.社会保障研究,2019(05): 79-87.

[39]宋点白.基于大数据的留守儿童教育干预研究.中国教育信息化,2019(03):17-19.

[40]赵雪梅,赵可云.基于大数据平台的留守儿童学校教育探究.现代教育技术,2018.28(07):32-37.

[41]赵雪梅,赵可云.教育大数据应用于学业预警的设计研究——以农村留守儿童学业预警为例.教育发展研究, 2018, 38(12): 64-71.

[42]张华.构建中国特色家庭教育社会支持系统的思路与策略.中国青年研究,2015(10):109-113.

[43]雷文艳.少数民族贫困地区留守儿童社会支持网络的构建与实践:以广西天等县关爱留守儿童项目为例.广西青年干部学院学报,2013(06):26-29.

[44]孙叶蓉.农村留守儿童问题的社会学分析.南方论刊,2016(07):30-32.

[45]孙文中.家庭为本:留守儿童的关爱服务需求与社会支持系统.开发研究,2016(06):137-142.

三、译著类

[1]安尼特·拉鲁,不平等的童年[M].张旭,译.北京:北京大学出版社,2010.

[2]约翰·博得利.发展的受害者[M].何小荣,谢胜利,李旺旺,译.北京:北京大学出版社,2011

[3]SHAFFER DR,KIPPK.发展心理学——儿童与青少年(第九版)[M].邹泓,等译.北京:中国轻工业出版社,2016.

[4]埃德加·莫兰.复杂性思想导论[M].陈一壮,译.上海:华东师范大学出版社,2008.

[5] 埃德加·莫兰.复杂思想:自觉的科学[M].陈一壮,译.北京:北京大学出版社,2001.

[6]迈克尔·富兰.变革的力量——透视课程改革[M].中央教育科学研究所,等译. 北京:教育科学出版社,2004.

[7]克劳斯·迈因策尔.复杂性中的思维——物质、精神和人类的复杂动力学[M].曾国屏,译.北京:中央编译出版社,2000.

[8]米歇尔·克罗齐耶.法令不能改变社会[M].张月,译.上海:格致出版社,上海人民出版社,2008.

附录1 儿童权利公约

（1989年11月20日联合国大会通过）

序 言

公约缔约国，考虑到按照《联合国宪章》所宣布的原则，对人类家庭所有成员的固有尊严及其平等和不移的权利的承认，乃是世界自由、正义与和平的基础，铭记联合国人民在《宪章》中重申对基本人权和人格尊严与价值的信念，并决心促成更广泛自由中的社会进步及更高的生活水平，认识到联合国在《世界人权宣言》和关于人权的两项国际公约中宣布和同意：

人人有资格享受这些文书中所载的一切权利和自由，不因种族、肤色、性别、语言、宗教、政治或其他见解、国籍或社会出身、财产、出生或其他身份等而有任何区别，回顾联合国

在《世界人权宣言》中宣布：儿童有权享受特别照料和协助，深信家庭作为社会的基本单元，作为家庭的所有成员、特别是儿童的成长和幸福的自然环境，应获得必要的保护和协助，以充分负起它在社会上的责任，确认为了充分而和谐地发展其个性，应让儿童在家庭环境里，在幸福、亲爱和谅解的气氛中成长，考虑到应充分培养儿童可在社会上独立生活，并在《联合国宪章》宣布的理想的精神下，特别是在和平、尊严、宽容、自由、平等和团结的精神下，抚养他们成长，铭记给予儿童特殊照料的需要已在1924年《日内瓦儿童权利宣言》和在大会1959年11月20日通过的《儿童权利宣言》中予以申明，并在《世界人权宣言》、《公民权利和政治权利国际公约》(特别是第23和24条)、《经济、社会及文化权利国际公约》(特别是第10条)以及关心儿童福利的各专门结构和国际组织的章程及有关文书中得到确认，铭记如《儿童权利宣言》所示，“儿童因身心尚未成熟，在其出生以前和以后均需要特殊的保护和照料，包括法律上的适当保护”，回顾颁布了《关于儿童保护和儿童福利、特别是国内和国际寄养和收养办法的社会和法律原则宣言》、《联合国少年司法最低限度标准规则》(北京规则)以及《在非常状态和武装冲突中保护妇女和儿童宣言》，认识到世界各国都有生活在极端

困难下的儿童，对这些儿童需要给予特别的照顾，适当考虑到每一民族的传统及文化价值对儿童的保护及和谐发展的重要性，认识国际合作对于改善每一国家、特别是发展中国家儿童的生活条件的重要性，兹协议如下：

第一部分

第一条

为本公约之目的，儿童系指18岁以下的任何人，除非对其适用之法律规定成年年龄少于18岁。

第二条

1.缔约国应遵守本公约所载列的权利，并确保其管辖范围内的每一儿童均享受此种权利，不因儿童或其父母或法定监护人的种族、肤色、性别、语言、宗教、政治或其他见解、民族、族裔或社会出身、财产、伤残、出生或其他身份而有任何差别。

2.缔约国应采取一切适当措施确保儿童得到保护，不受基于儿童父母、法定监护人或家庭成员的身份、活动、所表达的观点或信仰而加诸的一切形式的歧视或惩罚。

第三条

1.关于儿童的一切行为，不论是由公私社会福利机构、法院、行政当局或立法机构执行，均应以儿童的最大利益为一种首要考虑。

2.缔约国承担确保儿童享有其幸福所必需的保护和照料，考虑到其父母、法定监护人、或任何对其负有法律责任的个人的权利和义务，并为此采取一切适当的立法和行政措施。

3.缔约国应确保负责照料或保护儿童的结构、服务部门及设施符合主管当局规定的标准，尤其是安全、卫生、工作人员数目和资格以及有效监督方面的标准。

第四条

缔约国应采取一切适当的立法、行政和其他以实现本公约所确认的权利。关于经济、社会及文化权利，缔约国应根据其现有资源所允许的最大限度并视需要在国际合作范围内采取此类措施。

第五条

缔约国应尊重父母或于适用时尊重当地习俗认定的大家庭或社会成员、法定监护人或其他对儿童负有法律责任的人以下的责任、权利义务，以符合儿童不同阶段上、接受能力的方式适当指导和引导儿童行使本公约所确认的权利。

第六条

1.缔约国确认每个儿童均有固有的生命权。

2.缔约国应最大限度地确保儿童的存活与发展。

第七条

1.儿童出生后应立即登记，并有自出生起获得姓名的权利，有获得国籍的权利，以及尽可能知道谁是其父母并受其父母照料的权利。

2.缔约国应确保这些权利按照本国法律及其根据有关国际文书在这一领域承担的义务予以实施，尤应注意不如此儿童即无国籍之情形。

第八条

1.缔约国承担尊重儿童维护其身份包括法律所承认的国籍、姓名及家庭关系而不受非法干扰的权利。

2.如有儿童被非法剥夺其身份方面的部分或全部要素，缔约国应提供适当协助和保护，以便迅速重新确立其身份。

第九条

1.缔约国应确保不违背儿童父母的意愿使儿童和父母分离，除非主管当局按照适用的法律和程序，经法院的审查，判定这样的分离符合儿童的最大利益而确有必要。在诸如由于父母的虐待或忽视、或父母分居而必须确定儿童居住地点的特殊情况下，这种裁决可能有必要。

2.凡按本条第1款进行诉讼，均应给予所有有关方面以参加诉讼并阐明自己意见的机会。

3.缔约国应尊重与父母一方或双方分离的儿童同父母经常保持个人关系及直接联系的权利，但违反儿童最大利益者除外。

4.如果这种分离是因缔约国对父母一方或双方或对儿童所采取的任何行动，诸如拘留、监禁、流放、驱逐或死亡(包括该人在该国拘禁中因任何原因而死亡所致，该缔约国应按请求将该等家庭成员下落的基本情况告知父母、儿童或适当时告知另一家庭成员，除非提供这类情况会有损儿童的福祉，缔约国还应确保有关人员不致因提出这种请求而承受不利后果。

第十条

1.按照第九条第一款所规定的缔约国的义务，对于儿童或其父母要求进入或离开一缔约国以便与家人团聚的申请，缔约国应以积极的人道主义态度迅速予以办理。缔约国还应确保申请人及其家庭成员不致因提出这类请求而承受不利后果。

2.方面居住在不同国家的儿童，除特殊情况以外，应有权同父母双方经常保持个人关系和直接关系。为此目的，并按照第9条第1款所规定的缔约国的义务，缔约国应尊重儿童及其父母离开包括其本国在内的任何国家和进入其本国的权利。离开任何国家的权利只应受法律所规定并为保护国家安全、公共秩序、公共卫生或道德、或他人的权利和自由所必需且与本公约所承认的其他权利不相抵触的限制约束。

第十一条

1.缔约国应采取措施制止非法将儿童转移国外和不使返回本国的行为。

2.为此目的，缔约国应致力缔结双边或多边协定或加入现有协定。

第十二条

1.缔约国应确保有主见能力的儿童有权对影响到其本人的一切事项自由发表自己的意见，对儿童的意见应按照其年龄和成熟程度给以适当的看待。

2.为此目的，儿童特别应有机会在影响到儿童的任何司法和行政诉讼中，以符合国家法律的诉讼规则的方式，直接或通过代表或适当机构陈述意见。

第十三条

1.儿童应有自由发表言论的权利;此项权利应包括通过口头、书面或印刷、艺术形成或儿童所选择的任何其他媒介，寻求、接受和传递各种信心和思想的自由，而不论国界。

2.此项权利的行使可受某些限制约束，但这些限制仅限于法律所规定并为以下目的所必需：

(A)尊重他人的权利和名誉；

(B)保护国家安全或公共秩序或公共卫生或道德。

第十四条

1.缔约国应遵守儿童享有思想、信仰和宗教自由的权利。

2.缔约国应尊重方面并于适用时尊重法定监护人以下的权利和义务，以符合儿童不同阶段接受能力的方式指导儿童行使其权利。

3.表明个人宗教或信仰的自由，仅受法律所规定并为保护公共安全、秩序、卫生或道德或他人之基本权利和自由所必需的这类限制约束。

第十五条

1.缔约国确认儿童享有结社自由及和平集会自由的权利。

2.对此项权利的行使不得加以限制，除非符合法律所规定并在民主社会中为国家安全、公共秩序、保护公共卫生或道德或保护他人的权利和自由所必需。

第十六条

1.儿童的隐私、家庭、住宅或通信不受任意或非法干涉，其荣誉和名誉不受非法攻击。

2.儿童有权享受法律保护，以免受这类干涉或攻击。

第十七条

缔约国确认大众传播媒介的重要作用，并应确保儿童能够从多种的国家和国际来源获得信息和资料，尤其是旨在促进其社会、精神和道德福祉和身心健康的信息和资料。为此目的，缔约国应：

(A)鼓励大众传播媒介本着第29条约精神散播在社会和文化方面有益于儿童的信息和资料；

(B)鼓励在编制、交流和散播来自不同文化、国家和国际来源的这类信息和资料方面进行国际合作；

(C)鼓励儿童读物的著作和普及；

(D)鼓励大众传播媒介特别注意属于少数群体或土著居民的儿童在语言方面的需要；

(E)鼓励根据第13条和第18条的规定制定适当的准则，保护儿童不受可能损害其福祉的信息和资料之害。

第十八条

1.缔约国应尽其最大努力，确保父母双方对儿童的养育和发展负有共同责任的原则得到确认。父母、或视具体情况而定的法定监护人对儿童的养育和发展负有首要责任。儿童的最大利益将是他们主要关心的事。

2.为保证和促进本公约所列举的权利，缔约国应在父母和法定监护人履行其抚养儿童的责任方面给予适当协助，并应确保发展育儿机构、设施和服务。

3.缔约国应采取一切适当措施确保就业父母的子女有权享受他们有资格得到的托儿服务和设施。

第十九条

1.缔约国应采取一切适当的立法、行政、社会和教育措施，保护儿童在受父母、法定监护人或其他任何负责照管儿童的人的照料时，不致受到任何形式的身心摧残、伤害或凌辱，忽视或照料不周，虐待或剥削，包括性侵犯。

2.这类保护性措施应酌情包括采取有效程序以建立社会方案，向儿童和负责照管儿童的人提供必要的支助，采取其他预防形式，查明、报告、查询、调查、处理和追究前述的虐待儿童事件，以及在适当时进行司法干预。

第二十条

1.暂时或永久脱离家庭环境的儿童，或为其最大利益不得在这种环境中继续生活的儿童，应有权得到国家的特别保护和协助。

2.缔约国应按照本国法律确保此类儿童得到其他方式的照顾。

3.这种照顾除其他外，包括寄养、伊斯兰法的“卡法拉”(监护)、收养或者必要时安置在适当的育儿机构中。在考虑解决办法时，应适当注意有必要使儿童的培养教育具有连续性和注意儿童的族裔、宗教；文化和语言背景。

第二十一条

凡承认和(或)许可收养制度的国家应确保以儿童的最大利益为首要考虑并应：

(A)确保只有经主管当局按照适用的法律和程序并根据所有有关可靠的资料，判定鉴于儿童有关父母、亲属和法定监护人方面的情况可允许收养，并且判定必要时有关人士已根据可能必要的辅导对收养表示知情的同意，方可批准儿童的收养；

(B)确认如果儿童不能安置于寄养或收养家庭，或不能以任何适当方式在儿童原籍国加以照料，跨国收养可视为照料儿童的一个替代办法；

(C)确保得到跨国收养的儿童享有与本国收养相当的保障和标准；

(D)采取一切适当措施确保跨国收养的安排不致使所涉人士获得不正当的财务收益；

(E)在适当时通过缔结双边或多边安排或协定促成本条的目标，并在这一范围内努力确保由主管当局或机构负责安排儿童在另一国收养的事宜。

第二十二条

1. 缔约国应采取适当措施,确保申请难民身份的儿童或按照适用的国际法或国内法及程序可视为难民的儿童,不论有无父母或其他任何人的陪同,均可得到适当的保护和人道主义援助,以享有本公约和该有关国家为其缔约国的其他国际人权和或人道主义文书所规定的可适用权利。

2. 为此目的,缔约国应对联合国和与联合国合作的其他主管的政府间组织或非政府组织所作的任何努力提供其认为适当的合作,以保护和援助这类儿童,并为只身的难民儿童追寻其父母或其他家庭成员,以获得必要的消息使其家庭团聚。在寻不着父母或其他家庭成员的情况下,也应使该儿童获得与其他任何由于任何原因而永久或暂时脱离家庭环境的儿童按照本公约的规定所得到的同样的保护。

第二十三条

1. 缔约国确认身心有残疾的儿童应能在确保其尊严、促进其自立、有利于其积极参与社会生活的条件下享有充实而适当的生活。

2. 缔约国确认残疾儿童有接受特别照顾的权利,应鼓励并确保在现有资源范围内,依据申请斟酌儿童的情况和儿童的父母或其他照料人的情况,对合格儿童及负责照料该儿童的人提供援助。

3. 鉴于残疾儿童的特殊需要,考虑到儿童的父母或其他照料人的经济情况,在可能时应免费提供按照本条第2款给予的援助,这些援助的目的应是确保残疾儿童能有效地获得和接受教育、培训、保健服务、康复服务,就业准备和娱乐机会,其方式应有助于该儿童尽可能充分地参与社会,实现个人发展,包括其文化和精神方面的发展。

4. 缔约国应本着国际合作精神,在预防保健以及残疾儿童的医疗、心理治疗和功能治疗领域促进交换适当资料,包括散播和获得有关康复教育方法和职业服务方面的资料,以其使缔约国能够在这些领域提高其能力和技术并扩大其经验。在这方面,应特别考虑到发展中国家的需要。

第二十四条

1. 缔约国确认儿童有权享有可达到的最高标准的健康,并享有医疗和康复设施;缔约国应努力确保没有任何儿童被剥夺获得这种保健服务的权利。

2.缔约国应致力充分实现这一权利,特别是应采取适当措施,以(A)降低婴幼儿死亡率;(B)确保向所有儿童提供必要的医疗援助和保健,侧重发展初级保健;(C)消除疾病和营养不良现象,包括在初级保健范围内利用现有可得的技术和提供充足的营养食品和清洁饮水,要考虑到环境污染的危险和风险;(D)确保母亲得到适当的产前和产后保健;(E)确保向社会各阶层、特别是向父母和儿童介绍有关儿童保健和营养、母乳育婴优点、个人卫生和环境卫生及防止意外事故的基本知识,使他们得到这方面的教育并帮助他们应用这种基本知识;(F)开展预防保健、对父母的指导以及计划生育教育和服务。

3.缔约国应致力采取一切有效和适当的措施,以期废除对儿童健康有害的传统习俗。

4.缔约国承担促进和鼓励国际合作,以期逐步充分实现本条所确认的权利。在这方面,应特别考虑到发展中国家的需要。

第二十五条

缔约国确认在有关当局为照料、保护或治疗儿童身心健康的目的下受到安置的儿童,有权获得对给予的治疗以及与所受安置有关的所有其他情况进行定期审查。

第二十六条

1.缔约国应确认每个儿童有权受益于社会保障、包括社会保险,并应根据其国内法律采取必要措施充分实现这一权利。

2.提供福利时应酌情考虑儿童及负有赡养儿童义务的人的经济情况和环境,以及与儿童提出或代其提出的福利申请有关的其他方面因素。

第二十七条

1.缔约国确认每个儿童均有权享有足以促进其生理、心理、精神、道德和社会发展的生活水平。

2.父母或其他负责照顾儿童的人负有在其能力和经济条件许可范围内确保儿童发展所需生活条件的首要责任。

3.缔约国按照本国条件并其能力范围内,应采取适当措施帮助父母或其他负责照顾儿童的人实现此项权利,并在需要时提供物质援助和支助方案,特别是在营养、衣着和住房方面。

4.缔约国应采取一切适当措施,向在本国境内或境外儿童的父母或其他对儿童负有经济责任的人追索儿童的赡养费。尤其是遇对儿童负有经济责任的人住在与儿童不同的国家的情况时,缔约国应促进加入国际协定或缔结此类协定以及作出其他适当安排。

第二十八条

1.缔约国确认儿童有受教育的权利,为在机会均等的基础上逐步实现此项权利,缔约国尤应:

(A)实现全面的免费义务小学教育;

(B)鼓励发展不同形式的中学教育、包括普通和职业教育,使所有儿童均能享有和接受这种教育,并采取适当措施,诸如实行免费教育和对有需要的人提供津贴;

(C)根据能力以一切适当方式使所有人均有受高等教育的机会;

(D)使所有儿童均能得到教育和职业方面的资料和指导;

(E)采取措施鼓励学生按时出勤和降低辍学率。

2.缔约国应采取一切适当措施,确保学校执行纪律的方式符合儿童的人格尊严及本公约的规定。

3.缔约国应促进和鼓励有关教育事项方面的国际合作,特别着眼于在全世界消灭愚昧与文盲,并便利获得科技知识和现代教学方法。在这方面,应特别考虑到发展中国家的需要。

第二十九条

1.缔约国一致认为教育儿童的目的应是:

(A)最充分地发展儿童的个性、才智和身心能力;

(B)培养对人权和基本自由以及《联合国宪章》所载各项原则的尊重;

(C)培养对儿童的父母、儿童自身的文化认同、语言和价值观、儿童所居住国家的民族价值观、其原籍国以及不同于其本国的文明的尊重;

(D)培养儿童本着各国人民、族裔、民族和宗教群体以及原为土著居民的人之间谅解、和平、宽容、男女平等和友好的精神,在自由社会里过有责任感的生活;

(E)培养对自然环境的尊重。

2.对本条或第28条任何部分的解释均不得干涉个人和团体建立和指导教育机构的自由,但须始终遵守本条第一款载列的原则,并遵守在这类机构中实行的教育应符合国家可能规定的最低限度标准的要求。

第三十条

在那些存在有族裔、宗教语言方面属于少数人或原为土著居民的人的国家,不得剥夺属于这种少数人或原为土著居民的儿童与其群体的其他成员共同享有自己的文化、信奉自己的宗教并举行宗教仪式、或使用自己的语言的权利。

第三十一条

1.缔约国确认儿童有权享有休息和闲暇,从事与儿童年龄相宜的游戏和娱乐活动,以及自由参加文化生活和艺术活动。

2.缔约国应尊重并促进儿童充分参加文化和艺术生活的权利,并应鼓励提供从事文化、艺术、娱乐和休闲活动的适当和均等的机会。

第三十二条

1.缔约国确认儿童有权受到保护,以免受经济剥削和从事任何可能妨碍或影响儿童教育或有害儿童健康或身体、心理、精神、道德或社会发展的工作。

2.缔约国应采取立法、行政、社会和教育措施确保本条得到执行。为此目的,并鉴于其他国际文书的有关规定,缔约国尤应:

(A)规定受雇的最低年龄;

(B)规定有关工作时间和条件的适当规则;

(C)规定适当的惩罚或其他制裁措施以确保本条得到有效执行。

第三十三条

缔约国应采取一切适当措施,包括立法、行政、社会和教育措施,保护儿童不至非法使用有关国际条约中界定的麻醉药品和精神药物,并防止利用儿童从事非法生产和贩运此类药物。

第三十四条

缔约国承担保护儿童免遭一切形式的色情剥削和性侵犯之害,为此目的,缔约国尤应采取一切适当的国家,双边和多边措施,以防止:

(A)引诱或强迫儿童从事任何非法的性生活;

(B)利用儿童卖淫或从事其他非法的性行为;

(C)利用儿童进行淫秽表演和充当淫秽题材。

第三十五条

缔约国应采取一切适当的国家、双边和多边措施,以防止为任何目的或以任何形式诱拐、买卖或贩运儿童。

第三十六条

缔约国应保护儿童免遭有损儿童福利的任行方面的一切其他形式的剥削之害。

第三十七条

缔约国应确保:

(A)任何儿童不受酷刑或其他形式的残忍、不人道成有辱人格的待遇或处罚。对未满18岁的人所犯罪行不得判以死刑或无释放可能的无期徒刑;

(B)不得非法或任意剥夺任何儿童的自由。对儿童的逮捕、拘留或监禁应符合法律规定并仅应作为最后手段,期限应为最短的适当时间;

(C)所有被剥夺自由的儿童应受到人道待遇,其人格固有尊严应受尊重,并应考虑到他们这个年龄的人的需要的方式加以对待。特别是,所有被剥夺自由的儿童应同成人隔开,除非认为反之最有利于儿童,并有权通过信件和探访同家人保持联系,但特殊情况除外;

(D)所有被剥夺自由的儿童均有权迅速获得法律及其他适当援助,并有权向法院或其他独立公正的主管当局就其被剥夺自由一事之合法性提出异议,并有权迅速就任何此类行动得到裁定。

第三十八条

1.缔约国承担尊重并确保尊重在武装冲突中对其适用的国际人道主义法律中有关儿童的规则。

2.缔约国应采取一切可行措施确保未满15岁的人不直接参加敌对行动。

3.缔约国应避免招募任何未满15岁的人加入武装部队。在招募已满15岁但未满18岁的人时,缔约国应致力首先考虑年龄最大者。

4.缔约国按照国际人道主义法律规定它们在武装冲突中保护平民人口的义务,应采取一切可行措施确保保护和照料受武装冲突影响的儿童。

第三十九条

缔约国应采取一切适当措施,促使遭受下述情况之害的儿童身心得以康复并重返社会;任何形式的忽视、剥削或凌辱虐待;酷刑或任何其他形式的残忍、不人道或有辱人格的待遇或处罚;或武装冲突。此种康复和重返社会应在一种能促进儿童的健康、自尊和尊严的环境中进行。

第四十条

1.缔约国确认被指称、指控或认为触犯刑法的儿童有权得到符合以下情况方式的待遇,促进其尊严和价值感并增强其对他人的人权和基本自由的尊重。这种待遇应考虑到其年龄和促进其重返社会并在社会中发挥积极作用的愿望。

2.为此目的,并鉴于国际文书的有关规定,缔约国尤应确保:

(A)任何儿童不得以行为或不行为之时本国法律或国际法不禁止的行为或不行为之理由被指称、指控或认为触犯刑法;

(B)所有被指称或指控触犯列法的儿童至少应得到下列保证:

(一)在依法判定有罪之前应视为无罪;

(二)迅速直接地被告知其被控罪名,适当时应通过其父母或法定监护人告知,并获得准备和提出辩护所需的法律或其他适当协助;

(三)要求独立公正的主管当局或司法机构在其得到法律或其他适当协助的情况下,通过依法公正审理迅速作出判决,并且须有其父母或法定监护人在场,除非认为这样做不符合儿童的最大利益,特别 要考虑到其年龄成状况;

(四)不得被迫作口供或认罪;应可盘问或要求盘问不利的证人,并在平等条件下要求证人为其出庭和接受盘问;

(五)若被判定触犯刑法,有权要求高一级独立公正的主管当局或司法机构依法复查此一判决及由此对之采取的任何措施;

(六)若儿童不懂或不会说所用语言,有权免费得到口译人员的协助;

(七)其隐私在诉讼的所有阶段均得到充分尊重。

3.缔约国应致力于促进规定或建立专门适用于被指称、指控或确认为触犯刑法的儿童的法律、程序、当局和机构,尤应:

(A)规定最低年龄,在此年龄以下的儿童应视为无触犯刑法之行为能力;

(B)在适当和必要时,制订不对此类儿童诉诸司法程序的措施,但须充分尊重人权和法律保障。

4.应采用多种处理办法,诸如照管、指导和监督令、辅导、察看、寄养、教育和职业培训方案及不交由机构照管的其他办法,以确保处理儿童的方式符合其福祉并与其情况和违法行为相称。

第四十一条

本公约的任何规定不应影响更有利于实现儿童权利且可能载于下述文件

中的任何规定：

(A)缔约国的法律；或

(B)对该国有效的国际法

第二部分

第四十二条

缔约国承担以适当的积极手段，使成人和儿童都能普遍知晓本公约的原则和规定。

第四十三条

1. 为审查缔约国在履行根据本公约所承担的义务方面取得的进展，应设立儿童权利委员会，执行下文所规定的职能。

2. 委员会应由10名品德高尚并在本公约所涉领域具有公认能力的专家组成。委员会成员应由缔约国从其国民中选出，并应以个人身份任职，但须考虑到公平地域分配原则及主要法系。

3. 委员会成员应以无记名表决方式从缔约国提名的人选名单中选举产生。每一缔约国可从其本国国民中提名一位人选。

4. 委员会的初次选举应最迟不晚于本公约生效之日后的六个月进行；此后每两年举行一次。联合国秘书长应至少在选举之日前四个月函请缔约国在两个月内提出其提名的人选。秘书长随后应将已提名的所有人选按字母顺序编成名单，注明提名此等人选的缔约国，分送本公约缔约国。

5. 选举应在联合国总部由秘书长召开的缔约国会议上进行。在此等会议上，应以三分之二缔约国出席作为会议的法定人数，得票最多且占出席并参加表决缔约国代表绝对多数票者，当选为委员会成员。

6. 委员会成员任期四年。成员如获再次提名，应可连选连任。在第一次选举产生的成员中，有5名成员的任期应在两年结束时届满；会议主席应在第一次选举之后立即以抽签方式选定这5名成员。

7. 如果委员会某一成员死亡或辞职或宣称因任何其他原因不再能履行委员会的职责，提名该成员的缔约国应从其国民中指定另一名专家接替余下的任期,但须经委员会批准。

8.委员会应自行制订其议事规则。

9.委员会应自行选举其主席团成员,任期两年。

10.委员会会议通常应在联合国总部或在委员会决定的任何其他方便地点举行。委员会通常应每年举行一次会议。委员会的会期应由本公约缔约国会议决定并在必要时加以审查,但需经大会核准。

11.联合国秘书长应为委员会有效履行本公约所规定的职责提供必要的工作人员和设施。

12.根据本公约设立的委员会的成员,经大会核可,得从联合国资源领取薪酬,其条件由大会决定。

第四十四条

1.缔约国承担按下述办法,通过联合国秘书长,向委员会提交关于它们为实现本公约确认的权利所采取的措施以及关于这些权利的享有方面的进展情况的报告;

(A)在本公约对有关缔约国生效后两年内;

(B)此后每五年一次。

2.根据本条提交的报告应指明可能影响本公约规定的义务履行程度的任何因素和困难。报告还应载有充分的资料,以使委员会全面了解本公约在该国的实施情况。

3.缔约国若已向委员会提交全面的初次报会,就无须在其以后按照本条第1款(B)项提交的报告中重复原先已提供的基本资料。

4.委员会可要求缔约国进一步提供与本公约实施情况有关的资料。

5.委员会应通过经济及社会理事会每两年向大会提交一次关于其活动的报告。

6.缔约国应向其本国的公众广泛供应其报告。

第四十五条

为促进本公约的有效实施和鼓励在本公约所涉领域进行国际合作:

(A)各专门机构、联合国儿童基金会和联合国其他机构应有权派代表列席对本公约中属于它们职责范围内的条款的实施情况的审议。委员会可邀请各专门机构、联合国儿童基金会以及它可能认为合适的其他有关机关就本公约在属于它们各自职责范围内的领域的实施问题提供专家意见。委员会可邀请各专门机构、联合国儿童基金会和联合国其他机构就本公约在属于它们活动范围内的领域的实施情况提交报告;

(B)委员会在其可能认为适当时应向各专门机构、联合国儿童基金会和其他有关机构转交缔约国要求或说明需要技术咨询或援助的任何报告以及委员会就此类要求或说明提出的任何意见和建议;

(C)委员会可建议大会请秘书长代表委员会对有关儿童权利的具体问题进行研究;

(D)委员会可根据依照本公约第44条和45条收到的资料提出提议和一般性建议。此类提议和一般性建议应转交有关的任何缔约国并连同缔约国作出的任何评论一并报告大会。

第三部分

第四十六条

本公约应向所有国家开放供签署。

第四十七条

本公约须经批准。批准书应交存联合国秘书长。

第四十八条

本公约应向所有国家开放供加入。加入书应交存于联合国秘书长。

第四十九条

1.本公约自第二十份批准书或加入书交存联合国秘书长之日后的第三十天生效。

2.本公约对于在第二十份批准书或加入书交存之后批准或加入本公约的国家,自其批准书或加入书交存之日后的第三十天生效。

第五十条

1.任何缔约国均可提出修正案,提交给联合国秘书长。秘书长应立即将提议的修正案通知缔约国,并请它们表明是否赞成召开缔约国会议以审议提案并进行表决。

如果在此类通知发出之日后的四个月内，至少有三分之一的缔约国赞成召开这样的会议，秘书长应在联合国主持下召开会议。经出席会议并参加表决的缔约国多数通过的任何修正案应提交大会批准。

2.根据本条第1款通过的修正案若获大会批准并为缔约国三分之二多数所接受，即行生效。

3.修正案一旦生效，即应对接受该项修正案的缔约国具有约束力，其他缔约国则仍受本公约各项条款和它们已接受的任何早先的修正案的约束。

第五十一条

1.秘书长应接受各国在批准或加入时提出的保留，并分发给所有国家。

2.不得提出内容与本公约目标和宗旨相抵触的保留。

3.缔约国可随时向联合国秘书长提出通知，请求撤销保留，并由他将此情况通知所有国家。通知于秘书长收到当日起生效。

第五十二条

缔约国可以书面通知联合国秘书长退出本公约。秘书长收到通知之日起一年后退约即行生效。

第五十三条

指定联合国秘书长为本公约的保管人。

第五十四条

本公约的阿拉伯文、中文、英文、法文、俄文和西班牙文文本具有同等效力，应交存联合国秘书长。

经各自政府正式授权的全权代表，在本公约上签字，以资证明。

附录2 国务院关于加强农村留守儿童关爱保护工作的意见

国发〔2016〕13号

各省、自治区、直辖市人民政府,国务院各部委、各直属机构:

近年来,随着我国经济社会发展和工业化、城镇化进程推进,一些地方农村劳动力为改善家庭经济状况、寻求更好发展,走出家乡务工、创业,但受工作不稳定和居住、教育、照料等客观条件限制,有的选择将未成年子女留在家乡交由他人监护照料,导致大量农村留守儿童出现。农村劳动力外出务工为我国经济建设作出了积极贡献,对改善自身家庭经济状况起到了重要作用,客观上为子女的教育和成长创造了一定的物质基础和条件,但也导致部分儿童与父母长期分离,缺乏亲情关爱和有效监护,出现心理健康问题甚至极端行为,遭受意外伤害甚至不法侵害。这些问题严重影响儿童健康成长,影响社会和谐稳定,各方高度关注,社会反响强烈。进一步加强农村留守儿童关爱保护工作,为广大农村留守儿童健康成长创造更好的环境,是一项重要而紧迫的任务。现提出以下意见:

一、充分认识做好农村留守儿童关爱保护工作的重要意义

留守儿童是指父母双方外出务工或一方外出务工另一方无监护能力、不满十六周岁的未成年人。农村留守儿童问题是我国经济社会发展中的阶段性问题,是我国城乡发展不均衡、公共服务不均等、社会保障不完善等问题的深刻反映。近年来,各地区、各有关部门积极开展农村留守儿童关爱保护工作,对促进广大农村留守儿童健康成长起到了积极作用,但工作中还存在一些薄弱环节,突出表现在家庭监护缺乏监督指导、关爱服务体系不完善、救助保护机制不健全等方面,农村留守儿童关爱保护工作制度化、规范化、机制化建设亟待加强。

农村留守儿童和其他儿童一样是祖国的未来和希望,需要全社会的共同关心。做好农村留守儿童关爱保护工作,关系到未成年人健康成长,关系到家庭幸福与社会和谐,关系到全面建成小康社会大局。党中央、国务院对做好农村留守儿童关爱保护工作高度重视。加强农村留守儿童关爱保护工作、维护未成

年人合法权益，是各级政府的重要职责，也是家庭和全社会的共同责任。各地区、各有关部门要充分认识加强农村留守儿童关爱保护工作的重要性和紧迫性，增强责任感和使命感，加大工作力度，采取有效措施，确保农村留守儿童得到妥善监护照料和更好关爱保护。

二、总体要求

（一）指导思想。

全面落实党的十八大和十八届二中、三中、四中、五中全会精神，深入贯彻习近平总书记系列重要讲话精神，按照国务院决策部署，以促进未成年人健康成长为出发点和落脚点，坚持依法保护，不断健全法律法规和制度机制，坚持问题导向，强化家庭监护主体责任，加大关爱保护力度，逐步减少儿童留守现象，确保农村留守儿童安全、健康、受教育等权益得到有效保障。

（二）基本原则。

坚持家庭尽责。落实家庭监护主体责任，监护人要依法尽责，在家庭发展中首先考虑儿童利益；加强对家庭监护和委托监护的督促指导，确保农村留守儿童得到妥善监护照料、亲情关爱和家庭温暖。

坚持政府主导。把农村留守儿童关爱保护工作作为各级政府重要工作内容，落实县、乡镇人民政府属地责任，强化民政等有关部门的监督指导责任，健全农村留守儿童关爱服务体系和救助保护机制，切实保障农村留守儿童合法权益。

坚持全民关爱。充分发挥村（居）民委员会、群团组织、社会组织、专业社会工作者、志愿者等各方面积极作用，着力解决农村留守儿童在生活、监护、成长过程中遇到的困难和问题，形成全社会关爱农村留守儿童的良好氛围。

坚持标本兼治。既立足当前，完善政策措施，健全工作机制，着力解决农村留守儿童监护缺失等突出问题；又着眼长远，统筹城乡发展，从根本上解决儿童留守问题。

（三）总体目标。

家庭、政府、学校尽职尽责，社会力量积极参与的农村留守儿童关爱保护工作体系全面建立，强制报告、应急处置、评估帮扶、监护干预等农村留守儿童救助保护机制有效运行，侵害农村留守儿童权益的事件得到有效遏制。到2020年，未成年人保护法律法规和制度体系更加健全，全社会关爱保护儿童的意识普遍增强，儿童成长环境更为改善、安全更有保障，儿童留守现象明显减少。

三、完善农村留守儿童关爱服务体系

（一）强化家庭监护主体责任。

父母要依法履行对未成年子女的监护职责和抚养义务。外出务工人员要尽量携带未成年子女共同生活或父母一方留家照料，暂不具备条件的应当委托有监护能力的亲属或其他成年人代为监护，不得让不满十六周岁的儿童脱离监护单独居住生活。外出务工人员要与留守未成年子女常联系、多见面，及时了解掌握他们的生活、学习和心理状况，给予更多亲情关爱。父母或受委托监护人不履行监护职责的，村（居）民委员会、公安机关和有关部门要及时予以劝诫、制止；情节严重或造成严重后果的，公安等有关机关要依法追究其责任。

（二）落实县、乡镇人民政府和村（居）民委员会职责。

县级人民政府要切实加强统筹协调和督促检查，结合本地实际制定切实可行的农村留守儿童关爱保护政策措施，认真组织开展关爱保护行动，确保关爱保护工作覆盖本行政区域内所有农村留守儿童。乡镇人民政府（街道办事处）和村（居）民委员会要加强对监护人的法治宣传、监护监督和指导，督促其履行监护责任，提高监护能力。村（居）民委员会要定期走访、全面排查，及时掌握农村留守儿童的家庭情况、监护情况、就学情况等基本信息，并向乡镇人民政府（街道办事处）报告；要为农村留守儿童通过电话、视频等方式与父母联系提供便利。乡镇人民政府（街道办事处）要建立翔实完备的农村留守儿童信息台账，一人一档案，实行动态管理、精准施策，为有关部门和社会力量参与农村留守儿童关爱保护工作提供支持；通过党员干部上门家访、驻村干部探访、专业社会工作者随访等方式,对重点对象进行核查,确保农村留守儿童得到妥善照料。县级民政部门及救助管理机构要对乡镇人民政府(街道办事处)、村(居)民委员会开展的监护监督等工作提供政策指导和技术支持。

(三)加大教育部门和学校关爱保护力度。

县级人民政府要完善控辍保学部门协调机制,督促监护人送适龄儿童、少年入学并完成义务教育。教育行政部门要落实免费义务教育和教育资助政策,确保农村留守儿童不因贫困而失学;支持和指导中小学校加强心理健康教育,促进学生心理、人格积极健康发展,及早发现并纠正心理问题和不良行为;加强对农村留守儿童相对集中学校教职工的专题培训,着重提高班主任和宿舍管理人员关爱照料农村留守儿童的能力;会同公安机关指导和协助中小学校完善人防、物防、技防措施,加强校园安全管理,做好法治宣传和安全教育,帮助儿童增强防范不法侵害的意识、掌握预防意外伤害的安全常识。中小学校要对农村留守儿童受教育情况实施全程管理,利用电话、家访、家长会等方式加强与家长、受委托监护人的沟通交流,了解农村留守儿童生活情况和思想动态,帮助监护人掌握农村留守儿童学习情况,提升监护人责任意识和教育管理能力;及时了解无故旷课农村留守儿童情况,落实辍学学生登记、劝返复学和书面报告制度,劝返无效的,应书面报告县级教育行政部门和乡镇人民政府,依法采取措施劝返复学;帮助农村留守儿童通过电话、视频等方式加强与父母的情感联系和亲情交流。寄宿制学校要完善教职工值班制度,落实学生宿舍安全管理责任,丰富校园文化生活,引导寄宿学生积极参与体育、艺术、社会实践等活动,增强学校教育吸引力。

(四)发挥群团组织关爱服务优势。

各级工会、共青团、妇联、残联、关工委等群团组织要发挥自身优势,积极为农村留守儿童提供假期日间照料、课后辅导、心理疏导等关爱服务。工会、共青团要广泛动员广大职工、团员青年、少先队员等开展多种形式的农村留守儿童关爱服务和互助活动。妇联要依托妇女之家、儿童之家等活动场所,为农村留守儿童和其他儿童提供关爱服务,加强对农村留守儿童父母、受委托监护人的家庭教育指导,引导他们及时关注农村留守儿童身心健康状况,加强亲情关爱。

残联要组织开展农村留守残疾儿童康复等工作。关工委要组织动员广大老干部、老战士、老专家、老教师、老模范等离退休老同志,协同做好农村留守儿童的关爱与服务工作。

(五)推动社会力量积极参与。

加快孵化培育社会工作专业服务机构、公益慈善类社会组织、志愿服务组织,民政等部门要通过政府购买服务等方式支持其深入城乡社区、学校和家庭,开展农村留守儿童监护指导、心理疏导、行为矫治、社会融入和家庭关系调适等专业服务。充分发挥市场机制作用,支持社会组织、爱心企业依托学校、社区综合服务设施举办农村留守儿童托管服务机构,财税部门要依法落实税费减免优惠政策。

四、建立健全农村留守儿童救助保护机制

(一)建立强制报告机制。

学校、幼儿园、医疗机构、村(居)民委员会、社会工作服务机构、救助管理机构、福利机构及其工作人员,在工作中发现农村留守儿童脱离监护单独居住生活或失踪、监护人丧失监护能力或不履行监护责任、疑似遭受家庭暴力、疑似遭受意外伤害或不法侵害等情况的,应当在第一时间向公安机关报告。负有强制报告责任的单位和人员未履行报告义务的,其上级机关和有关部门要严肃追责。其他公民、社会组织积极向公安机关报告的,应及时给予表扬和奖励。

(二)完善应急处置机制。

公安机关要及时受理有关报告,第一时间出警调查,有针对性地采取应急处置措施,强制报告责任人要协助公安机关做好调查和应急处置工作。属于农村留守儿童单独居住生活的,要责令其父母立即返回或确定受委托监护人,并对父母进行训诫;属于监护人丧失监护能力或不履行监护责任的,要联系农村留守儿童父母立即返回或委托其他亲属监护照料;上述两种情形联系不上农村留守儿童父母的,要就近护送至其他近亲属、村(居)民委员会或救助管理机构、

福利机构临时监护照料，并协助通知农村留守儿童父母立即返回或重新确定受委托监护人。属于失踪的，要按照儿童失踪快速查找机制及时开展调查。属于遭受家庭暴力的，要依法制止，必要时通知并协助民政部门将其安置到临时庇护场所、救助管理机构或者福利机构实施保护；属于遭受其他不法侵害、意外伤害的，要依法制止侵害行为、实施保护；对于上述两种情形，要按照有关规定调查取证，协助其就医、鉴定伤情，为进一步采取干预措施、依法追究相关法律责任打下基础。公安机关要将相关情况及时通报乡镇人民政府(街道办事处)。

(三)健全评估帮扶机制。

乡镇人民政府(街道办事处)接到公安机关通报后，要会同民政部门、公安机关在村(居)民委员会、中小学校、医疗机构以及亲属、社会工作专业服务机构的协助下，对农村留守儿童的安全处境、监护情况、身心健康状况等进行调查评估，有针对性地安排监护指导、医疗救治、心理疏导、行为矫治、法律服务、法律援助等专业服务。对于监护人家庭经济困难且符合有关社会救助、社会福利政策的，民政及其他社会救助部门要及时纳入保障范围。

(四)强化监护干预机制。

对实施家庭暴力、虐待或遗弃农村留守儿童的父母或受委托监护人，公安机关应当给予批评教育，必要时予以治安管理处罚，情节恶劣构成犯罪的，依法立案侦查。对于监护人将农村留守儿童置于无人监管和照看状态导致其面临危险且经教育不改的，或者拒不履行监护职责六个月以上导致农村留守儿童生活无着的，或者实施家庭暴力、虐待或遗弃农村留守儿童导致其身心健康严重受损的，其近亲属、村(居)民委员会、县级民政部门等有关人员或者单位要依法向人民法院申请撤销监护人资格，另行指定监护人。

五、从源头上逐步减少儿童留守现象

(一)为农民工家庭提供更多帮扶支持。

各地要大力推进农民工市民化，为其监护照料未成年子女创造更好条件。

符合落户条件的要有序推进其本人及家属落户。符合住房保障条件的要纳入保障范围,通过实物配租公共租赁住房或发放租赁补贴等方式,满足其家庭的基本居住需求。不符合上述条件的,要在生活居住、日间照料、义务教育、医疗卫生等方面提供帮助。倡导用工单位、社会组织和专业社会工作者、志愿者队伍等社会力量,为其照料未成年子女提供便利条件和更多帮助。公办义务教育学校要普遍对农民工未成年子女开放,要通过政府购买服务等方式支持农民工未成年子女接受义务教育;完善和落实符合条件的农民工子女在输入地参加中考、高考政策。

(二)引导扶持农民工返乡创业就业。

各地要大力发展县域经济,落实国务院关于支持农民工返乡创业就业的一系列政策措施。中西部地区要充分发挥比较优势,积极承接东部地区产业转移,加快发展地方优势特色产业,加强基本公共服务,制定和落实财政、金融等优惠扶持政策,落实定向减税和普遍性降费政策,为农民工返乡创业就业提供便利条件。人力资源社会保障等有关部门要广泛宣传农民工返乡创业就业政策,加强农村劳动力的就业创业技能培训,对有意愿就业创业的,要有针对性地推荐用工岗位信息或创业项目信息。

六、强化农村留守儿童关爱保护工作保障措施

(一)加强组织领导。

各地要将农村留守儿童关爱保护工作纳入重要议事日程,建立健全政府领导,民政部门牵头,教育、公安、司法行政、卫生计生等部门和妇联、共青团等群团组织参加的农村留守儿童关爱保护工作领导机制,及时研究解决工作中的重大问题。民政部要牵头建立农村留守儿童关爱保护工作部际联席会议制度,会同有关部门在2016年上半年开展一次全面的农村留守儿童摸底排查,依托现有信息系统完善农村留守儿童信息管理功能,健全信息报送机制。各级妇儿工委和农民工工作领导小组要将农村留守儿童关爱保护作为重要工作内容,统筹推进相关工作。各地民政、公安、教育等部门要强化责任意识,督促有关方面落

实相关责任。要加快推动完善未成年人保护相关法律法规，进一步明确权利义务和各方职责，特别要强化家庭监护主体责任，为农村留守儿童关爱保护工作提供有力法律保障。

（二）加强能力建设。

统筹各方资源，充分发挥政府、市场、社会的作用，逐步完善救助管理机构、福利机构场所设施，满足临时监护照料农村留守儿童的需要。加强农村寄宿制学校建设，促进寄宿制学校合理分布，满足农村留守儿童入学需求。利用现有公共服务设施开辟儿童活动场所，提供必要托管服务。各级财政部门要优化和调整支出结构，多渠道筹措资金，支持做好农村留守儿童关爱保护工作。各地要积极引导社会资金投入，为农村留守儿童关爱保护工作提供更加有力的支撑。各地区、各有关部门要加强农村留守儿童关爱保护工作队伍建设，配齐配强工作人员，确保事有人干、责有人负。

（三）强化激励问责。

各地要建立和完善工作考核和责任追究机制，对认真履责、工作落实到位、成效明显的，要按照国家有关规定予以表扬和奖励；对工作不力、措施不实、造成严重后果的，要追究有关领导和人员责任。对贡献突出的社会组织和个人，要适当给予奖励。

（四）做好宣传引导。

加强未成年人保护法律法规和政策措施宣传工作，开展形式多样的宣传教育活动，强化政府主导、全民关爱的责任意识和家庭自觉履行监护责任的法律意识。建立健全舆情监测预警和应对机制，理性引导社会舆论，及时回应社会关切，宣传报道先进典型，营造良好社会氛围。

各省（区、市）要结合本地实际，制定具体实施方案。对本意见的执行情况，国务院将适时组织专项督查。

国务院

2016年2月4日

附录3　国务院关于加强困境儿童保障工作的意见

国发〔2016〕36号

各省、自治区、直辖市人民政府，国务院各部委、各直属机构：

儿童是家庭的希望，是国家和民族的未来。在党和政府的高度重视下，我国保障儿童权益的法律体系逐步健全，广大儿童合法权益得到有效保障，生存发展环境进一步优化，在家庭、政府和社会的关爱下健康成长。同时，也有一些儿童因家庭经济贫困、自身残疾、缺乏有效监护等原因，面临生存、发展和安全困境，一些冲击社会道德底线的极端事件时有发生，不仅侵害儿童权益，也影响社会和谐稳定，是全面建成小康社会亟需妥善解决的突出问题。

困境儿童包括因家庭贫困导致生活、就医、就学等困难的儿童，因自身残疾导致康复、照料、护理和社会融入等困难的儿童，以及因家庭监护缺失或监护不当遭受虐待、遗弃、意外伤害、不法侵害等导致人身安全受到威胁或侵害的儿童。为困境儿童营造安全无虞、生活无忧、充满关爱、健康发展的成长环境，是家庭、政府和社会的共同责任。做好困境儿童保障工作，关系儿童切身利益和健康成长，关系千家万户安居乐业、和谐幸福，关系社会稳定和文明进步，关系全面建成小康社会大局。为加强困境儿童保障工作，确保困境儿童生存、发展、安全权益得到有效保障，现提出以下意见。

一、总体要求

(一)指导思想。

全面落实党的十八大和十八届三中、四中、五中全会精神，深入贯彻习近平总书记系列重要讲话精神，按照党中央、国务院决策部署，以促进儿童全面发展为出发点和落脚点，坚持问题导向，优化顶层设计，强化家庭履行抚养义务和监护职责的意识和能力，综合运用社会救助、社会福利和安全保障等政策措施，分类施策，精准帮扶，为困境儿童健康成长营造良好环境。

(二)基本原则

坚持家庭尽责。强化家庭是抚养、教育、保护儿童,促进儿童发展第一责任主体的意识,大力支持家庭提高抚养监护能力,形成有利于困境儿童健康成长的家庭环境。

坚持政府主导。落实政府责任,积极推动完善保障儿童权益、促进儿童发展的相关立法,制定配套政策措施,健全工作机制,统筹各方资源,加快形成困境儿童保障工作合力。

坚持社会参与。积极孵化培育相关社会组织,动员引导广大企业和志愿服务力量参与困境儿童保障工作,营造全社会关心关爱困境儿童的良好氛围。

坚持分类保障。针对困境儿童监护、生活、教育、医疗、康复、服务和安全保护等方面的突出问题,根据困境儿童自身、家庭情况分类施策,促进困境儿童健康成长。

(三)总体目标。

加快形成家庭尽责、政府主导、社会参与的困境儿童保障工作格局,建立健全与我国经济社会发展水平相适应的困境儿童分类保障制度,困境儿童服务体系更加完善,全社会关爱保护儿童的意识明显增强,困境儿童成长环境更为改善、安全更有保障。

二、加强困境儿童分类保障

针对困境儿童生存发展面临的突出问题和困难,完善落实社会救助、社会福利等保障政策,合理拓展保障范围和内容,实现制度有效衔接,形成困境儿童保障政策合力。

(一)保障基本生活。

对于无法定抚养人的儿童,纳入孤儿保障范围。对于无劳动能力、无生活来源、法定抚养人无抚养能力的未满16周岁儿童,纳入特困人员救助供养范围。对于法定抚养人有抚养能力但家庭经济困难的儿童,符合最低生活保障条件的纳入保障范围并适当提高救助水平。对于遭遇突发性、紧迫性、临时性基本生活困难家庭的儿童,按规定实施临时救助时要适当提高对儿童的救助水平。对于其他困境儿童,各地区也要做好基本生活保障工作。

(二)保障基本医疗。

对于困难的重病、重残儿童,城乡居民基本医疗保险和大病保险给予适当倾斜,医疗救助对符合条件的适当提高报销比例和封顶线。落实小儿行为听力测试、儿童听力障碍语言训练等医疗康复项目纳入基本医疗保障范围政策。对于最低生活保障家庭儿童、重度残疾儿童参加城乡居民基本医疗保险的个人缴费部分给予补贴。对于纳入特困人员救助供养范围的儿童参加城乡居民基本医疗保险给予全额资助。加强城乡居民基本医疗保险、大病保险、医疗救助、疾病应急救助和慈善救助的有效衔接,实施好基本公共卫生服务项目,形成困境儿童医疗保障合力。

(三)强化教育保障。

对于家庭经济困难儿童,要落实教育资助政策和义务教育阶段"两免一补"政策。对于残疾儿童,要建立随班就读支持保障体系,为其中家庭经济困难的提供包括义务教育、高中阶段教育在内的12年免费教育。对于农业转移人口及其他常住人口随迁子女,要将其义务教育纳入各级政府教育发展规划和财政保障范畴,全面落实在流入地参加升学考试政策和接受中等职业教育免学费政策。支持特殊教育学校、取得办园许可的残疾儿童康复机构和有条件的儿童福利机构开展学前教育。支持儿童福利机构特教班在做好机构内残疾儿童特殊教育的同时,为社会残疾儿童提供特殊教育。完善义务教育控辍保学工作机制,确保困境儿童入学和不失学,依法完成义务教育。

(四)落实监护责任。

对于失去父母、查找不到生父母的儿童,纳入孤儿安置渠道,采取亲属抚养、机构养育、家庭寄养和依法收养方式妥善安置。对于父母没有监护能力且无其他监护人的儿童,以及人民法院指定由民政部门担任监护人的儿童,由民政部门设立的儿童福利机构收留抚养。对于儿童生父母或收养关系已成立的养父母不履行监护职责且经公安机关教育不改的,由民政部门设立的儿童福利机构、救助保护机构临时监护，并依法追究生父母、养父母法律责任。对于决定执行行政拘留的被处罚人或采取刑事拘留等限制人身自由刑事强制措施的犯罪嫌疑人，公安机关应当询问其是否有未成年子女需要委托亲属、其他成年人或民政部门设立的儿童福利机构、救助保护机构监护，并协助其联系有关人员或民政部门予以安排。对于服刑人员、强制隔离戒毒人员的缺少监护人的未成年子女，执行机关应当为其委托亲属、其他成年人或民政部门设立的儿童福利机构、救助保护机构监护提供帮助。对于依法收养儿童，民政部门要完善和强化监护人抚养监护能力评估制度，落实妥善抚养监护要求。

（五）加强残疾儿童福利服务。

对于0—6岁视力、听力、言语、智力、肢体残疾儿童和孤独症儿童，加快建立康复救助制度，逐步实现免费得到手术、康复辅助器具配置和康复训练等服务。对于社会散居残疾孤儿，纳入“残疾孤儿手术康复明天计划”对象范围。支持儿童福利机构在做好机构内孤残儿童服务的同时，为社会残疾儿童提供替代照料、养育辅导、康复训练等服务。纳入基本公共服务项目的残疾人康复等服务要优先保障残疾儿童需求。

三、建立健全困境儿童保障工作体系

强化和落实基层政府、部门职责，充实和提升基层工作能力，充分发挥群团组织优势，广泛动员社会力量参与，建立健全覆盖城乡、上下联动、协同配合的困境儿童保障工作体系。

（一）构建县（市、区、旗）、乡镇（街道）、村（居）三级工作网络。

县级人民政府要建立政府领导，民政部门、妇儿工委办公室牵头，教育、卫生计生、人力资源社会保障等部门和公安机关、残联组织信息共享、协调联动的工作机制，统筹做好困境儿童保障政策落实和指导、协调、督查等工作。要参照农村留守儿童救助保护机制，建立面向城乡困境儿童包括强制报告、应急处置、评估帮扶、监护干预等在内的困境儿童安全保护机制。要依托县级儿童福利机构、救助保护机构、特困人员救助供养机构、残疾人服务机构、城乡社区公共服务设施等，健全困境儿童服务网络，辐射城乡社区，发挥临时庇护、收留抚养、福利服务等功能。

乡镇人民政府（街道办事处）负责民政工作的机构要建立翔实完备的困境儿童信息台账，一人一档案，实行动态管理，为困境儿童保障工作提供信息支持。乡镇人民政府（街道办事处）要畅通与县级人民政府及其民政部门、妇儿工委办公室和教育、卫生计生、人力资源社会保障等部门以及公安机关、残联组织的联系，并依托上述部门（组织）在乡镇（街道）的办事（派出）机构，及时办理困境儿童及其家庭社会救助、社会福利、安全保护等事务。

村（居）民委员会要设立由村（居）民委员会委员、大学生村官或者专业社会工作者等担（兼）任的儿童福利督导员或儿童权利监察员，负责困境儿童保障政策宣传和日常工作，通过全面排查、定期走访及时掌握困境儿童家庭、监护、就学等基本情况，指导监督家庭依法履行抚养义务和监护职责，并通过村（居）民委员会向乡镇人民政府（街道办事处）报告情况。村（居）民委员会对于发现的困境儿童及其家庭，属于家庭经济贫困、儿童自身残疾等困难情形的，要告知或协助其申请相关社会救助、社会福利等保障；属于家庭监护缺失或监护不当导致儿童人身安全受到威胁或侵害的，要落实强制报告责任；并积极协助乡镇人民政府（街道办事处）、民政部门、妇儿工委办公室和教育、卫生计生、人力资源社会保障等部门及公安机关、残联组织开展困境儿童保障工作。

（二）建立部门协作联动机制。

民政部门、妇儿工委办公室要发挥牵头作用，做好综合协调、指导督促等工作，会同教育、卫生计生、人力资源社会保障等有关部门和公安机关、残联组织，推动各有关方面共同做好困境儿童保障工作。民政、教育、卫生计生、人力资源社会保障、住房城乡建设等社会救助管理部门要进一步完善政策措施，健全“一门受理、协同办理”等工作机制，确保符合条件的困境儿童及其家庭及时得到有效帮扶。民政、教育、卫生计生部门和公安机关要督促和指导中小学校、幼儿园、托儿所、医疗卫生机构、社会福利机构、救助保护机构切实履行困境儿童安全保护机制赋予的强制报告、应急处置、评估帮扶、监护干预等职责，保障困境儿童人身安全。

（三）充分发挥群团组织作用。

各级群团组织要发挥自身优势，广泛开展适合困境儿童特点和需求的关爱、帮扶、维权等服务，发挥示范带动作用。工会、共青团、妇联要广泛动员广大职工、团员青年、妇女等开展多种形式的困境儿童关爱服务，依托职工之家、妇女之家、儿童之家、家长学校、家庭教育指导中心、青少年综合服务平台等，加强对困境儿童及其家庭的教育指导和培训帮扶。残联组织要依托残疾人服务设施加强残疾儿童康复训练、特殊教育等工作，加快建立残疾儿童康复救助制度，加强残疾儿童康复机构建设和康复服务专业技术人员培训培养，组织实施残疾儿童康复救助项目，提高康复保障水平和服务能力。关工委要组织动员广大老干部、老战士、老专家、老教师、老模范等离退休老同志，协同做好困境儿童关爱服务工作。

（四）鼓励支持社会力量参与。

建立政府主导与社会参与良性互动机制。加快孵化培育专业社会工作服务机构、慈善组织、志愿服务组织，引导其围绕困境儿童基本生活、教育、医疗、照料、康复等需求，捐赠资金物资、实施慈善项目、提供专业服务。落实国家有关税费优惠政策，通过政府和社会资本合作（PPP）等方式，支持社会力量举办困境儿童托养照料、康复训练等服务机构，并鼓励其参与承接政府购买服务。支持社会工作者、法律工作者等专业人员和志愿者针对困境儿童不同特点提供心理疏导、精神关爱、家庭教育指导、权益维护等服务。鼓励爱心家庭依据相关规定，为有需要的困境儿童提供家庭寄养、委托代养、爱心助养等服务，帮助困境儿童得到妥善照料和家庭亲情。积极倡导企业履行社会责任，通过一对一帮扶、慈善捐赠、实施公益项目等多种方式，为困境儿童及其家庭提供更多帮助。

四、加强工作保障

（一）强化组织领导。

各地区要将困境儿童保障工作纳入重要议事日程和经济社会发展等规划，完善政策措施，健全工作机制，及时研究解决工作中的重大问题。要完善工作考核，强化激励问责，制定督查考核办法，明确督查指标，建立常态化、经常化的督查考核机制，定期通报工作情况，及时总结推广先进经验。民政部、国务院妇儿工委办公室、教育部、公安部、国家卫生计生委等有关部门和全国妇联、中国残联要积极推动制定完善儿童福利、儿童保护和家庭教育、儿童收养等法律法规，为困境儿童保障工作提供有力法律保障。加强各级各部门困境儿童工作信息共享和动态监测。

（二）强化能力建设。

统筹各方资源，充分发挥政府、市场、社会作用，逐步完善儿童福利机构或社会福利机构儿童部、救助保护机构场所设施，健全服务功能，增强服务能力，满足监护照料困境儿童需要。利用现有公共服务设施开辟儿童之家等儿童活动和服务场所，将面向儿童服务功能纳入社区公共服务体系。各级财政部门要优化和调整支出结构，多渠道筹措资金，支持做好困境儿童保障工作。各地区要积极引导社会资金投入，为困境儿童保障工作提供更加有力支撑；要加强困境儿童保障工作队伍建设，制定儿童福利督导员或儿童权利监察员工作规范，明确工作职责，强化责任意识，提高服务困境儿童能力。

（三）强化宣传引导。

加强儿童权益保障法律法规和困境儿童保障政策宣传，开展形式多样的宣传教育活动，强化全社会保护儿童权利意识，强化家庭履责的法律意识和政府主导、全民关爱的责任意识。大力弘扬社会主义核心价值观和中华民族恤孤慈幼的传统美德，鼓励、倡导、表彰邻里守望和社区互助行为，宣传报道先进典型，发挥示范带动作用。建立健全舆情监测预警和应对机制，及时妥善回应社会关切。

各地区、各部门要根据实际情况和职责分工制定具体实施办法。民政部、国务院妇儿工委办公室要加强对本意见执行情况的监督检查，重大情况及时向国务院报告。国务院将适时组织专项督查。

国务院

2016年6月13日

附录4 民政部关于进一步健全农村留守儿童和困境儿童关爱服务体系的意见

（民发〔2019〕34号）

各省、自治区、直辖市民政厅（局）、教育厅（教委）、公安厅（局）、司法厅（局）、财政厅（局）、人力资源社会保障厅（局）、妇儿工委办、团委、妇联、残联，各计划单列市民政局、教育局、公安局、司法局、财政局、人力资源社会保障局、妇儿工委办、团委、妇联、残联，新疆生产建设兵团民政局、教育局、公安局、司法局、财务局、人力资源社会保障局、妇儿工委办、团委、妇联、残联：

为深入学习贯彻习近平新时代中国特色社会主义思想，全面贯彻党的十九大和十九届二中、三中全会精神，认真落实习近平总书记关于民生民政工作的重要论述，牢固树立以人民为中心的发展思想，扎实推动《国务院关于加强农村留守儿童关爱保护工作的意见》（国发〔2016〕13号）和《国务院关于加强困境儿童保障工作的意见》（国发〔2016〕36号）落到实处，现就进一步健全农村留守儿童和困境儿童关爱服务体系提出如下意见：

一、提升未成年人救助保护机构和儿童福利机构服务能力

（一）明确两类机构功能定位。

未成年人救助保护机构是指县级以上人民政府及其民政部门根据需要设立，对生活无着的流浪乞讨、遭受监护侵害、暂时无人监护等未成年人实施救助，承担临时监护责任，协助民政部门推进农村留守儿童和困境儿童关爱服务等工作的专门机构，包括按照事业单位法人登记的未成年人保护中心、未成年人救助保护中心和设有未成年人救助保护科（室）的救助管理站，具体职责见附件1。儿童福利机构是指民政部门设立的，主要收留抚养由民政部门担任监护人的未满18周岁儿童的机构，包括按照事业单位法人登记的儿童福利院、设有儿童部的社会福利院等。各地要采取工作试点、业务培训、定点帮扶、结对互学等多种方式，支持贫困地区尤其是“三区三州”等深度贫困地区未成年人救助保

护机构、儿童福利机构提升服务能力。

（二）推进未成年人救助保护机构转型升级。

要对照未成年人救助保护机构职责，健全服务功能，规范工作流程，提升关爱服务能力。各地已设立流浪未成年人救助保护机构的，要向未成年人救助保护机构转型。县级民政部门尚未建立未成年人救助保护机构的，要整合现有资源，明确救助管理机构、儿童福利机构等具体机构承担相关工作。县级民政部门及未成年人救助保护机构要对乡镇人民政府（街道办事处）、村（居）民委员会开展监护监督等工作提供政策指导和技术支持。未成年人救助保护机构抚养照料儿童能力不足的，可就近委托儿童福利机构代为养育并签订委托协议。

（三）拓展儿童福利机构社会服务功能。

各地要因地制宜优化儿童福利机构区域布局，推动将孤儿数量少、机构设施差、专业力量弱的县级儿童福利机构抚养的儿童向地市级儿童福利机构移交。已经将孤儿转出的县级儿童福利机构，应当设立儿童福利指导中心或向未成年人救助保护机构转型，探索开展农村留守儿童、困境儿童、散居孤儿、社会残疾儿童及其家庭的临时照料、康复指导、特殊教育、精神慰藉、定期探访、宣传培训等工作。鼓励有条件的地市级以上儿童福利机构不断拓展集养、治、教、康于一体的社会服务功能，力争将儿童福利机构纳入定点康复机构，探索向贫困家庭残疾儿童开放。

二、加强基层儿童工作队伍建设

（一）加强工作力量。

坚持选优配强，确保有能力、有爱心、有责任心的人员从事儿童关爱保护服务工作，做到事有人干、责有人负。村（居）民委员会要明确由村（居）民委员会委员、大学生村官或者专业社会工作者等人员负责儿童关爱保护服务工作，优先安排村（居）民委员会女性委员担任，工作中一般称为“儿童主任”；乡镇人民政府（街道办事处）要明确工作人员负责儿童关爱保护服务工作，工作中一般称为“儿童督导员”。

(二)加强业务培训。

各级民政部门要按照“分层级、多样化、可操作、全覆盖”的要求组织开展儿童工作业务骨干以及师资培训。原则上,地市级民政部门负责培训到儿童督导员,县级民政部门负责培训到儿童主任,每年至少轮训一次,初任儿童督导员和儿童主任经培训考核合格后方可开展工作。培训内容要突出儿童督导员职责(见附件2)、儿童主任职责(见附件3),突出家庭走访、信息更新、强制报告、政策链接、强化家庭监护主体责任及家庭教育等重点。各地要加大对贫困地区培训工作的支持力度,做到培训资金重点倾斜、培训对象重点考虑、培训层级适当下延。

(三)加强工作跟踪。

各地要建立和完善儿童督导员、儿童主任工作跟踪机制,对认真履职、工作落实到位、工作成绩突出的予以奖励和表扬,并纳入有关评先评优表彰奖励推荐范围;对工作责任心不强、工作不力的及时作出调整。各地要依托全国农村留守儿童和困境儿童信息管理系统,对儿童督导员、儿童主任实行实名制管理,并及时录入、更新人员信息。

三、鼓励和引导社会力量广泛参与

(一)培育孵化社会组织。

各地民政部门及未成年人救助保护机构要通过政府委托、项目合作、重点推介、孵化扶持等多种方式,积极培育儿童服务类的社会工作服务机构、公益慈善组织和志愿服务组织。要支持相关社会组织加强专业化、精细化、精准化服务能力建设,提高关爱保护服务水平,为开展农村留守儿童、困境儿童等工作提供支持和服务。要在场地提供、水电优惠、食宿保障、开通未成年人保护专线电话等方面提供优惠便利条件。要统筹相关社会资源向深度贫困地区倾斜,推动深度贫困地区儿童服务类社会组织发展。

(二)推进政府购买服务。

各地要将农村留守儿童关爱保护和困境儿童保障纳入政府购买服务指导性目录,并结合实际需要做好资金保障,重点购买走访核查、热线运行、监护评估、精准帮扶、政策宣传、业务培训、家庭探访督导检查等关爱服务。要加大政府购买心理服务类社会组织力度,有针对性地为精神关怀缺失、遭受家庭创伤等儿童提供人际调适、精神慰藉、心理疏导等专业性关爱服务,促进身心健康。引导承接购买服务的社会组织优先聘请村(居)儿童主任协助开展上述工作,并适当帮助解决交通、通信等必要费用开支。全国青年志愿服务入库优秀项目可优先纳入政府购买服务有关工作支持范围。

(三)发动社会各方参与。

支持社会工作者、法律工作者、心理咨询工作者等专业人员,针对农村留守儿童和困境儿童不同特点,提供心理疏导、亲情关爱、权益维护等服务。动员引导广大社会工作者、志愿者等力量深入贫困地区、深入贫困服务对象提供关爱服务。积极倡导企业履行社会责任,通过一对一帮扶、慈善捐赠、实施公益项目等多种方式,重点加强贫困农村留守儿童和困境儿童及其家庭救助帮扶,引导企业督促员工依法履行对未成年子女的监护责任。

四、强化工作保障

(一)加强组织领导。

各地要积极推进农村留守儿童和困境儿童关爱服务体系建设,将其纳入重要议事日程和经济社会发展等规划,纳入脱贫攻坚和全面建设小康社会大局,明确建设目标,层层分解任务,压实工作责任。要调整健全省、市、县农村留守儿童关爱保护和困境儿童保障工作领导协调机制,加强统筹协调,推动解决工作中的重点难点问题。要加大贫困地区农村留守儿童和困境儿童关爱服务体系建设支持力度,帮助深度贫困地区解决特殊困难和薄弱环节,尽快补齐短板,提升服务水平,推动各项工作落到实处。

(二)提供资金支持。

各级财政部门要结合实际需要,做好农村留守儿童和困境儿童关爱服务经费保障。要统筹使用困难群众救助补助等资金,实施规范未成年人社会保护支出项目。民政部本级和地方各级政府用于社会福利事业的彩票公益金,要逐步提高儿童关爱服务使用比例。要加大对贫困地区儿童工作的支持力度,各地分配各类有关资金时要充分考虑贫困地区未成年人救助保护机构数量、农村留守儿童和困境儿童等服务对象数量,继续将"贫困发生率"和财政困难程度系数作为重要因素,向贫困地区倾斜并重点支持"三区三州"等深度贫困地区开展儿童关爱服务工作。

(三)密切部门协作。

民政部门要充分发挥牵头职能,会同有关部门推进农村留守儿童和困境儿童关爱服务体系建设。公安部门要及时受理有关报告,第一时间出警、求助,依法迅速处警,会同、配合有关方面调查,有针对性地采取应急处置措施,依法追究失职父母或侵害人的法律责任,严厉惩处各类侵害农村留守儿童和困境儿童的犯罪行为,按政策为无户籍儿童办理入户手续。教育部门要强化适龄儿童控辍保学、教育资助、送教上门、心理教育等工作措施,为机构内的困境儿童就近入学提供支持,对有特殊困难的农村留守儿童和困境儿童优先安排在校住宿。司法行政部门要依法为农村留守儿童和困境儿童家庭申请提供法律援助,推动落实"谁执法谁普法"责任制,加强农村留守儿童和困境儿童关爱服务相关法律法规宣传。人力资源社会保障部门要推动落实国务院关于支持农民工返乡创业就业系列政策措施,加强农村劳动力就业创业培训。妇儿工委办公室要督促各级地方人民政府落实儿童发展纲要要求,做好农村留守儿童关爱保护和困境儿童保障工作。共青团组织要会同未成年人救助保护机构开通12355未成年人保护专线,探索"一门受理、协同处置"个案帮扶模式,联动相关部门提供线上线下服务。妇联组织要发挥妇女在社会生活和家庭生活中的独特作用,将倡导家庭文明、强化家庭监护主体责任纳入家庭教育工作内容,引导家长特别是新生代父母依法履责;要充分发挥村(居)妇联组织作用,加强对农村留守儿童和困境儿童的关爱帮扶服务。残联组织要积极维护残疾儿童权益,大力推进残疾儿童康复、教育服务,提高康复、教育保障水平。

（四）严格工作落实。

各地民政部门要建立农村留守儿童和困境儿童关爱服务体系建设动态跟踪机制，了解工作进度，总结推广经验，完善奖惩措施。对工作成效明显的，要按照有关规定予以表扬和奖励；对工作不力的，要督促整改落实。要将农村留守儿童和困境儿童关爱服务体系建设纳入年度重点工作考核评估的重要内容强化落实。

附件：1. 未成年人救助保护机构工作职责

2. 儿童督导员工作职责

3. 儿童主任工作职责

民政部 教育部 公安部

司法部 财政部 人力资源社会保障部

国务院妇儿工委办公室 共青团中央 全国妇联

中国残联

2019年4月30日

附件1

未成年人救助保护机构工作职责

未成年人救助保护机构在本级民政部门领导下，组织开展以下工作：

1. 负责对生活无着的流浪乞讨、遭受监护侵害、暂时无人监护等未成年人实施救助，承担临时监护责任。

2. 负责定期分析评估本地区农村留守儿童关爱保护和困境儿童保障工作情况，有针对性地制定工作计划和工作方案。

3. 负责为乡镇人民政府（街道办事处）、村（居）民委员会开展的监护监督等工作提供政策指导和技术支持，为乡镇人民政府（街道办事处）推进农村留守儿童关爱保护和困境儿童保障工作提供政策支持。

4. 负责指导开展农村留守儿童和困境儿童基本信息摸底排查、登记建档和动态更新。

5. 负责协调开通未成年人保护专线，协调推进监护评估、个案会商、服务转介、技术指导、精神关怀等线上线下服务，针对重点个案组织开展部门会商和帮扶救助。

6.负责组织或指导开展儿童督导员、儿童主任业务培训。

7.负责支持引进和培育儿童类社会组织、招募志愿者或发动其他社会力量参与农村留守儿童关爱保护和困境儿童保障工作，并为其开展工作提供便利。

8.负责组织开展农村留守儿童、困境儿童、散居孤儿等未成年人保护政策宣传。

9.负责对流浪儿童、困境儿童、农村留守儿童等未成年人依法申请、获得法律援助提供支持。

10.负责协助司法部门打击拐卖儿童、对儿童实施家暴以及胁迫、诱骗或利用儿童乞讨等违法犯罪行为。

附件2

儿童督导员工作职责

儿童督导员在乡镇人民政府(街道办事处)领导和上级民政部门指导下，组织开展以下工作：

1.负责推进农村留守儿童关爱保护和困境儿童保障等工作，制定有关工作计划和工作方案。

2.负责儿童主任管理，做好选拔、指导、培训、跟踪、考核等工作。

3.负责农村留守儿童、困境儿童、散居孤儿等信息动态更新，建立健全信息台账。

4.负责指导儿童主任加强对困境儿童、农村留守儿童、散居孤儿的定期走访和重点核查，做好强制报告、转介帮扶等事项。

5.负责指导村(居)民委员会做好儿童关爱服务场所建设与管理。

6.负责开展农村留守儿童、困境儿童、散居孤儿等未成年人保护政策宣传。

7.负责协调引进和培育儿童类社会组织、招募志愿者或发动其他社会力量参与儿童工作。

8.负责协助做好农村留守儿童、困境儿童、散居孤儿社会救助、精神慰藉等关爱服务工作。

附件3

儿童主任工作职责

儿童主任在乡镇人民政府(街道办事处)、村(居)民委员会指导下,组织开展以下工作:

1. 负责做好农村留守儿童关爱保护和困境儿童保障日常工作,定期向村(居)民委员会和儿童督导员报告工作情况。

2. 负责组织开展信息排查,及时掌握农村留守儿童、困境儿童和散居孤儿等服务对象的生活保障、家庭监护、就学情况等基本信息,一人一档案,及时将信息报送乡镇人民政府(街道办事处)并定期予以更新。

3. 负责指导监护人和受委托监护人签订委托监护确认书,加强对监护人(受委托监护人)的法治宣传、监护督导和指导,督促其依法履行抚养义务和监护职责。

4. 负责定期随访监护情况较差、失学辍学、无户籍以及患病、残疾等重点儿童,协助提供监护指导、精神关怀、返校复学、落实户籍等关爱服务,对符合社会救助、社会福利政策的儿童及家庭,告知具体内容及申请程序,并协助申请救助。

5. 负责及时向公安机关及其派出机构报告儿童脱离监护单独居住生活或失踪、监护人丧失监护能力或不履行监护责任、疑似遭受家庭暴力或不法侵害等情况,并协助为儿童本人及家庭提供有关支持。

6. 负责管理村(居)民委员会儿童关爱服务场所,支持配合相关部门和社会力量开展关爱服务活动。

附录5 全国农村留守儿童关爱保护和困境儿童保障示范县(市、区、旗)指导标准

民政部

2018年1月

项目	内容	指标	评估方法
领导协调机制	组织领导	①县级建立党委或政府主要领导负责、民政部门牵头、有关部门和群团组织共同参与的工作协调机制,明确成员单位职责分工,统筹推动开展工作。 ②乡镇建立党委或政府主要领导负责的儿童工作机制。 ③县级党委或政府每年至少召开两次会议,乡镇党委或政府每年至少召开一次会议,研究农村留守儿童关爱保护和困境儿童保障工作重大问题、重要事项和重点个案,并形成党委或政府会议纪要。	审阅材料 听取汇报
经费保障机制	经费安排	①县级政府通过统筹现有资金渠道,积极引入社会资本等方式支持农村留守儿童和困境儿童监护评估、救助帮扶、定期随访、政策宣传引导、志愿服务项目、未成年人保护热线运行等工作。 ②通过财政资金、社会公益资金等多种渠道,做好城乡社区儿童之家运行经费、村(社区)儿童主任(包括未成年人保护专干、儿童福利督导员等)工作补贴以及乡镇、村(社区)儿童工作培训等经费保障工作。	审阅材料 听取汇报
基本权益保障	生活保障	①完善孤儿基本生活保障制度,结合当地实际工作情况及财力情况建立孤儿基本生活保障补贴标准增长机制,对年满十八周岁、仍然在普通高中、职业高中、全日制本专科院校学习的孤儿,继续发放基本生活费。 ②加大困境儿童基本生活保障力度。各地根据实际工作开展情况,对建档立卡贫困家庭、城乡最低生活保障家庭、特困、重病重残等生活更为困难的困境儿童,予以重点保障。 ③对已享受城乡最低生活保障或其他生活救助的困境儿童,现行政策有效落实。	审阅材料 现场察看 听取汇报 走访居民

续表

项目	内容	指标	评估方法
基本权益保障	监护落实	①村(居)委会、乡镇(街道)工作人员,学校、幼儿园教职工发现儿童脱离监护单独居住生活或失踪、监护人丧失监护能力或不履行监护责任、疑似遭受家庭暴力等情况的,应当在第一时间向公安机关报告,公安机关要及时出警处置,通过督促监护人履行监护责任或协助委托监护等方式确保每一个儿童得到有效监护。 ②对于失去父母、查找不到生父母的儿童,纳入孤儿安置渠道,采取亲属抚养、机构养育、家庭寄养等方式妥善安置。符合送养条件的儿童,对收养家庭抚养教育能力开展专业评估,依法办理收养登记。 ③对于父母没有监护能力且无其他监护人的儿童,以及人民法院指定由民政部门担任监护人的儿童,由民政部门设立的儿童福利机构收留抚养。	审阅材料 现场察看 听取汇报 走访居民
	医疗康复	①建立中小学生和困境儿童意外伤害保险制度,城乡基本医疗保险、大病保险制度覆盖18岁以下儿童。 ②建立完善困境儿童重特大疾病医疗救助制度,对经基本医疗保险、大病保险报销后仍有困难的建档立卡贫困家庭、最低生活保障家庭、特困救助供养人员中的儿童和贫困残疾儿童,重特大疾病医疗救助自负费用报销比例不低于70%,并适当提高封顶线。 ③建立残疾儿童康复救助制度,帮助符合条件的0—6岁视力、听力、言语、智力、肢体残疾儿童和孤独症儿童获得基本康复服务。 ④儿童福利机构要依托现有设施和设备,辐射和服务社会上有需要的贫困家庭残疾儿童,为其提供康复训练等福利服务。	审阅材料 听取汇报 走访居民
	教育保障	①健全控辍保学工作机制,切实做好劝返复学工作,农村留守儿童辍学率不得高于本省(自治区、直辖市)、市(地、州、盟)平均比例。 ②农村留守儿童寄宿、交通、营养需求能得到有效保障。 ③乡村小规模学校和乡镇寄宿制学校建设基本达标。 ④落实《第二期特殊教育提升计划(2017-2020年)》,以县(市、区、旗)为单位,逐一核实未入学适龄残疾儿童数据。通过普通学校随班就读、特殊教育学校就读、儿童福利机构特教班就读、送教进社区等多种方式保障适龄残疾儿童教育权。50万人口以上、残疾儿童较多的县(市)建有特殊教育学校。	审阅材料 听取汇报 走访居民

续表

项目	内容	指标	评估方法
救助保护机制	监测预防	①建立动态监测机制,对农村留守儿童、困境儿童、孤儿等特殊群体实现动态管理,并依托全国儿童福利信息系统、全国农村留守儿童和困境儿童信息系统做好数据采集录入、审核报送、动态更新等工作。 ②县级依托市级或本级12345、12355等开通未成年人保护短号热线,有专门场地、有专人运行,及时接收、记录、评估、转介和报告家庭经济困难、家庭监护缺失或监护不当等困境儿童信息和求助需求,并通过电视、广播等形式全面宣传未成年人保护热线,扩大社会知悉范围。	审阅材料 听取汇报 舆情监测 走访居民
	强制报告	①县级公安机关把强制报告事项的及时受理、快速出警调查等措施逐项落实到日常警务工作,细化工作流程和操作规范。 ②公安机关及其派出机构及时接受报告,并有接处警记录。 ③通过业务培训、印刷标语、投放公益广告等方式宣传强制报告规定,强化强制报告人报告意识。	
	应急处置	①县级公安机关或其派出机构第一时间出警调查处置,并及时通报乡镇(街道)和县级民政部门。 ②县级公安机关及其派出机构依法严厉打击强奸、拐卖、绑架、虐待、遗弃等侵害儿童人身权利的违法犯罪行为和组织、胁迫、诱骗儿童犯罪的刑事犯罪。依法严厉打击利用儿童进行扒窃、乞讨、卖艺、卖淫等违法犯罪行为。	
救助保护机制	评估帮扶	①县级民政部门牵头建立健全困境儿童个案调查评估和部门会商机制。 ②县级未成年人保护中心或儿童福利机构及时接收救助遭受监护侵害、无人监护或监护人丧失监护能力的困境儿童,做好临时监护照料工作。 ③乡镇(街道)建立健全困境儿童救助帮扶"一门受理、协同办理"机制,协助家庭经济贫困、自身残疾等困境儿童及其家庭申请相关社会救助、社会福利、教育保障、医疗保障等政策支持和慈善帮扶。 ④县级政府建立困境儿童和涉案未成年人法律援助和司法救助机制。	

续表

项目	内容	指标	评估方法
	监护干预	①公安机关依法批评训诫让不满十六周岁的未成年人单独居住的监护人。 ②公安机关依法采取批评训诫、行政处罚、刑事侦查等方式处置实施家庭暴力、虐待或遗弃未成年人的父母或受委托监护人。 ③司法机关对不履行监护职责或严重侵害儿童权益的父母或其他监护人依法采取批评教育、行政处罚、刑事侦查和撤销监护权等干预措施。	
能力建设	工作机构	①市(地、州、盟)完成流浪未成年人救助保护中心向未成年人保护中心更名,并承担区域内未成年人保护指导工作。 ②县级民政部门有专门业务科室负责农村留守儿童关爱保护和困境儿童保障工作。 ③县级设立未成年人保护中心或儿童福利指导中心,具体承担或指导开展农村留守儿童关爱保护和困境儿童保障政策支持、技术指导、临时监护、个案评估帮扶等工作。 ④县级将农村留守儿童关爱保护和困境儿童保障工作纳入政府购买社会服务目录,至少引入或孵育1家专业社会工作机构协助县级民政部门和乡镇(街道)开展专业指导和服务。 ⑤未成年人保护中心要为专业社会工作机构等社会组织提供场地支持。	审阅材料 听取汇报 实地考察 走访居民
	儿童之家	①在充分利用好乡村学校少年宫等活动场所的基础上,以村和社区为单位建立儿童之家,其中: 直辖市城区:90%以上的社区设有儿童之家,有专业机构或专人负责管理; 县级市、地级市辖区:90%以上的社区、80%以上的村(社区)有儿童之家,有专人负责; 县:儿童数量在100个以上的村(社区)有儿童之家,有专人负责,每周至少开展两次活动,有条件的应在固定时间开放并组织开展活动;儿童数量在100个以下的村(社区)可联合建立区域性儿童之家,或就近依托覆盖到所有儿童,有专人管理。 ②儿童之家要建立困境儿童、农村留守儿童等基础信息台账,开展定期走访、监护情况评估指导、心理疏导、关系调适、关爱帮扶等服务。对社区内家庭开展儿童保护理念、亲子沟通等家庭教育指导培训,每年不少于四次。	

续表

项目	内容	指标	评估方法
能力建设	工作队伍	①每个乡镇(街道)至少配备1名儿童督导员,专门负责农村留守儿童关爱保护和困境儿童保障工作。 ②每个村(社区)至少配备1名专职或由民政协理员兼职的儿童主任,可参与儿童之家的运行管理。 ③通过购买社会组织服务、设立公益岗位、设立社会工作站等方式,每个县级民政部门、未保中心或儿童福利机构至少配备2名、每个乡镇(街道)至少配备1名儿童社工。	审阅材料 听取汇报 实地考察 走访居民
	业务培训	①县级民政部门依托未保中心或儿童福利机构,每年对相关部门、乡镇的工作人员以及儿童主任组织开展不少于1次的集中培训,并对培训合格的学员发放培训证书。 ②县级民政部门、每个乡镇每年至少分别组织开展两次以上农村留守儿童关爱保护和困境儿童保障政策宣传。	
一票否决	①近两年内发生涉及儿童权益、冲击社会道德底线的极端事件,造成恶劣影响的。 ②存在没有落实儿童监护责任的。 ③存在没有解决农村留守儿童户籍登记情况的。		审阅材料 舆情监测 听取汇报

附录6　关于劳动密集型企业进一步加强农村留守儿童和困境儿童关爱服务工作的指导意见

民发〔2019〕116号

各省、自治区、直辖市民政厅(局)、国资委、总工会、团委、妇联、工商联，新疆生产建设兵团民政局、国资委、总工会、团委、妇联、工商联，有关中央企业：

党中央、国务院高度重视农村留守儿童和困境儿童关爱服务工作，作出了一系列重大决策部署。劳动密集型企业用工量大且农村务工人员高度集中，教育引导支持务工父母强化家庭监护主体责任，采取多种方式关心关爱农村留守儿童和困境儿童，对提升企业职工素质、增强企业凝聚力、履行企业社会责任、提升企业形象，更好维护农村留守儿童和困境儿童基本权益，具有重要意义。为进一步促进广大劳动密集型企业教育引导务工父母切实强化责任意识，依法履行对未成年子女的监护职责和抚养义务，进一步做好农村留守儿童和困境儿童关爱服务工作，现提出如下意见。

一、总体要求

(一)指导思想。

以习近平新时代中国特色社会主义思想为指导，全面贯彻党的十九大和十九届二中、三中、四中全会精神，牢固树立以人民为中心的发展思想，推动劳动密集型企业落实《国务院关于加强农村留守儿童关爱保护工作的意见》(国发〔2016〕13号)和《国务院关于加强困境儿童保障工作的意见》(国发〔2016〕36号)有关要求，切实做好广大农村留守儿童和困境儿童关爱服务工作。

(二)基本原则。

坚持围绕中心、服务大局，助力打赢脱贫攻坚战和实施乡村振兴战略；坚持履行企业社会责任与促进企业发展相结合，推进企业文化建设，增进务工人员家庭和谐；坚持儿童利益最大化，全方位维护儿童合法权益。

（三）目标任务。

劳动密集型企业务工人员家庭监护主体责任意识进一步增强，农村留守儿童和困境儿童监护质量有效提高，实现“挣钱”与“顾家”两不误；企业履行社会责任意识进一步增强，职工素质和企业形象双提升，经济效益与社会效益双促进。

二、主要内容

（一）开展专题宣讲。

劳动密集型企业要通过开展专题宣讲等方式加强对务工人员家庭监护主体责任的教育引导。强化政策引导，深入工厂、工地、职工宿舍等场所，通过开办家长学校、现场宣讲、座谈交流、录制专题宣传片、发放宣传手册等多种方式，宣扬中华民族传统家庭美德，引导务工人员依法履行对未成年子女的监护职责和抚养义务；结合劳务用工基地建设，向监护人和受委托监护人宣讲儿童优先理念，宣讲促进儿童发展保护相关法律、法规、政策及正确的监护方法，引导其提高监护能力。强化家庭责任教育，通过开展家风家教巡讲进企业等活动，增强家长监护主体责任意识，为促进孩子健康成长营造良好的家庭环境。突出沟通技巧，通过专家授课、集中培训、在线学习等方式，帮助务工人员掌握亲子沟通技巧方法，提高亲情关爱能力，做到亲情关爱不因外出务工而减弱。组建宣讲团队，借鉴现有企业成功经验模式，发动企业内部干部职工、务工人员和志愿者，打造一支素质高、政策精、热情高、服务好的政策宣讲团队，积极组织政策宣讲。探索推进将监督务工人员依法履行监护职责、务工人员承诺履行监护职责纳入职工诚信体系建设。

（二）加强亲情关爱。

劳动密集型企业要进一步关心关爱务工人员及其子女，在企业发展的同时，不断改善务工人员的工作和生活条件，为他们履行家庭责任提供更大支持。有条件的企业要通过开发社会工作岗位，购买社会工作服务等形式，引入专业社会工作者为务工人员及其子女提供心理疏导、能力提升、社会融入等服务。

有条件的企业，要通过设立亲情电话、亲情视频聊天室以及赠送免费通话时长、流量等方式，为务工人员加强与留守未成年子女的联系沟通提供支持，使其能够及时了解孩子的生活、学习和心理状况。在春节、国庆等重要节假日以及暑假期间，通过协调有关部门提供购买车票等便利、开展“小候鸟关爱”、组织反探亲等活动，为务工父母和留守子女团聚创造条件，号召家长尽量在假期多陪伴孩子、增进亲子感情。有条件的企业可逐步将产业向中西部地区转移，推动务工人员返乡创业、就近就业。

（三）组织困难帮扶。

劳动密集型企业要加大对有农村留守儿童和困境儿童的困难职工家庭的帮扶力度，加强困难救助和人文关怀，逐步建立长效帮扶机制，实现帮扶工作的常态化、制度化和规范化。努力打造一批关爱服务农村留守儿童和困境儿童的品牌公益项目或示范慈善项目，为农村留守儿童和困境儿童提供持续、稳定的关爱服务。要结合脱贫攻坚和乡村振兴战略，结合企业劳务基地建设，重点关注贫困地区、偏远山区特别是“三区三州”等深度贫困地区的农村留守儿童和困境儿童生活状况，通过结对帮扶、慈善救助、实施公益项目等多种方式为困难职工家庭及其子女提供更多支持和帮助。

三、工作措施

（一）明确职责分工。

各级民政部门要充分发挥农村留守儿童关爱保护和困境儿童保障工作领导协调机制作用，将劳动密集型企业关心关爱农村留守儿童和困境儿童纳入重点工作内容统筹谋划；要会同国资委、工商联等部门和单位认真梳理本地区劳动密集型企业，建立企业名册，完善工作机制，通过定期会商、建立工作群等方式加强沟通对接，并及时将企业名册及工作对接方式等信息告知工会、共青团、妇联等单位，便于工作开展；要主动提供关爱服务的重点区域、重点对象、重点项目，主动提供宣讲政策和关爱服务相关资料，为企业开展精准关爱服务提供信息指引。各级国资委、工商联要主动与当地民政部门对接，并指导劳动密集型国有企业、私营企业等健全工作体系,落实相关责任,推进开展相关工作。劳动密集型企业要充分发挥党组织的政治核心作用,将农村留守儿童和困境儿童关爱服务工作列入企业党的建设、企业文化建设范围统筹谋划部署,并明确具体负责部门和负责人。各级工会、共青团、妇联组织要指导劳动密集型企业工会、共青团、妇女组织,广泛动员广大职工、团员青年、务工妇女争当宣讲志愿者、争做依法履行监护职责模范,组织开展多种形式的关爱服务和互助活动,协同做好农村留守儿童和困境儿童关爱服务工作。

(二)加强资源整合。

民政部门要发挥在慈善组织登记管理、慈善项目推介等方面的职能作用,对符合条件的关爱服务成效显著的企业优先纳入各级慈善表彰推荐范围。劳动密集型企业要加强与各级民政、国资委、工商联等部门工作会商,有条件的企业可研究设立"关心关爱农村留守儿童和困境儿童专项基金",进一步完善服务平台,为有需求的对象及时提供精准救助、有效帮扶。工会、共青团、妇联组织要充分挖掘自身优势,动员团体会员、社会组织以及各类志愿者队伍等社会力量,广泛开展适合农村留守儿童和困境儿童特点的关爱、维权、帮扶等服务。

(三)加强宣传引导。

各级民政、国资委、工商联等部门和单位要及时组织开展农村留守儿童和困境儿童关爱服务工作表扬奖励活动,企业要积极推荐优秀集体和个人,推送各类优秀项目、典型事例。各级民政、国资委、工会、团委、妇联、工商联等要加强信息交流和报送,及时推广好经验、好做法,协调报刊、广播、电视、网络加大对劳动密集型企业关爱服务农村留守儿童和困境儿童的宣传报道力度,营造良好氛围。

民政部 国资委 全国总工会

共青团中央 全国妇联 全国工商联

2019年11月20日

附录7　关于开展适度普惠型儿童福利制度建设试点工作的意见

民函〔2013〕206号

江苏省民政厅、浙江省民政厅、河南省民政厅、广东省民政厅：

为深入贯彻国务院《中国儿童发展纲要（2011-2020年）》（国发〔2011〕24号），切实履行联合国《儿童权利公约》，全面建立与我国经济社会发展状况相符合、与儿童生存和发展需要相适应的适度普惠型儿童福利制度，进一步提高儿童福利工作水平，民政部决定在江苏省昆山市、浙江省海宁市、河南省洛宁县、广东省深圳市等地开展适度普惠型儿童福利制度建设试点工作。现就有关事项通知如下：

一、充分认识建立适度普惠型儿童福利制度的重要意义

儿童是民族的希望、祖国的未来。为儿童成长发展优先提供福利，是国际社会的普遍准则，也是党和政府的重要职责。全面建立适度普惠型儿童福利制度，扩大儿童福利对象，提升儿童福利水平，是落实以人为本执政理念、维护儿童基本权益、促进儿童全面发展的重要举措，是着眼国家未来长远发展、储备优秀人才资源的迫切需要，是完善我国社会福利制度体系、促进社会公平正义的内在要求。要充分认识开展适度普惠型儿童福利制度建设试点工作的重要性和紧迫性，将其作为贯彻落实党的十八大和第十三次全国民政会议精神的重点工作内容，增强责任感和使命感，高度重视，扎实推进。

二、积极推进适度普惠型儿童福利制度建设试点工作

（一）明确适度普惠型儿童福利制度的基本内涵。

适度普惠型儿童福利制度总的思考是：本着“适度普惠、分层次、分类型、分标准、分区域”的理念，按照“分层推进、分类立标、分地立制、分标施保”的原则和要求，立足当地经济社会发展状况、儿童生存与发展需要和社会福利制度的

发展，全面安排和设计儿童福利制度。所谓“适度普惠型”，是指逐步建立覆盖全体儿童的普惠福利制度。“分层次”，是将儿童群体分为孤儿、困境儿童、困境家庭儿童、普通儿童四个层次。“分类型”，是将各层次儿童予以类型区分，孤儿分社会散居孤儿和福利机构养育孤儿2类；困境儿童分残疾儿童、重病儿童和流浪儿童3类；困境家庭儿童分父母重度残疾或重病的儿童、父母长期服刑在押或强制戒毒的儿童、父母一方死亡另一方因其他情况无法履行抚养义务和监护职责的儿童、贫困家庭的儿童4类。“分区域”，是指全国划分为东、中、西部，因地制宜制定适应本地区特点的儿童补贴制度。“分标准”，是指对不同类型的儿童，分不同标准予以福利保障。

（二）明确适度普惠型儿童福利制度试点工作的重点内容。

一是明确重点保障对象。当前，试点地区要立足当地经济发展实际和全国儿童福利制度推进的实际，把困境儿童确定为重点保障对象。二是建立基本生活制度。要参照孤儿基本生活保障制度，建立困境儿童基本生活保障制度。三是制定和落实其它保障政策。要协调教育、公安、人力资源和社会保障、卫生计生等相关部门，制定相关的保障政策和具体措施。四是探索建立社会化的儿童福利服务体系。要充分发挥社会参与儿童福利的积极性，调动社会力量，建立健全社会化的儿童福利服务体系。

三、切实加强对适度普惠型儿童福利制度建设试点工作的领导

开展适度普惠型儿童福利制度建设试点工作，事关儿童福祉、政策发展，意义重大，影响深远，各试点省份一定要高度重视，以坚强的领导和有力的指导，确保试点工作顺利开展。

（一）把政策创制摆上试点工作的突出位置。

加强政策创制，是民政工作职能不断拓展、运行不断规范、成效不断显现的一个有效方式，也是当前民政系统推进工作的一个显著特点。要指导各试点市（县）把政策创制纳入试点工作的议事日程，制定周密的试点工作方案，有序推进试点工作的开展。各试点市（县）方案请在报经省厅批准后报我部社会福利

和慈善事业促进司备案。

(二)为试点工作顺利开展创造良好的环境。

要指导各试点市(县)及时向当地主要领导汇报,争取试点工作的支持。要积极协调发改、财政、机构编制等相关部门,增强共识,凝聚合力。要充分利用各种宣传方式,推动当地社会各界了解政府建设适度普惠型儿童福利制度的重要意义和具体措施,引导社会力量参与儿童福利工作。要建立分工明确、责任到人的试点工作推进机制,定期研究分析试点工作开展情况,对试点工作中的重点难点问题,省级民政部门主要领导要亲自过问,协调解决,对试点工作的关键环节,分管领导要参与指导,督促推进试点工作的开展。我部将适时召开试点工作研讨会议,总结经验。各试点市(县)要及时将适度普惠型儿童福利制度建设试点工作联系人和联系方式报我部社会福利和慈善事业促进司。

附录8　国务院办公厅关于政府向社会力量购买服务的指导意见

国办发〔2013〕96号

各省、自治区、直辖市人民政府，国务院各部委、各直属机构：

党的十八大强调，要加强和创新社会管理，改进政府提供公共服务方式。新一届国务院对进一步转变政府职能、改善公共服务作出重大部署，明确要求在公共服务领域更多利用社会力量，加大政府购买服务力度。经国务院同意，现就政府向社会力量购买服务提出以下指导意见。

一、充分认识政府向社会力量购买服务的重要性

改革开放以来，我国公共服务体系和制度建设不断推进，公共服务提供主体和提供方式逐步多样化，初步形成了政府主导、社会参与、公办民办并举的公共服务供给模式。同时，与人民群众日益增长的公共服务需求相比，不少领域的公共服务存在质量效率不高、规模不足和发展不平衡等突出问题，迫切需要政府进一步强化公共服务职能，创新公共服务供给模式，有效动员社会力量，构建多层次、多方式的公共服务供给体系，提供更加方便、快捷、优质、高效的公共服务。政府向社会力量购买服务，就是通过发挥市场机制作用，把政府直接向社会公众提供的一部分公共服务事项，按照一定的方式和程序，交由具备条件的社会力量承担，并由政府根据服务数量和质量向其支付费用。近年来，一些地方立足实际，积极开展向社会力量购买服务的探索，取得了良好效果，在政策指导、经费保障、工作机制等方面积累了不少好的做法和经验。

实践证明，推行政府向社会力量购买服务是创新公共服务提供方式、加快服务业发展、引导有效需求的重要途径，对于深化社会领域改革，推动政府职能转变，整合利用社会资源，增强公众参与意识，激发经济社会活力，增加公共服务供给，提高公共服务水平和效率，都具有重要意义。地方各级人民政府要结合当地经济社会发展状况和人民群众的实际需求，因地制宜、积极稳妥地推进

政府向社会力量购买服务工作，不断创新和完善公共服务供给模式，加快建设服务型政府。

二、正确把握政府向社会力量购买服务的总体方向

（一）指导思想

以邓小平理论、“三个代表”重要思想、科学发展观为指导，深入贯彻落实党的十八大精神，牢牢把握加快转变政府职能、推进政事分开和政社分开、在改善民生和创新管理中加强社会建设的要求，进一步放开公共服务市场准入，改革创新公共服务提供机制和方式，推动中国特色公共服务体系建设和发展，努力为广大人民群众提供优质高效的公共服务。

（二）基本原则

——积极稳妥，有序实施。立足社会主义初级阶段基本国情，从各地实际出发，准确把握社会公共服务需求，充分发挥政府主导作用，有序引导社会力量参与服务供给，形成改善公共服务的合力。

——科学安排，注重实效。坚持精打细算，明确权利义务，切实提高财政资金使用效率，把有限的资金用在刀刃上，用到人民群众最需要的地方，确保取得实实在在的成效。

——公开择优，以事定费。按照公开、公平、公正原则，坚持费随事转，通过竞争择优的方式选择承接政府购买服务的社会力量，确保具备条件的社会力量平等参与竞争。加强监督检查和科学评估，建立优胜劣汰的动态调整机制。

——改革创新，完善机制。坚持与事业单位改革相衔接，推进政事分开、政社分开，放开市场准入，释放改革红利，凡社会能办好的，尽可能交给社会力量承担，有效解决一些领域公共服务产品短缺、质量和效率不高等问题。及时总结改革实践经验，借鉴国外有益成果，积极推动政府向社会力量购买服务的健康发展，加快形成公共服务提供新机制。

(三)目标任务

"十二五"时期,政府向社会力量购买服务工作在各地逐步推开,统一有效的购买服务平台和机制初步形成,相关制度法规建设取得明显进展。到2020年,在全国基本建立比较完善的政府向社会力量购买服务制度,形成与经济社会发展相适应、高效合理的公共服务资源配置体系和供给体系,公共服务水平和质量显著提高。

三、规范有序开展政府向社会力量购买服务工作

(一)购买主体

政府向社会力量购买服务的主体是各级行政机关和参照公务员法管理、具有行政管理职能的事业单位。纳入行政编制管理且经费由财政负担的群团组织,也可根据实际需要,通过购买服务方式提供公共服务。

(二)承接主体

承接政府购买服务的主体包括依法在民政部门登记成立或经国务院批准免予登记的社会组织,以及依法在工商管理或行业主管部门登记成立的企业、机构等社会力量。承接政府购买服务的主体应具有独立承担民事责任的能力,具备提供服务所必需的设施、人员和专业技术的能力,具有健全的内部治理结构、财务会计和资产管理制度,具有良好的社会和商业信誉,具有依法缴纳税收和社会保险的良好记录,并符合登记管理部门依法认定的其他条件。承接主体的具体条件由购买主体会同财政部门根据购买服务项目的性质和质量要求确定。

(三)购买内容

政府向社会力量购买服务的内容为适合采取市场化方式提供、社会力量能够承担的公共服务,突出公共性和公益性。教育、就业、社保、医疗卫生、住房保障、文化体育及残疾人服务等基本公共服务领域,要逐步加大政府向社会力量购买服务的力度。非基本公共服务领域,要更多更好地发挥社会力量的作用,

凡适合社会力量承担的,都可以通过委托、承包、采购等方式交给社会力量承担。对应当由政府直接提供、不适合社会力量承担的公共服务,以及不属于政府职责范围的服务项目,政府不得向社会力量购买。各地区、各有关部门要按照有利于转变政府职能,有利于降低服务成本,有利于提升服务质量水平和资金效益的原则,在充分听取社会各界意见基础上,研究制定政府向社会力量购买服务的指导性目录,明确政府购买的服务种类、性质和内容,并在总结试点经验基础上,及时进行动态调整。

(四)购买机制

各地要按照公开、公平、公正原则,建立健全政府向社会力量购买服务机制,及时、充分向社会公布购买的服务项目、内容以及对承接主体的要求和绩效评价标准等信息,建立健全项目申报、预算编报、组织采购、项目监管、绩效评价的规范化流程。购买工作应按照政府采购法的有关规定,采用公开招标、邀请招标、竞争性谈判、单一来源、询价等方式确定承接主体,严禁转包行为。购买主体要按照合同管理要求,与承接主体签订合同,明确所购买服务的范围、标的、数量、质量要求,以及服务期限、资金支付方式、权利义务和违约责任等,按照合同要求支付资金,并加强对服务提供全过程的跟踪监管和对服务成果的检查验收。承接主体要严格履行合同义务,按时完成服务项目任务,保证服务数量、质量和效果。

(五)资金管理

政府向社会力量购买服务所需资金在既有财政预算安排中统筹考虑。随着政府提供公共服务的发展所需增加的资金,应按照预算管理要求列入财政预算。要严格资金管理,确保公开、透明、规范、有效。

(六)绩效管理

加强政府向社会力量购买服务的绩效管理,严格绩效评价机制。建立健全由购买主体、服务对象及第三方组成的综合性评审机制,对购买服务项目数量、质量和资金使用绩效等进行考核评价。评价结果向社会公布,并作为以后年度编制政府向社会力量购买服务预算和选择政府购买服务承接主体的重要参考依据。

四、扎实推进政府向社会力量购买服务工作

（一）加强组织领导

推进政府向社会力量购买服务，事关人民群众切身利益，是保障和改善民生的一项重要工作。地方各级人民政府要把这项工作列入重要议事日程，加强统筹协调，立足当地实际认真制定并逐步完善政府向社会力量购买服务的政策措施和实施办法，并抄送上一级政府财政部门。财政部要会同有关部门加强对各地开展政府向社会力量购买服务工作的指导和监督，总结推广成功经验，积极推动相关制度法规建设。

（二）健全工作机制

政府向社会力量购买服务，要按照政府主导、部门负责、社会参与、共同监督的要求，确保工作规范有序开展。地方各级人民政府可根据本地区实际情况，建立“政府统一领导，财政部门牵头，民政、工商管理以及行业主管部门协同，职能部门履职，监督部门保障”的工作机制，拟定购买服务目录，确定购买服务计划，指导监督购买服务工作。相关职能部门要加强协调沟通，做到各负其责、齐抓共管。

（三）严格监督管理

各地区、各部门要严格遵守相关财政财务管理规定，确保政府向社会力量购买服务资金规范管理和使用，不得截留、挪用和滞留资金。购买主体应建立健全内部监督管理制度，按规定公开购买服务相关信息，自觉接受社会监督。承接主体应当健全财务报告制度，并由具有合法资质的注册会计师对财务报告进行审计。财政部门要加强对政府向社会力量购买服务实施工作的组织指导，严格资金监管，监察、审计等部门要加强监督，民政、工商管理以及行业主管部门要按照职能分工将承接政府购买服务行为纳入年检、评估、执法等监管体系。

（四）做好宣传引导

地方各级人民政府和国务院有关部门要广泛宣传政府向社会力量购买服务工作的目的、意义、目标任务和相关要求，做好政策解读，加强舆论引导，主动回应群众关切，充分调动社会参与的积极性。

国务院办公厅

2013年9月26日

附录9　民政部关于建立儿童福利领域慈善行为导向机制的意见

民发〔2014〕19号

各省、自治区、直辖市民政厅(局),各计划单列市民政局,新疆生产建设兵团民政局:为推动慈善事业更好地服务于困境儿童,充分发挥慈善资源在建设适度普惠型儿童福利制度方面的作用,按照《中国儿童发展纲要(2011–2020年)》(国发〔2011〕24号)和《中国慈善事业发展指导纲要(2011–2015年)》(民发〔2011〕134号)的精神,现就民政部门建立儿童福利领域慈善行为导向机制提出以下意见:

一、充分认识建立儿童福利领域慈善行为导向机制的重要意义

儿童是民族的希望、祖国的未来。儿童的健康成长和全面发展,既需要国家提供有力的福利保障,也需要社会开展积极的慈善服务。近年来,我国相继建立了孤儿国家保障制度、艾滋病病毒感染儿童基本生活保障制度、流浪儿童救助保护制度,不断加快由补缺型儿童福利制度向适度普惠型儿童福利制度的转变。但由于基本国情的限制,目前儿童福利制度的覆盖范围、保障标准、服务内容离人民群众的要求还存在一定差距,需要社会力量的积极参与和大力支持。中华民族素有尊老爱幼、关爱儿童的优良传统。长期以来,以慈善组织、爱心企业和志愿者为代表的社会力量在儿童福利领域开展了大量卓有成效的慈善活动,对政府的儿童福利工作形成了有益补充。但由于缺乏明确的引导机制,这些活动具有较强的自发性色彩。为进一步提升儿童福利领域慈善活动的成效,促进社会慈善资源与财政资源、行政资源的有机衔接和优势互补,发挥社会力量在建设适度普惠型儿童福利制度方面的作用,各级民政部门要抓紧建立儿童福利领域慈善行为导向机制,更好地保障和服务广大儿童。

二、建立儿童福利领域慈善行为导向机制的总体思路

（一）指导思想。

以党的十八大和十八届三中全会精神为指导，立足基本国情，着力激发社会活力，引导各类社会力量在儿童福利领域科学、规范、有序开展活动，与政府的儿童福利工作相互补充、相互提升，形成各得其所、各尽所能的良好格局，为我国儿童的成长成才提供更加优良的社会环境。

（二）基本原则。

1. 自觉自愿、注重引导。各类社会力量在儿童福利领域开展慈善活动，应以自觉自愿为前提，各级民政部门要在社会力量自愿参与、自主选择的基础上，加强相关引导和扶持。

2. 明确主体、公平开放。凡是有爱心有条件的个人、慈善组织、企事业单位和其他机构，都可依法依规开展关爱儿童的慈善活动，反对以各种不正当理由搪塞和阻止社会力量提供正常的慈善帮扶。

3. 统筹安排、科学调配。各级民政部门要充分考虑不同社会力量特别是不同慈善组织的特点和专长，结合儿童群体的多样需求，统筹考虑捐助资金、物资和提供志愿服务等多种慈善形式，科学调配，形成社会力量参与儿童福利制度建设的最大合力。

（三）战略目标。

1. 逐步实现对象互补。民政部门严格执行已有的制度和政策，落实对制度覆盖群体的保障，不断拓展保障范围。社会力量积极探索对未纳入制度保障的困境儿童的救助和服务，为福利制度建设提供经验参考和政策试点。

2. 逐步实现项目互补。民政部门通过福利制度建立普惠型项目，解决各类困境儿童群体最具共性和普遍性的问题。社会力量以满足多元化需求为目标，根据儿童的特点、处境等遴选保障对象，提供个性化、差异化、有针对性的救助和服务。

3. 逐步实现方式互补。面对同一目标群体时，福利制度侧重于经济保障，

社会力量在进行经济援助的同时更加侧重于提供服务。专业化的慈善组织有效参与福利制度的实施系统和监管系统运行，帮助提高福利制度资源配置效率，实现福利制度的社会效用最大化。

三、建立儿童福利领域慈善行为导向机制的主要任务

（一）引导社会力量确定服务对象。

在国家实施孤儿保障制度、艾滋病病毒感染儿童基本生活保障制度、流浪儿童救助保护制度的基础上，各级民政部门要引导社会力量特别是慈善组织，积极探索对事实无人抚养儿童、残疾儿童、患大病重病儿童、患罕见病儿童、流浪儿童、流动儿童、留守儿童、贫困家庭儿童的救助和服务。要全面掌握各类困境儿童群体的基本状况，帮助各类慈善力量锁定帮扶的目标群体及具体帮扶对象，避免不必要的交叉救助和重复救助。

（二）指导社会力量界定工作内容。

对于事实无人抚养儿童、残疾儿童、患大病重病儿童、患罕见病儿童、流浪儿童、流动儿童、留守儿童、贫困家庭儿童等群体，各级民政部门要指导各类社会力量兼顾经济援助和服务支持，既帮助儿童解决基本生活方面的需求，也满足儿童在教育、医疗、安全、心理健康、社会融入等方面的需要。对于孤儿、艾滋病病毒感染儿童等群体，民政部门要加强与专业性强的慈善组织合作，使其协助监督基本生活费发放、医疗和教育方面优惠待遇落实等政策的实施。有条件的地方，可借助社会力量共同探索儿童保护制度。

（三）鼓励社会力量从事医疗救助。

现阶段各级民政部门要重点引导社会力量围绕儿童大病医疗救助开展活动。鼓励个人、企事业单位加大对儿童大病医疗救助的捐助力度。对于开展护理型、服务型项目的慈善组织，要协助其与医疗机构、儿童家庭或福利机构建立良好的沟通与合作。对于设立资助型项目的慈善组织，要指导其做好基本医疗保险、政府医疗救助与慈善救助间的衔接，通过规范化的项目运作，形成“医疗

救治——基本医疗保险报销——政府医疗救助——慈善组织救助”的良性流程。鼓励按照《民政部关于加强医疗救助与慈善事业衔接的指导意见》(民发〔2013〕132号)的要求积极开展医疗救助和慈善事业衔接的试点。

(四)协助社会力量争取资源支持。

各级民政部门要秉承儿童优先原则,在引导社会捐赠、配置慈善资源时,向关爱儿童的慈善组织和慈善项目作出倾斜。要加大向社会力量购买服务的力度,将一定比例购买社会组织服务的资金投向困境儿童的救助和服务、儿童大病医疗救助项目。鼓励各级民政部门用好本级彩票公益金,设立示范性项目,发挥引领作用。要贯彻落实《民政部全国工商联关于鼓励支持民营企业积极投身公益慈善事业的意见》(民发〔2014〕5号)的要求,将优秀的慈善组织、慈善项目及时推荐给各级工商联组织和民营企业。

(五)将有关工作经验及时提升为政策法规。

各级民政部门要打造“慈善探索、福利接棒”的工作机制,对于社会力量在服务儿童过程中形成的成功模式和有效经验,要及时将之上升为政策或制度,为儿童提供更具持久性、稳定性的支持。有条件的地方,民政部门可与社会力量共同开展有益于儿童的福利政策和制度试点,支持社会力量在儿童福利领域发挥先行先试作用。

(六)做好信息公开和宣传表彰工作。

各级民政部门要在尊重儿童及其监护人意愿和隐私权的前提下,推动慈善组织及时披露有关工作和活动的信息。要定期评估相关慈善项目,着力宣传管理规范、服务优良、团队专业、绩效突出的慈善组织。对于工作中表现突出的单位和个人,要给予适当激励和表彰。对在儿童福利领域做出突出贡献的慈善组织和爱心人士,列为“中华慈善奖”评选表彰的候选对象。

四、建立儿童福利领域慈善行为导向机制的工作要求

（一）定位明确。

政府是保障儿童福利需求的责任主体，各类社会力量开展的活动是对政府工作的必要和有益补充。不得将民政部门必须履行的职能和任务转嫁给慈善组织，不得用社会捐助或慈善组织对儿童的经济援助，来冲抵孤儿基本生活费等财政支出。

（二）有效对接。

各级民政部门要从供需两方面着手推动相关信息的无缝对接。在需求方面，要充分利用全国儿童福利信息管理系统，通过与学校、医院等部门的联动，建立各类困境儿童的档案。在供给方面，要借助中国慈善信息平台、《慈典——慈善救助信息实用手册》等渠道，掌握本地儿童福利领域慈善组织和慈善项目的情况。要通过多种方式实现慈善信息的共享。

（三）精细化指导。

民政部将组织有关学术机构和慈善组织，根据不同困境儿童群体的特点，编写社会力量参与儿童福利的工作指导手册。鼓励各地民政部门结合当地实际，编写更为具体的工作指南。鼓励慈善组织间相互进行技能培训和经验分享。对于各类社会力量在服务儿童过程中遇到的困难、反映的问题，各级民政部门要认真对待、及时解决。

（四）加强监管。

各级民政部门要在支持社会力量关爱儿童、服务儿童的同时，加强对相关慈善活动、慈善行为的监督和管理。要把好社会力量进入儿童福利领域的入口关，确保其发挥积极作用，严格防范借儿童慈善活动非法牟利或从事违法活动。

民政部
2014年2月7日

附录10　教育部关于加强家庭教育工作的指导意见

教基一〔2015〕10号

各省、自治区、直辖市教育厅(教委),新疆生产建设兵团教育局:

为深入贯彻党的十八大和十八届三中、四中全会精神以及习近平总书记系列重要讲话精神,落实教育规划纲要,积极发挥家庭教育在少年儿童成长过程中的重要作用,促进学生健康成长和全面发展,现就加强家庭教育工作提出如下指导意见。

一、充分认识加强家庭教育工作的重要意义

家庭是社会的基本细胞。注重家庭、注重家教、注重家风,对于国家发展、民族进步、社会和谐具有十分重要的意义。家庭是孩子的第一个课堂,父母是孩子的第一任老师。家庭教育工作开展的如何,关系到孩子的终身发展,关系到千家万户的切身利益,关系到国家和民族的未来。近年来,经过各地不断努力探索,家庭教育工作取得了积极进展,但还存在认识不到位、教育水平不高、相关资源缺乏等问题,导致一些家庭出现了重智轻德、重知轻能、过分宠爱、过高要求等现象,影响了孩子的健康成长和全面发展。当前,我国正处在全面建成小康社会的关键阶段,提升家长素质,提高育人水平,家庭教育工作承担着重要的责任和使命。各地教育部门和中小学幼儿园要从落实中央"四个全面"战略布局的高度,不断加强家庭教育工作,进一步明确家长在家庭教育中的主体责任,充分发挥学校在家庭教育中的重要作用,加快形成家庭教育社会支持网络,推动家庭、学校、社会密切配合,共同培养德智体美劳全面发展的社会主义建设者和接班人。

二、进一步明确家长在家庭教育中的主体责任

1.依法履行家庭教育职责。教育孩子是父母或者其他监护人的法定职责。广大家长要及时了解掌握孩子不同年龄段的表现和成长特点,真正做到因材施

教,不断提高家庭教育的针对性;要始终坚持儿童为本,尊重孩子的合理需要和个性,创设适合孩子成长的必要条件和生活情境,努力把握家庭教育的规律性;要提升自身素质和能力,积极发挥榜样作用,与学校、社会共同形成教育合力,避免缺教少护、教而不当,切实增强家庭教育的有效性。

2.严格遵循孩子成长规律。学龄前儿童家长要为孩子提供健康、丰富的生活和活动环境,培养孩子健康体魄、良好生活习惯和品德行为,让他们在快乐的童年生活中获得有益于身心发展的经验。小学生家长要督促孩子坚持体育锻炼,增长自我保护知识和基本自救技能,鼓励参与劳动,养成良好生活自理习惯和学习习惯,引导孩子学会感恩父母、诚实为人、诚实做事。中学生家长要对孩子开展性别教育、媒介素养教育,培养孩子积极学业态度,与学校配合减轻孩子过重学业负担,指导孩子学会自主选择。切实消除学校减负、家长增负,不问兴趣、盲目报班,不做“虎妈”“狼爸”。

3.不断提升家庭教育水平。广大家长要全面学习家庭教育知识,系统掌握家庭教育科学理念和方法,增强家庭教育本领,用正确思想、正确方法、正确行动教育引导孩子;不断更新家庭教育观念,坚持立德树人导向,以端正的育儿观、成才观、成人观引导孩子逐渐形成正确的世界观、人生观、价值观;不断提高自身素质,重视以身作则和言传身教,要时时处处给孩子做榜样,以自身健康的思想、良好的品行影响和帮助孩子养成好思想、好品格、好习惯;努力拓展家庭教育空间,不断创造家庭教育机会,积极主动与学校沟通孩子情况,支持孩子参加适合的社会实践,推动家庭教育和学校教育、社会教育有机融合。

三、充分发挥学校在家庭教育中的重要作用

1.强化学校家庭教育工作指导。各地教育部门要切实加强对行政区域内中小学幼儿园家庭教育工作的指导,推动形成政府主导、部门协作、家长参与、学校组织、社会支持的家庭教育工作格局。中小学幼儿园要建立健全家庭教育工作机制,统筹家长委员会、家长学校、家长会、家访、家长开放日、家长接待日等各种家校沟通渠道,逐步建成以分管德育工作的校长、幼儿园园长、中小学德育主任、年级长、班主任、德育课老师为主体,专家学者和优秀家长共同参与,专兼职相结合的家庭教育骨干力量。将家庭教育工作纳入教育行政干部和中小

学校长培训内容，将学校安排的家庭教育指导服务计入工作量。

2. 丰富学校指导服务内容。各地教育部门和中小学幼儿园要坚持立德树人根本任务，将社会主义核心价值观融入家庭教育工作实践，将中华民族优秀传统家庭美德发扬光大。要举办家长培训讲座和咨询服务，开展先进教育理念和科学育人知识指导；举办经验交流会，通过优秀家长现身说法、案例教学发挥优秀家庭示范带动作用。组织社会实践活动，定期开展家长和学生共同参与的参观体验、专题调查、研学旅行、红色旅游、志愿服务和社会公益活动。以重大纪念日、民族传统节日为契机，通过丰富多彩、生动活泼的文艺、体育等活动增进亲子沟通和交流。及时了解、沟通和反馈学生思想状况和行为表现，营造良好家校关系和共同育人氛围。

3. 发挥好家长委员会作用。各地教育部门要采取有效措施加快推进中小学幼儿园普遍建立家长委员会，推动建立年级、班级家长委员会。中小学幼儿园要将家长委员会纳入学校日常管理，制订家长委员会章程，将家庭教育指导服务作为重要任务。家长委员会要邀请有关专家、学校校长和相关教师、优秀父母组成家庭教育讲师团，面向广大家长定期宣传党的教育方针、相关法律法规和政策，传播科学的家庭教育理念、知识和方法，组织开展形式多样的家庭教育指导服务和实践活动。

4. 共同办好家长学校。各地教育部门和中小学幼儿园要配合妇联、关工委等相关组织，在队伍、场所、教学计划、活动开展等方面给予协助，共同办好家长学校。中小学幼儿园要把家长学校纳入学校工作的总体部署，帮助和支持家长学校组织专家团队，聘请专业人士和志愿者，设计较为具体的家庭教育纲目和课程，开发家庭教育教材和活动指导手册。中小学家长学校每学期至少组织1次家庭教育指导和1次家庭教育实践活动。幼儿园家长学校每学期至少组织1次家庭教育指导和2次亲子实践活动。

四、加快形成家庭教育社会支持网络

1. 构建家庭教育社区支持体系。各地教育部门和中小学幼儿园要与相关部门密切配合，推动建立街道、社区（村）家庭教育指导机构，利用节假日和业余时间开展工作，每年至少组织2次家庭教育指导和2次家庭教育实践活动，将街道、社区(村)家庭教育指导服务纳入社区教育体系。有条件的中小学幼儿园可以派教师到街道、社区(村)挂职,为家长提供公益性家庭教育指导服务。

2.统筹协调各类社会资源单位。各地教育部门和中小学幼儿园要积极引导多元社会主体参与家庭教育指导服务,利用各类社会资源单位开展家庭教育指导和实践活动,扩大活动覆盖面,推动有条件的地方由政府购买公益岗位。依托青少年宫、乡村少年宫、儿童活动中心等公共服务阵地,为城乡不同年龄段孩子及其家庭提供家庭教育指导服务。鼓励和支持有条件的机关、社会团体、企事业单位为家长提供及时便利的公益性家庭教育指导服务。

3.给予困境儿童更多关爱帮扶。各地教育部门和中小学幼儿园要指导、支持、监督家庭切实履行家庭教育职责。要特别关心流动儿童、留守儿童、残疾儿童和贫困儿童,鼓励和支持各类社会组织发挥自身优势,以城乡儿童活动场所为载体,广泛开展适合困境儿童特点和需求的家庭教育指导服务和关爱帮扶。倡导企业履行社会责任,支持志愿者开展志愿服务,引导社会各界共同参与,逐步培育形成家庭教育社会支持体系。

五、完善家庭教育工作保障措施

1.加强组织领导。各地教育部门要在当地党委、政府的统一领导下,把家庭教育工作列入重要议事日程,建立家庭教育工作协调领导机制,制订实施办法。积极争取政府统筹安排相关经费,中小学幼儿园要为家庭教育工作提供必要的经费保障。把家庭教育工作作为中小学幼儿园综合督导评估的重要内容,开展督导工作。中小学幼儿园要结合实际制定推进家庭教育工作的具体方案,做到责任到人,措施到生。

2.加强科学研究。各地教育部门要坚持问题导向,通过设立一批家庭教育研究课题,形成一批高质量家庭教育研究成果。依托有相关基础的高等学校或其他机构推动成立家庭教育研究基地,发挥各级教育学会家庭教育专业委员会和家庭教育学会(研究会)等社会组织、学术团体的作用,重视家庭教育理论研究和家庭教育学科建设,探索建立具有中国特色的家庭教育理论体系。

3.加强宣传引导。各地教育部门要开展家庭教育工作实验区和示范校创建工作,充分培育、挖掘和提炼先进典型经验,以点带面,整体推进。教育部将遴选确定部分地区为全国家庭教育实验区,部分学校为全国家庭教育示范校。各地教育部门和中小学幼儿园要树立先进家庭典型,宣传优秀家庭教育案例,引导全社会重视和支持家庭教育工作,为家庭教育工作营造良好的社会环境和舆论氛围。

教育部

2015年10月11日

附录11 西南民族地区儿童社会支持调查问卷[①]

亲爱的同学：

你好！

我们是儿童研究课题组的成员，这份问卷是为了了解你在成长过程中是否得到了支持，有哪些支持，还需要哪些支持。请你放心填写，我们会对你的回答进行保密处理。谢谢你的支持和配合。

课题组

1.你在读几年级（　　）

2.你的性别是：女（　）　男（　）

3.你的年龄是：（　）

4.你的民族是：（　）

5.你的居住情况：父亲外出务工，母亲在家（　　）

母亲外出务工，父亲在家（　　）

父母外出务工，独自在家（　　）

父母外出务工，随长辈在家（　）

父母都在家（　　　　）

其他（请填写）（　　　　）

1.我有很多可以支持和帮助我的朋友。

A.非常符合 B.比较符合 C.符合 D.比较不符合 E.非常不符合

2.当我遇到学习问题的时候，我会向老师请教。

A.非常符合 B.比较符合 C.符合 D.比较不符合 E.非常不符合

3.我是一个开朗阳光的人。

A.非常符合 B.比较符合 C.符合 D.比较不符合 E.非常不符合

① 考虑到儿童心理特点，本问卷发放时由学校老师在班级统一发放，但在资料分析时候，根据儿童选择的居住情况来筛选目标群体，为研究提供一手资料。

4.我周围有许多小孩的爸爸妈妈都在外地务工。

A.非常符合 B.比较符合 C.符合 D.比较不符合 E.非常不符合

5.没有爸爸或妈妈在身边的日子,我觉得很孤独。

A.非常符合 B.比较符合 C.符合 D.比较不符合 E.非常不符合

6.周围有许多孩子的行为习惯不是很好,原因在于爸爸或妈妈外出务工,没有爸爸妈妈管教和监督。

A.非常符合 B.比较符合 C.符合 D.比较不符合 E.非常不符合

7.我很喜欢学校生活。

A.非常符合 B.比较符合 C.符合 D.比较不符合 E.非常不符合

8.我的邻居很关心我。

A.非常符合 B.比较符合 C.符合 D.比较不符合 E.非常不符合

9.我的父母很关心我。

A.非常符合 B.比较符合 C.符合 D.比较不符合 E.非常不符合

10.我的爷爷奶奶、外公外婆很关心我。

A.非常符合 B.比较符合 C.符合 D.比较不符合 E.非常不符合

11.我的亲戚很关心我。

A.非常符合 B.比较符合 C.符合 D.比较不符合 E.非常不符合

12.我得到过社会机构的资助或帮助。

A.非常符合 B.比较符合 C.符合 D.比较不符合 E.非常不符合

13.我得到过社会爱心人士的捐助或帮助。

A.非常符合 B.比较符合 C.符合 D.比较不符合 E.非常不符合

14.我喜欢和爸爸妈妈聊天。

A.非常符合 B.比较符合 C.符合 D.比较不符合 E.非常不符合

15.遇到烦恼的时候,我会向周围的人求助。

A.非常符合 B.比较符合 C.符合 D.比较不符合 E.非常不符合

16.我很喜欢学习。

A.非常符合 B.比较符合 C.符合 D.比较不符合 E.非常不符合

附录12　西南民族地区留守儿童访谈提纲

1. 在家庭生活中遇到过哪些困难，是如何解决的？

2. 学习总体感觉如何？碰到不懂的地方，你会怎么办？

3. 学校的教师待你如何？你愿意向老师交流自己的问题或疑惑吗？

4. 你和同学关系相处得如何？你们平时都在一起聊些什么话题？

5. 感觉情绪不好时，你会如何处理？

6. 你经常联系爸爸妈妈吗？都会聊些什么话题？

7. 你觉得周围的人是否比较照顾你？请列举几个例子。

8. 你是否有感觉到孤独？你是如何处理的？

9. 你对爸爸妈妈外出务工是怎么看的？

10. 你想过你的未来吗？

附录13　西南民族地区学校访谈提纲

1. 学校有没有专门针对留守儿童的工作方案或工作措施？若有，都讲了哪些方面？

2. 你在教育教学中是否有专门针对留守儿童开展过工作，若有，是哪些方面？

3. 社会人士、政府、学校都有哪些关爱留守儿童的做法和措施？

4. 留守儿童与非留守儿童有哪些异同？

5. 你知道国家有哪些关于留守儿童的政策和文件吗？

6. 你知道你所在的县对留守儿童有哪些政策和文件吗？

7. 你校是否有接受过一些机构专门针对留守儿童的资助和支持？

8. 有没有留守儿童曾经向学校提出过某些支持要求？

9. 你希望社会、机构或个人向留守儿童提供哪些支持和帮助？

10. 教师是否为留守儿童提供过专门的支持和帮助？

11. 学校是否为留守儿童向某些机构或社会组织请求过支持和帮助？

附录14　西南民族地区政府职能部门访谈提纲

1.请问部门出台了哪些政策文件支持留守儿童成长？

2.具体在哪些方面开展了留守儿童关爱保护工作？

3.有哪些制度保障关爱留守儿童工作的持续开展？

4.是否有检查或评估过留守儿童工作？效果如何？

6.是否建立关于留守儿童工作的工作机制和方案？

7.是否有专人或专门的组织关注留守儿童工作？

8.在留守儿童工作问题上是否具有持续性？

附录15　西南民族地区社会组织访谈提纲

1. 有哪些社会组织为留守儿童提供了支持和帮助?
2. 这些帮助和支持是以哪种形式开展的?
3. 开展帮助和支持的效果如何?
4. 是否有考虑到留守儿童自身的实际需要?
5. 社会组织是如何看待留守儿童的?

附录16　西南民族地区留守儿童家长访谈提纲

1.你是基于什么样的原因决定让孩子留守农村的?

2.孩子是否理解自己留守农村的原因,他们是怎么看待留守这种状况的?

3.你与孩子经常沟通和聊天吗?一般都聊些什么内容?

4.你觉得孩子留守对他们有什么影响?

5.孩子当前状态如何?对于孩子的未来,你下一步的打算是什么?

6.你利用了哪些方面的支持来帮助孩子成长?

7.你认为这些帮助和支持是不是为留守儿童所需要?

8.你觉得孩子的教育应该是怎样的状态?

9.你是否对孩子讲过自己务工中遇到的困难?

10.你了解自己的孩子吗?具体说说孩子的特点。

附录17 少数民族在校大学生留守经历调查问卷

亲爱的同学：

你好！

我们是国家级课题“西南民族地区留守成长的社会支持系统研究”研究小组，想对你在(小学)一年级至初三期间的留守经历进行了解。非常感谢你能抽出宝贵的时间来填写，问卷答案没有对错之分，请你放心填写。本次调查绝对保密，你的回答对我们将非常重要，我们会遵守研究伦理，不会泄露任何个人信息。

谢谢你的支持！

1.我的民族

A.苗族 B.土家族 C.彝族 其他(请填写)

2.你的户籍所在地

A.乡镇 B.村社 C.其他

3.你的性别：A.男 B.女

4.你的户籍地：A.乡镇 B.村社

5.你的留守状态是

A.父母都外出务工 B.母亲外出 C.父亲外出 D.其他

6.你的看护人是

A.爷爷奶奶或外公外婆 B.姑叔伯姨等亲戚 C.自己 D.邻居 E.其他

7.你的留守时间为

A. 1年以下 B. 1–3年 C. 4–6年 D. 7年及以上

8. 父母与我团聚的频率为

A. 1年以下 B. 1–3年 C. 3年以上

9. 父母与我联系的方式为

A. 打电话 B. 写信 C. QQ或微信

10.我觉得父母很爱我。

A. 完全不符合 B. 比较不符合 C. 符合 D. 比较符合 E. 完全符合

11. 我的父母或父母一方因为家庭经济原因外出务工。

A. 完全不符合 B. 比较不符合 C. 符合 D. 比较符合 E. 完全符合

12. 父母很想念我。

A. 完全不符合 B. 比较不符合 C. 符合 D. 比较符合 E. 完全符合

13. 父母更愿意和我一起生活。

A. 完全不符合 B. 比较不符合 C. 符合 D. 比较符合 E. 完全符合

14. 我爱我的父母。

A. 完全不符合 B. 比较不符合 C. 符合 D. 比较符合 E. 完全符合

15. 父母会与我谈心。

A. 完全不符合 B. 比较不符合 C. 符合 D. 比较符合 E. 完全符合

16. 父母的经济收入让我物质上还不错。

A. 完全不符合 B. 比较不符合 C. 符合 D. 比较符合 E. 完全符合

17. 我喜欢上学。

A. 完全不符合 B. 比较不符合 C. 符合 D. 比较符合 E. 完全符合

18. 我喜欢在学校和同学聊天。

A. 完全不符合 B. 比较不符合 C. 符合 D. 比较符合 E. 完全符合

19. 老师很关心我。

A. 完全不符合 B. 比较不符合 C. 符合 D. 比较符合 E. 完全符合

20. 学校的活动很丰富。

A. 完全不符合 B. 比较不符合 C. 符合 D. 比较符合 E. 完全符合

21. 当我遇到问题时,可以从学校获得帮助。

A. 完全不符合 B. 比较不符合 C. 符合 D. 比较符合 E. 完全符合

22. 我喜欢寄宿在学校。

A. 完全不符合 B. 比较不符合 C. 符合 D. 比较符合 E. 完全符合

23. 我有很多朋友。

A. 完全不符合 B. 比较不符合 C. 符合 D. 比较符合 E. 完全符合

24. 当我遇到困难时候,总能够找到人帮忙。

A. 完全不符合 B. 比较不符合 C. 符合 D. 比较符合 E. 完全符合

25. 有一些社会机构经常到学校来捐赠。

A. 完全不符合　B. 比较不符合　C. 符合　D. 比较符合　E. 完全符合

26. 周围的人认为留守儿童大多数是坏孩子。

A. 完全不符合　B. 比较不符合　C. 符合　D. 比较符合　E. 完全符合

27. 留守的经历让我感到孤独和无助。

A. 完全不符合　B. 比较不符合　C. 符合　D. 比较符合　E. 完全符合

28. 我非常希望自己不是留守儿童。

A. 完全不符合　B. 比较不符合　C. 符合　D. 比较符合　E. 完全符合

29. 我在留守过程中学会了生活自理。

A. 完全不符合　B. 比较不符合　C. 符合　D. 比较符合　E. 完全符合

30. 留守经历让我变得更坚强。

A. 完全不符合　B. 比较不符合　C. 符合　D. 比较符合　E. 完全符合

31. 如果我在未来有了小孩,我不会选择让他留守。

A. 完全不符合　B. 比较不符合　C. 符合　D. 比较符合　E. 完全符合